ドイツ法学と法実務家

小野秀誠 著

信山社

は じ め に

1　本書の課題

（1）　本書は，ドイツ法系の地域の立法や最高裁の変遷をめぐって，そこに関係する法律家，とくに法実務家を検討しようとするものである。ドイツの最高裁のあり方は，近代国家の統一が遅いことから（1871年），きわめて錯綜している。統一的な最高裁がなかったこともあり，各領邦国家＝ラントの最高裁にまで立ち入らざるをえないこともある。また，大陸型の裁判所の司法人事は，司法省の人事とも密接不可分である。そして，連邦と州という二重構造からは，裁判所と司法省も，連邦やライヒだけではなく，各州のそれらに立ち入る必要もある。人の移動や人事交流も盛んだからである。

　各国の最高裁には，国内の判例の統一という使命がある。最高裁の制度が確立していない時代にあっては，国内の法も分裂せざるをえない。しかし，そうした時代にあっても，法の統一のための努力は行われた。962年から1806年まで存在した神聖ローマ帝国は，三十年戦争後には，ほとんどラントの国家連合のようになり，領邦各国は，帝国からの不輸不入権，とくに不上訴特権を獲得した。その前にあっても，帝国の裁判権がすでに名目的な場合もあった。ローマ法継受は，立法の分裂状態を司法の面では多少なりとも克服する努力の1つであったといえる。また，帝室裁判所の規則は他の上級裁判所のモデルとなり，その判決も参考とされたから，法がまったく分裂したことにはならないのである。

　事実的継受は，ドイツの法曹がイタリアの大学で，共通法であるローマ法を学んだことから，生じた現象である。各領邦の固有法は異なっても，その基礎となる共通法があり，法曹が1つの法を学ぶことは，思考過程を共通化することに資するものである。近時の例では，個別に制定されていても，アメリカの50州の私法は，完全に分裂しているわけではない。単一の立法はなくても，ロースクールによる共通の勉学や体系を基礎として統一されているのである。立法が分裂しても，機能的な法までがすべて分裂するわけではない。逆に，国際的な統一法（たとえば，手形条約）があっても，各国の解釈

には相違があるのは，これとは反対の現象である。動産売買に関するウィーン条約にも，同じ問題がある。アメリカでは，補助的な統一法(Uniform Law)やモデル法，リステイトメントのような実務の統一のための手段も見過ごせない。

判例の統一のためには，事実や判決理由の検討が必要であり，判例集や判決理由の公開を必要とする。公式の判例集の発刊はどこでも比較的新しいが，私的な判決の公開やテキストがこれに代わる場合もあった。こうした例としては，ハンザ上級裁判所の裁判官の著作や連邦上級商事裁判所の L. Goldschmidt の著作がある。この場合には，すぐれた法理論は，それ自体として，全国に影響を与えたのである。比較法のためには，必ずしも立法は必要ではないからである。

(2) 主要な立法にあたって法実務家の果たす役割も大きい。本稿では，プロイセン一般ラント法典（ALR, 1794年），オーストリア一般民法典（ABGB, 1811年），ドイツ民法典（BGB, 1900年）の制定にかかわった法実務家に注目している。

かねて立法と学識にも大きな影響を与えた実務家として，中世にはツァシウス（Ulrich Zasius, 1461-1535. 11. 24）がいた。彼は，フライブルク市法の改革者であり，人文主義法学の旗手である。ただし，固有法への理解もあった。同時代のエラスムスとの親交もあり，西南ドイツとスイスの法に大きな影響を与えた。ただし，彼については，別著で扱っているので，立ち入らない(拙著「大学と法曹養成制度」(2001年) 275頁)。

(3) ひるがえって，わが法においても，法実務家の役割は大きい。わがくにおいて，最初の法の導入は，ボアソナードやモッセ，ロエスレル，その他のお雇い外国人によるものであったが，その後を直接についだのは，司法省の法学校で学び，おもに裁判官となった法実務家であった。法典調査会の多数を占めたのも，こうした法実務家であった。また，周知のように，旧民法は公布されただけで（1890年），民法典論争の結果，施行されることがなかったのであるが，明治民法が施行（1898年7月16日）されるまでのおよそ10年弱の間，書かれた理性（ratio scripta）として事実上重きをなしたのである。民法176条の解釈に影響を与えた。この間に，判例を形成した原動力も，法実務家であった。こうした影響力は，法学識者のなした貢献をはるかに凌駕するものである。近くは，利息制限法関係の理論形成にも，大きな法

実務家の力がみられる。この伝統からすれば，法実務家をほとんど無視して，一部の法学識者が，独断で基本的な法典を修正することには大きな無理がある。法学識者の立法形成力が大きいとされるドイツ法でも，実際はそうでないことを示すことができれば，間接的ながらも，同様の事態は，わが法にも，大いに参考となろう（法実務家の軽視は，法の劣化を招くということである）。

2　簡単な解題

⑴　筆者はすでに，法律家の人物や業績に着目した研究としては，「法学上の発見と民法」（2016年）を公刊している。それは，おもに私法学者をその業績と合わせて検討するものであり，法学者を中心とした。本書は，裁判官，司法関係者，弁護士などの法実務家を中心とする。

法実務家の活動は，裁判所を中心としていることから，とくに各時代における主要な裁判所と関連づけられている。その関係から，とくに中央裁判所の成立が複雑なドイツのおもな裁判所の変遷をも検討している。イギリスやフランスのように，国民国家の統合が早い場合には，国王の中央裁判所が早くに形成され，その変遷をたどることが比較的容易である。これに対し，国家の統合の遅いドイツについては，1879年のライヒ大審院やその後継のBGHのほか，各ラントの中央裁判所（たとえば，プロイセンやバイエルンの上級裁判所）やそれ以前の多様な裁判所（たとえば，ハンザ上級裁判所）をも検討しなければ，裁判所の沿革的な研究はできないからである。

なお，ドイツ法系の法学者は，実務家とごく近い地位にいる。法学部の卒業資格と法曹資格（第一次および第二次国家試験）が結合しているという資格上の点と，実際に裁判官を兼ねることも多いという実際上の点とがこれを可能にしている（高裁・OLG裁判官を兼ねることが多い）。裁判官を兼任するだけではなく，完全に裁判官となったり，経歴の途中で裁判官を経験することもある。裁判官も，容易に学者に転身することがある。そこで，本書では，補充的に法学者をも扱うことがある。

⑵　第1部1篇では，ドイツ民法典の成立にいたるまで，その成立に関与した法実務家を検討した。ドイツ民法典は，一面で小ヴィントシャイトといわれるほど学識法の影響の強い立法であった。しかし，反面で，その成立に携わったのは，大部分が法実務家であった。連邦（戦前はライヒ）とラントの関係など，わかりにくい面も多い。第1篇では，民法典の制定史にしばし

ば登場する法実務家を扱った（2章）。また，時代的に遡る種々の裁判所の実務家も検討した（ハンザ上級裁判所，連邦上級商事裁判所など，3章）。さらに，それ以前の神聖ローマ帝国時代や中間期の裁判所も概観した（4章）。

　第2篇は，ドイツ民法典理由書や制定時の議事録にみる法実務家を，理由書と議事録の中から検討したものである。

　第3篇のシュタウブは，民法典制定後に，早くにその欠陥をみぬいた弁護士であり，今日では，積極的契約侵害の概念の提唱者として知られる。1900年のドイツ民法典の発効の直後であった。その思想は，2002年の債務法現代化にまで影響を与えている。立法に関与した法実務家は多いが，弁護士は少ない。フランス民法典の制定の場合とは異なる。ドイツ民法典の欠陥の多く（とくに概念の独善性）は，これに由来している。

　(3)　第2部では，プロイセン上級裁判所から，ライヒ大審院の成立するまでの経過，ライヒ大審院の展開過程を検討する。

　第1篇で，ALR の成立までのプロイセンの実務家と，制定後の解釈の変遷を法実務家を通して検討した。ALR は，ドイツ民法典（BGB）の先駆であり，そこで関与した法実務家には，BGB 制定に関与するなど，ドイツの法実務家の特質を現している。

　第2篇では，プロイセン上級裁判所の法実務家を検討した。1879年に成立したライヒ大審院は，その前身がライヒ上級商事裁判所であることから，ドイツの最高裁の沿革としては，ライヒ上級商事裁判所，さらにその前身としての連邦上級商事裁判所が指摘される。しかし，これらは，名前の通り，商事事件の最高裁にとどまる。かつての北ドイツ連邦や1871年のビスマルク帝国では，民事・刑事の一般的な裁判権は，連邦の所管事項ではなかったからである。ドイツ統一後も，連邦＝ライヒには，民事の裁判権は，債権法のみが帰属していたにすぎなかったのである。連邦憲法の改正を必要とする点において，立法上の困難は，わがくにやフランスのような中央集権国家の比ではない。

　したがって，とくに刑事の裁判については，最大の領邦であるプロイセンの法とその裁判所の判例が重要であり，ライヒ大審院の前身は，プロイセンの最高裁であるプロイセン上級裁判所であったともいえるのである。実際に，設立されたライヒ大審院の裁判官（当初68人）の最大のグループは，ライヒ上級商事裁判所から移籍した裁判官ではなく（19人），プロイセン上級裁判

所から移籍した裁判官（24人）だったのである。

　プロイセン上級裁判所は，形式的には，連邦構成諸国の最高裁の１つにすぎないことから，従来不当に低く評価されてきたきらいがある。他の上級裁判所は，ライヒ大審院の成立により，高裁＝OLGに転換されたからである。プロイセン上級裁判所が廃止されたのは，ライヒ大審院の前身としての地位を象徴している。また，その沿革が複雑なことからも，その検討は敬遠されてきた。本篇はその再評価をも目ざしている。連邦と州＝ラントの二元構造の下では，無視できない存在だからである。

　プロイセン法と裁判所の発展は，複雑をきわめる。プロイセンは，数世紀にわたって拡大し，そこに適用される法も，裁判管轄も変遷をたどっている。プロイセンは単一の国家というよりは，ラントの集合体であったからである。領域が拡大すれば，単純に，上級裁判所の管轄も拡大するというわけではない。本篇は，こうした上級裁判所の沿革をたどり，そこに寄与した主要な法実務家の一部を検討する。

　第３篇では，ライヒ大審院と法実務家を検討した。ライヒ大審院は，日本の旧大審院のモデルの１つでもある。裁判官の数が多いので，ごく一部を扱うにすぎず，その長を扱うにとどめている。わが大審院長には，1800年代後期の者を除くと，あまり個性的な者はおらず，在職年数も短い。総数は22人にもなる（1875年から1945年）。官僚化というべきであろう。これに対し，ライヒ大審院長は，1879年から1945年までで，７人だけである。ライヒ司法部の部長にも個性的な者が多い。また，本篇では，戦前の実務家（裁判官と司法部長）だけではなく，戦後のイギリス占領地区の最高裁の長官であったE・ヴォルフ（Ernst Wolff, 1877.11. 20–1959. 1 .11），ドイツ民法典草案批判で著名なアントン・メンガー（Anton Menger, 1841.9.12–1906. 2 . 6 ）をも検討した。

　第４篇では，キルヒマンを検討した。キルヒマンは，論文「法律学の学問としての無価値性」（Die Werthlosigkeit der Jurisprudenz als Wissenschaft）において，立法に対する法律学の無力性を述べた。この著は，そのセンセーショナルなタイトルゆえに，大きな影響を与えた。しかし，法律学は，反面で強い面をももっている。法の支配は，立法をも支配するが（時々の議会が何事でもできるわけではない），そこでいう「法」は，狭い意味の議会制定法に限られないから，高次の法を見いだすのは，法律学の役割であり，その意

味では，立法をも指導するからである。

第5篇では，パーラントを検討した。パーラントは，今日では，もっぱらハンディな民法コンメンタールをさすが，その創始者の1人であり，裁判官（司法行政家）であった。そして，1930年代のナチスの時代に，法曹養成の責任者となった。コンメンタールに彼の名がつけられたのは，商業的理由による。パーラントは，当時もっとも著名な法律家の1人だったから，その名声と編集者としての価値が，コンメンタールに活用されたのである。

(4) 第3部では，ドイツの連邦裁判所と，オーストリア法と最高裁の発展，そこにかかわる法実務家を検討した。前2篇がドイツの，後2篇がオーストリアの検討である。

第3部1篇では，ドイツの連邦裁判所（BGH）を始めとする連邦裁判所とその裁判官について，アメリカの連邦制との相違を検討し，さらに，戦後の9人のBGH長官を概観した。また，大陸型の最高裁と司法行政の関係から，連邦司法大臣およびその前身のライヒ司法大臣を概観した。戦前のライヒ司法大臣では，とくにラートブルフと，著名な司法次官のジョエルを概観した。付随して，現在再検討の行われている戦中，戦後の司法の歴史的課題にふれ，付随的には，旧東ドイツの司法大臣についてもふれた。

第2篇では，ドイツの種々の連邦裁判所と，その前身のライヒ大審院の沿革にふれた。ライヒ大審院をモデルにしたことから，日本の大審院についてもふれた。1945年にライヒ大審院は解体した。戦後発足した連邦裁判所は，1990年の東西ドイツの再統一後に，その一部（連邦社会裁判所と連邦行政裁判所）が，旧東ドイツ地域に移動するなどの再配置が行われ，連邦裁判所（BGH）の管轄区域も，変更された。下級審であるラント裁判所とラント高裁（OLG）は，連邦ではなく，ラント（州）の組織であるが，簡単にふれた。連邦自体の下級裁判所を有するアメリカの連邦制とは異なっている。連邦裁判所の現代化の課題の1つである裁判官の男女比についても，ふれた。

第3篇では，ABGBの制定とオーストリアの発展に関する実務家を検討した。1811年のABGBの成立にいたるまでの時期については，ツァイラーのみが著名である。本稿では，それ以外の学者と実務家を扱った。オーストリア法には，官房学の影響が強く，関係する法学者には，官房学的な実務家も含まれるという特徴を有している。

第4篇では，19世紀，とくにその後半以降の学者と実務家を検討している。

近時では，古い官房学的な性格は薄れ，ドイツと同様の法理論家と法実務家に分けられる。しかし，学界に強い影響を与えた法実務家の存在が無視しえない。本篇では，あわせて，オーストリアの最高裁と，行政裁判所，憲法裁判所の関係についてふれている。

3　その他の注意，追記

（1）　収録した論文は，おおむね2010年以降に公表したものであり，全面的な修正はなしえなかった（その後に出された文献を若干補充した）。本としての体裁を統一するために必要な最低限の作業（章節の一致など）や個別的な追加・修正が行われているにとどまる。注なども，基本的にもとのままである（割注を後注に改めたり，番号の修正は行っている）。表現のわかりにくいものや誤りの訂正，若干の加筆・追記は行った。さらに，雑誌の紙数制限から省略したり短縮したところを復活させた部分もある。

もとの論文を書いたときには，一般の法学者をも広く対象としたが，かなり膨大となったために，法学者の事跡はすべて割愛し，別著に委ねることとした（その一部は，拙著「法学上の発見と民法」2016年）。

（2）　ドイツの大学教育の一環として「学位」を取得することについて，ふれる。学者のみならず，法実務家でも，若い時期に学位を取得する例は多い。本書ではたんに学位とのみいっているが，その場合の学位の内容は，「博士」である。ドイツの法学教育において，「博士」が意味をもつのは，大学に独自の卒業資格がなく，国家試験がこれを代用している伝統にもとづいている。大学を卒業して当然に「学士」がえられるわけではないので，とくに論文を書いて「博士」をえるのである。もっとも，20世紀の末から，大学が独自の「学士」を出したり，「修士」「博士」の課程を整備しつつある。

しかし，これらの新しいタイトルは，ヨーロッパ標準のタイトル（アメリカの大学に対抗するためのもの）として新たに創設されたものであり，伝統的な資格ではない。国家試験を対象としない専門大学に由来したり，留学生を確保するという新しい目的にもとづいている。そこで，博士をえるための要件も，わがくにの課程博士のように一定年限，大学院の課程に在籍するということは，伝統的な資格にとっては必要でない。たんに，1，2年大学に長くいて，論文を書くというだけである。日本式にいえば，すべて論文博士である。こうした方式は，中世のイタリアの大学でも同様である。日本では，

課程博士はおもに若年者の，論文博士はおもに年長者のタイトル取得の方法であるが，こうした棲み分けはない。

　構造的に，大学，修士，博士と積み上げる方式は，基本的にアメリカ由来のものである。19世紀までのアメリカの大学は程度が低く（基本的に教養の大学のみ），アメリカから留学する場合には，ヨーロッパでは，ギムナジウムの扱いであった。当初は，日本も同じ扱いであった。そこで，ヨーロッパの大学なみの教育機関として，大学の上に大学院を積み上げたのである。ロースクールが，専門大学院として，教養の大学（ギムナジウム相当）の上にあるのも，その沿革にもとづいている。しかし，第二次世界大戦後，ヨーロッパからの亡命者をえて，アメリカの大学のレベルが上がったことから，大学院は，より高度の機関となったのである。戦前とは異なり，戦後は，ヨーロッパからアメリカに留学する例も多い。社会科学では，留学生向けに簡易にとれる資格として，LL.M. が用意された。そこで，ドイツで博士をえた後に，アメリカで修士相当の LL.M. を取得するという逆転現象も生じている。アメリカでは，3年で卒業するロースクールやメディカルスクールが「博士」を与えるように，博士は必ずしも修士の上の資格というわけではない。専門職に特有の高度資格というだけであるから，日本の課程修士・課程博士のように，年限で差別される資格というわけでもない。卒業後に，どういう資格がえられるかは，むしろ沿革によって決まっているのである（小野・大学と法曹養成制度（2001年）190頁参照）。

　⑶　外国語の人名や地名の表記については，前著「法学上の発見と民法」の序に述べたとおりである。カタカナの表記は，できるだけ一般の表記に従っている。著名な人名などには，慣例となっている表記があるが，それ以外の，あまりポピュラーでないものは，音に従うだけではなく，必要に応じてアルファベットで表記してある。

　出版をお引き受けいただいた信山社および具体的な作業に精力的にご尽力いただいた同社の渡辺左近氏，鳥本裕子氏には，この場を借りてお礼申しあげることとしたい。

2017年3月27日　　　　　　　　　　　　　　　小 野 秀 誠

ix

目　次

はじめに （i）

第1部　ドイツ民法典と法実務家────────────1

第1篇　ドイツ民法典の成立と法実務家 ……………………3

第1章　はじめに ……………………………………………3

1　法曹資格と地位の互換性 ── 法学者と実務家 （3）

2　1900年のドイツ民法典の編纂 （4）

3　日本法上の法実務家 （6）

第2章　ドイツ民法典の編纂と法実務家 …………………7

1　法実務家と法典編纂 （7）

2　法典編纂と連邦制 （8）

3　準備委員会と第一委員会 （10）

4　ライヒ司法部と第二委員会 （13）

5　民法典の成立と変遷 （17）

第3章　各論（ハンザ上級裁判所，連邦上級商事裁判所，ドイツ民法典編纂作業の法実務家） ……………………………20

1　ハンザ上級裁判所の法実務家 （20）

(1)　序 （20）

(2)　ハイゼ（Georg Arnold Heise, 1778. 8 . 2 –1851. 2 . 6 ）（23）

(3)　シュベッペ（Albrecht Schweppe, 1783. 5 . 21–1829. 5 . 23）（24）

(4)　ブルーメ（Friedrich Bluhme, 1797. 6 . 29–1874. 9 . 5 ）（25）

(5)　ジーフェーキング（Friedrich Sieveking, 1836. 6 . 24–1909. 11. 13）（26）

(6)　シュミット（Albert Schmid, 1812. 7 . 18–1891. 11. 14）（26）

(7)　テール（Johann Heinrich Thöl, 1807. 6 . 6 –1884. 5 . 16）（28）

2　連邦上級商事裁判所 （30）

(1)　序 （30）

x　　　　　　　　　　　　目　次

 (2)　パーペ（Heinrich Eduard von Pape, 1816. 9 . 13–1888. 9 . 10）（30）

 3　ドイツ民法典編纂作業の法実務家（32）

 (1)　序（32）

 (2)　プランク（Gottlieb Karl Georg Planck, 1824. 6 . 24–1910. 5 . 20）（32）

 (3)　ベール（Otto Bähr, 1817–1895）（35）

 (4)　キューベル（Franz Philipp Friedrich von Kübel, 1819. 8 . 19–1884. 1 . 4 ）（36）

 (5)　ハビヒト（Hermann Habicht, 1805–1896）（37）

 (6)　ロート（Paul Rudolf von Roth, 1820. 7 . 11–1892. 3 . 28）（37）

 (7)　リューガー（Konrad Wilhelm von Rüger, 1837. 10. 26–1916. 2 . 20）（39）

 (8)　マンドリー（Johann Gustav Karl von Mandry, 1832. 1 . 31–1902. 5 . 30）（39）

 (9)　エック（Ernst Wilhelm Eberhard Eck, 1838. 8 . 21–1901. 1 . 6 ）（41）

 (10)　エールシュレーガー（Otto von Oehlschläger, 1831. 5 . 16–1904. 1 . 14）（42）

 (11)　ヴォルフゾーン（Issac Wolffson, 1817. 1 . 19–1895, 10, 12）（43）

第 4 章　ドイツの最上級裁判所の変遷······························56

 1　神聖ローマ帝国（962年－1806年）の時代（56）

 2　ドイツ連邦（1815年－1866年）の時代（62）

 3　北ドイツ連邦とドイツ帝国（1871年），オーストリア（67）

 4　連邦上級商事裁判所の裁判官（人と経歴）（73）

 5　ライヒ大審院（76）

 6　戦後の展開（85）

第 5 章　むすび······························90

 1　統一的最高裁（90）

 2　近時の連邦裁判官（94）

 3　近時の歴史的課題（95）

目　次　　　　xi

第2篇　ドイツ民法典と法実務家，補遺
　　　　── 第一草案，第二草案にみる法実務家 ……………106

　第1章　第一草案・序（Entwurf eines bürgerlichen Gesetzbuches für
　　　　　das Deutsche Reich, Erste Lesung, 1888）……………106

　第2章　第二草案・序（Protokolle der Kommission für die zweite
　　　　　Lesung des Entwurfs des Bürgerlichen Gesedtzbuchs, 1897）…109

第3篇　シュタウプ（Samuel Hermann Staub, 1856. 3. 21–1904. 9. 2）
　　　　と積極的契約侵害論 …………………………………………122

第2部　プロイセンの実務家とライヒ大審院───131

　第1篇　立法と法実務家の役割 ── ALR の変遷 ……………133

　第1章　ドイツ法の二重構造と法の沿革 ………………………133
　　　　1　連邦法と州法（133）
　　　　2　法ドグマと法実務（134）

　第2章　制定史上の実務家（ALR の制定）……………………136
　　　　1　プロイセンの司法改革（136）
　　　　2　カルマー（Johann Heinrich Casimir Graf von Carmer, 1720.
　　　　　12. 29–1801. 5. 23）（138）
　　　　3　スアレツ（Carl Gottlieb Svarez（Schwartz）, 1746. 2. 27–
　　　　　1798. 5. 14）（139）
　　　　4　一般ラント法の成立（140）

　第3章　自然法的法典のパンデクテン化と実務家 ……………141
　　　　1　序（141）
　　　　2　ボルネマン（Friedrich Wilhelm Ludwig Bornemann, 1798.
　　　　　3. 28–1864. 1. 28）（142）
　　　　3　コッホ（Christian Friedrich Koch, 1798. 2. 9 –1872. 1. 21）
　　　　　（144）
　　　　4　フェルスター（Franz August Alexander Förster, 1819.
　　　　　7. 7 –1878. 8. 8 ）（146）
　　　　5　レーバイン（Karl Adalbert Hugo Rehbein, 1833. 12. 19–
　　　　　1907. 10. 7 ）（149）

xii 目　次

　　6　ライネケ（Otto Ludwig Karl Reineke, 1830. 10. 3 -1906.
　　　1 . 13）（150）

第4章　むすび …………………………………………………………151

　　1　自然法的法典のパンデクテン解釈（151）

　　2　1916年の ABGB の改正（152）

第2篇　プロイセン上級裁判所 ……………………………………159

第1章　はじめに ………………………………………………………159

第2章　沿　革 …………………………………………………………160

　　1　宮廷裁判所（Kammergericht）と不上訴特権（160）

　　2　枢密上級裁判所（Geheimes Obertribunal）（162）

　　3　上級裁判所（Obertribunal）（163）

第3章　上級裁判所の人と業績 ………………………………………164

　　1　上級裁判所の概要（164）

　　2　各　論（166）

　　　(1)　ヴェッグネルン（Carl von Wegnern, 1777. 8 . 3 -1854.
　　　　11. 7 ），（長官　1832–1849）（166）

　　　(2)　ヴァルデック（Benedikt Waldeck, 1802. 7 .31–1870. 5 .12），
　　　　（在任　1844–1849）（167）

　　　(3)　ライヘンスペルガー（Peter Reichensperger, 1810. 5 .
　　　　28–1892. 12. 31），（在任　1858–1879）（167）

　　　(4)　シェリング（Hermann von Schelling, 1824. 4 . 19–1908.
　　　　11. 15），（在任　1874–1875）（168）

　　　(5)　アイヒホルン（Karl Friedrich Eichhorn, 1781. 11. 20–1854.
　　　　7 . 4 ），（在任　1834–1847）（169）

　　　(6)　ホーマイヤー（Carl Gustav Homeyer, 1795. 8 . 13–1874.
　　　　10. 20），（在任　1845–1867）（170）

　　　(7)　ヘッフター（August Wilhelm Heffter, 1796. 4 . 30–1880.
　　　　1 . 5 ），（在任　1846–1868）（171）

第4章　プロイセン司法省と司法大臣 ………………………………172

　　1　司法大臣と大法官（172）

　　2　19世紀の司法大臣（174）

　　3　地域司法大臣（176）

目　次　　　xiii

   4　カンプッツ（Karl Albert Christoph Heinrich von Kamptz, 1769. 9 .16-1849. 11. 3 ）と，レオンハルト（Gerhard Adolf Wilhelm Leonhardt, 1815. 6 . 6 -1880. 5 . 7 ）(177)

 第 5 章　むすび ……………………………………………………180

   1　その他のラントの最高裁（180）

   2　上級裁判所と現在の高裁（OLG）(183)

   3　ライヒ大審院と連邦裁判所（184）

第 3 篇　立法と法実務家の意義 ── ライヒ大審院と実務家 ……192

 第 1 章　はじめに …………………………………………………192

   1　法実務家の役割（192）

   2　ライヒ大審院と連邦裁判所（193）

   3　司法の官僚化（193）

 第 2 章　大審院，ライヒ大審院 ………………………………196

   1　日本の大審院長（196）

   2　ライヒ司法部とライヒ大審院（197）

 第 3 章　ライヒ大審院長 ── 人と業績………………………201

   1　ライヒ大審院長（201）

    (1)　シムソンとブムケ（201）

    (2)　エールシュレーガー（Otto von Oehlschläger, 1831. 5 . 16-1904. 1 . 14）(202)

    (3)　グートブロード（Karl Konrad Gutbrod, 1844. 3 .10-1905. 4 . 17）(203)

    (4)　ゼッケンドルフ（Daniel August Hubert Rudolf Freiherr von Seckendorff, 1844. 11. 22-1932. 9 . 23）(203)

    (5)　デルブリュック（Heinrich Delbrück, 1855. 7 .16-1922. 7 . 3 ）(204)

    (6)　シモンズ（Walter Simons, 1861. 9 .24-1937. 7 .14）(205)

   2　ライヒ司法部長（207）

    (1)　フリードベルク（Heinrich von Friedberg, 1813. 1 .27-1895. 6 . 2 ）(207)

    (2)　ニーベルディング（Arnold Nieberding, 1838. 5 . 4 -1912. 10. 10）(208)

（3） ランズベルク（Otto Landsberg, 1869. 12. 4 -1957. 12. 9 ）
（208）

3 戦後の地区最高裁と連邦裁判所（BGH）（209）

（1） ライヒ大審院の解体（209）

（2） E・ヴォルフ（Ernst Wolff, 1877. 11. 20-1959. 1 . 11）と
地区最高裁（210）

（3） ヴァインカウフ（Weinkauff, 1894-1981）（211）

第4章 むすび ……………………………………………………212

1 ドイツ民法典草案批判（212）

2 A・メンガー（213）

3 立法における法実務家の成果（215）

第4篇 キルヒマン（Julius Hermann von Kirchmann, 1802. 11. 5 -
1884. 10. 20）と法律学の無価値性 …………………………224

第5篇 パーラント（Otto Palandt, 1877. 5 . 1 -1951. 12. 3 ）と法曹
養成，民法コンメンタール（Kurzkommentar）…………233

第3部 ドイツの司法とオーストリアの司法────────243

第1篇 ドイツの連邦裁判所（BGH）と連邦司法 ── 人と業績
…………………………………………………………………245

第1章 はじめに ………………………………………………245

第2章 連邦の類型と連邦裁判官 …………………………………251

1 連邦裁判官（251）

2 アメリカの連邦裁判官と最高裁（253）

第3章 連邦〔通常〕裁判所長官（BGH 長官）……………………254

1 BGH 長官の概観（254）

2 連邦〔通常〕裁判所長官の人と業績（256）

（1） ヴァインカウフ（256）

（2） ホイジンガー（Bruno Heusinger, 1900. 3 . 2 -1987. 8 . 3 ）
（257）

（3） フィッシャー（Robert Fischer, 1911. 8 .22-1983. 3 . 4 ）
（258）

目　次　　　xv

　　⑷　プァイファー（Gerd Pfeiffer, 1919. 12. 22–2007. 2 . 1 ）
　　　　（259）

　　⑸　オーダースキー（Walter Odersky, 1931. 7 . 17–）（260）

　　⑹　ガイス（Karlmann Geiß, 1935. 5 . 31–）（260）

　　⑺　ヒルシュ（Günter Erhard Hirsch, 1943. 1 . 30–）（261）

　　⑻　トルクスドルフ（Klaus Tolksdorf, 1948. 11. 14–）（261）

　　⑼　リンペルグ（Bettina Limperg, 1960. 4 . 5 –）（262）

第 4 章　むすび ……………………………………………………263

　　1　連邦司法大臣（263）

　　2　ライヒ司法大臣と次官（264）

　　⑴　序（264）

　　⑵　ラートブルフ（Gustav Radbruch, 1878. 11. 21–1949. 11.
　　　　21）（266）

　　⑶　次官・ジョエル（Curt Joël, 1865. 1 . 18–1945. 4 . 15）（268）

　　3　省庁再編と司法大臣（270）

　　4　歴史的課題（270）

　　5　旧東ドイツの司法大臣（271）

第 2 篇　ドイツの連邦裁判所の発展と特質 ………………………282

第 1 章　はじめに ……………………………………………………282

　　1　連邦裁判所（282）

　　2　連邦裁判所の部（283）

　　3　ヨーロッパの裁判所（285）

第 2 章　戦前のライヒ大審院とその解体 …………………………285

　　1　日本の旧大審院との比較（285）

　　2　ライヒ大審院（Reichsgericht）（286）

　　3　ライヒ大審院の解体（289）

第 3 章　連邦裁判所の再配置と管轄，刑事第 5 部の所在 …………290

　　1　連邦裁判所の再配置（290）

　　2　連邦裁判所の管轄区域（291）

　　3　ラント高等裁判所（Oberlandesgericht）（293）

　　4　連邦裁判所長官（296）

第 4 章　むすび ── 連邦裁判所の現在 …………………………297

xvi 目　次

>   1　連邦裁判所の現代化（297）
>   2　連邦裁判官の構成（298）

第3篇　オーストリア一般民法典（1811年，ABGB）の200年 —— 啓蒙と官房学の結合 …………307

第1章　オーストリア一般民法典（ABGB）…………307
>   1　はじめに（307）
>   2　立法過程および成立後の変遷（308）

第2章　ABGB の規定と沿革 …………315
>   1　自然法（315）
>   2　ローマ法（317）
>   3　古ドイツ法（319）
>   4　危険負担規定の一部の例（319）

第3章　ABGB の立法における人物 —— 自然法と官房学 …………320
>   1　マルチニ（Karl Anton von Martini, Freiherr zu Wasserburg, 1726. 8 . 15–1800. 8 . 7 ）（320）
>   2　官房学者 —— ユスティ，ホルテン，ケース（322）
>   3　ゾンネンフェルス（Joseph Freiherr von Sonnenfels, 1733 –1817. 4 . 25）（324）
>   4　ツァイラー（Franz Anton Felix Edler von Zeiller, 1751. 1 . 14–1828. 8 . 23）（325）
>   5　トゥーンとウンガー（Josef Unger, 1828. 7 . 2 –1913. 5 . 2 ）（326）
>   6　オフナー（Julius Ofner, 1845. 8 . 20–1924. 9 . 26）（328）

第4章　むすび，ABGB とヨーロッパ法 …………329
>   1　パンデクテン法学とドイツ民法学の影響（329）
>   2　特別法による修正（333）
>   3　ABGB の修正とヨーロッパ法（334）

第4篇　19世紀後半以降のオーストリア法の変遷と民法 …………347

第1章　はじめに …………347

第2章　オーストリア私法の変遷と法学者 …………348
>   1　オーストリア法のパンデクテン化の時期の補遺（348）

目　次　　　　　　xvii

2　転換期以降（350）

3　シェイ（Josef Freiherr Schey von Koromla, 1853. 3 . 16–1938. 1 . 18）（351）

4　エーレンツワイク（Armin Ehrenzweig, 1864. 12. 15–1935. 9 . 29）（352）

5　クラング（Heinrich Adalbert Klang, 1875. 4 . 15–1954. 1 . 22）（354）

6　O. ピスコ（Oskar Pisko, 1876. 1 . 6 –1939. 12. 2 ）（356）

7　ヴェンガー（Leopold Wenger, 1874. 9 . 4 –1953. 9 . 21）（356）

8　ウィルブルク（Walter Wilburg, 1905. 6 . 22–1991. 8 . 22）（357）

9　グシュニッツアー（Franz Gschnitzer, 1899. 5 . 19–1968. 7 . 19）（359）

第 3 章　3 代のエクスナーとオーストリアの大学の改革 ……………360

1　序（360）

2　エクスナーの家系（361）

第 4 章　むすび …………………………………………………364

1　近時の動向（364）

2　補　遺（366）

（1）　戦後の法学者（366）

（2）　シュタインヴェンター（Artur Steinwenter, 1888. 5 . 17–1959. 3 . 14）（367）

（3）　ビドリンスキー（Franz Bydlinski）（367）

（4）　マイヤー・マリ（Theo Mayer-Maly, 1931. 8 . 16–2007. 12. 6 ）（367）

（5）　ヴェーゼナー（Gunter Wesener, 1932. 6 . 3 –）（370）

（6）　ゼルブ（Wlater Selb, 1929. 5 . 22–1994. 6 . 2 ）（371）

（7）　コツィオール（Helmut Koziol, 1940. 4 . 7 –）（372）

3　オーストリア最高裁とライヒスゲリヒト，司法省（373）

人名索引（383）

事項索引（387）

xviii

〔初出一覧〕

第1部　ドイツ民法典と法実務家

第1篇　「ドイツ民法典と法実務家」一橋法学12巻2号1頁，3号61頁

第2篇　「ドイツ民法典と法実務家，補遺－第一草案，第二草案にみる法実務家－」（書き下ろし）

第3篇　「シュタウプ（Samuel Hermann Staub, 1856. 3. 21-1904. 9. 2）と積極的契約侵害論」国際商事法務38巻9号1257頁

第2部　プロイセンの実務家とライヒ大審院

第1篇　「立法と法実務家の役割－ALRの変遷」一橋法学13巻3号3頁

第2篇　「プロイセン上級裁判所とライヒ大審院」独法101号21頁

第3篇　「立法と法実務家の意義－ライヒ大審院と実務家－」商論83巻4号119頁

第4篇　「キルヒマン（Julius Hermann von Kirchmann, 1802. 11. 5-1884. 10. 20）と法律学の無価値性」民事法情報284号27頁

第5篇　「パーラント（Otto Palandt, 1877. 5. 1-1951. 12. 3）と法曹養成，民法コンメンタール（Kurzkommentar）」国際商事法務40巻4号604頁

第3部　ドイツの司法とオーストリアの司法

第1篇　「ドイツの連邦裁判所（BGH）と連邦司法－人と業績－」判時2265号3頁

第2篇　「連邦裁判所の過去と現在」法の支配155号21頁

第3篇　「オーストリア一般民法典（1811年，ABGB）の200年」一橋法学14巻2号237頁

第4篇　「19世紀後半以降のオーストリア法の変遷と民法」一橋法学15巻1号217頁

〔附記〕

　以下の拙著は，【　】による略語で引用することがある。分野にまたがる領域，方法論や基礎的文献の引用にあたっては，本書でも参考とするべきものを含んでいるからである。

初 出 一 覧　　　　　xix

【研究】	危険負担の研究〔1995年〕日本評論社	〔民法研究1〕
【反対給付論】	反対給付論の展開〔1996年〕信山社	〔民法研究2〕
【給付障害】	給付障害と危険の法理〔1996年〕信山社	〔民法研究3〕
【利息】	利息制限法と公序良俗〔1999年〕信山社	〔民法研究4〕
【判例・旧】	民法総合判例研究・危険負担〔1999年〕一粒社	
【専門家】	専門家の責任と権能〔2000年〕信山社	〔民法研究5〕
【大学】	大学と法曹養成制度〔2001年〕信山社	〔民法研究6〕
【土地】	土地法の研究〔2003年〕信山社	〔民法研究7〕
【現代化】	司法の現代化と民法〔2004年〕信山社	〔民法研究8〕
【判例】	民法総合判例解説・危険負担〔2005年〕不磨書房	
【倫理】	民法における倫理と技術〔2006年〕信山社	〔民法研究9〕
【自由と拘束】	契約における自由と拘束〔2008〕信山社	〔民法研究10〕
【理論】	利息制限の理論〔2010年〕勁草書房	
【変動】	民法の体系と変動〔2012年〕信山社	〔民法研究11〕
【債権総論】	債権総論〔2013年〕信山社	
【法学上の発見】	法学上の発見と民法〔2016年〕信山社	

第1部　ドイツ民法典と法実務家

第1篇　ドイツ民法典の成立と法実務家

第1章　はじめに

1　法曹資格と地位の互換性——法学者と実務家

（1）　本篇は，19世紀のドイツの法実務家，とくに裁判官と法学の関係を検討するものである。また，その前提として，かなり複雑な沿革をもつ最上級裁判所の変遷をも検討する。

　ドイツでは，学者と裁判官の間の垣根は低い。ドイツの法曹資格は，大学の卒業資格ともいえるものであり，伝統的なシステムでは，大学には固有の卒業資格はなく，第一次国家試験がこれに代わる。第一次国家試験に合格すれば，2年ほどの司法研修をへて，第二次国家試験を受験し，これにも合格すれば，法曹三者に統一の法曹資格がえられる（Einheitsjurist od. Volljurist）。伝統的には，法学部の卒業生には，すべてこの資格を取得することが予定されており，国家試験に合格しなければ，法学部の学士に相当する資格もえられないのである。ただし，国家試験は，かつてのわが旧司法試験ほどの難関ではなく，これに合格したからといって，法学部の卒業程度のものにすぎない[1]。

　そこで，より高度の資格を目ざす場合には，博士論文（Dissertation）を，教授資格を目ざす場合には，教授資格論文（Habilitation）を書いて，博士や教授資格を取得するのである。博士も，わがくにの伝統的な論文博士のように稀少ではなく，その取得はかなり容易である。一般企業に就職する者や政治家にも取得者は多い。近時では，1992年の債務法現代化草案時の司法大臣，のち外務大臣の Kinkel（FDP）や，2011年5月に，スキャンダルから国防相を辞任した Karl-Theodor zu Guttenberg（CDU）などがいる[2]。これに対し，教授資格は，いわばトップの資格であるから（研究職につくには，国家試験で上位の成績で合格したことも必要である），大学の教授が裁判官を兼任することに支障はなく，しばしば OLG（ラント高裁）などの裁判官職を兼任して

いる。今日では，いずれも多忙な職務であることから非常勤することが多いが，19世紀や20世紀初頭には，普通に兼任することも多くみられた。

　また，ドイツには裁判官の数が多く，裁判官といっても必ずしも裁判実務をしているわけではないことも，これを可能としている。ちなみに，わがくにでも，かなり多数の裁判官が法務省などに出向して，裁判以外の行政職をしている。そして，裁判所内部でも，司法行政や研究に携わる裁判官は多い。

　(2)　さらに，兼任しないまでも，学者から裁判官へ，さらに学者へと移動を繰り返す例もみられる。著名な例では，商法学者のL. Goldschmidtがハイデルベルク大学教授から，1870年に，ライプチッヒにあった（北ドイツ連邦の）連邦上級商事裁判所判事となった例がある（1875年まで。のちベルリン大学教授）。同裁判所は，のちの（ドイツ帝国の）ライヒ上級商事裁判所，さらにライヒ大審院の前身であり，最上級審として，この連邦上級商事裁判所の判決は，実務に重要な役割を果たした。ハイデルベルク大学のある南ドイツのバーデン王国は，当時まだ北ドイツ連邦に加入していなかったが，例外として，構成国外から裁判官に任命されたのである[3]。

　また，ロマニストのKarl Joseph Georg Sigismund Wächter (1797. 12. 24 -1880. 1 . 15) は，チュービンゲン大学教授から，1851年に，当時リューベックにあったハンザ四自由都市の最高裁である上級控訴裁判所（第2代の長官であったが，在任期間は短かった）で勤めた（1852年から，ライプチッヒ大学教授）。

　民法・比較法学者のRabelは，1906年には，バーゼル大学で正教授となったが，そこで高裁の判事をも兼任した（1910年に，キール大学教授）。また，1916年に，彼は，ミュンヘン大学教授となり，そこでも，1920年から25年まで高裁の判事を兼任した。また，1925年ごろには，ハーグの常設国際司法裁判所の特命裁判官（Ad-hoc-Richter）をも兼任した（1926年からベルリン大学教授）[4]。ラーベルだけが特別だったわけではなく，現在まで，兼任の例はいとまがない。

2　1900年のドイツ民法典の編纂

　(1)　本稿第2章と第3章では，とくに1900年のドイツ民法典の編纂にいたるまでの法実務家と法学者の一部を，その業績に照らして検討する。19世紀のドイツの分裂を反映して，多様な，しかし重要な機能を果たした裁判所が

あり，諸ラントや都市の裁判所の構成は複雑である。ドイツ民法典の制定過程でも，種々の法実務家が登場する。その検討には，とくに上級裁判所の変遷を概観することが必要となろう。なお，ドイツ民法典の制定過程そのものについては，すでに多くの紹介がある。詳細はそれらに譲り，本稿では，関連する法学者や裁判官を位置付けるために言及するにすぎない[5]。

　(2)　本稿では，法実務家のうち，19世紀のハンザ上級裁判所に関連する法実務家と法学者，ライプチッヒの連邦（のちライヒ）上級商事裁判所の裁判官と，ドイツ民法典編纂に関わった法実務家を中心に検討する。いずれも多数の者がいることから，一部を検討するにとどまる。また，実体法の観点から言及することが多く，法史的な観点には必ずしも立ち入ることはできない。

　(3)　ドイツ民法典制定の過程のうち，あらかじめ，おもなものを時間的に列挙すると，以下のようになる[6]。

　1871.4.16の憲法（Art.4 Ziff.13）では，民法領域では，ドレスデン草案と同じく債権法のみが連邦の権原内とされていた。ビスマルク憲法の当初の形である。

1873年12月20日	ラスカー・ミケル法（Lex Miquel-Lasker）は，連邦の立法権限を民法全体に対象を拡大
1874年	準備委員会（Vorkommission, L.Goldschmidt）
1874年	第一委員会（Pape, Windscheid）
1888年	第一草案およびその挫折
1890年	第二委員会（Planck, Generalreferent）
1895年10月末	第二草案準備作業の終了
10月7日	連邦参議院の審議の開始（Bundesrat）
1896年1月18日	連邦参議院で，第二草案の可決
3月から2月7日	ライヒ議会で第一読会（Reichstag）
6月12日	ライヒ委員会の審議完了
6月19日から27日	ライヒ議会で第二読会
6月30日から7月1日	ライヒ議会で第三読会。可決
7月14日	連邦参議院で同意。8月24日，成立
1990年	ドイツ民法典（BGB）の発効
1937年	Franz Schlegelberger の「BGB からの決別」　これは，ナチスによる

6　　　　　　　第1部　ドイツ民法典と法実務家

法改変の例である。

1949年	東ドイツ（ドイツ民主共和国）の成立による法分裂
1953年	民法における法統一の回復法（西ドイツ＝ドイツ連邦共和国）
1990年	再統一（東ドイツ民法典1978年，Zivilgesetzbuch）
1991年	債務法現代化法草案（Abschlußbericht der Kommission zur Überarbeitung des Schuldrechts）
2002年	債務法現代化（Schuldrechtsmodernisierungsgesetz）

　第一次世界大戦後の1920年代と1930年代の民法とでは，その理論の変化は大きかったが，ナチス理念の影響が大きいことから，1938年以降の法律の改変は，戦後にすべて廃止されることになった。そして，1953年3月5日の法律（ナチス時代の民法上の修正を包括的に廃止した）は，1900年法を大幅に修正・復活させた（Gesetz zur Wiederherstellung der Gesetzeseinheit auf dem Gebiete des bürgerlichen Rechts, 1953, BGBl.I,33）。もっとも，単純な復活だけではなく，1930年代の変化をも考慮した相当の変更が加えられることも多かった[7]。なお，再統一に伴う東西の法統合や債務法現代化にいたる戦後の発展の時期は，本稿の対象外である[8]。

　3　日本法上の法実務家
　わが民法の起草のさいにも，法実務家の意義は大きい。旧民法の制定過程では，ボアソナードの草案による原案を審議したのは，多くは実務家・裁判官経験者であったし，現行民法典の制定過程でも，3人の起草者（梅謙次郎，穂積陳重，富井政章）と若干の大学教授（土方寧など）のほか，実務家・裁判官経験者の存在は重要であった。実質的にも，その経験にもとづく意見には傾聴するものがみられた。起草者は，必ずしも机上の空論をしていたわけではないのである。彼我の実務家の機能の相違やわが法に与えた法実務家の機能を検討するうえでも，ドイツの法実務家の特徴を明確にしておく必要がある。そして，ドイツの法ドグマ家（Rechtsdogmatiker）と法実務家（Rechtspraktiker）との距離は，想像されるよりも，いっそう近いように思われる[9]。

第1篇　ドイツ民法典の成立と法実務家　　　　7

第2章　ドイツ民法典の編纂と法実務家

1　法実務家と法典編纂

（1）　ドイツ民法典制定の過程では，民法典草案に関する第一委員会と第二委員会が重要な役割を果たしており，そのいずれにおいても，法実務家の関与が重要であった。第一委員会の草案（第一草案）の公表後，世論やギールケ，メンガーなどの批判もあり，委員会の構成を大幅に変更した第二委員会が設置され，第二草案が作成され，種々の変更が加えられた。連邦参議院（Bundesrat，州＝ラントの代表からなる。ラントはかつての領邦国家である）の修正で第三草案が作成された。1896年に，ライヒ議会（Reichstag，帝国議会とも訳されるが，「ライヒ」という言葉は多義的であり，ラント＝諸邦≒現在の州に対し，連邦国家の全体を指している。ワイマール共和国も第三帝国もライヒである。現在では，連邦議会＝Bundestag である。直接選挙により選出され，衆議院にあたる）により可決・成立した（同年8月16日に公布）。草案の数え方にもよるが，Mugdan のドイツ民法典資料の草案比較でも，これら草案と修正案を比較している（1896年6月12日のライヒ議会委員会，同6月20日，22日，23日の総会，6月30日のライヒ議会総会など）[10]。

　第一委員会も第二委員会も，多数を占めたのは，裁判官職の者であった（9人の裁判官・司法省の役人，学者が2人）。司法部門の行政官もみられるが，彼らも，実質的には裁判官身分に属する。裁判官の昇進のプロセスでは，司法省の行政職に出たり，裁判官職に復帰することが繰り返されるからである（この点は，わがくにでも同様であるが，わがくにでは，実際に裁判をするよりも司法行政に携わる方がエリートコースとされ，多少異なる点がある）。わがくにと根本的に異なるのは，連邦制による相違であり，連邦（かつてはライヒ）の権限と，連邦を構成するラント（諸邦）の権限とがあることである。司法省にも，ライヒの司法省と，ラント（プロイセンやバイエルン，ヴュルテンベルクなど）の司法省とがある。そして，当時は統一から日が浅かったことから，ラント間のバランス（なかんずくプロイセンの優越である。場合によってはライヒよりも優越する）が考慮されていた。

　委員会では，大学教授は少なく（2，3名程度），弁護士も，第二委員会でWolffson 1人だけである。高齢の委員が多く，死亡による交替もあった。経

済界の出身者や女性は１人もいなかった。ただし，第二委員会では，非常勤の委員として，商業，農業，政界の関係者が加えられた。フランス民法の４人の起草者（Portalis, Bigot-Préamneu, Tronchet, Maleville）が司法関係といっても弁護士経験の豊かな者であったのとは異なる。そして，わが民法の起草過程でも，旧民法の審議では，裁判官が多数であった[11]。

　(2)　司法官僚の偏重が，ドイツの特徴であるが（1804年のフランス民法典の編纂では，実務家でも弁護士が中心であった），民法典の内容そのものには，ヴィントシャイトの影響が大きく，第一草案は，小ヴィントシャイトと揶揄されるほど，ヴィントシャイトのパンデクテン・テキストの影響をうけたものであった[12]。裁判官の重視は，みかけほどには，当時の学説と実務が乖離していない証左となる。パンデクテン法学は，ローマ法の原典を出発点としたが，19世紀の後半には，古典ローマ法と現代ローマ法とが分裂し，現代ローマ法はドイツで通用する現行法の体系を目ざしていたからである。たんなる純粋のローマ法研究ではない。また，裁判官も，法曹養成のプロセスにおいて，パンデクテンの体系を学んでいたからである。

　2　法典編纂と連邦制

　(1)　ドイツ民法典の制定に関しては，その連邦制への言及が欠かせない。民法編纂事業が連邦の権限内に包含されることが必要であり，1871年のビスマルク帝国は，当初，民法のうち，債権法だけを連邦権限としていたからである。その制約は，1815年のドイツ連邦の時代に遡る。その時代の産物であるドレスデン草案も，債権法の草案にすぎなかった[13]。

　1815年のドイツ連邦の構成諸国（ナポレオン没落後のウィーン体制）は，39カ国であり，内訳は，１帝国（Kaiserreich），５王国（Königreiche），１選帝侯国（Kurfürstentum），７大公国（Großherzogtümer），10公国（Herzogtümer），11侯国（Fürstentümer），４自由都市（Freie Städte）であった。その後，1866年のプロイセン・オーストリアの戦争で，オーストリア（帝国）が除外され，またいくつかのラントがプロイセンに併合された（ハノーバーやクールヘッセンは，1866年に併合，ヘッセン・ダルムシュタットは存続）。

　1867年の北ドイツ連邦の加盟国は，プロイセン，ザクセンなど，22カ国で，普仏戦争後，これに，南ドイツのバイエルン，バーデン，ヴュルテンベルクの３か国が加入し，ドイツは統一された。

第1篇　ドイツ民法典の成立と法実務家　　9

　そこで，1871年の統一時のラント（諸邦）は，プロイセンなど，25カ国であり，内訳は，4王国，6大公国，5公国，7侯国，3自由都市であった。

　1871年のドイツ帝国の連邦参議院における投票権は，プロイセンが17票で，バイエルンは6票，ザクセンとヴュルテンベルクがそれぞれ4票，バーデンとヘッセンがそれぞれ3票であり（その他は21票），合計は58票であった（1871年憲法6条）。

　1867年の北ドイツ連邦の連邦参議院の票数は，プロイセンが17票，ザクセンが4票など，合計43票であった（1867年憲法6条）。1871年憲法との票差は，15票であり，その内訳は，バイエルン6，ヴュルテンベルク4，バーデン3の合計13が増加し，かつヘッセンの票が1から3に増加したことによる。最後の修正点は，ザクセンと，南ドイツのバイエルン，ヴュルテンベルク，バーデンの合計17票（これら諸国は，プロイセンへの抵抗勢力である）とプロイセンの17票が形式上釣り合うのに対し，実質的な北ドイツの票を増すためであった[14]。

各憲法における諸邦の比重

	1867年 北ドイツ連邦	1871年 ビスマルク憲法	1849年憲法	
			オーストリア 38	大ドイツ主義
プロイセン	17	17	40	小ドイツ主義
ザクセン	4	4	10	
バイエルン	―	6	18	
ヴュルテンベルク	―	4	南ドイツ諸邦 10	
バーデン	―	3	9	
ヘッセン	1	3	（ハノーバー10）	
Mecklenburg-Schwerin	2	2	（ここまでで135）	
Braunschweig	2	2	他国　57	
他国	1×17	1×17		
合計	43	58	合計　192票	

（大ドイツ主義といっても，オーストリアのうち，ドイツ系諸地域のみを代表している）

　(2)　北ドイツ連邦の憲法も1871年のビスマルク帝国の憲法も，債権法のみをライヒの権限としていた（Art.4 Ziff.13 Reichsverfassung）。連邦権限の強化は，南ドイツの警戒心をあおり，統一やその維持の妨げになると考えられたからである。民法が政治問題となったのは，ドイツ連邦の時代にもあり，債権法に関するドレスデン草案は，大ドイツ主義の産物とされ，プロイセ

第1部　ドイツ民法典と法実務家

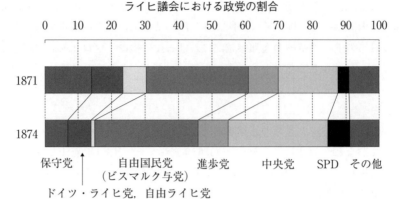

Vgl. Statistik des Deutschen Reichs, (Vierteljahreshefte, 1873 II-2, 1) Die Volkssammlung im Deutschen Reichs v.1871 ; Statistik des Deutschen Reichs, Vierteljahreshefte, 1874 VII-2) Die Reichswahlen v.1874.

はこれに反対したのである。そこで、物権法や家族法をも含む民法全般が意図されたのは、統一後、自由国民党のミケルとラスカーの提案によるものであった。そして、保守党や中央党などの反対を押し切って、4条13号の修正（Lex Lasker）が行われ、ライヒの立法権限は、民法全体に拡大された（1873年12月）[15]。

なお、1870年代のライヒ議会における政党の割合は、上図のようであった。ビスマルク与党の自由国民党が第1党であり、統一民法の推進派でもある[16]。

3　準備委員会と第一委員会

(1)　1874年に、連邦参議院において、5人の実務家からなる準備委員会（Vorcommission）に計画の作成が依頼された。その準備委員会は、ラントの代表からなる裁判官によるものであり、その構成は、以下のようであった[17]。

① Preussen　　　　（Meyer→) von Schelling　　高裁長官（Halberstadt），ベルリン高裁副長官

② Baden　　　　　L.Goldschmidt　　　　　　　上級商事裁判所判事，学者

③ Bayern　　　　　von Neumayr　　　　　　　ミュンヘン高裁長官

④ Sachsen　　　　von Weber　　　　　　　　　ドレスデン高裁長官

⑤ Württemberg　　von Kübel　　　　　　　　　シュトットガルト高裁

長官

　ゴールドシュミットは，1874年3月19日に，「ドイツ民法典起草計画と方法について」（Über Plan und Methode für die Aufstellung einens Entwurfs eines Deutschen bürgerlichen Gesetzbuchs）を著し，起草の基本方針を示している[18]。

　(2)　(a)　準備委員会の提案に従って，1874年に，11人からなる第一委員会（1．Kommission）に，草案の作成が依頼された。第一委員会は，ドイツで行われている私法を合目的性・内面的真実性，および一貫性に照らして，審査するものとされた。その委員長は，パーペであった。その他の委員は，ラントのバランスを考慮して定められた。多くは実務家であり，Roth, Mandry, Windscheidのみが大学教授であった。その詳細は，以下のとおりである（肩書はその後かなりの変化がある）[19]。Windscheidを推薦したのは，バーデン王国であるが，じきにザクセン王国のライプチッヒ大学に移動したことから，彼がたんにラントを代表するものではないことは明らかである。

① Preussen	Pape	ライヒ上級商事裁判所長官	ALR	◎委員長
	Johow	ベルリン高裁判事	ALR	（物権法）
	Kurlbaum	プロイセン司法省参事官	ALR	
	Planck	Celle 高裁判事	普通法	（親族法）
	Derscheid	Colmar 高裁判事	ライン・フランス法	
② Baden	Windscheid	Uni Heidelberg (1871-74)→ Uni Leipzig	普通法	
		（1883年秋に辞任。後任なし，Papeが2票もつことになった）		
	Gebhard	バーデン司法省局長 Karlsruhe	ライン・フランス法（総則）	
③ Bayern	von Roth	Uni München	ゲルマン法	
	von Schmitt	バイエルン司法省参事官	普通法	（相続法）
④ Sachsen	von Weber	Dresden 高裁判事	ザクセン法	

（1888年に死亡，ドレスデン高裁判事 Rüger 後任）

⑤ Württemberg　von Kübel　Stuttgart 高裁判事　　普通法（債権法）

（1884年に死亡，後任は，Mandry 普通法）

(b)　民法の各編（部分草案）を担当したのは，総則は Gebhard，物権法は Johow，親族法は Planck，相続法は v.Schmitt が担当し，債権法は，Kübel が死亡したことから，1864年のドレスデン草案が基礎とされた。各編は共通の討議に付され，1887年に　第一草案が，理由書（Motive）とともに公表された[20]。

　第一委員会の委員には補助者がつき，それらは後の第二委員会では重要な役割を果たした。補助者とかっこ内の者が補助される委員である。Börner (Gebhardt)，Braun (Planck)，Struckmann (Planck)，Ege (Kübel)，Vogel (Kübel)，Achilles (Johow)，Martini (Johow, Schmitt)，Liebe (Martini の後任)，Neubauer (Schmitt)[21]。

　(3)　第一草案は，経済実務だけではなく，法律実務とも関連づけられていなかったことから，各種の批判を浴びた。もっとも著名なものは，ギールケの Der Entwurf eines Bürgerlichen Gesetzbuchs und das deutsche Recht, 1888/89と，メンガーの Das bürgerliche Recht und die besetzlosen Volksklasse, 1890であった。前者は，草案のロマニスト性，とくに生きたドイツ法を無視し，また個人主義に貫かれたことを批判した。メンガーの批判は，草案の時代遅れなこと，経済的な個人主義を批判した。

　民法の統一が意図された当初から時間を経て，来るべき民法は，たんに国民的に統一されるだけではなく，経済的自由主義のほか新たな社会法的な仕組みを必要とする段階に達していたのである。草案の教条主義的なこと，用語の不明確なこと，男女平等の理念に遠いことも問題とされた。こうして，編纂者たちが国民の生活から疎遠であることが明らかにされたのである[22]。

　従来から著名なギールケとメンガーの批判のほか，近時，3つの方向からの指摘がある。第一は女性運動，第二は政党，第三は用語上の運動である。

　第一は，女性運動からの働きかけである。これには，女性労働者と女教師などの社会的地位の高い女性との2つの系統があり，前者は，SPD（社会民主党）の観点であり，第二の立場と共通する。後者は，ライヒ議会の Clara Zetkin (1857-1933) やドイツ女性連盟（Allgemeiner deutscher Frauenverein），

Cauer, Marie Stritt-Dresden などによるものであり，男女平等の主張である。夫婦，扶養，監護権，相続権などの平等を求め，皇太子妃の保護などもあった[23]。従来，ドイツには，女性法律家はいなかったが，スイスでは，Dr. iur. Emilie Kempin（1853-1901）が，法学の学位を取得しており，スイスのみならず，ドイツでも講演を行い，夫婦財産制の平等などを訴えていたのである[24]。

　第二は，政党であるが，その動向は，必ずしも明確ではない。当時は，社会民主党（SPD）も，問題をまだ掘り下げておらず，メンガーの立論は，講壇社会主義に由来するものであり，マルクス理論と関係づけられていないとして，左派からも評価されなかった。階級闘争に興味のないギールケに近いものとみなされた。47人のライヒ議員の1896年の修正テーゼ（Heilslehre）もチボー・サヴィニー論争やイェーリングの理論を超えるものではなく，せいぜい草案の概念性を批判し，その代わりに「生活の目的」(Zweck des Lebens)をもち出したものにすぎない。彼らは，ライヒ議会の民法制定の委員会作業に参加しえなかったし，ギールケの議論とも距離をおいていたのである[25]。

　第三の用語の擁護派は，比較的広く支持を集めた。民法典の用語の難解さを批判するものであり，ギムナジウムの教師の団体やドイツ語協会（Deutscher Sprachverein)がこれに属した。裁判官の中でも，まだ若い Adolf Lobe（1860. 8. 15-1939. 8. 21. のちライヒ大審院の部長，当時，ライプチッヒのラント裁判官。後述第4章5(2)）は，Was verlangen wir von einem bürgerlichen Gesetzbuch? Ein Wort an den Reichstag, 1896, S. 42ff. において，民法典の用語を問題とした。ローマ法に由来するパンデクテン法学には，ラテン語をそのまま専門用語として用いることが通例であったが，ドイツ語協会は，翻訳調の用語を批判し，積極的なドイツ語化が図られた。その結果，債権譲渡では Zession でなく Abtretung，時効では Präskription ではなく Verjährung，相殺では Kompensation でなく Aufrechnung などのドイツ語化が実現したのである[26]。ただし，転換できなかったものもある。

4　ライヒ司法部と第二委員会

　(1)　従来立法の補助を担当していたライヒ司法部（Reichsjustizamt）は，批判的提案を募集・整理する作業に入り，また1890年12月4日の連邦参議院の決議により，第二委員会（2. Kommission）が設置された（発足は12月15日）。

第1部　ドイツ民法典と法実務家

第二委員会は，2人の学者（Planck, Madnry）と8人の法律実務家による常勤の委員と，非常勤の委員からなっていた。非常勤の委員には，ゾームが含まれていた。第二委員会は，非常勤委員を含め，20数名となり，第一委員会よりも規模は大きい。常勤の委員としては，以下の者がいる[27]。第一委員会と比較すると，南ドイツとザクセンの，プロイセンに対する抵抗勢力の割合（5ないし6人から4人）が減少していることが注目される。

① Preussen　Oehleschläger　Reichsjustizamt　◎委員長（ライヒ
　　　　　　　　　　　　　　　Chef　　　　　　　司法部長）

　　　　　　　　（→Bosse →Hanauer →Nieberding→Lisco）

　　　　　　　Planck　　　　Uni. Göttingen　　（総括）

　　　　　　　Küntzel　　　上級参事官　　　　（物権法）

　　　　　　　Eichholz　　　上級法律顧問官

② Baden　　　Gebhard　　　Uni. Freiburg,　　（総則）
　　　　　　　　　　　　　　　バーデン司法省

③ Bayern　　Jacubezky　　上級参事官　　　　（債務法）

④ Sachsen　　Rüger　　　　枢密顧問官　　　　（相続法）

＋1895年から Börner 司法省参事官

⑤ Württemberg　Mandry　Uni. Tübingen　　（親族法）
　　　　　　　　　　　　　　（Küntzel 後任）

⑥ Darmstadt　Dittmar　　　司法省参事官

⑦ Lübeck　　Wolffson　　　ユダヤ系弁護士

　第一草案に対する批判のうち，ゲルマン法の欠如については，批判者であるギールケを委員に加えることが簡便であったが，南ドイツの反対から断念され，ゾームに代えられたのである。ゾームは，カノン法の専門家でもあり，また法典編纂に関する著述も有している（R. Sohm, Die deutsche Rechtsentwickelung und die Codificationsfrage）。刑法典制定後，訴訟法典の制定されるまでの間の論文であり，最後の目標が民法典であるとしている。ローマ法継受からの概観では，ローマ法とドイツ法の危険負担の違いにも言及している（S. 246）。

第1篇　ドイツ民法典の成立と法実務家　　15

　草案の総括報告者には Planck，個別報告者には，総則では Gebhard，債権法では Jacubezky，物権法では Küntzel，親族法では Mandry，相続法では Rüger が，指名された。

　また，非常勤の委員としては，以下の者がいた。

　①商業界 Russel，農業 Danckelmann，国民経済学 Conrad，ゲルマニスト Sohm は教会法の専門家でもある。

　政党では，②自由国民党 Cuny，③中央党 Spahn，④中央党 Gagern，⑤保守党 Helldorf-Bedra，⑥保守党 Manteuffel-Crossen，⑦ドイツ自由思想 Goldschmidt, Hoffmann，⑧ライヒ党 Leuschner

　弁護士は少ない。⑨ Wilke（1891年から）だけである。

　さらに，ライヒ政府委員として，Achilles, Börner, Struckmann がおり，彼らは，いずれも第一委員会の補助者を経験している⁽²⁸⁾。

　なお，1890年には，ライヒ司法部準備委員会（Vorkommission des Reichsjustizamtes）も設置され，1890年1月から1893年4月まで，主委員会が開催されないときに開かれ，そこで決定されたことはライヒ委員によって主委員会に提案され，影響も与えた。総則は，Strukmann, Börner, Achilles, Planck であり，債務法は，Planck, Struckmann, Jacubezky であった（物権法の一部や，家族法と相続法の多くは未審議）。実質的にも，売買は賃借権を破るというローマ法理論を修正することなどにも，影響を与えたとされる⁽²⁹⁾。

　(2)　(a)　1871年のドイツ帝国の憲法（ビスマルク憲法）には，大臣に関する規定がなく，ライヒには内閣も各省大臣もなく（基本的には，首脳部 IV. Präsidium に関する規定があるだけであり，この規定は，皇帝と首相の権能のみに関係する。11条〜19条），ライヒの司法的機能としては，立法への補助とライヒの法律の執行だけであり，裁判所の司法行政についても，ライヒ上級商事裁判所とライヒ直轄のエルザス・ロートリンゲンや海外領に及ぶだけであった。固有の司法省もなく，官庁としては，ライヒ首相の管轄する官房下の官庁（Kanzleramt）があるだけであった。帝国・連邦といっても，北ドイツ連邦と大差はなかったのである。官房下の司法部門の官庁が，ライヒ司法部（Reichsjustizamt）であり，人員もわずかであった（1875年–76年，長官は Delbrück）。法案は，プロイセンの各省が起案し，ライヒ官房に送られたが，最終的な責任は，プロイセン政府がおった。ライヒによる中央集権ではなく，

プロイセンによるラントのヘゲモニーの形態である。下級裁判所の運営と執行は，各ラントの司法省と裁判所（OLG）の下にあった[30]。

ライヒ司法部には，当初，裁判所の運営にあたるほどの人員や能力もなく，立法を主とする機関にすぎなかった（のちのライヒ司法省の原型）。そして，1870年代末には，民訴法や刑訴法の完成に伴い，組織としての存続は，危機に陥った。しかも，社会性の強い立法はプロイセンの各省が独占し，立法機関としての活動も制約されていたことから，民法典編纂事業に関与することにより，延命（あるいは組織の拡大）を図ったのである[31]。

(b) 前述のように（第2章2），民法典編纂のためには，ライヒの立法権限を民法全体に拡大することが必要であり，1873年に，ラスカー法（Lex Miquel-Lasker）により，これが達成された。そこで，1874年に，連邦参議院は，5人の準備委員会を設置し，第一委員会も，ラントのバランスの上で決定された。民法典は，連邦参議院とそれを構成するラントの影響の下に審議されることになったのである[32]。

1887年に第一草案ができ，翌年には，それに対する否定的世論が沸騰したことから，第一委員会は解消され（1889年），ビスマルクの退陣した1890年に，新委員会の設置が決定された。その人選は，第一委員会の時とは異なり，ライヒ司法部の大きな影響下にあった。司法部長 Oehleschläger は，委員長でもあり，人選の決定権を握っていた。その背景は，ライヒ政府とライヒ議会であり，ラントの影響力はいちじるしく減退したのである[33]。

民法編纂への司法部の影響は多々あるので，いちいち立ち入ることはできない。若干のものにだけふれる。もっとも著名な第一草案との変更点は，「売買は賃貸借を破る」を修正したことであるが，雇用に関する保護義務が明示され（618条），また，受領遅滞による障害（615条），労働者の一身的事由による障害で対価支払義務が肯定された（616条）[34]。危険責任は，1871年の損害責任法（Haftpflichtgesetz）が定めていたが，危険責任原理が比較的広く肯定された[35]。

247条では，年利6分以上の消費貸借で，告知権が肯定された（247条）[36]。

343条では，裁判官による違約金の引下げ権能が肯定された[37]。スイス債務法163条3項も同様であり，わが420条1項後段とは異なる。

530条では，忘恩行為による贈与の取消が肯定された[38]。

おおむね小市民的な保護法理が採用されているのは，司法部の実務家の立

場を強く反映したものであろう。また，一般的傾向として，第一草案の失敗にかんがみて，秘密主義から公開主義に転換し，広く世論を喚起する方針がとられたことが注目に値いする[39]。

(3) 1895年に，第二草案が，議事録（Protokolle）とともに公表された。第二委員会は，世論の監視の下で作業し，みずからもその結論の社会的影響を自覚していたから，第一草案ほどの批判は生じなかったが，第一草案の欠陥の多くは，なお引き継がれていた。抽象的な用語や引用と参照の多さ，パンデクテン法学の優越などである[40]。

5 民法典の成立と変遷

(1) 第二草案は，1895年に連邦参議院に提出され，ほとんど本質的な修正をうけずに，覚書（Denkschrift）を付した第三草案として，1896年1月17日に，ライヒ議会に提出され，わずかな修正を経たのみで，同年7月1日，可決された。そこでの修正は，社団法と婚姻法の，政治的論点や，ラント法の留保項目であった。7月14日，連邦参議院が修正に同意し，1896年8月24日に，法典は公布され，1900年1月1日から，発効した。

世紀末には，他の立法，たとえば，民事訴訟法（ZPO，1898年），破産法（1898年），強制競売法（1897年），非訟事件手続法（FGG，1898年），一般ドイツ商法（ADHGB）の修正（新商法典，1897年）も行われた。また，民法の付属法規である不動産登記法（Grundbuchordnung）も，民法と同時に発効した[41]。

(2) なお，民法典の起草資料の集成者として，ムグダン（Benno Mugdan, 1851-1928）にふれておく。1980年代の新資料の公刊まで，ムグダンの起草資料はこの分野随一の典拠であったからである。

ムグダンは，ポーゼン州のKempenのユダヤ系の古い商人の家系に生まれた。社会政治家や，医師などの親戚がおり，著名人では，医師でライヒ議員のOtto Mugdan (1862. 3 . 11-1925. 9 . 15) や，ベルリンの都市参事会員のLeo Mugdan (1857-1926) などもいた。Otto Mugdan は改宗しているが，Benno Mugdan 自身がユダヤ教から改宗していたかは明らかではない[42]。

彼は，長くプロイセンの司法に従事した後，ベルリンの高裁に勤め（Kammergerichtsrat），枢密顧問官となった（この経歴からは改宗していた可能性が高い）。今日では，ドイツ民法典の起草資料（Gesammte Materialien zum Bürgerlichen Gesetzbuch für das Deutsche Reich）の編纂者として著名である。

そこでは，ライヒ議会の総会の民法典審議の議事や草案が収められている。民法の沿革や起草者の意図を検討するさいに欠かせない資料となっている。Die gesammten Materialien zum Bürgerlichen Gesetzbuch für das Deutsche Reich. 5 Bde, 1899（復刻版がある。Neud. 2005）。ほかにも，ライヒ保険法に関する著作がある（Die Reichsversicherungsordnung, 1911）。強制競売・強制管理法や登記法の起草資料もある。Materialien zum Gesetz über die Zwangsversteigerung und die Zwangsverwaltung und zur Grundbuchordnung 1897 ; Materialien zum Gesetz über die Angelegenheiten der freiw. Gerichtsbarkeit 1898.

　また，Die Zwangsvollstreckung mit Ausschluss der Zwangsvollstreckung in das unbewegliche Vermögen ; Nach Prozess- und bürgerlichem Recht は，もともと R. Falkmann による著作であり，その没後 B. Mugdan, F. Siemenroth により継続された（1899/1914）。

　⑶　(a)　1900年に民法典が発効した後，早くに，19世紀のパンデクテン法学，それに立脚する民法典のほころびが現れた。最大のものは，給付障害の体系，とくに不能論の修正である。これについては，ラーベルの功績が大きいが，本稿では立ち入りえない[43]。

　また，第一次世界大戦時からは，行為基礎の喪失が主張された。第一次世界大戦（1914-1919年）後の，ハイパーインフレ，すなわち貨幣価値の下落に対処するものである。エルトマン（Paul Oertmann, 1865-1938）は，1914年の論文「法秩序と取引慣行」において，当事者が予想もしなかったインフレのような事情の変更を契約の解釈において考慮することを試みた。そして，1921年の論文「行為基礎論」において，事情の変更を理由として，当事者間で利益の相当な調整をする新たな制度が必要であるとしたのである[44]。ライヒ大審院は，1922年2月3日に，この理論を採用した[45]。いちじるしいインフレにさいして，行為基礎の喪失の理論が展開された。伝統的な金銭の名目主義（Mark-gleich-Mark-Grundsatz, Nennwertgrundsatz, Nominalismus）に対するものであり，インフレの時期に，経済的不能と契約の期待可能性（Zumutbarkeit）の概念によって，契約の改定と解除を正当化したのである。そして，行為基礎の喪失の概念は，以後，判例と学説によって認められ，2002年の債務法現代化法によって，民法313条に採用されたのである。19世紀のパンデクテン法学が，契約の不安定性への危惧から否定したヴィントシャイトの前

提論の再生である[46]。

　ライヒ大審院は，刑事事件および国家事項では保守的な立場をとっていたが，民事事件においては，かなり斬新な理論を展開した。すなわち，早くに，契約締結上の過失の理論を肯定し，これは，のちの2002年の債務法現代化法では，311条に明文化された。また，276条の解釈から積極的契約侵害の理論を展開し，債務法現代化法では，統一的な給付障害概念である義務違反（Pflichtverletzung）が採用され，280条の損害賠償や324条の契約解除権の基礎となっている。さらに，前述の行為基礎論も，債務法現代化法で明文化されたのである。

　(b)　個別の修正に加えて，民法の体系的な修正も生じた。1933年に，ナチスが政権を掌握すると，ローマ法的基礎を有するものとして民法典に対する全面的な攻撃が加えられた。政治的な論争に言及する必要はないが，民法典のもつローマ法・講壇学的な性格には，前時代からの批判もあり（たとえば，ギールケ＝Otto von Gierke，1841. 1. 11-1921. 10. 10），批判はそれを受け継ぐものでもあった。こうして，ローマ法とゲルマン法を統合した新たな体系が試みられた。それを全面的に押し出したのが，いわゆるキール学派であった。キール学派は，ナチスの政治的要求に迎合し，あるいは逆にこれを利用する形で，理論の構築を図ったのである[47]。

　(4)　「民法典からの決別」（Abschied vom BGB）は，キール学派の目ざした新たな民法の綱領的な文書であり，1937年 1 月25日に，ライヒ司法省参事官の Schlegelberger が，ハイデルベルク大学で行った講演録である。民法典の構造と抽象性を理由に，パンデクテン的構成から民衆の法（volkstümliches deutsches Gesetz）への転換を求めるものである（S. 13）。

　その契機は，ナチスの共同体思想であるが，ギールケなどのパンデクテン批判をも援用している（S. 10. その注 7 参照）。現行民法典のような抽象的な権利の体系のみでは不十分であり，たとえば，土地の所有とたばこの箱の所有では異なり，前者には民族的共同体との関連があるものとする。また，賃貸借でも，住居と車では異なり，前者には動産とは比較にならない生活関係があるとする。それらの配慮の欠ける民法典は過去のものであり，克服されるべきものとする（S. 14）。個別の生活利益の相違に即した法典が必要であるとの大臣の Gürtner の見解や，ヒトラーの言も，わざわざ各所に引用されている（S. 6，S. 16，S. 26ほか）。

とりわけ民法典の総則は，血の通わない概念の集積であり，総則の不要な
ことは，フランス民法典が証明しているとする（S. 21）。健全かつ民衆に近
い法にするため必要な例として，とくに3つのグループ，人に関する法(Per-
sonenrecht)，共同体（Gemeinschaft)，土地法（Grundstücksrecht）をとりあ
げる（S. 22ff.）。そして，人に関する法では，人格権の確立が必要であり，
民法典では不十分であり，名前だけではなく，名誉や自由の保護が必要であ
るとし，共同体の確立には，信義の指導性を必要とし，土地については，そ
の取得だけではなく，内容の上で，隣人との関係や利用の重視，住所や営業
地の正当な位置づけが必要とする。ハイデルベルク大学の先駆者であるティ
ボーの普通ドイツ民法の必要性についての論文（1814年）も引用されている
（S. 25)[48]。新法典を求めるという以上に，あまり脈絡はない。

こうした思想にもとづいて，パンデクテンの総則，債権，物権，親族，相
続の各編は，具体的な生活事実，たとえば，土地，売買，商品と金銭，家族
と相続人，契約と不法行為のように具体化されるのである。また，民法のリ
ベラルな指導原理は排除され，「民族的な生活秩序」が取って変わるものと
される。こうした理論が，ナチスの具体的法秩序論にもとづくことはいうま
でもない。

ただし，ナチスの崩壊とともに，否定され，本質的な民法典の変更は，2002
年の債務法現代化や，同時期の民法典への消費者保護規定の統合まで行われ
ていない。もっとも，これら後代の検討は，本篇の対象ではない[49]。

第3章　各論（ハンザ上級裁判所，連邦上級商事裁判所，ドイツ民法典編纂作業の法実務家）

1　ハンザ上級裁判所の法実務家

(1)　序

(a)　第3章1では，とくに，ゲッチンゲン大学(ハノーバー王国)と，リュー
ベックに存在した4自由都市の最高裁であるハンザ上級控訴裁判所との関連
にふれる。北ドイツのゲッチンゲン大学は，東部のライプチッヒ大学（ザク
セン王国)，南ドイツのハイデルベルク大学（バーデン王国）と並んで，古い
伝統を誇る主要大学であった。

ゲッチンゲンは，ニーダーザクセン州の南端に位置するが，シュレスヴィッ

ヒ・ホルシュタイン州（デンマークとの国境に位置する）の南に位置するリューベックとは、直線距離で300km に満たない。現在でも、急行（IC）では、3時間半から4時間半かかるが、新幹線（ICE）を使えば3時間にも満たない位置関係である。また、ハノーバーは、その領域に、帝国自由都市であるブレーメンを包含し、さらに、ハンブルクとも領域を接している。こうした位置関係から、1737年に創設されたゲッチンゲン大学は、新人文主義と自由な校風により啓蒙期の北ドイツの指導的大学となった。リューベックの裁判所との人的な交流も多い。

　しかし、1837年には、いわゆるゲッチンゲンの七教授事件（Göttinger Siebern. ハノーバー王家のジョージ1世は、1714年に、イギリス王位を承継したが、1837年に、イギリス王位を承継した王女 Victoria は、女系を認めないハノーバーでは王位を承継しえず、イギリスとの同君連合は解消した。即位した Ernst August I による1833年憲法の停止への抗議と、グリム兄弟などの追放）により、その地位は低下した。さらに、1866年に、プロイセン・オーストリア戦争の結果、ハノーバーがプロイセンに併合されたことから、ゲッチンゲン大学は、プロイセンの大学となったのである[50]。

　（b）　ハンザ四都市のための上級控訴裁判所（Oberappellationsgericht der vier Freien Städte, 以下ハンザ上級裁判所という）は、神聖ローマ帝国の解体後（1806年）に、帝国自由都市のブレーメン、フランクフルト・アム・マイン、ハンブルクとリューベック4市の民事と刑事の第三審であり最高裁として、1820年にリューベックに設立された。1648年のウェストファリア条約以降、各ラント（邦）と帝国自由都市は、すでに神聖ローマ帝国（ライヒ）の裁判高権には服さず、ラントとしての上訴特権を獲得した。それぞれが独自に最高裁を有したのである。このハンザ上級裁判所も、ラントの最高裁と同列に位置づけられる。そして、自由都市の取引活動の活発さから、他のラントの最高裁とは比較にならない程度、先駆的な取引の実例を提供し、全ドイツの実務や法理論に影響を与えたのである。連邦全体の上級商事裁判所（ライプチッヒ）と並んで、債権法や商事法の領域で、重要な役割を果たした。

　同裁判所も、ウィーン体制下の1815年のドイツ連邦の憲法12条3項が基礎になっている。同条項にもとづいて上級裁判所が設置された例は、ほかにもある（Land Oldenburg, 1815年, Ernestinischer Herzogtüm 1816年, Drei Herzogtümer Schleswig, Holstein, Lauenburg 1834年など）。ハンザ4都市には、帝国自由都

市の伝統にもとづき，共通の上級裁判所の設立を定める権利が留保されていた。同項では，12条１項の原則，すなわち上級裁判所の設立には，合計して住民が30万人になることが必要という原則に対して，自由都市のための例外があったからである[51]。当初，ハンブルクとリューベックは，独立した裁判所が設立されることによる裁判上の権利の喪失をおそれ，上級裁判所の設立には反対であった。そこで，1806年から，ブレーメンがイニシアティブをとっていたが，実現までに14年もかかったのである。リューベックに設立された新裁判所は，リューベックの従来の上級裁判所（Oberhof）と交代した[52]。

　1820年に，上級控訴裁判所は，活動を開始した。陣容は小さく，裁判官は，長官，６判事，秘書，２書記官からなるにすぎない。また，裁判所には，当初８人，1831年からは，６人の検事（Prokurator）局が付属していた。

　こうした歴史的な関係から，Heise（初代長官），Schweppe, Bluhme をとりあげる。また，ハンザ上級裁判所への就任を断ったゲッチンゲン大学の教授 Thöl をとりあげる。

　なお，ゲッチンゲン大学の著名なパンデクテン法学者 Vangerow の弟 Karl Julius August von Vangerow（1809. 7. 26-1898. 12. 10）は，1837年に，Obergerichtsassessor, 1849年 StA., 1850年 AppGR, 1864年，プロイセン上級裁判所判事（Obertribunalsrat），1870年７月から1879年９月まで，ライヒ上級商事裁判所判事（Reichsoberhandelsgerichtsrat）となり（この裁判所は，1867年の北ドイツ連邦の最高裁であるが，前述のようにその裁判権は限定されていた），その後設立されたライヒ大審院判事ともなった（1879. 10. 1-1883. 4. 1）[53]。

　(c)　ハンザ上級控訴裁判所の初代長官は，ハイゼ（(2)で後述）であり，第２代の長官の Karl Georg von Wächter（Karl Joseph Georg Sigismund Wächter, 1797. 12. 24-1880. 1. 15）は，法学者であり，すぐに大学に戻ったことから，1851年から1852年の間，わずか１年間在職したにとどまる。第３代で最後の長官は，Johann Friedrich Martin Kierulff（1806. 12. 9-1894. 7. 17）であり，1852年から，1879年の同裁判所の廃止まで勤めた。

　その後，同裁判所は，北ドイツ連邦の反逆事件（Hoch- und Landesverrat）の管轄権も獲得したが，その他の点では，しだいに権限を失った。まず，フランクフルトが，1866年のプロイセンとオーストリア間の戦争の結果，1867年にプロイセンに併合されて独立を失ったことから，管轄領域から喪失した。裁判所の名前も，ハンザ自由都市の高等控訴裁判所あるいはハンザ高等控訴

第1篇　ドイツ民法典の成立と法実務家　　　　　　23

裁判所と変更された。ついで，1871年のドイツ帝国成立後は，商事事件については，ライプチッヒのライヒ上級商事裁判所に管轄権を譲った。最後に，1879年10月のライヒ司法法によって，ライヒ大審院が設立され，裁判所の構成が変わり解体したのである。係属中の手続は，ハンブルクのハンザ高裁か，ライプチッヒのライヒ大審院に引き継がれた。詳細については，後述する（第4章2，3参照）。現在では，1947年に設立されたブレーメンの高裁が，歴史的名称を受け継ぎハンザ高等裁判所と呼ばれている[54]。

　イェーリングは，1878年に亡くなったハンザ上級裁判所判事のAgathon Wunderlich (1810–1878. 11. 21) の追悼文で述べている。「リューベックの上級裁判所は，ドイツの学識者の裁判所（gelehrten Gerichtshof Deutschlands）といいうる。……」(Rudolf von Jhering, Agathon Wunderlich. Ein Nachruf (Agathon Wunderlich), Jahrbücher für die Dogmatik des heutigen römischen und deutschen Privatrechts Bd. 17 (1879), S. 145)。

(2)　ハイゼ（Georg Arnold Heise, 1778. 8. 2–1851. 2. 6 ）

　ハイゼは，1778年に，ハンブルクで生まれた。サヴィニー（Friedrich Karl von Savigny, 1779. 2. 12–1861. 10. 25）の前年の生まれである。

　1802年に，ゲッチンゲン大学で学位をえて，ハイデルベルク大学で員外教授，1814年に，ゲッチンゲン大学の教授となった。サヴィニーと親交があり，歴史法学の創設者の1人でもある。1818年に，ハノーバーの官吏となった。さらに，1820年からは，リューベックの四自由都市の上級控訴裁判所の初代長官(Lübecker Oberappellationsgericht)となった。1851年に，彼がリューベックで死亡するまで勤め，同裁判所の地位を高めた。この裁判所は，彼の主導の下に，全ドイツでもっとも注目される裁判所となった。とくに，その判決は，ドイツの商法の立法に影響を与えた。同裁判所の判例についての著作で著名である (Heise, Juristische Abhandlungen mit Entscheidungen des Oberappellationsgerichts der vier freien Städte Deutschlands, 2Bde. 1827–1830)。

　ハイゼは，19世紀の民法学者としても著名であり，大きな成功をおさめている。その中でも，彼は，のちにBGBにも採用された，民法を5分する体系を基礎づけている。しかし，内容的には，サヴィニーの見解に追随するところが多くみられた。1851年に，リューベックで亡くなった。

　ヴィントシャイトは，ドイツでは，法律家にとって名誉ある道は2つしか

なく，そこでは，ベルリンでサヴィニーの後継となるか，リューベックでハイゼの後任となるかである，といっている。先のイェーリングの言と合わせると，ハンザ上級裁判所の権威の高さが感じられる（(1)参照）。また，Johann Heinrich Thöl（1807. 6. 6–1884. 5. 16. 後述(7)）によると，同裁判所は，ドイツの商法の発展に大きな影響を与えた。そして，商事裁判という管轄の外でも，バイエルンとプロイセン，のちには，その他のラントによっても，仲裁裁判所として，ラント間の紛争解決のために用いられた。それだけ中立的裁判所として信頼を帯びていたのである。また，同裁判所は，4都市の法曹養成の任務を帯び，国家試験をもしていたのである（ちなみに，現在でも，ドイツの国家試験は，各ラントの高裁によって行われている）(55)。

　ハイゼのほかの著名な裁判官としては，Friedrich Bluhme（1797. 6.29–1874. 9. 5），Friedrich Cropp（1790. 7. 5–1832. 8. 8），Johann Friedrich Hach（1769. 8.17–1851. 3.29），Richard Eduard John（1827. 7.17–1889. 8. 7），Ernst Adolf Laspeyres（1800. 7. 9–1869. 2.15），Christian Gerhard Overbeck（1784–1846），Carl Wilhelm Pauli（1792. 12. 18–1879. 3.18），Georg August Wilhelm du Roy, Schlesinger, Zimmermann, Albrecht Schweppe（1783. 5.21–1829. 5.23，後述(3)），Johann Friedrich Voigt（1806. 8.26–1886. 5.22，のち Reichsoberhandelsgericht の判事，1870–1879）などがいる。

　(3)　シュベッペ（Albrecht Schweppe, 1783. 5.21–1829. 5.23）

　シュベッペは，1783年，ヴェーザー河畔の Nienburg で生まれた。ゲルマニストのアイヒホルン（Karl Friedrich Eichhorn, 1781. 11. 20–1854. 7. 4）の生まれた翌々年であった。

　1800年から，ゲッチンゲン大学で，法律学を学んだ。1803年に，博士論文 De querela inofficiosi testamenti によって，学位をえた。Hugo の弟子である。ゲッチンゲン大学で私講師となり，1805年に，キール大学に員外教授として招聘され，1814年に，正教授となった。1818年に，ゲッチンゲン大学の正教授となった。ゲッチンゲン大学では，冬学期の法史と民訴法，夏学期のパンデクテンの講義を交互に行った。パンデクテン講義の内容は，1806年に公表した自分のシステムにもとづいていた。

　1822年に，リューベックにある四自由都市の上級控訴裁判所（Oberappellationsgericht）の裁判官となり，1829年，リューベックで亡くなった。まだ，

第1篇　ドイツ民法典の成立と法実務家　　25

46歳であった。

パンデクテンの編別に関する論文 Entwurf eines Systems der Pandek-
ten, 1806, 3. Aufl., 1812. があり，パンデクテンに関する以下の著作の基礎
となっている。

Das römische Privatrecht in seiner heutigen Anwendung, 4.Aufl. 1828
/33. 著者の死亡後の版がある。ゲッチンゲンの Wilhelm Mejer による。物
権法が先にくる古い体系によるが，実務にも使用しやすいテキストの形式を
とっており，初版は，1814/15で，2 版は1819年であった。

　1．Einleitung und Allgemeiner Teil

　2．Dingliches Recht

　3．Obligationenrecht

　4．Familienrecht

　5．Erbrecht

ほかに，以下のものがある。

Das System des Concurses der Gläubiger, 1812, 2. Aufl., 1824.

Römische Rechtsgeschichte und Rechtsalterthümer, 1822/26.

System des römischen Privatrechts, 1814/15；2. u. 3. Aufl., 1819/22；
4. Aufl.,Teil 1 und 2 1828. ただし，3 Teile（3－5）は，彼の死亡後，Johann
Wilhelm Mejer によって，1830年，1832年，1833年に公刊された[56]。

(4)　ブルーメ（Friedrich Bluhme, 1797. 6 . 29–1874. 9 . 5）

　ブルーメは，1797年に生まれ，1817年から18年，ゲッチンゲン大学で法律
学を学び（Hugo と Heise が師である），ついでベルリン大学で，サヴィニー
の下で学んだ。サヴィニーの勧めにより弁護士になることをやめ，アカデミッ
クな進路を志した。ゲッチンゲン大学でハビリタチオンを取得し，ハレ大学
で正教授となった。1831年に，ゲッチンゲン大学に招聘されたが，じきに
リューベックの上級控訴裁判所の裁判官となった。裁判官を10年勤めた後，
1843年に，ボン大学の教授となった。パンデクテンの集合理論（Massentheo-
rie）を唱えた。すなわち，ローマ法の法文の断片をそのまま解釈するので
はなく，1 つの体系として位置づける理論であり，これは，19世紀のパンデ
クテン法学が，ドイツ法体系を形成する端緒となったのである。当時のもっ
とも著名な学者の 1 人となった[57]。Übersicht der in Deutschland geltenden

Rechtsquellen, 2.Aufl., 1854/55が主著である。

⑸　ジーフェーキング（Friedrich Sieveking, 1836. 6 . 24-1909. 11. 13）GND：
　　13914658X

　ジーフェーキングは，1836年 6 月に，ハンブルクで生まれた。ハンブルク
で商人や法律家を輩出した古い家系であった。コンメンタールで著名なシュ
タウディンガー（Julius von Staudinger, 1836. 1 . 28-1902. 1 . 1 ）と同年の生
まれである。父は，ハンブルクの第 1 市長 Friedrich Sieveking（1798-1872）
であり，祖父は，啓蒙家の Georg Heinrich Sieveking（1751-1799）であっ
た。

　ゲッチンゲン大学で法律学を学び，ゲッチンゲン大学では，学生団体
Brunsviga Göttingen に属した。1858年に，ハンブルクで弁護士となった。
1857年には，21歳で，ハンブルクの商人の代表団の 1 人として，ストックホ
ルムに行き，信用供与の交渉に携わった。彼は，1822年から1877年まで，弁
護士として，Johann Carl Knauth の設立した財団で働いた。

　1857年に，彼は，のちに参事会員や市長となった Johann Heinrich Bur-
chard と Otto Wachsmuth をその属僚とした。1874年に，ハンブルクの議
会議員となり，1877年には，Hermann Goßler のあとをうけて，ハンブル
クの参事会員となった。ハンブルクの憲法では，参事会員は 6 年の任期であっ
たが，1879年に辞職し，新たに設立されたハンザ上級控訴裁判所の長官となっ
た。この裁判所は，帝国自由都市であるブレーメン，ハンブルク，リューベッ
クに共通の上級裁判所であった。彼は，1909年に死亡するまでその職にとど
まったのである。1909年11月に，ハンブルクで亡くなった。

　海法にも詳しく，1889年からは，国際海法会議の会長でもあった。ハンブ
ルク OLG の前の広場は，彼を記念して Sievekingplatz と称されている。OLG
の玄関広間には，彼の胸像がある。娘の Olga（1881-1965）は，のちのハン
ブルク市長の Rudolf Petersen と結婚した[58]。

⑹　シュミット（Albert Schmid, 1812. 7 . 18-1891. 11. 14）

　シュミットは，1812年に，ニーダーザクセンの Leinde（Woflenbüttel の一
部，ブラウンシュワイクの南12km である）で生まれた。父の Friedrich Christian
Ernst Schmid は，Leinde の牧師であった。生年は，初代ライヒ大審院長の

シムソン（Martin（Eduard Sigismund）von Simson, 1810. 11. 10–1899. 5．2）とほぼ同年である。シュミットは，3月革命の前に，その思想に共鳴し，体育学教授の Turnvater Jahn の国民自由主義の思想に賛同していた。1828年に，Wolfenbüttel の学生とともに，体育協会（Turnergemeinde）を創設した。その経歴は，裁判官としては異色のものである。

1830年に，ゲッチンゲン大学で法律学の勉学を始めた。1830年に，禁圧されていた学生団体に加入した（Alte Göttinger Burschenschaft）。ほかにも，Burschenschaft Fäßlinaner Heidelberg, Alten Heidelberger Burschenschaft Franconia, Jenaischen Burschenschaft などの政治活動をする学生団体にも加入した。

1831年には，ゲッチンゲンの革命運動にも参加し，市を去らなければならなくなった。勉学は，ハイデルベルクで継続した。しかし，1832年に，反政府的な Hambacher Fest に参加したことから，アカデミックな市民権（Bürgerrecht）をも剥奪され，イエナに移った。ここでも，Burschenschaft Germania に加入し，革命運動を続けた。大学の守衛に暴行したことから，放校された。キールに移ったが，そこでも，1833年に放校にされ，Eisenach に移った。1年半の手続の結果，反逆罪（Hochverrat）で，1年の禁錮を言い渡された。

1836年に恩赦をうけ，放免され，学業に復帰した。1839年に，学位をえて，1840年に第一次国家試験，1846年に第二次国家試験に合格した。1848年まで，Wolfenbüttel の郡裁判所の試補をした。1848年に，フランクフルト国民議会の選挙に出たが，落選した。弁護士や鑑定人（Schöningen）となり，1850年からは，区裁判所判事，1851年に，Holzminden の検察官となった。1854年に，第三次国家試験に合格し，ラント議会から，Wolfenbüttel の上級裁判所（Obergericht）判事に選任された。

法律的活動のほか，1856年と1871年には，ラント議会に選ばれた。1867年に，Braunschweig 選挙区から，北ドイツ連邦の制憲議会（Reichstag）に選ばれた。そこでは，自由国民党に属し，ビスマルクの立場を擁護した。

1875年に，上級裁判所の副長官となった。1879年のライヒ司法法（Reichsjustizgesetze）によって，各邦の上級裁判所は，ラント高裁（OLG, Oberlandesgericht）となった。1879年に，ブラウンシュワイクにあったラント高裁（Wolfenbüttel）の長官となった。5人評議会（Regenschaftsrat）のメンバー

にもなった。この評議会は，1884年に，子のない Wilhelm 大公の死亡後，翌年まで Braunschweig 公国を指導した（以後，プロイセンの Prinz Albrecht の統治となる）。1891年に，ブラウンシュヴァイクで長官在職のまま亡くなった。

　Die Grundlehren der Cession, nach römischem Recht dargestellt, 1866 では，債権譲渡における 2 つの理論（真実の譲渡と虚偽の譲渡，wirkliche und fingierte Cession），譲渡人の訴権（他人の名前による直接訴権と自己の名前による派生（utilis）の訴権）の区別を検討する。研究の意図は，現行法に，ローマ法の原理を明確にして，確実な基礎を与えるためであった。パンデクテン法学者の Mühlenbruch の見解が出発点であった。すべてのローマ法源の検討も目的とされている。以下の編別となっている。

1．wirkliches mandatum agendi in rem suam
2．fingiertes mandatum agendi in rem suam oder fingierte Cession
3．directe agere alieno nomine
4．die utilis actio des Cessionars
5．Heutiges Recht
　ローマ法大全や，Jacques Cujas の Opera omnia（1722）の出版をしている[59]。

(7)　テール（Johann Heinrich Thöl, 1807. 6. 6-1884. 5. 16）

　テールは，1807年に，リューベックで生まれた。同じゲルマニストのベーゼラー（Beseler, 1809. 11. 9-1888. 8. 28）よりも，2 年年長である。父親は，造船会社 Thöl & Minlos の共同経営者であったが，彼の勉学中に亡くなり，家族は経済的に困難になり，兄は商人となった。テールも当初は商人になろうとし，その商人性は，のちの著述にも反映されている。

　1821年から，教会付属学校（Catharineums）に通った後，1826年に，ライプチッヒ大学で法律学の勉学を始めた。1827年に，ハイデルベルク大学に移り，Carl Mittermaier と Thibaut の講義に感銘をうけた。チボーは，民事の方法論のモデルとなり，ミッターマイールは，ドイツ私法の領域に必要な構成に寄与したのである。のちの小説家の Jean Paul や August Reichensperger とも親交を結んだ。1829年に，ディゲスタの解釈に関する論文で学位をえて，1830年に，手形法でハビリタチオンを取得した（everbi an ordre cambiis vel indossamentis inserti vi atque effectu, 1830）。

第1篇　ドイツ民法典の成立と法実務家　　　　29

　1837年，ゲッチンゲン大学で私講師，員外教授となった。このゲッチンゲンの時代には，ほかに，Albrecht, Kraut, L.Duncker などのゲルマニステンがいた。ゲッチンゲンの七教授事件（前述第3章1(1)）に連座して，一時期講義を免じられた。1842年に，ロシュトック大学で，ドイツ法の正教授となった。1849年に，じきに学長となった。

　ロシュトックでは，先任のゲルマニストとして，Georg Beseler がいた。両者に親交はあったが，学風は異なった。彼は，歴史的というよりは，ドグマ的だったからである。現行法に興味をもち，ドグマの構築を好んだ。1844年に，ロシュトックの商人 Lewenhagen の娘と結婚し，2人の息子ができた。彼らはともに，ツェレとハンブルクの高裁判事となった（1人は後述）。

　Friedrich Genzken の後任として，Mecklenburg-Strelitz の選挙区から，フランクフルト国民議会の代表となり，1848年11月から1849年5月まで属した。Augsburger Hof の党派に属し，1849年5月からは，立法委員会に属した。

　1849年に，ゲッチンゲン大学（Georg-August-Universität）のドイツ法の正教授となった。リューベックの Jung-Lübeck のグループにも属した。Johann Friedrich Hach の後任として，4自由都市の上級裁判所に招聘されたが，断った。同裁判所の判事 Friedrich Cropp には，彼のハビリタチオン論文が献呈されている（ただし，単独ではなく Mittermaier も対象となっている）。1879年に，リューベックの名誉市民となった。1884年に，リューベックで亡くなった。

　主著は，Das Handelsrecht, 1851/80. である。19世紀の商法テキストとしては，最良のものといわれた。近代の商法の始まりが述べられている。従来の商法テキストで通例であった種々の取引と細かな法律関係にはふれず，概念的・論理的なドグマを中心に記述している。ローマ法起原のものもゲルマン法起原のものも，新旧の制度いずれも，ロマニスト的な方法で，明確な基礎の上に扱われている。この民法的な方法によって，体系的な記述に成功している。1841年に1巻が（1. Teil, Der Handel；2. Teil, Kaufmann；3. Teil, Die Waare；4. Teil. Die Handelesgeschäfte），1847年に2巻（手形法）が出た[60]。

　ほかに，Volksrecht, Juristenrecht, Genossenschaften, Stände, gemeines Recht, 1846がある。

30 第1部　ドイツ民法典と法実務家

ライヒ大審院判事の Georg Heinrich Thöl (1845. 1. 10-1909. 5. 28) は，ロシュトック時代の子と思われる。Georg は，1845年に，Rostock で生まれ，1867年に任官し，1874年に，区裁判所判事，1876年に，高裁試補，1879年に，ラント裁判官，1888年に，ラントの上席裁判官，1892年に，高裁判事，1901年4月1日に，ライヒ大審院判事となり，在職のまま，1909年に亡くなった (Lobe, S. 369)。

2　連邦上級商事裁判所

(1)　序

連邦上級商事裁判所そのものについては，後述「第4章　ドイツの最上級裁判所の変遷」で後述することにし，以下では，その長官であった Pape のみを検討する。Pape については，むしろドイツ民法典の編纂事業（第一委員会の委員長）で著名である。

(2)　パーペ (Heinrich Eduard von Pape, 1816. 9. 13-1888. 9. 10)

(a)　パーペは，Brilon (Nordrhein-Wesfalen 州の東部，Sauerland の東部，すぐに Hessen 州である) で，1816年に生まれた。父は，Kaspar Anton Joseph (1782-1854)，Brilon の市裁判官で法律顧問であり，その父も，Sauerland の裁判官であった。母は，Maria Brigitta Franziska (1787-1819)，その父は，領事　Friedrich Anton Suren であった。1859年に，Clara Heineken (1832 -1908) と結婚し，息子が2人と娘が1人がいる。

パーペは，Brilon のギムナジウムに通った。ナポレオン戦争後の復古主義の時代であった（メッテルニヒによるウィーン体制）。Recklinghausen で，アビトゥーアに合格した後，1833年から36年，ボン大学とベルリン大学で，法律学を学んだ。ボン大学では，彼は，学生団体の Corp Westphalia Bonn のメンバーであった。1837年に，インターン (Auskultator) としてプロイセンの司法職についた。その後，補助裁判官として働いた後，高裁の試補 (Assessor) となり，1850年には，郡裁判官 (Kreisrichter)，シュテッティンの海事・商事裁判官となり，1856年には，ケーニヒスベルクの高裁裁判官となった。

1858年から1861年に，彼は，ドイツ商法典の編纂のためのプロイセンの委員となった（普通商法典・ADHGB は1861年に，ドイツ連邦法として成立。1871年にライヒ法となった）。1859年には，枢密顧問官と司法省の上申官 (vortragender Rat) となった。1861年から64年には，プロイセンの民事訴訟手続の改正作業に関与した。1867には，枢密法律顧問官（Geheimer Oberjustizrat）となり，北ドイツ連邦の参議院と関税同盟においてプロイセン代表となった。前者において，彼は，北ドイツ連邦の民事訴訟法草案の編纂委員会に携わった。

　(b)　パーペは，1869年に，北ドイツ連邦の連邦上級商事裁判所（Bundesober-handelsgericht）の長官となった（1879年まで）。この裁判所は，1871年のドイツ帝国の成立後は，ライヒ上級商事裁判所となり（前述のように，ライヒは当初，債権法のみを管轄し，民法全体を管轄していなかったからである），さらに，1879年には，ライヒ大審院となった（裁判所構成法（Gerichtsverfassungsgesetz, 1877. 1. 27，発効は1879. 10. 1）によって設立）。パーペは，この間，北ドイツ連邦とドイツ帝国の上級裁判所の長官の地位を保持したのである。ただし，裁判所構成法制定後のライヒ大審院判事とはならなかった。最初のライヒ大審院長には，Eduard von Simson（1810-1899）がなった（在任は，1879. 10. 1～1891. 2. 1の12年）。

　1871年のビスマルク憲法の原規定では，ライヒの管轄権は，民法では債権法のみであり（Bismarcksche Reichsverfassung（1871）in der Vorschrift der Angelegenheiten der Reichsgesetzgebung, Art.4, 13），これは，1815年のドイツ連邦も同様であり，それゆえ，1866年のドレスデン草案は，債権法のみを対象としたが（なお，同草案は，1900年のドイツ民法典の債権編の基礎となった），1873年12月20日の改正によって（前述のラスカー法，RGBl. S. 379），ライヒの権限は，民法の全体に拡大されたのである。

　1873年に，パーペは，ビスマルクから，真正の枢密顧問官（Wirklicher Geheimer Rat mit dem Prädikat Exzellenz）の称号をうけ，ドイツ民法編纂の第一委員会の委員長となった。この委員会は，1888年に，第一草案を完成させた。しかし，彼は，同年に亡くなったことから，民法典編纂の第二委員会に関与することはなかった。

　1879年に，彼は，ライプチッヒ大学から，哲学博士号を授与され，またライプチッヒ市から，名誉市民とされ，また，1887年には，故郷の Brilon 市の名誉市民となった。現在の Horstwalder Straße in Berlin-Lichtenrade は，1904年から1949年の間，彼を記念して，Papestraße と呼ばれた（Tempelhof-Schöneberg, Ortsteil Lichtenrade）。ただし，かつて S-Bahn にあった Papestraße という駅（現在，Südreuz）は，プロイセンの将軍 Alexander August Wilhelm von Pape（1813. 2. 2–1895. 5. 7）にちなんでいる[61]。両者の関係は，明確ではない。

（c）　連邦上級商事裁判所の他の裁判官については，後述する（第4章参照）。のちのライヒ大審院判事 Karl Eduard Pape（1836. 5. 17–1896. 12. 18）との関係も，明確ではない。

3　ドイツ民法典編纂作業の法実務家

(1)　序

BGB 制定の過程では，制定作業にかかわった実務家の意義が大きい。Pape, Bähr, Habicht, Kübel, Planck, von Weber などである。とくに，第一草案の制定には，多くの裁判官職と司法官僚の者がかかわっている（途中で死亡した者もいるので，数え方にもよるが，9人の裁判官とライヒ司法部の高官，学者が2人）。そして，ライヒ司法部の役人は，おおむね裁判官の出身者であるから，圧倒的に裁判官身分の者が多かったのである（一部の者については，場合により別の項目のもとで扱う）。

なお，BGB 制定の関係では，学者の Roth，第二委員会で唯一の常任の弁護士代表であった Wolffson も扱う。その他の者については，立ち入らない。

(2)　プランク（Gottlieb Karl Georg Planck, 1824. 6. 24–1910. 5. 20）

プランクは，1824年，ゲッチンゲンで生まれた。父親は，法律家の Wilhelm Planck であり（Celle の上級控訴裁判所判事），彼の家は，ヴュルテンベルクの学者の家系であった（祖父の Karl Gottlieb Georg Planck は，1784年に，ゲッチンゲン大学の新学部に招聘された。従兄弟の Julius Wilhelm Planck は訴訟法学者）。ハノーバー近くの Celle のギムナジウムで大学入学資格試験・アビトゥーアを取得したのち，ゲッチンゲン大学とベルリン大学で法律学を学んだ。ゲッチンゲンでは，彼は，学生団体の Hanseatia と Hildeso-Cellensia に属した。ベルリンでは，プフタから学んだが，そこでは，法律学のほか，哲学をも学んだ。

1846年初頭に，勉学を終えるときの成績は最優等（summa cum lauda）であった。ドイツの国家試験の成績は，上から順に，① sehr gut,② gut,③ voll-befriedigend,④ befriedigend,⑤ ausreichend,⑥ bestanden nicht=mangelhaft であり，現在では，①と②の占める割合は，それぞれ0.1～0.2％と2～3％程度である。(①，②を，ラテン語で summa cum lauda, magna cum lauda といい，これは，あたかも科挙において，1番を状元，2番を榜眼，3番を探花と称するようなものである)。著名な法学者や実務家には，gut はしばしばみられるが (Palandt など)，sehr gut は，まれである。おそらくトップということである。

1848年に，ハノーバー王国で司法職についた。政治活動や労働活動をしたことによって，1849年にはオスナブリュックに，ついで1852年に東フリースランド (北海の沿岸エムデンの後背地) のオーリッチに左遷された (1848/49年の国民議会憲法を支持したことを理由とする)。1852年と55年の間，ハノーバー王国議会の第二院の議員で，リベラルな野党に属した。

プランクは，1855年に，憲法委員会 (Verfassungsausschuss) の動議の共同署名者となった。さらに，彼は，裁判官として，ハノーバー憲法の広い部分の効力停止が無効であるとの，オーリッチ裁判所の判決にもかかわった。そのために，ニーダーザクセン東端 (エルベ河岸) の Danneberg に左遷された。そこで，彼は，のちのプロイセンの国務・財務大臣であり改革者のミケル (Johannes Miquel, 1828. 2. 19–1901. 9. 8) と知り合った (前記のラスカー・ミケル法は，1873年)。プランクは，1855年の法律にも反対であり，1856年に，反対する文書を出したことで懲戒を加えられた。1859年にも，処分され (1863年まで，3分の2の休職給とされる)，また名目的にはまだ公務員であるとして，弁護士活動をも禁じられた。

プランクは，1859年に，国民協会 (Deutscher Nationalverein) の創設者の1人となった。これは，政党に近い団体で，自由と民主主義をモットーとした。1867年まで存続し，プロイセン主導の小ドイツ主義による統一を目ざした。統一のためには，プロイセンの専制的政治形態をも当面は容認するものとした。ビスマルク与党の自由国民党 (Nationalliberale Partei) に近い。

また，彼は，第1回のドイツ法曹大会に精力的に関与した。政治家の Ludwig Windthorst (1812. 1. 17–1891. 3. 14, カトリックであり，ドイツ統一後にはビスマルクの敵対者となった) の仲介により，彼は，オランダ国境近くの Meppen の高裁に地位をえた。1868年に，彼は，Celle 高裁の裁判官となった。

1866年に，プロイセン・オーストリア戦争の結果，ハノーバー王国がプロ

イセンに併合されたことから，プランクは，政治活動を再開した。彼は，1867年から1873年の間，北ドイツ連邦と，1871年に成立したドイツ帝国議会の議員となった。また，彼は1867年と1878年には，プロイセン下院の議員ともなった。1860年代半ばから，正式に，自由国民党に属した。この政党は，一貫してビスマルク与党である。

　プランクは，1868年に，刑法典と刑事訴訟法典の編纂にも関与している。彼は，死刑の問題において，極刑を回避することを試みた。また，彼は，1870年代に，民事訴訟法典の編纂にも影響を与えている。

　プランクは，この時までに，眼病（Retinopathia pigmentosa）で失明（erblindet）したが（この疾病の点は，フランス民法典の起草者ポルタリス（1746–1807）と同様である），1874年に，民法典編纂の第一委員会に属した。ここで，彼は，家族法の起草を引き受けた。Heinrich Eduard Pape（1816. 9. 13–1888. 9. 10），Bernhard Windscheid（1817. 6. 26–1892. 10. 26），Karl Kurlbaum（1829–1906. 11. 25）などとともに，プランクは，委員会でもっとも影響力のある者となった。また，彼は，1889年に，ゲッチンゲン大学から，名誉正教授（ordentliche Honorarprofessor）の称号をうけた。1890年からは，民法典制定の第二委員会で，彼は総括参与（Generalreferent）となった。その後，1896年には，民法のコンメンタールを著した。今日では，彼は，この大コンメンタールによって知られている。

　プランクは，1910年5月20日に，ゲッチンゲンで亡くなった。2010年は，彼の没後100年であり，同年は，ほかに，Boissonade，梅謙次郎の没後100年でもあった[62]。

　プランクは，学者ではなく司法官であり，かつ政治家であったから，学問上の業績は，それほど多くはない。立法作業が中心である。

　1．Vorschläge zu dem Entwurfe eines Einführungsgesetzes zum bürgerlichen Gesetzbuche　Gebhard, Albert; Johow, Reinhold, 1887.

　後見法の草案と理由書がある。

　2．Entwurf eines Gesetzes über das Verfahren in Vormundschaftssachen und sonstigen das Familienrecht betreffenden Angelegenheiten für das Deutsche Reich, 1881; Begründung des Entwurfs eines Gesetzes über das Verfahren in Vormundschaftssachen und sonstigen das Familienrecht betreffenden Angelegenheiten für das Deutsche Reich, 1881.

家族法の草案と理由書もある。

3．Entwurf eines Familienrechts für das Deutsche Reich, 1880．これは，復刻されている（Familienrecht. -Unveränd. photomechan. Nachdr. d. als Ms. vervielf. Ausg. aus d. Jahren 1875-1888）; Begründung des Entwurfs eines Familienrechts für das Deutsche Reich.

今日では，その名を冠したコンメンタールによって知られている。Planck's Kommentar zum Bürgerlichen Gesetzbuch, 4. Aufl., Planck, Gottlieb ; Strohal, Emil.

Planck's Kommentar zum Bürgerlichen Gesetzbuch. -4., völlig neu bearb. Aufl. Nachd. 1913-1928 Planck, Gottlieb ; Strohal, Emil（hrsg.）.

(3)　ベール（Otto Bähr, 1817-1895）

ベールは，学識ある法実務家である。1817年に，Fulda で生まれ，1834年から，マールブルク大学，ゲッチンゲン大学で法律学を学んだ（Vangerow, Albrecht など）。1844年に裁判官となり，1848年には，クールヘッセンの民訴法草案の制定委員会に入った。1849年に，カッセルの高裁判事となった。1863年に，リューベックで上級控訴裁判所の判事となった。1874年に，プロイセンの上級裁判所判事（Obertribunalrat）となった。1879年10月1日に，ライヒ大審院判事となり，特色ある判断を示した。彼は，実務家として，BGBの第一草案の批判の重要な一員であった。1881年に引退し，1895年に，ライプチッヒで亡くなった[63]。

最初の著作は，Die Anerkennung als Verpflichtungsgrund, 1855である。ほかに，Der Rechtsstaat, 1864，がある。

ドイツ民法典草案批判としては，Das bürgerliche Gesetzbuch und die Zukunft der deutschen Rechtsprechung, 1888．および，Zur Beurtheilung des Entwurfs eines bürgerlichen Gesetzbuchs für das Deutsche Reich, 1888 ; Gegenentwurf zu den Entwürfen eines Bürgerlichen Gesetzbuchs für das Deutsche Reich, 1892．などがある。

また，ライヒ大審院判決に対する研究 Urteile des Reichsgerichts mit Besprechungen, 1883．がある。

(4)　キューベル(Franz Philipp Friedrich von Kübel, 1819. 8 . 19–1884. 1 . 4)

　キューベルは，1819年に，チュービンゲンで生まれた。父親（Karl, 1790–1850）は，法律家であり，解放戦争中，ヴュルテンベルクの陸軍中尉であった。母親（Luise, geb. Christiane, 1790–1851）は，医官（Oberamtsarzt）の娘であった。プロテスタントの家系であった。イェーリング（Jhering, 1818. 8 . 22–1892. 9 . 17）の生まれた前年である。

　1835年から39年，チュービンゲン大学で法律学を学んだ。第一次国家試験に合格し，1841年に，学位をえて，シュトットガルト高裁の民事部とEßlingenの郡裁判所で研修し，後者では，研修後の勤務も行った。EßlingenとUlmでは，検事となり，名誉裁判所の判事もした。1868年，ヴュルテンベルクの貴族となった。1875年に，シュトットガルトの高裁部長となった。また，雑誌(Monatsschrift für die Justizpflege, 1858創刊のWürtt. Archivs für Recht und Rechtsverwaltung, 1869創刊のWürtt. Gerichtsblattes) の共同編集者ともなった。 2息子， 1娘がおり，息子のEugenは，法律家であり，ヴュルテンベルクのCharlotte王妃の閣僚顧問（Kab.rat）となった。

　南ドイツの与する大ドイツ主義の立場から，1863年から1866年，ドレスデンにおかれたドイツ連邦の債務法策定委員会（Dresdner Kommission）に，ヴュルテンベルクの代表として参加した（Entwurf eines allgemeinen Deutschen Gesetzes über Schuldverhältnisse)。ドレスデン草案は，プロイセンの反対で発効しえなかったが，のちに，BGBの債務法の基礎となった。民法典の制定は，しばしば政治的に利用されるが，その内容は，おおむね没政治性を特色とするからである。1874年に，ヴュルテンベルク代表として，連邦参議院から，民法典制定の第一委員会の委員に選定された。ここでは，債務法の部分草案の作成を依頼されたが，病気のために完成することができなかった。同時に，彼は，統一民法のために立法委員会(Gesetzgebungskommission)にも属した。その立場は，基本的に伝統的な法の実体化であり，他の委員と同様に，社会的，政治的な問題への関心は薄かった[64]。以下の業績がある。

　Teilung der Dotalfrüchte nach aufgelöster Ehe, 1841.

　Recht der Schuldverhältnisse, Allg.Teil mit Begründung, 1882.

　Bes. Teil, Entwurf und Begründung, 1. und 2. Hälfte.

第1篇　ドイツ民法典の成立と法実務家　　　　　　　　37

(5)　ハビヒト（Hermann Habicht, 1805-1896）

ハビヒトは，1905年に亡くなったプロイセンの裁判官である。司法試験委員会（Justizprüfungskommission）の委員，プロイセンの枢密顧問官（Geheimer Oberjustizrat）であり，司法省で働いた。BGBの制定にあたって，ドイツ帝国内の多数の法域の経過規定を調べ，ラントによって分裂していた法を，統一的な体系に統合するさいの調整という困難な作業にあたった。法の状況を知り尽くした者のみがなしうる作業であった[65]。

Die Einwirkung des Bürgerlichen Gesetzbuches auf zuvor entstandene Rechtsverhältnisse, Eine Darstellung der Fragen der Übergangsziet, Zweite, unter Berücksichtigung der Ausführungsgesetze sämtlicher Bundesstaaten umgearbeitete und vermehrte Aufl., 1900.

Rechtliche Erörterungen und Entscheidungen gemeinrechtlicher Kontroversen, 1843.

(6)　ロート（Paul Rudolf von Roth, 1820. 7 . 11-1892. 3 . 28）

ロートは，1820年に，バイエルンのニュルンベルクで生まれた。BGB起草者では，キューベル（Franz Philipp Friedrich von Kubel, 1819. 8 . 19-1884. 1 . 4 ）よりも1年若い。

1836年から40年，ミュンヘン大学で法律学を学んだ。1842年に，優秀な成績で，司法研修を終えた。1848年に，エルランゲン大学で学位をえて，1848年にミュンヘン大学でハビリタチオンを取得した。1850年に，マールブルク大学で員外教授となった。1853年に，ロシュトック大学に転じた。1858年に，キール大学，1863年に，Bluntschliの後任として，ミュンヘン大学に転じた。ドイツ私法，法史，国法を教え，1867年からは，バイエルンのラント法も教えた。1866年に，大学の図書館長となった。1872年に，ベルリン大学の招聘を断った。1861年に，Hugo Böhlau(1833-87), Adolf A. F. Rudorff(1803-73), Karl E. G. Bruns (1816-80)などとともに，Zeitschrift für Rechtsgeschichteを創刊した。1852年から，バイエルン学術アカデミーの外部会員，1863年から正会員となった。

1874年に，BGB制定の第一委員会で，1888年まで委員となった。その作業に関わるために，1881年に，ベルリンに引っ越した。1888年に，ミュンヘンに戻ったが，重病になり，1890年に，職を辞した。1892年に，ミュンヘン

38　　　第1部　ドイツ民法典と法実務家

で亡くなった。

彼の業績には，法史と法ドグマの観点が結合している。業績は多く，テキスト批判をした業績もある[66]。解釈学では，あまり独自のものがなく，法典編纂に係わらなければ，今日記憶されるところは少なかったであろう。

初期の業績は，法制史的なものであった。Ueber Entstehung d. Lex Bajuvariorum, 1848 (Diss.)；Die Krongutsverleihungen d. Merovinger, 1848 (Habil.schr.)；Rez. v. Georg Waitz, Die Vfg.gesch., I–II, 1844/47, Gel. Anz. 27, 1848, S. 113–17, 121–60, 181–84；Qu.slg. z. d. Öff. Recht seit 1848, I, 1850, II, 1852 (mit H. Merck) Die Lit. über d. frank. Reichs- u. Ger.vfg., Krit. Vj.schr. f. Gesetzgebung 16, 1874, S. 192–220.

私法では，Ueber Stiftungen, Jbb. f. d. Dogmatik d. heutigen röm. u. dt. Privatrechts 1, 1857, S. 189–220；Die partikuläre Gütergemeinschaft nach kurhess. Recht, Archiv f. pract. Rechts-Wiss. aus d. Gebiete d. Civilrechts, d. Civilprozesses u. d. Criminalrechts : mit namentl. Rücksicht auf Ger.aussprüche u. Gesetzgebung 5, 1858, S. 277–85；Das dt. ehel. Güterrecht, Zs. f. vgl. Rechtswiss. 1, 1878, S. 39–94；Die hypothekar. Succesion u. d. Eigenthümer-Hypothek, Archiv f. d. civilist. Praxis 62, 1879, S. 97–148.

法典編纂と法統一に関して，Ueber Codification d. Privatrechts, ebd. 8, 1860, S. 303–47；Ueber Gütereinheit u. Gütergemeinschaft, Jb. d. gemeinen Rechts 3, 1859, S. 313–58；Pseudoisidor, Zs. f. Rechtsgesch. 5, 1866, S. 1–27；Unification u. Codification, Zs. f. Reichs- u. Landesrecht 1, 1873, S. 1–27；Gutachten über d. Gesetzgebungsfrage : Ist es ausführbar, das ehel. Güterrecht durch e. einheitl. Gesetz f. ganz Dtld. zu codificieren ?, Verhh. d. dt. Jur.tages v. 1874, I, 1875, S. 276–84；Ueber d. Stand d. Bearb. d. dt. Civilgesetzbuchs, Sommer 1876, Ann. d. Dt. Reichs f. Gesetzgebung. Verw. u. Statistik 1876, S. 931–42.

なお，Karl Johann Friedrich von Roth (1780. 1. 23–1852. 1. 21) は，1780年に，Vaihingen (an der Enz) で生まれ，1852年に，ミュンヘンで亡くなった法律家であるが，両者の関係は明確ではない。

第1篇　ドイツ民法典の成立と法実務家　　　39

（7）　リューガー（Konrad Wilhelm von Rüger, 1837. 10. 26–1916. 2. 20）

リューガーは，1837年，ドレスデンで生まれた。父親は，ザクセンの大尉
Johann Christian Wilhelm von Rüger であった。著名な公法学者のラー
バント（Paul Laband, 1838. 5. 24–1918. 3. 23）の生まれる前年であった。

彼は，ドレスデンの桶屋組合の学校にいき，教会付属の学校で，アビトゥー
アを取得した。1856年に，ライプチッヒ大学にいき，法律学を学んだ（1859
年まで）。1860年に，弁護士会の事務局に勤めた。1864年に，博士の学位を
えて，1865年に，みずからも弁護士となった。

1875年に，ドレスデンの高裁で，裁判官となった。翌年，彼は，司法省で
補助官となり，1879年には，上申官（Vortragender Rat）となった。1880年
に，ドレスデンの市長（財務省の局長）となった。1884年まで，勤めた。そ
の後，火災保険委員会（Brandversicherungskommission）の仕事をし，また，
司法省の上申官に復帰した。

1888年から，BGB の制定第一委員会のザクセン代表委員として，BGB の
制定に参加した。1895年に，ドレスデン高裁の検事長となった。1895年から，
またザクセンの総務省の上申官となった。1901年に，ザクセンの司法大臣と
なり，1902年には，財務大臣となった。1906年に，総務省をも兼任した。1910
年に，両者を辞任し，1916年，ドレスデンで亡くなった[67]。

（8）　マンドリー（Johann Gustav Karl von Mandry, 1832. 1. 31–1902. 5. 30）

マンドリーは，1832年，Waldsee（Ravensburg 郡，南ドイツの Württemberg
王国）で生まれた。民法典起草委員の1人ゲープハルト（Albert Gebhard, 1832
–1907）と同年の生まれである。父親も法律家であり（Karl Mandry, ? –1863），
Waldburg-Wolfegg の大侯の上級経理課（Oberrentamt）の専門理事官
（Domänendirektor）であった。祖父の Johann Baptist Mandry は，エルザ
スの Sulz の農民・手職人の家系であり，Waldburg-Wolfegg の大侯に仕え
た。母 Elisabeth Mandry（geb.Fimpel, 1812–1902）は，Sebastian Fimpel の
寡婦であった。

彼は，1841年から45年まで，Ravensburg のラテン語学校にいき，1845年
から49年は，Ehingen のギムナジウムに通った。1849年から，ハイデルベル
ク大学とチュービンゲン大学で法律学を学んだ。1854年に，第一次国家試験，
1855年に，第二次国家試験に合格し，法律の知見を広めるために，フランス

40 第1部 ドイツ民法典と法実務家

とイギリスに旅行した。1858年から59年，シュトットガルトの都市裁判所 (Stadtgericht) に勤めた。1859年に，Ulm のドナウ郡の裁判所に勤め，1860年に，判事補 (Oberjustizassessor) となった。

1861年に，チュービンゲン大学のローマ法の正教授となった。1867年以降は，ヴュルテンベルク私法をも教えた。1862年に，Marie Wörz (1844-1925) と結婚した。彼女は，Waldsee の地方医官の娘であった。3人の子どもが生まれた。長男は，医者となり (Dr. med. Gustav Mandry, 1863-1949)，枢密衛生官 (Geheimer Sanitätsrat) でもあった。次男は，法律家となり，ヴュルテンベルクの司法大臣や高裁長官となった (Karl Mandry, 1866-1926)。娘は，教授 (Franz Hofmeister, 1867-1926) と結婚した。この Hofmeister は，シュトットガルトの Olga 病院の外科部長でもあった。

彼は，地域特別法にも注目しながら，ドイツ統一を自分の学問的見地からも志向していたが，E. Landsberg によれば，1871年のドイツ統一まで，統一にはオーストリアも含めるとの大ドイツ主義 (großdeutsche Lösung) を支持していた。1872/73年，チュービンゲン大学の学長となり，1879年には，チュービンゲン市の都市顧問 (Gemeinderat) となった。

BGB の制定に関しては，以下の功績がある。すなわち，1884年に，BGB の制定のための第一委員会で，ヴュルテンベルク王国の代表となった (Kübel の後任)。そして，1889年まで，家族とともにベルリンに引っ越した。1891年から95年には，BGB 制定のための第二委員会にも属した。その間，新たにベルリンに住んだ。BGB の制定にあたっては，圧倒的に多数を占める北ドイツの法律家に対し，南ドイツの代表として影響を与えた。法実務家が大多数の中で数少ない法学者であり，またライン沿岸に影響を与えたフランス法にも造詣が深かった。BGB の家族編について，連邦参議院でもライヒ議会でも，ライヒ政府の参与として活動した。彼の委員会における活動は，ヴィントシャイトによっても高く評価されている (Alle die seine Tätigkeit in der Kommission kennen lernten, werden darin einverstanden sein, daß das BGB ihm viel verdankt)。

1896年から99年，ヴュルテンベルクの BGB 施行法 (Ausführungsgesetz) の制定委員会の委員長もした。1899年に定年となり，1901年には，ヴュルテンベルクのラント議会の第1院の恒久議員となった。そして，1901年には，第1院の国法と司法・行政の委員会に属した。また，議院で，Hohenlohe-Bar-

第1篇　ドイツ民法典の成立と法実務家　　　　41

tenstein 大公 Johannes の合唱指揮者ともなった。1902年に，チュービンゲンで亡くなった。

　1875年に，騎士十字章（Ritterkreuz）をうけ，のちに，ヴュルテンベルク王冠勲章をうけ，貴族ともなった。Friedrich 勲章をうけ，1899年に，国事顧問官（Staatsrat）となった。1879年から，AcP 誌の共同編者をした[68]。

　以下の著作がある。

Das gemeine Familiengüterrecht mit Ausschluß des ehelichen Güterrechts, 2 Bde.1871/76.

Der civilrechtliche Inhalt der Reichsgesetze, 1878.

Württembergisches Privatrecht, 1901.

Das Grundbuchwesen in Württemberg, Festgabe für A.Schäffle, 1901.

　(9)　エック（Ernst Wilhelm Eberhard Eck, 1838. 8. 21-1901. 1. 6）

　エックは，1838年に生まれた。ラーバントと同年である（Paul Laband, 1838. 5. 24-1918. 3. 23）。1860年に，カノン法における刑罰の本質（De natura poenarum secundum iuscanonicum, Über das Wesen der Strafen gemäß dem kanonischen Recht）に関する論文で，ベルリン大学で学位をえて，1866年に，ハビリタチオンを取得した。1872年に，ギーセン大学，1873年に，ハレ大学，1877年に，ブレスラウ大学，1881年に，ベルリン大学教授となった。大学での業績については，Titze や Heymann との関係でも言及する（【法学上の発見】270頁）。1887年に，エルトマンは，彼の下で，学位を取得した（Das Testamentum Mysticum）。エックの学説は，のちのベルリンの少壮教授　M・Wolff などにも影響を与えている[69]。

　1896年に，BGB は，ライヒ議会で成立し，1900年1月1日から発効することとなった。そこで，弁護士協会は，民法学者のエックに，法律家と，関心のある商人，官吏などを対象として，ベルリンで，BGB の内容と構成についての公開の講演を委託した。1897年10月に，エックは，ベルリン大学でBGB の講義を開始した。500人もの実務家がこれを聞いた。まず，講演の聴取者にのみ印刷物を交付した。しかし，講義への希望が多く，この印刷物への希望も多かったので，改定され補完されたテキストが新たに印刷された。そこで，第1および第2版とされているのである。

Vorträge über das Recht des Bürgerlichen Gesetzbuchs, 3 Bde.1.und

2.Aufl., 1903-04. 第1巻は，BGB の1，2編を，第2巻は，BGB の3，4編を，第3巻は，BGB の5編を扱い，付属として，国際私法と経過規定，索引から成っている。

エックは，BGB 発効のすぐ後，1901年1月6日に死亡したが，著者の死亡後，ブレスラウ大学の Rudolf Leonhard（1851-1921）により改定され，注が付された版が出ている。

この講演は，当時著名であり，積極的契約侵害論の Staub は DJZ 6, 44（1901. 1. 15）に，その記憶を書いている。エックの亡くなったときに，T・モムゼンは，墓碑銘を記載した（docuit multos et quos dociut amavit）。

ほかに，エックの著作として，Die sogenannten doppelseitigen Klagen des Römischen und gemeinen Deutschen Recht, 1870がある。

⑽　エールシュレーガー（Otto von Oehlschläger, 1831. 5. 16-1904. 1. 14）

エールシュレーガーは，1831年，東プロイセンの Gut Heiligenwald で生まれた。ゲルマニストのシュトッペ（Otto Stobbe, 1831. 6. 28-1887. 5. 19）と同年の生まれである。民法起草者では，ほかに，Gebhard や Mandry が，翌1832年に生まれている。父親はプロイセンの役人 Karl Oehlschläger（1801-1855）であった。

1850年から，ケーニヒスベルク大学で学び，ケーニヒスベルクの学生団体（Stifter des Corps Baltia）に属した。1858年に，司法官試補となり，Schwetz と Löbau で裁判官職についた。1864年に，Marienwerder の検察官となった。1861年に，Marie Mellenthin と結婚し，息子は，のちに小説家となった（Hans von Oehlschläger, 1862-？）。

1870年から，ケーニヒスベルク市や郡で職務についた。1874年に，プロイセン司法省で上申官となった。プロイセンの森林・狩猟法の共同執筆者となった（1878/80）。

1879年に，軍法会議の陪席判事（Generalauditeur）となり，軍刑事訴訟法の改革の作業に携わった。1884年には，プロイセンの上院の議員となった。1885年には，プロイセンの国務会議（Staatsrat）のメンバー，王室法律顧問（Kronsyndikus），宮廷裁判所の長官となった。

1888年に，フリードリッヒ3世によって，プロイセンの貴族の称号をうけ，1889年には，ライヒ司法部の部長となった。1890年に設けられた BGB 制定

の第二委員会では，委員長となった。1891年には，シムソンのあとをついで，第2代のライヒ大審院長となった。1894年には，ケーニヒスベルク大学から，名誉博士号をうけた。目の病気のために，1903年に，勤続50年の祝日の後，辞職した。1904年に，ベルリンの Charlottenburg で亡くなった。1886年から，ベルリン自由協会（Gesetzlose Gesellschaft zu Berlin）の会員であった。真正の枢密顧問官，プロイセンの王冠勲章，赤鷲勲章，黒鷲勲章の授与をうけた[70]。

⑾　ヴォルフゾーン（Issac Wolffson, 1817. 1 . 19–1895, 10, 12）

　ヴォルフゾーンは，1817年，ハンブルクで，ユダヤ系の家系に生まれた。著名な法学者ヴィントシャイトや T・モムゼンと同年の生まれである。

　ハイデルベルク，ゲッチンゲン，ベルリンの各大学で法律学を学んだ。1838年に，ゲッチンゲン大学で学位を取得した後，ハンブルクで弁護士の資格をえた。しかし，当時，ユダヤ人として本名では活動しえなかったことから，提出書類には，他の弁護士の名を用いるほかなかった。1848年に，ハンブルクの第1次制憲議会（erste constitutirende Versammlung）の議員となった。同年の改革運動によって，1849年に，ユダヤ人は，一般市民と同等の市民権を取得したので，彼も，公的に弁護士として活動することが可能となった。そして，この運動によって，公益に対する洞察を深めた。

　そこで，ハンブルクの公職や立法にも積極的に関与した。1859年に，ハンブルクの議会（Bürgerschaft）に入り，1889年まで，有力なメンバーとなった。1881年と82年には，市の第1統領ともなった。1871年から81年には，ライヒ議会でハンブルク代表となり，1875年から76年には，司法法の制定委員会（Reichstagscommission）に属した。1890年には，連邦参議院において，BGB 制定の，第二委員会に属した。この委員会では，唯一の常任の弁護士代表となった。1879年からは，ハンザ3自由都市の弁護士会の会長となった。1895年，ハンブルクで亡くなった。現在も，ハンザ弁護士会にその胸像がある[71]。

⑴　拙稿「法曹養成の新たな動向」【現代化】374頁以下，405頁。詳細には，【大学】159頁以下参照。ドイツの博士の制度について，同185頁，その注15，および190頁。

　　なお，本稿は，「法学上の発見と民法」のうち，一部を独立した論考としたものである（一橋法学10巻1号67頁の III－2 の前半参照）。略語なども，同稿を参照されたい。

⑵　近く2012年末に，連邦研究教育相の Schavan（CDU）も同様の学位論文の剽窃の
疑惑問題を起こし，デュッセルドルフ大学が博士号を取消したことから，2013年2月
に辞任した。その後，2013年7月にも，連邦議会議長 Lammert（CDU）が同様の事
件を起こし，Bochum 大学が調査を行った。また，2014年1月に，Schurer（CSU）
の事件があり，Karlsruhe 大学が調査をした。

⑶　L. ゴールドシュミットについては，拙稿「法学上の発見と民法」一橋法学11巻3
号31頁参照（以下，【法学上の発見】と略することがある）。

　　人名に関する書誌的文献については，【法学上の発見】第1篇5頁の注4および第
2篇104頁の注1（79頁，183頁）参照。本書では，繰り返さない。

⑷　拙稿「比較法（国際的統一法）の系譜と民法─ラーベルとケメラ─」民事法情報282
号22頁。近時でも，たとえば，目的不到達論(Unmöglichkeit und Geschäftsgrundlage
bei Zweckstörungen im Schuldverhältnis, 1971）で名高い Helmut Köhler は，アウ
グスブルク大学教授とミュンヘン OLG 裁判官の肩書を有していた。Vgl. Who's who
im deutschen Recht, 2003, S. 358；BGB vom 18.August 1896, 1996.

　　また，フランス民法の注釈で名高いクローメ（Friedrich Theodor Carl Crome,
1859. 7 . 12-1931. 6 . 9，ボン大学教授）も，Allgemeiner Teil des modernen fran-
zösischen Privatrechtswissenschat, 1892の執筆時の肩書は，プロイセンの Frankfurt.
a.M. の Amtsrichter であった。

　　ヘーデマン（Justus Wilhelm Hedemann, 1878. 4 . 24-1963. 3 . 13）は，1906年か
ら，イエナ大学の員外教授となり，1909年には，正教授となった。また，1906年から
13年には，そこの高裁の判事でもあった。1936年に，ナチス影響下のベルリン大学教
授。

⑸　文献は列挙にいとまがないが，鳥瞰的な記述として，ヴィアッカー・近世私法史
（1952年，鈴木禄弥訳・1961年）565頁以下（第24章）。および，その原著の再版であ
る Wieacker, Privatrechtsgeschichte der Neuzeit, 1967, S. 468（§25）.

⑹　Vgl.Hattenhauer, Das BGB in der Zeitung. in Festschrift für Walther Hadding
zum 70. Geburtstag am 8. Mai 2004, 2004, S. 57ff.（hrsg. von Häuser）.

⑺　拙稿「公正証書遺言と方式」【専門家】204頁（修正版は「公証」139号3頁）にお
いて，遺言規定の改正に即して，ドイツ法の変遷を具体的に検討したことがある。同
法は，遺言規定だけではなく，民法の1～5編の多数の規定を対象としているが，遺
言規定の占める割合は大きい（2229条から2370条。BGBl の8頁中6頁にもなる）。

⑻　1990年の再統一にともなう東西の法統合，とくに不動産法の変遷については，拙著・
土地法の研究（2003年）12頁以下参照。

⑼　官房学的に，行政の主導や君主主権の絶対性を前提とし，他方で，それを保障する
ための後見主義的な傾向がみられる。公法では前者が強調されるが，民事では，後者
の観点からの保護規定の追加がある（後述第2章4）。利息関係の規定や雇用規定に
おける保護規定である。

⑽　Mugdan, Die gesammten Materialien zum Bürgerlichen Gesetzbuch für das
Deutsche Reich. 5 Bde, 1899（Neud.2005）. なお，「ライヒ」という用語の多義性に

ついては，拙稿「法学上の発見と民法」(2)33頁参照。1990年のドイツ再統一後，連邦議会(Bundestag)が移転したもとのライヒ議会の建物は，現在でも，Reichstaggebäudeである。わがくにでは，「国会」と訳されることが多い（ナチスの「国会放火事件，1933年2月）。

⑾ 【大学】300頁，305頁参照。個別の条文について検討したことがあるが，詳細は省略する。

⑿ ヴィアッカー・前掲書（鈴木訳）532頁，566頁参照。

⒀ Entwurf eines allgemeinen deutschen Gesetzes über Schuldverhältnisse, bearbeitet von den durch die Regierungen von Oesterreich, Bayern, Sachsen, Hannover, Württemberg, Hessen-Darmstadt, Meklenburg-Schwerin, Nassau, Meiningen und Frankfurt hierzu abgeordneten Commissaren, und im Auftrage der Commission herausgegeben von Franke (kgl.sächs.Bezirksgerichtsrath, erstem Sekretär der Commission), 1866, (Dresdener Entwurf). 草案の詳細からわかるように，支持したのは，オーストリアと南ドイツ，ザクセンなど，おもに反プロイセン諸国であった。

⒁ これにつき，拙稿「ドイツの連邦裁判所の過去と現在」法の支配155号（【体系と変動】394頁以下所収，400頁，415頁参照）。

⒂ ドイツ民法典の制定過程については，好美清光「ドイツ民法典」西洋法制史料選Ⅲ（久保正幡先生還暦記念・1979年）267頁が簡潔にまとまっており，また，平田公夫教授の一連の労作がある。平田①「ドイツ民法典を創った人びと」岡山大学教育学部研究集録56号63頁，58号281頁，同②「ラスカー法の成立と準備委員会の設置」岡山大学法学会雑誌30巻2号，34巻4号，同③「準備委員会答申『ドイツ民法典起草計画・方法について』」同35巻2号，同④「ドイツ民法典編纂史の諸相」同47巻1号，同⑤「帝国司法庁（Reichsjustizamt）とドイツ民法典」同47巻2号，51巻2号，4号（以下では，平田・①②③④⑤として引用する。⑤は，Schulte-Nölke, Das Reichsjustizamt und die Entstehung des Bürgerliche Gesetzbuch, 1995の詳細な紹介である）。本稿の民法典の制定に関する部分は，これらによるところが多い（さらに，Sellert, Vom Reichsjustizamt zum Bundesjustizministerium, NJW 1979, 1979, 1974がまとまっている）。

とくに，Johannes Miquel (1828. 2. 19–1901. 9. 8) について，平田・②34巻4号116頁，注11が詳しい。Vgl. Aldenhoff, Miquel, Johannes von, NDB 17 (1994), S. 553. また，Eduard Lasker (1829. 10. 14–1884. 1. 5) について，同118頁，注13参照。ラスカーはユダヤ系政治家である。Pollmann, Lasker, Eduard, NDB 13 (1982), S. 656 ; Wippermann, Lasker, Eduard, ADB (1884), S. 746 ff. ; Jakobs und Schubert, Materialien zur Entstehungsgeschichte des BGB - Einführung, Biographien, Maerialien, 1978, S. 125ff. (Der Antrag von Lasker im Bundesrat 1871), S. 136 (1872). 森勇監訳・ユダヤ出自のドイツ法律家（2012年）385頁（村山淳子訳）。

ドイツ民法典の所有権移転に関するモノグラフィーであるが，Schubert, Die Entstehung der Vorschriften des BGB über Besitz und Eigentumsübertragung, 1966,

S. 3ff.

たとえば，ドイツ民法典制定時の議論によれば，所有権のシステムについて意思主
義を採用するか形式主義を採用するかには，必ずしも疑問のよちがないというもので
はなかった（Schubert, a.a.O., S. 95ff.）。ドイツは形式主義，フランスは意思主義と
いう対立は，必ずしも普遍的な原理によるというわけでもない。また，フランス民法
典には，ほとんどその翻訳にすぎないバーデン民法典を通して，あるいはライン左岸
へのその直接の適用もあり，意思主義は，部分的にはドイツにも妥当したことがある
のである。1880年の段階で，プロイセンなどの土地登記システムのもとにいる，北，
中央，東ドイツの住民は，3050万人であったのに反し，フランス式の土地法システム
のもとの住民も，南，西ドイツに約1500万人を数えたのである。Schubert, a.a.O, S.
99–100）。【研究】313頁。

ほかに，Recht der Schuldverhältnisse / Verfasser, Franz Philipp von Kübel（Die
Vorlagen der Redaktoren für die erste Kommission zur Ausarbeitung des
Entwurfs eines Bürgerlichen Gesetzbuches / herausgegeben von Werner
Schubert), 1980（Neud. 1876–1883).

⑯　Statistik des Deutschen Reichs,（Vierteljahreshefte, 1873 Ⅱ-2,1）Die
Volkssammlung im Deutschen Reichs v.1871；Statistik des Deutschen Reichs,
Vierteljahreshefte, 1874 Ⅶ-2）Die Reichswahlen v.1874.

⑰　1874年の準備委員会のメンバーの詳細については，L.Goldschmidt，平田・①(2)23
頁，Kübel，同24頁，Neumayr，同24頁，Schelling，同25頁，von Weber，同25頁，Rose-
marie Jahnel, Kurzbiographie der Verfasser des BGB, Die Berathung des BGB,
I, 1978, S. 69ff. in Jakobs und Schubert, a.a.O.（Materialien zur Entstehungs-
geschichte des BGB), S. 69ff.（Kurzbiographien der Verfasser des Bürgerlichen
Gesetzbuchs, Rosemarie Jahnel).

⑱　Jakobs und Schubert, a.a.O., S. 163ff. 平田・③「準備委員会答申『ドイツ民法典
起草計画・方法について』」同35巻2号。

⑲　1874年の第一委員会のメンバーの詳細についても，Derscheid，平田①(2)26頁，
Gebhard，同26頁，Johow，同27頁，Kübel，同27頁，Mandry，同27頁，Pape，同28頁，
Planck，同29頁，Roth，同31頁，Rüger，同32頁，von Schmitt，同32頁，Windscheid，
同33頁，その元となったのは，Jakobs und Schubert, a.a.O., S. 72ff.（Kurzbiogra-
phien, Rosemarie Jahnel）である。Planck, Windscheid als Mitarbeiter am BGB, DJZ
14（1909), S. 951. は，プランクが同僚としての思い出を述べたものである。

⑳　ヴィアッカー・前掲書（鈴木訳）569頁。なお，Kübel の草案については，Kübel,
Recht der Schuldverhältnisse（Die Vorlagen der Redaktoren für die erste Kom-
mission zur Ausarbeitung des Entwurfs eines BGB = Vorentwürfe der Redak-
toren zum BGB, hrsg. Schubert), 1876–1883（Neud.1980).

㉑　平田・①(3)292頁。Jakobs und Schubert, a.a.O., S. 87ff.（Kurzbiographien, Rose-
marie Jahnel).

㉒　ヴィアッカー・前掲書（鈴木訳）567頁。Hattenhauer, a.a.O.（前注(6)), S. 57ff.（hrsg.

第1篇　ドイツ民法典の成立と法実務家　　47

von Häuser), S. 57. あまりにローマ的であり，民族的な司法から遠いとの批判である。他方で，1871年の統一に伴う民法典の統一が必要とされたのである。

(23) Hattenhauer, a.a.O. (前注(6)), S. 65. Hattenhauer は，これを Frauen-Landsturm という。S. 66.

(24) Ib., S. 67. ただし，彼女は，BGB 発効後の1901年に，バーゼルで，48歳で死亡した。児童文学者の Johannna Spyri (Heidi の作者，1827-1901) の義理の姪であった。その詳細については，屋敷二郎「法律家としてのエミリー・ゲンピン＝シュピーリ」一橋論叢126巻37頁参照。なお，ドイツで最初の女性弁護士は，マリア・オットー (Maria Otto, 1892. 8. 6 -1977. 12. 20) である（【変動】438頁）。

(25) Ib., S. 70. ライヒ司法部の次官，Nieberding (1838-1912) は，法典化を国民的行為として擁護し，国際主義 (S. 58) や，階級闘争的批判に反対した (Ib., S. 70)。Enneccerus (1843-1923) や Strohal も，法典化を擁護した (S. 61)。

(26) Ib., S. 72. スイス民法の起草者 Eugen Huber (1849-1923) は，これに鼓舞され，1907年のスイス民法は平明になり，内容的にも，Kauf biricht nicht Miete. のルールを採用した (S. 64)。用語の平明な先例としては，フランス民法典がある（たとえば，父の捜索は禁じられる。La recherche de la patrinité est interdite）である。ドイツ民法典でも，§919の境界設置や，§923の「境界の木の果実は等分する」は平明である (vgl.S. 63)。

　　Lobe については後述する（第4章参照）。

(27) 1890年の第二委員会の詳細については，好美・前掲論文272頁，また，個人別に，Börner, 平田・①(3)281頁，Bosse, 同281頁，Dittmar, 同282頁，Eichholz, 同282頁，Hanauer, 同283頁，Jacubezky, 同283頁，Küntzel, 同284頁，Oehlschläger, 同284頁，Struckmann, 同285頁，Wolffson, 同285頁。

　　非常勤委員についても，Conrad, 同286頁，Cuny, 同287頁，Danckelmann, 同288頁，Gagern, 同288頁，F. Goldschmidt, 同288頁，Helldorff-Bedra, 同289頁，Hoffmann, 同289頁，Leuschner, 同290頁，Manteuffel-Crossen, 同290頁，Russel, 同290頁，Sohm, 同291頁，Spahn, 同291頁，Wilke, 同291頁。

　　第二委員会の委員のうち，もっとも注目され最初に報道されたのは，Sohm (1841-1917) が第二委員会の非常勤委員になったことであった。ライプチッヒ大学のロマニストである。第一草案の最大の批判者のギールケではなかった。その理由は，結局，明らかにされなかった（後注(33)参照）。Hattenhauer, a.a.O. (前注(6)), S. 58. その次に，Staatssekretär の Arnold Nieberding (1838-1912) と Planck (1824-1910) であった (S. 59)。

　　弁護士のK.R. ヴィルケ (Karl Richard Wilke, 1830. 12. 31-1911. 3. 6) は，1845

48 第1部 ドイツ民法典と法実務家

年に生まれた。1855年に試補，1856年に，Wanzleben の郡裁判官，1861年に，同裁判所付きの弁護士と公証人となった。1864年に，マグデブルクの都市裁判所と郡裁判所の弁護士となり，1868年に，マグデブルクの高裁付の弁護士と公証人となった。1874年にベルリン都市裁判所の弁護士，1876年に，ベルリンの宮廷裁判所で弁護士と公証人となった。プロテスタントで，1892年に，民法制定の第二委員会の非常勤委員（プロイセン政府の要請で，プロイセンの弁護士会代表となる）となった（選出したのは，連邦参議院である）。1900年に引退し，1911年に，ポツダムで亡くなった。

Anweisung zum Referieren für den Geltungsbezirk des preußischen Landrechts und der Gerichtsordnung, 1873.

Die Haftung des Erben für die Nachlaßverbindlichkeiten nach dem bürgerlichen Gesetzbuche, Veröff.d.Berliner Anwaltvereins, H. 9, 1898.

ほかに，Der 17. Deutsche Anwaltstag in Hannover, DJZ 1905, 887など，DJT 掲載の小論はかなりある。

Vgl.Schubert, Materialien zur Entstehungsgeschichte des BGB, 1978, S. 108f.

⑵⑻ 好美・271頁以下，平田・①⑶292頁。Jakobs und Schubert, a.a.O., S. 91ff. (Kurzbiographie, Rosemarie Jahnel).

⑵⑼ 平田・⑤⑴130頁。そして，第二委員会もこれに従ったのである。同⑶831頁。

⑶⑽ このライヒ司法部の成立と組織の詳細について，平田・⑤⑴132頁以下参照。本稿もおもにこれによっている。

　　ライヒ司法部の Delbrück の後の部長は，Friedberg(1877年-79年)，Schelling(1879-89年)，Öhlschläger (1889-1891年)，Bosse (1891-92年)，Hanauer (1892-1893年)，Nieberding (1893-1909年) であり，このうち，Friedberg は，プロテスタントに改宗した元ユダヤ教徒であった。Vgl. Jakobs und Schubert, a.a.O., S. 50ff., S. 54ff., S. 318ff. なお，ライヒ司法部は，のちのライヒ司法省と区別されずに記載されることも多い（司法省と同視する場合には，その長官はたんなる部長ではなく，大臣並みということになるが，厳密には，首相付属の官房下の司法部門の長官である）。

⑶⑴ 平田・⑤⑴141頁，⑶837頁。民法編纂事業が，組織の延命の手段となることは，現在のわが民法の改定論議にもあてはまる。つとに加藤雅信教授が指摘されるところである（加藤雅信・民法（債権法）改正（2011年）165頁参照）。

⑶⑵ 平田・⑤⑵378頁以下参照。そして，委員会の費用は，ライヒ首相府が負担した。1883年のヴィントシャイトの退任にさいし，パーペは補充の教授を求めたが，ライヒ司法部は補充を認めず，結果的にプロイセンの比重が増した。また，1884年のキューベルの死去にさいしても，マンドリーが補充されたのは，ヴュルテンベルク州政府のビスマルクへの働きかけの結果であった。ライヒ司法部は，第一委員会を重視していなかったのである。第一委員会に対しては，連邦参議院とそこに依拠する小ラント（とくに南ドイツの）の勢力に対し，ライヒ政府とライヒ司法部の引き合いが，顕著である。

⑶⑶ 平田・⑤⑵386頁。Oehleschläger のギールケを委員にしようとする意図が，南ドイツの反対にあい挫折したのが，ラントの主導という，わずかな過去の名残であった。

第1篇　ドイツ民法典の成立と法実務家　　　　49

それでも，ゲルマニストを入れるとの Oehleschläger の固執から，連邦参議院でゾームが選ばれたといわれる。なお，Jakobs und Schubert. a.a.O., S. 349ff.（Stellung-nahme des bayr.Justizministers Leonrad vom 27. 11. 1890 zur geplanten Wahl Gierkes in die 2. Kommission）。

(34)　おもに雇用に関する615条，616条の制定過程については，拙稿・危険負担の研究（1995年）161頁以下参照。平田・⑤(3)832頁。

　　　また，これらの保護法規の規定が，必ずしも現代的な20世紀的な社会国家的見地からではなく，むしろ19世紀的な官房学的見地の産物であることについては，前注(9)参照。これに対し，わが民法の起草者は，より自由主義的であったが，帝国議会では，これを制限する場合もあった（たとえば，流質の禁止は，第9帝国議会で追加）。利息制限法も廃止されなかった。法ドグマよりも，法実務家の観点が優先したのである。ただし，これは官房学的見地と位置づけられる（小作や賃貸借，雇用に関する保護的規定には消極的であった）。これに対し，戦後の民法解釈学は，ほぼ一貫して20世紀的な社会国家的見地を追求してきたが，20世紀の末に新自由主義的見地が提唱され，近時の民法改定論議につながっている。拙著・民法の体系と変動（2012年）160頁参照。

(35)　平田・⑤(3)833頁。

(36)　拙稿「消費者消費貸借と貸金業法」契約における方式と自由（2008年）260頁以下。平田・⑤(3)834頁。

(37)　平田・⑤(3)834頁。わが420条1項後段に対する批判は，古くからのものである。我妻栄・民法講義Ⅳ（1964年）132頁は，420条につき「契約自由の原則を過重するもの」とし，公序良俗による制限を述べる。なお，拙著・利息制限の理論（2010年）391頁参照。

(38)　平田・⑤(3)835頁。

(39)　平田・⑤(3)833頁。なお，わが民法の起草者の1人である穂積陳重は，封建法と近代法の相違につき，前者の秘密主義を述べているが，少なくとも制定過程においては，ドイツの第一草案ですら秘密主義がとられていたのである。Vgl. ONO, Comparative Law and the Civil Code of Japan(2), Hitotsubashi Journal of Law and Politics, 25 (1997), pp.29, p.33. わが封建法は，成立後も秘密主義を特徴とする。

(40)　ヴィアッカー・前掲書（鈴木訳）574頁以下（特色と精神的系譜），平田・⑤(3)835頁。

(41)　ヴィアッカー・前掲書（鈴木訳）571頁，好美・277頁。なお，1895年9月12日の第23回ドイツ法曹大会（DJT, Bremen）は，統一ドイツ民法典の早期の制定を求めていた。Vgl. Hattenhauer, a.a.O.（前注(6)）, S. 60. ドイツ内の法の統一は，1860年の第1回大会からの重要事項であり，各ラントへの提案もしている。

(42)　政治家の O. Mugdan につき，Joachim Mugdan, Mugdan, Otto, NDB Bd 18(1997), S. 569ff. B.Mugdan は，GND: 102099375.

(43)　拙著「不完全履行と積極的契約侵害」司法の現代化と民法（2004年）176頁参照。伝統的な不能論のキッシュについては，第3篇のシュタウプを参照。

(44) Oertmann, Rechtsordnung und Verkehrssitte, S. 201, ders., Die Geschäfts-
grundlage - Ein neuer Rechtsbegriff, S. 124ff. なお，行為基礎論一般については，
五十嵐清・契約と事情変更（1969年）72頁以下，拙稿「不能・行為基礎の喪失と反対
給付」反対給付論の展開（1996年）155頁参照。

(45) これは，紡績工場の売買契約で貨幣価値の下落を考慮する（Vigognespinnerei）判
決である（RGZ 103, 328, 332）。

(46) Windscheid, Die Lehre des römischen Rechts von der Voraussetzung, 1859で
は，契約関係には，条件でもたんなる動機でもない前提，すなわち意思の制限（Willens-
beschränkung）があり，ある事情の存続や発生の前提のもとにある当事者は，その
期待が満たされない場合には，意思表示に拘束されないとするのである。こうしたヴィ
ントシャイトの理論は，1900年の民法典に採用されなかった。しかし，前提論は，ヴィ
ントシャイトの女婿であるOertmannの行為基礎論の重要な先駆となっているので
ある。

(47) 拙稿「キール学派と民法」一橋法学9巻2号315頁以下参照。

(48) Schlegelbergerの著述では，本文に注(6)の番号が欠けている。また，民法典のもつ
過度の個人主義批判のほか，所有権の制限の必要性，債権法でも，社会的保護規定の
必要性，たとえば，暴利の禁止，契約罰の引き下げ，賃借人保護，労働者保護なども
言及されている（S. 8）。

　ナチスの法思想の特徴は，具体化論にある。ここで，具体的とは全体主義的という
ことである。人の多様性を強調したり，本文でもみえるように，物も多様で，ときに
共同体思想によって基礎づけられる。もっとも，それを基礎づける思想は薄弱で，し
ばしば差別論にすぎない。これとの対比によれば，パンデクテン法学のみならず，法
治国家の基礎には，自由と平等の思想（博愛に相当するのは，この場合，手続の適正
であろう）があることが分かるのである。

(49) 近時，Koziol, Glanz und Elend der deutschen Zivilrechtsdogmatik, Das deutsche
Zivilrecht als Vorbild für Europa?, AcP 212(2012), S. 1ff. は，ドイツ民法典のヨー
ロッパ法に対する意義を問題とし，法典とそのドグマについて長所と短所を整理して
いる。長所は，その体系性であり，短所は，それに伴う概念性である。方法論として
は，All or nothingなルールへの固執が強いこと，限界領域の硬直なこと，これが同
時に一般条項との結合をもたらす原因となっていることなどがある。具体的には，錯
誤や物権的な無因主義などには，あまり説得力がないとする。Koziolは，オーストリ
ア法の大家であるだけに，ドイツ民法典の構成には必ずしも固執がない。損害賠償法
の構造，損害賠償の算定，精神的損害の扱いには欠陥があるとし，危険責任や消費者
保護にも問題があるとする。139条(法律行為の一部無効が全部無効をもたらす)，823
条1項（絶対権侵害による損害賠償），公示主義の回避なども必ずしも十分ではない
とする。それぞれについて，個別の検討が必要であろう。

　Helmut Koziol (1940. 4. 7 -) は，オーストリア法の大家であり，著書として，All-
gemeiner Teil und Schuldrecht / von Helmut Koziol und Rudolf Welser, 1992 ;
Sachenrecht, Familienrecht, Erbrecht / von Helmut Koziol und Rudolf Welser,

第1篇　ドイツ民法典の成立と法実務家　　51

1991 ; Schuldrecht allgemeiner Teil, Schuldrecht besonderer Teil, Erbrecht, 2001
などの著書があり，また，彼に対する記念論文集として，Festschrift für Helmut Koz-
iol zum 70. Geburtstag / herausgegeben von Peter Apathy, 2010がある。後述372
頁参照。

　　なお，具体的法秩序論については，拙稿「キール学派と民法」一橋法学9巻2号329
頁参照。

⑸　一橋法学第12巻1号76頁の表参照。ちなみに，王位継承の男系優先はサリカ法典に
由来するものとされ，ヨーロッパの大陸中央部諸国に承継されている（その場合には，
第59章の5「土地についてはただし如何なる相続財産も婦女に帰属すべからずして，
男性，兄弟たる者にすべての土地は帰属すべし」が根拠とされた。久保正幡訳・サリ
カ法典（1977年）101頁参照。ただし，その他の財産では，最近親者に相続権がある。
モンテスキューは，これをもって民事の法律の規定が国制の法律を拘束した例として
いる。モンテスキュー・法の精神（野田良之ほか訳・中・1989年）3部（田中治男訳）
18編22章135頁，141頁）。男女系の相続一般については，グロチウス・戦争と平和の
法（一又正雄訳・1950年）2巻428頁参照（33以下）。

⑸　Artikel II（Deutsche Bundesakte 1815）: Bundesstaaten, deren Bevölkerung
nicht 300. 000 Einwohner übersteigt, werden sich mit größeren Mitgliedern des
Bundes oder mit den ihnen verwandten Häusern, mit welchen sie wenigstens
eine solche Bevölkerungszahl ausmachen, zur Bildung eines gemeinschaftlichen
Obersten-Gerichts vereinigen. *Den vier freien Städten steht das Recht zu, sich un-
tereinander über die Errichtung eines gemeinsamen obersten Gerichts zu vereinigen.*

　　Geregelt wird damit die Bildung von Gerichten dritter Instanz（Oberappella-
tionsgerichte）und die Aktenverschickung an diese Gerichte.

　　30万人以上の住民のいないラントや都市について，共通の上級裁判所の設立を認め
る。4都市については，住民数にかかわらず，同様の裁判所が認められている。この
例外がなければ，他の都市をあわせて30万人に達するようにしなければならない。

⑸　Fischer, Zur Geschichte der höchstrichterlichen Rechtsprechung in
Deutschland, JZ 2010, S. 1077, S. 1079 ; Polgar, Das Oberappellationsgericht der
vier freien Städte Deutschlands（1820-1879）und seine Richterpersönlichkeiten,
2007 ; Jessen, Der Einfluss von Reichshofrat und Reichskammergericht auf die
Entstehung und Entwicklung des Oberappellationsgerichts Celle unter beson-
derer Berücksichtigung des Kampfes um das kurhannoversche Privilegium De
Non Appellando Illimitatum, 1986. ちなみに，この Celle 高裁も，古い伝統から，多
くの画期的判決により著名である。

⑸　Lobe, 50 Jahre Reichsgericht, 1929, S. 348.

⑸　Frensdorff, Heise, Georg Arnold, ADB 11（1880）, S. 666ff.

⑸　Frensdorff, ib., S. 666 ; Schultze von Lasaulx, Heise, Georg Arnold, NDB 8
（1969）, S. 453ff. ; Ahrens: Georg Arnold Heise, Alken Bruns（hrsg.）, Lübecker
Lebensläufe aus neun Jahrhunderten, 1993, S. 178ff. なお, Teichmann, Kierulff, Johann

52　第1部　ドイツ民法典と法実務家

Friedrich Martin, ADB (Bd 55, 1910), S. 513ff.

(56)　von Eisenhart, Schweppe, Albrecht, ADB Bd. 33 (1891), S. 414f.

(57)　Buchner, Bluhme, NDB 2 (1955), S. 321.

(58)　Morisse, Jüdische Rechtsanwälte im Hamburg, Ausgrenzung und Verfolgung im NS-Staat, 2003, S. 9ff. その肖像の写真もある。Schröder, H. J., Ernst Friedrich Sieveking. Erster Präsident des Hanseatischen Oberlandesgerichts, 2009. Treue, Wilhelm, Rechts-, Wirtschafts- und Steuerberatung in zwei Jahrhunderten. Esche Schümann Commichau, Zur Geschichte einer hamburgischen Sozietät, 3. Aufl. 1997, S. 28 ff, 40 ff.

行為基礎論をテーマとした第40回ドイツ法曹大会（1953年）で報告者を勤めたハンブルクの弁護士Johannes Sievekingは，その縁戚と思われる（Vgl. Verhandlungen des 40. DJT (1953), Bd, II, 1954, Sitzungsbericht, B5)。

(59)　Zschachlitz, Dr. Albert Schmid (1812-1892), Isermann, Michael Schlüter (hrsg.), Justiz und Anwaltschaft in Braunschweig 1879-2004, S. 131 ff.; ders., Vom Hochverräter zum Chefpräsidenten. Albert Schmid, der erste Oberlandesgerichtspräsident, Wassermann (hrsg.), Justiz im Wandel der Zeit. Festschrift des OLG Braunschweig, 1989, S. 328 ff.

(60)　Frensdorff, Thöl, Johann Heinrich, ADB Bd. 38 (1894), S. 47ff. Ahrens, Heinrich Thöl - ein vergessener Ehrenbürger, Zeitschrift des Vereins für Lübeckische Geschichte und Altertümer 86 (2006), S. 99ff.

Jürgen Borchert, Auf nach Frankfurt : Mecklenburgische und vorpommersche Parlamentarier als Abgeordnete in der Paulskirche 1848/49, Landeszentrale für Politische Bildung Mecklenburg-Vorpommern, 1998.

(61)　Hans-Georg Mertens, Pape, Heinrich Eduard, NDB, Bd.20 (2001), S. 45f.; Neubauer, Pape, Heinrich Eduard, ADB, Bd. 52 (1906), S. 750f.; Frensdorff, Gottlieb Plank, deutscher Jurist und Politiker, 1914.

(62)　Schubert, Gottlieb Planck, NDB Bd 20 (2001), S. 496f.; Klaus Peter Schroeder, Gottlieb Planck (1825-1910) -Ziehvater des BGB, JS 2000, 1046ff.; Coester, Gottlieb Planck, (hrsg. Loos) Rechtswissenschaft in Goettingen, Vandenhoeck & Ruprecht, 1987, 299 ff.; Meder, Opposition, Legislation, Wissenschaft : zum 100. Todestag von Gottlieb Planck, 2010, S. 477; Ib. Gottlieb Planck und die Kunst der Gesetzgebung, 2010; Jakobs und Schubert, a.a.O. 前注(15), S. 80; K.-P. Schroeder, Vom Sachsenspiegel zum Grundgesetz, 2001, S. 137ff.

のちのライヒ大審院判事Hugo Wilhelm Sigmund Allwill Planckとの関係は不明である。同人は，グライフスヴァルトで，1846年9月29日に生まれ，1868年8月7日に任官。1873年Assessor, 1874年に区裁判官，1879年ラント裁判官，1886年高裁判事となった。1890年に，司法省顧問官（SJR u. Vortr.Rat im JustMin)，1893年10月1日に，ライヒ大審院判事となっている。さらに，1906年9月16日に部長判事，1916年に真正の国事顧問官（WilkSR）である。1922年10月1日に引退し，1922年11月22日

第1篇　ドイツ民法典の成立と法実務家　　　　　　　　　　53

に死亡した。Vgl. Lobe, a.a.O., S. 344.

　なお，理論物理学者で，量子論の創始者のマックス・プランク（Max Planck, 1858-1947）は，キール生まれである。Maxは，Julius Wilhelm Planckの息子であるから，Gottliebは，Maxの大叔父にあたる。Meder, a.a.O., S. 478; Frensdorff, a.a.O.(61), S. 3f.

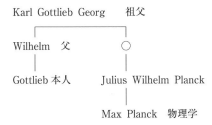

　マックス・プランクは，1930-37年，カイザー・ウィルヘルム協会の会長となり，この協会は，戦後彼にちなんで，マックス・プランク協会と改称した。自然科学を中心とするが，法律系の研究所も包含しているから，法学者の経歴には，しばしば登場する。たとえば，ラーベルが，比較法研究所（Kaiser-Wilhelm-Institut）を創設し，これが，現在の，ハンブルクのマックス・プランク比較法研究所（Max-Planck-Institut für ausländisches und internationales Privatrecht）の前身となったことなどである。Max-Planck-Gesellschaft（http://www.mpg.de/de）

(63)　Teichmann, A., Bähr Otto, ADB 47（1903）, S. 747ff.

(64)　Franz Kübel, Die Familie Kübel - ihre Herkunft, ihr Stammbaum und ihre Gesch., 1902, S. 34ff., Württ. Archiv f. Recht u. Rechtsverwaltung, 1859-84, Bd. 23, H. 2, S. 1ff. Stintzing-Landsbergにも言及がある。III 2（Noten）, S. 392; Jakobs und Schubert, a.a.O. 前注(15), S. 75.

　　Westhoff, Reinhard, Kübel, Franz von, NDB 13（1982）, S. 171f.

(65)　Bibliotheca iuris（Werner Flume）, S. 100; DBA 446, 270, DBI 2, 751a, IBI 2, 485c.

(66)　Thier, Roth, Paul Rudolf von, NDB 22（2005）, S. 108f.; Stintzing-Landsberg III /2, S. 886ff., 897, 925-29, 936f., Noten S. 372f., 387f.; Schubert, Die Entstehung d. Vorschriften d. BGB über Bes. u. Eigentumsübertragung, 1966, S. 22f. R. Jahnel, in: W. Schubert（hrsg.）, Materialien z. Entstehungsgesch. d. BGB, 1978, S. 83f.; H. Jakobs. Wissenschaft und Gesetzgebung im bürgerliche Recht nach der Rechtsquellenlehre des 19.Jh., 1983, S. 96ff.; Kleinheyer und Schröder, Deutsche und Europäische Juristen aus neun Jh., 1996, S. 506f.; Schubert, a.a.O. 前注(15), S. 83.

(67)　Jakobs und Schubert, a.a.O. 前注(15), S. 84.

(68)　Schubert, Mandry, Gustav von, NDB Bd. 16（1990）, S. 19f.; Raberg, Biographisches Handbuch der württembergischen Landtagsabgeordneten 1815-1933,

54 第1部 ドイツ民法典と法実務家

2001, S. 543; Jakobs und Schubert, a.a.O. 前注(15), S. 78.

(69) Staub, Juristische Rundschau (Eck), DJZ VI, S. 44; Eck, Ernst Wilhelm Eberhard, GND: 117496715.

(70) 前注(27)参照。Jakobs und Schubert, a.a.O. 前注(15), S. 104; J. Koch, Reichsgerichtspräsident Otto von Oehlschläger. Deutsche Corpszeitung, 46 (1929) Nr. 9 (Dez), S. 272f.

Genealogisches Handbuch des Adels, Adelslexikon Bd.9 (Bd.116 der Gesamtreihe), 1998.

(71) Landsberg, Wolffson, Isaac, ADB 44 (1898), S. 67f.; Morisse, Jüdische Rechtsanwälte im Hamburg, Ausgrenzung und Verfolgung im NS-Staat, 2003, S. 9ff. その胸像の写真もある。Jakobs und Schubert, a.a.O. (前注(15)), S. 109.

第1篇　ドイツ民法典の成立と法実務家　　　　　　55

法学者と実務家の系譜

1778	Heise	ハンザ上級裁判所	
1783	Schweppe	同	
1797	Bluhme	同　　　　　Wächter	
		1807　Thäl　ゲッチンゲン	

1809　　　　　　　　　　　Vangerow弟　連邦上級商事裁判所
1810　　　　　　　Simson＊初代大審院長
1812　　　Schmid
1816　（Braunschweig）　　Pape　連邦上級商事裁判所長官　BGB起草
1817　　Windscheid　　　　　　　　Bähr RG　Wolffson＊唯一の弁護士委員
　　　　　　　　　　　　　　　　　　Habicht　BGB経過規定
1818　F.Mommsen不能論,
1819　Berlin上級裁判所　　　Kübel　BGB 起草　　Weber　BGB起草(?-1888)
1820　　　　　　　　　　　　　　　　Roth　BGB起草,学者
1824　　　　　　　　　　　Planck　BGB 起草
1828　　　　　　　　　　　　　　（Unger＊オーストリア最高裁）
1831　（1830　Wilke）　　Oehlschläger　BGB 起草
1832　　　　　　　　　　　Mandry　BGB 起草　　　　Gebhard
1836　Sieveking
1838　ハンザ上級裁判所　　　　　　Eck BGB講演
1841
　　　　　　　　　　　　　Sohm
1851　　　　　　　　　　Mugdan＊(BGB起草資料)
1860　　　Lobe　　　　　　　　　　　Preuß＊(ワイマール憲法)
1866　　　　　　David＊大審院部長
1874　　　　　×　Bumke　最後の大審院長　　ナチス
1877　　　　　　　Palandt
（1877年裁判所構成法＝発効は1879年，1879年，ライヒ大審院の設立）
日本の裁判所構成法は，1890年(明23)に，このドイツの裁判所構成法をモデルに成
立した。お雇い外国人のOtto Rudolffによるものである。
1894　Weinkauff　　最初のBGH長官

56　　　　　　　第1部　ドイツ民法典と法実務家

第4章　ドイツの最上級裁判所の変遷

　国民国家による統一，中央集権化の遅れたドイツにあっては，司法権の統一も遅れ，最上級裁判所の権限，場合によっては存在すらも，明確ではない場合が多い。1871年の統一時（ビスマルク帝国）以降は比較的明確であるが，ライヒ大審院の設立は，1879年まで遅れた。それ以前の状況は，より複雑である。中世においては，他国でも，封建的慣習や特別裁判権，教会法の存在，不上訴特権などが錯綜することが多い。個別の状況については，深く立ち入ることができない。

　1　神聖ローマ帝国（962年-1806年）の時代
　(1)　ライヒ帝室裁判所とライヒ宮中会議
　(a)　962年に成立し（同年のオットー大帝の戴冠）1806年に解体した神聖ローマ帝国では，最上級審に相当する組織は，二重に存在した。第1は，ライヒ帝室裁判所であり（Reichskammergericht），第2は，ライヒ宮中会議である（Reichshofrat）。この2つの組織は，必ずしも明確に区分された裁判管轄を有したわけではなく，訴訟は，いずれの組織に対しても係属可能であった。どちらの裁判所に訴えるかは，原告が自由に選択できたからである。管轄の定めがある今日の見地からは奇妙であるが，訴えられた法廷によっていたのである(1)。

　もっとも，宮中会議は，諮問機関として統治機構の一部でもあるから，皇帝とともにあり，つまり皇帝位がハプスブルク家に帰した時からおおむねウィーンにあり，裁判の機能をもつだけではなく，行政の最高会議でもあった。行政と司法の現代化まで続いたのである。一般的に，行政と司法が明確な形で分離したのは，ようやく19世紀であり，1857年のバーデンにおける区裁判所等の導入が最初である。それも地域的理由によっていた。従来は，行政機関も司法をともに行っていたのである(2)。行政と司法の完全な分離は比較的新しい。それ以前は，わがくにの幕藩体制下の奉行所や評定所と同じに，しばしば同一の機関がしていたのである(3)。皇帝と一体という性格が強い。

　(b)　これに対し，ライヒ帝室裁判所は，皇帝マクシミリアン一世（1459-1519）のライヒ改造計画の中で，1495年にウォルムスのライヒ議会で創設さ

第1篇　ドイツ民法典の成立と法実務家　　　　　　　57

れた[4]。これは，皇帝の宮廷にあった従来の宮廷裁判所とは異なり，変遷しながらも，特定の所在地があった。つまり，たんに「皇帝」の裁判所ではなく，「帝国」（ライヒ）の裁判所となったのである。ただし，その正確な名称は，「皇帝とライヒの帝室裁判所」である。こうした皇帝とライヒの分離は，ライヒが皇帝の家産国家であることから，より公的な性質を帯びるプロセスである。別の例では，都市への自治権の付与にも，皇帝自由都市と帝国自由都市との区別があり，たとえば，ハンザ都市の獲得したものは後者であり，より永続的な意味を有した。裁判権についても類似の区別があった。大学の創設特許状は皇帝の名で与えられたが，これは，諸侯の叙任と同様に，それが皇帝の高権に属したからである。

　マクシミリアン一世は，初代の裁判所長官に，Graf Eitel Friedrich II, von Zollern（1452–1512）を任命した。フリードリッヒは，すでに，1492年から，王室裁判所の裁判官であった。ほかに，16人の裁判官がおかれ，裁判官は，皇帝と7人の選帝侯，貴族の参加する手続で任命された。ライヒの裁判所である帝室裁判所では，裁判官の任命も，皇帝の独断ではなく，一定のルールによっていた。つまり，ライヒ議会と同様に，ライヒ等族のコントロールをうけたのである。そのことから，後代においては，ドイツ的自由の象徴としても意味づけられている。そして，曲がりなりにも，その機能が維持されたのは，皇帝から独立した存在であり，ライヒ等族の支持をうけたからである。裁判官の任命についても，ライヒ等族，のちには，ラントの諸侯の推薦によることから，諸侯は，ライヒ代理として権利を行使したのである。たとえば，ブランデンブルク地区では，プロイセン選帝侯が，バイエルン地区では，バイエルン選帝侯が，選出する裁判官を推薦したのである。

　裁判所は，当初，フランクフルトにおかれ（帝国自由都市であり，皇帝や諸侯の直接の影響下にない），1495年10月31日に，皇帝の臨席の下で，Großer Braunfels の古い建物で開催された。帝室裁判所の設立の前，フランクフルトの都市裁判所が同様の機能を果たしたことから，その後継としての意味もある。しかし，同地の洪水のために，1527年から1689年の間は，Speyer に移り，ついで，Wetzlar で開催された。このような変遷は，ライヒ議会が変遷しながら開催されたのと同じである。また，ライヒ帝室裁判所が首都ではなく，そこから離れた地におかれたのは（おおむねオーストリアの勢力外。

ライヒの区分（Die Kreisteilung des Deutschen Reiches 1512）

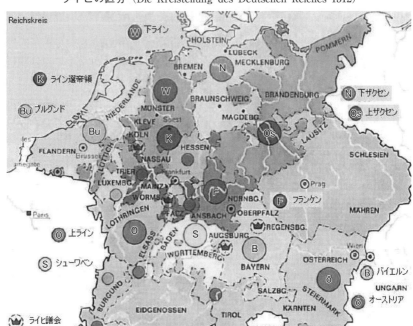

Vgl. dtv-Atlas zur Weltgeschichte, I, 1964, S. 218.

Freiburg のような例外はあるが，周辺部である），ドイツの慣習に従っており，この伝統は，統一後のライヒ大審院が，ライプチッヒにおかれたことにより，また，戦後，現在の連邦裁判所がカールスルーエにおかれることによって受け継がれている(5)。

ライヒ帝室裁判所は，まず，ライヒに直接かかわる国家的事項について裁判権を有した。また，ラント諸侯や地域的裁判所の判決に対する裁判権を有した。後者は，上訴裁判所の趣旨であり，その場合には，事実審ともなったのである。争点に関する限り，各地のラント地域法をも適用した。地域法がない場合には，皇帝法，普通法が適用された。しかし，刑法の裁判権はなかった。これは，ラントの高権にかかわるからである。

（c）1806年の解体まで，ライヒ帝室裁判所の判決には，調査委員会への控訴がない限り，通常，判決の理由づけは付されなかった。そして，事実も判決理由も記載されず，当事者には，今日の判決主文に相当する部分だけが述

第1篇　ドイツ民法典の成立と法実務家　　59

べられた。そこで，判決がどのような理由づけによっていたかは，訴訟当事
者には不明であった。今日の見地からすると不思議であるが，判決の結果は
妥当性ではなく，たんに帝国の最上級審の権威によっていたのである。

　もっとも，ライヒ帝室裁判所の内部の慣習では，個別の事件に詳しい学識
のある裁判官が，割り当てられていた。この割当内容も，公式には外部には
不明であり，判決理由も公表されなかったが，こうした専門化によって，法
の発展に寄与したのである。早くから，判決に対する裁判官の著作が公刊さ
れたからである。最上級審の存在が法の統一の保障であり，法の発展のため
に必要であることは，今日知られている。その場合に，必要なのは，基準と
なる判決が理由づけられ，公表されることである。今日では，判決の公刊が
義務づけられている[6]。

　(d)　裁判例の最初の集成は，ミンジンガー（Joachim Mynsinger von Frun-
deck, 1514–1588）の手によるものであり，彼が1548年から1556年に，ライヒ
帝室裁判所の裁判官として活動した時期のものである。同人は，フライブル
クの人文主義法学者ツァシウス（Ulrich Zasius, 1461–1535）の弟子であり，
その講座の後継者でもある[7]。1563年に，バーゼルで公刊した帝国判例集成
（Singularium Observationum Judicii Imperialis Camerae centuriae quator）は，
ライヒ帝室裁判所の判決の考察である。この判例集成は，商法，民法，封建
法の400もの注目事例（observationis）と，それに対する注解（miscellanea）
からなり，17世紀の末までに20版を数えた。そして，Mynsinger は，当時
は必ずしも一般的ではなかったが，自分の見解に理由づけを与えていたので
ある。しかも，少なからぬ内容が，裁判官の審理上の秘密にかかわっていた
が，著作が，皇帝に捧げられたことから，皇帝の許可があるものとして追及
は行われなかった[8]。こうした方法は，中世以来，禁書目録に載ることを避
けるためなどに，よく行われる手段であった。

　数年後の1578年には，裁判官であるガイル（Andreas Gail, 1526–1587）の
私撰の判例集が続いた。彼は，11年間，ライヒ帝室裁判所の裁判官であり，
1569年には，ウィーンのライヒ宮中会議のメンバーともなった。事件ごとに
整理された判例集は，ライヒ帝室裁判所の判事補のテキストとしても役立っ
た。この2人の裁判官は，いわゆる官房学的法律学（Kameraljurisprudenz）
の創始者とみなされている。こうした裁判研究は，今日まで続く学説と判決
の間の論争の開始でもあった。その他の裁判例の集成もある。こうした影響

力からも，ヴィアッカーがいうように，ライヒ帝室裁判所は，ローマ法の事実的継受の推進力となったのである[9]。

　また，クラマー（Johann Ulrich von Cramer, 1706-1772）による判例集成は，1755-1779年の間に128部，32巻にも及ぶものであった。1800年以降では，出された判決のすべてが年ごとにまとめられ，網羅される完全なものになっていた。

　(e)　ラントの分裂を反映して，ライヒには，行政上，特定の首都がなかっただけではなく（ウィーンはオーストリア国家の首都にすぎない），司法においても中心地はなく，ライヒ帝室裁判所の所在地には，かなりの変更がある。15世紀以降，神聖ローマ帝国の皇帝には，ハプスブルク家が固定したが，ライヒ議会と同様に，帝室裁判所も，おもに，西南ドイツの帝国自由都市におかれることが多かった。ファルツ承継戦争（1688年-1697年）で，1689年に，Speyer が荒廃した後（ルイ14世のエルザスとライン侵略），ヘッセンの Wetzlar に比較的長くおかれた（現在でも，ライヒ帝室裁判所博物館がある）。

ライヒ帝室裁判所の所在地の変遷

1495-1497, Frankfurt a.M.

1497-1499, Worms, 1500： Augsburg, 1501： Nürnberg, 1502：Augsburg, 1503-1509： Regensburg, 1509-1513： Worms, 1513-1514：Speyer, 1514-1520： Worms, 1521-1524： Nürnberg, 1524-1527：Esslingen（Neckar）　この30年間は，固定的な所在地はなく，ごく短期で移動した。

1527-1689, Speyer

1689-1806, Wetzlar（Hessen）

---

　(2)　不上訴特権（ius de non appellando）

　(a)　神聖ローマ皇帝カール４世による1356年の金印勅書（Goldene Bulle）によって，諸ラント，とくに選帝侯は，不上訴特権を獲得した。金印勅書は，皇帝選挙法であるとともに，諸侯権力を追認するものであったから，裁判権のほか（勅書11章），種々のライヒ高権（レガリア）の諸侯への移転を伴っていた。

　もっとも，ライヒの裁判権は排除されたが，同時に，固有の上級裁判所を

設立する必要があった。法の埒外を認めるものではなかったからである。そこで，プロイセンでは，1468年に，ベルリンの宮廷裁判所（Kammergericht）が設立され，これは今日でも，ベルリンの高裁の別称となっている。数年後には，ザクセンでも，ライプチッヒに上級裁判所が設立された（15世紀から選帝侯，1806年に王国）。また，現在のツェレの高裁は，Braunschweig-Lüneburgと Hannover-Calenberg の上訴裁判所であり，300年の歴史をもっている[10]。バイエルンでも，1625年のバイエルンの破棄院（Revisorium）とバイエルン選帝侯国（1623年，1806年王国）の上級裁判所がおかれた。神聖ローマ帝国の解体の前，1803年に，バーデンも，選帝侯国となり（1806年大公国），バーデンの上級裁判所を設立したのである。これは，現在のカールスルーエの高裁の起原となっている。現在の高裁（OLG）には，こうした上級裁判所の沿革を有するものが多く，高い権威の淵源となっている[11]。たんなる高裁ではなく，もともと最終裁判権を行使していたのである。

　(b)　帝室裁判所の裁判官については，個々に立ち入らない。一時この裁判所に勤めたJ・V・ケメラー（Johann Vincenz Caemmerer, 1761. 5. 9-1817. 3.26）とノイラートだけをとりあげる。前者は，1761年に，マインツで生まれ，マインツ，エルフルト，イエナの各大学で学び，1784年から85年に，貴族の家庭教師となった。1786年に，Wetzlar のライヒ帝室裁判所に勤めた。1787年から88年には，フランクフルトにおける，マインツ選帝侯国の派遣公使部に勤め，また，1789年には，レーゲンスブルクにおける，マインツ選帝侯国のライヒ派遣公使の使節員（Legationskanzlist）として働いた。1786年に，フリーメーソンとなり，1790年に，レーゲンスブルクの当時の支部（Karl zu den drei Schlüsseln）会員となった。1796年に，派遣使節の書記（Registrator）となり，1797年に，Hildesheim と Paderborn の司教伯の使節秘書官となった。1804年に，Salm-Kyrburg の伯爵の使節秘書官となった。のちには，フランクフルトの編年体の歴史 Ristretto を編纂した。

　若干の文学的著作のほか，1796年には，マインツ選帝侯国の大臣でありライヒ公使の Gottlieb Augustin Maximilian von Strauß の伝記を書いている。その晩年は，ナポレオン戦争による混乱期であり，ライン川以西のフランス軍の侵略と割譲に関する記録で著名である（Auszüge aus allen bey der hohen Reichsdeputation zu Regensburg übergebenen Vorstellungen und Reclamationen, 1803を書いた）。また，Hauptschluß der außerordentlichen Reichsdeputation vom 25. Februar 1803, 1804を編纂し，注解をほどこした[12]。

不当利得の類型論で名高い Ernst von Caemmerer との関係は明確ではない。

(c) サヴィニー（Friedrich Carl von Savigny, 1779. 2. 21-1861. 10. 25）は，父親（Christian Carl von Savigny）が早くに亡くなったことから，遠縁の帝室裁判所の裁判官ノイラートにひき取られた。ノイラートが今日知られているのは，もっぱらサヴィニーとの関係による。

ノイラート（Johann Friedrich Albert Constantin von Neurath, 1739. 5. 17-1816. 10. 30）は，1739年に，上ヘッセンの Alsfeld で生まれ，ギーセンとゲッチンゲン大学で法律学を学び，1758年に卒業した。卒業後，Wetzlar の帝室裁判所で，5年間，実務に携わり，1768年に，Isenburg in Büdingen の伯爵領の官房で働き，1776年に，ダルムシュタットの上級裁判所判事となった。1780年に，プロイセンのフリードリッヒ大王（位1740-86）から，ノルトライン・ヴェストファーレン地区の帝室裁判所判事に指名された。サヴィニーが引き取られたのは，1792年ごろである。1791年に，プロイセンの貴族に列せられた（von Neurath）。そして，ノイラートは，1806年に，帝室裁判所が解体した後は，バーデン大公国に勤めた。バーデンの枢密顧問官となり，Rastatt の宮廷裁判所長官（Hofgerichtspräsident）となり，1816年に Rastatt で亡くなった[13]。

2 ドイツ連邦（1815年-1866年）の時代

(1) 中央権力と司法の欠如

旧ドイツ連邦（Deutscher Bund）は，1806年に，中世以来の神聖ローマ帝国が解体したことから，これに代わるものとして1814年～1815年のウィーン会議後に組織され，ほぼ半世紀間，存続したが，構成国は35か国，4自由都市からなり（総計39カ国の詳細は，1帝国，5王国，1選帝侯国，7大公国，10公国，11侯国，4自由都市），実質的には，国家というよりもドイツ諸邦の同盟に近く，統一的な司法制度は一部の仲裁裁判権だけに限定された（オーストリアを含む大ドイツ主義）。統一的な上級の裁判所もなく，裁判所による法の統一も特徴ある判例法の形成も行われなかった[14]。また，ウィーン体制の崩壊後は，オーストリアとプロイセンの主導権争いの結果，統一的な裁判所を設立する機運も生まれなかったのである。

第1篇　ドイツ民法典の成立と法実務家　　　　63

　1815年–1866年のドイツ連邦は，連邦の裁判権についての規定をおかず，
1815年6月8日の連邦規約（Bundesakte）も，たんに連邦構成国間の紛争の
仲裁裁判権を定めただけであり，詳細は，連邦集会によって定められる最高
裁に委ねるものとした⑮。しかも，ドイツ連邦は，実質的にはドイツ諸ラン
ト・諸邦の寄り合いにすぎなかったから，これを中央権力のある連邦的な国
家同盟にすることも，地域的権力（おもにプロイセン）の反対によって挫折
し，したがって，行政権力が分裂しただけではなく，中央裁判所やその固有
の連邦裁判権も定められなかったのである。

(2)　3段階の裁判権と上級控訴裁判所の創設

(a)　しかし，司法に関係した規定がまったくなかったわけではない。連邦
規約の12条は，連邦を構成する39の加盟国が，独自に三審制をとることを定
めていた。ただし，連邦がみずから一元的な最高裁を設けるのではなく，30
万人以上の住民がいるラントには，第三審にあたる上級裁判所の創設が許さ
れたのである（たとえば，ハノーバー王国の Celle である。ちなみに，この Celle
高裁も，古い伝統から，多くの画期的判決により著名である。同国は，1692年に，
選帝侯国，1814年に，王国）。そして，同条2項は，例外を定め，15万人以上
の住民がいる場合で，かつすでに現存する裁判所の存続は認めたのである。
これにより，たとえば，1814年に設立されていたオルデンブルク大侯国の上
訴裁判所は，存続した。それ以下の小国では，個別の裁判所がない場合には，
共通の最高裁が必要となった。そこで，チューリンゲン諸国の上訴裁判所が
イエナにおかれ，小ラント6か国の司法を扱った。上と下メクレンブルクに
も，共通の上訴裁判所ができたのである（Land Oldenburg, 1815年, Ern-
estinischer Herzogtüm 1816年, Drei Herzogtümer Schleswig, Holstein, Lauen-
burg 1834年など）。

(b)　また，この例外規定にもとづいて，フランクフルト，ブレーメン，ハ
ンブルク，リューベックの4か国のために，リューベックに上訴裁判所であ
る上級控訴裁判所が設立され，これは，19世紀には，もっとも注目される裁
判所となった。取引活動の盛んな土地柄を背景として，その実務的かつ商法
的な判例は，重要な影響力をもち，1806年後には，ライヒが解体し最上級審
がなくなったことから，1848年の手形法や1861年の普通商法典（ADHGB）
の源となったのである（後述(3)参照）。

その他の諸ラントの裁判所も，それぞれの最上級審として，法の発展に貢献したものといえる[16]。

(3) 四ハンザ自由都市の上級控訴裁判所（Oberappellationsgericht der vier Freien Städte）

(a) この裁判所については，簡単には前述した（第3章1参照）。詳細は繰り返さないが，神聖ローマ帝国の解体後（1806年）に，自由都市のブレーメン，フランクフルト・アム・マイン，ハンブルクとリューベック4市の民事と刑事の第三審であり最高裁として，1820年にリューベックに設立されたものである。リューベックは，ハンザ同盟の盟主として，中世以来，北方通商法の確立に貢献した[17]。こうした伝統と，ドイツ全体の最高裁の欠如，特徴的な裁判官をえたことから，この裁判所は，各地の上級裁判所の中でもとりわけ先駆的な役割を果たしたのである。

第1代の長官は，Georg Arnold Heise（1778. 8. 2–1851. 2. 6），第2代の長官は，Karl Georg von Wächter（Karl Joseph Georg Sigismund Wächter, 1797. 12. 24–1880. 1. 15），第3代で最後の長官は，Johann Friedrich Martin Kierulff（1806. 12. 9–1894. 7. 17）であった。

1871年のドイツ帝国成立後は，商事事件については，ライプチッヒのライヒ上級商事裁判所に管轄権を譲った。最後に，1879年10月のライヒ司法法によって，ライヒ大審院が設立され，裁判所の構成が変わり解消したのである。係属中の手続は，ハンブルクのハンザ高裁か，ライプチッヒのライヒ大審院に引き継がれた。

(b) リューベックは，1937年に独立した都市州としての独立を失うまで，ハンブルクのハンザ上級控訴裁判所の管轄にとどまった（民事事件）。その後，リューベックは，キールの高裁の管轄地となり，戦後は，（シュレスヴィッヒ・ホルシュタイン州の）高裁が設立されたシュレスヴィッヒ高裁（人口2万4000人の小都市シュレスヴィッヒ所在）の管轄地になった。ブレーメンも，1947年にハンザ高裁がブレーメンに設立されるまで，ハンブルクのハンザ高裁の管轄下にあった。プロイセンとオーストリア間の戦争によりフランクフルトがプロイセンに併合された後，ライン・プロイセンには，1879年に，フランクフルトにも高裁がおかれた。このフランクフルト高裁（preußisches Appellationsgerichts Frankfurt）の判決に対する上訴は，プロイセンのベルリン上

級裁判所（Preußisches Obertribunal in Berlin）が最終審として行った。

　上級控訴裁判所を喪失したリューベックには，代わりに，1890年に，Karl Peter Klügmann の努力によって，ビスマルクの社会保険法の発効後，ハンザ保険公社（HanseatischeVersicherungsanstalt）がおかれた。これは，ハンブルク，ブレーメンとリューベックの3ハンザ都市の被用者の疾病保険と高齢保険を行った。しかし，1937年には，自治を失い，これも大ハンブルク法（Groß-Hamburg-Gesetz）により，ハンブルクに移転した。ナチスによる中央集権化の結果である。

　(c)　ライヒ上級商事裁判所の設立によって，商法の関係では，係属中の事件は，そこに移譲された。ここの文書は，第二次世界大戦で滅失した（ライプチッヒ爆撃）。他の文書は，1879年に，ハンブルクのハンザ高裁に引き継がれた。この文書は，1903年にハンブルクの市文書館に譲渡された。1936年に，一般文書や行政文書は，リューベックの文書館に移譲され，1952年には，訴訟書類と法律上の受験者の試験書類は，4都市の文書館に分割して移管された[18]。

　(4)　プロイセンにおける上級裁判所の発展

　(a)　オーストリアと並んで，ドイツ諸ラントの中で最大規模の国家であるプロイセンには，当時まだ統一的な私法はなかった。プロイセン一般ラント法（ALR, 1794）は，ライン以東の領域にだけ適用されていたからである（結局，その後も ALR で統一されることはなかった）。その西部領域では，普通法と1804年の Code civil（ライン・フランス法）が適用されていた。ALR の地域では，ベルリンの上級裁判所（Obertribunal）が最上級審であった。この上級裁判所については，別稿による（第2部2篇参照）。

　そして，裁判所サイドの反対があったが，1832年の閣議令（Kabinettsordre v.1832. 7. 19）は，判決に理由づけ（Begründen）を義務づけた。これにより，上訴裁判所の判決が，下位の裁判所に方向を指し示すような影響を与えることになった。また，1836年の閣議令（Kabinettsordre, v.1836. 8. 1）は，上訴裁判所の4つの部に，判例を明確にし統一性を与えるために判例集を出すことを義務づけた。また，総体として，争点に関し統一した判決を出すことを命じた。こうした裁判所実務によって，1837年に，プロイセン上級裁判所では，最初の判例集が編集されたのである。ケメラーがいうように，これは，

法史上の重要日となった。こうした判例集は，のちのライヒ上級商事裁判所とライヒ大審院にも受け継がれたのである[19]。

　(b)　プロイセン上級裁判所（Preußisches Obertribunal）は，1850年から，全プロイセンの上告裁判所となった。ただし，その後の存続期間は短く，1869年に，ライプチッヒにライヒ上級商事裁判所が設立されたことで，上級裁判所は，その裁判権の一部を失い（商事管轄），1879年に，ライヒ大審院が設立され，完全に使命を終えたのである（民事，刑事の管轄）。

　上級裁判所の形態を定めたのは，1850年のプロイセン憲法であり，同憲法は裁判組織について詳細な規定をおいた。プロイセンは，18世紀以降に各地に領土を獲得したことから，従来3つの異なった法域があった。すなわち，プロイセン法，普通法，フランス法であり，この分裂は，それぞれに上告のための裁判所があることにより，固定されていた[20]。

　第1は，ライン左岸の法域を対象とするベルリンの破棄裁判所，第2は，コブレンツの行政地域であるライン右岸の普通法地域を対象とするベルリンの破棄裁判所，第3は，新ポンメルンとグライフスヴァルトの普通法領域を対象とする上級控訴裁判所，第4に，ポーゼンの上級控訴裁判所である。第1のものがライン・フランス法を，第2のものが普通法を扱い，第3，第4のものがプロイセン法をおもに扱っていた。エルベ河以東では，古いプロイセンの地域と同様にプロイセン法（ALR）が適用されていたからである。

　しかし，プロイセン上級裁判所の設立によって，全プロイセンにおける最高裁が設立されたのである。これが，上述の Obertribunal である。下級審としては，控訴裁判所の名称のもとで，第二審として高裁がおかれた。この Obertribunal の著名判決としては，1858年の Rose-Rosahl 事件がある[21]。

　(5)　国民議会の憲法の予定したライヒ大審院の挫折

　(a)　1848年の三月革命後，フランクフルト国民議会の1849年憲法は，ライヒ大審院の創設を予定していた。しかし，それは，機能的には憲法裁判所を意味しており，権能は，限定されていた。古典的な意味の国家的事項（組織問題），規範の判断，憲法上の権利の侵害による民衆訴訟などである。刑事と民事の事件の最上級審についても提案されたが，国民議会では多数をえられなかった[22]。

　(b)　その後も，ドイツ連邦には，中央裁判所がなかった。ベルリンで行わ

第1篇　ドイツ民法典の成立と法実務家　　　67

れた1860年の最初のドイツ法曹会議（DJT）は，共通の最上級審の創設を求めた。そして，まず，1848年の手形法と新商法の制定に関する裁判権を求めたのである。ハイデルベルクの最初の商法会議（Handelstag）も，1861年に「ドイツ商法の統一確保と共通の発展のための共通の最上級審」の必要性を述べた。これらは，のちのライヒ大審院や連邦裁判所の設立の先駆となった。法の統一と法の発展が最上位の裁判所の機能として認識されていることが注目されよう。ただし，政治的には，プロイセンとオーストリアの対立から，多数をえることはできなかった。ドイツ連邦の最後の成果は，モデル法典である普通商法典（ADHGB, 1861）を制定するにとどまった[23]。

　ドイツ連邦の債権法統一作業の成果であるドレスデン草案（1865年）は，法典になるには，いたらなかった。1864年の，プロイセン・オーストリアとデンマークとの間の戦時までは，両国の利害は一致していたが，1866年6月には，プロイセンとオーストリアの戦争（Deutscher Krieg）が勃発し，その対立が決定的となったからである。1866年8月のプラハの和約によって，オーストリアはドイツから排除され，1867年の北ドイツ連邦の成立によって，ドイツ統一は，プロイセンを中心とすることになったのである（小ドイツ主義）。司法も，これを前提とすることになった。ドイツとオーストリアは，別個の最高裁判所をもつことが必要となったのである。

　3　北ドイツ連邦とドイツ帝国（1871年），オーストリア
　(1)　上級商事裁判所の当初の裁判権
　(a)　取引法は，ラントの主権に関わる点は少なく，またその性質上，統一的な処理を必要とする。そこで，北ドイツ連邦は，商事や債権法については統一的な裁判所の設立にいたった。これが，ライヒ上級商事裁判所である（Reichsoberhandelsgericht）。その経済的な前提をなしたのは，1834年以降のドイツ関税同盟（Deutscher Zollverein）である。プロイセンは，これによって，統一の主導権を握ったのである。もっとも，統一の基礎には，プロイセン国内の分裂があった。早くも，1818年には，内部関税と国境関税が廃止されたが，国内には，他のラントの飛び地があり，これを自国の関税領域に統合することが意図された。より重大なのは，伝統的な東部領域と，ナポレオン没落後に獲得した西部領域の統合である。まず，1828年に，ヘッセン・ダルムシュタットと個別の関税同盟が成立し，中央ドイツの関税同盟がこれに

68　　　　　　　　第1部　ドイツ民法典と法実務家

続いた。南ドイツにも関税同盟が成立した。1834年には，プロイセンと，こ
れら関税同盟との同盟が成立し，18か国を包含するドイツ関税同盟となった
のである。のちには，フランクフルトやハンザ諸都市も加入した。もっとも，
形式的・法律的には，プロイセンと諸国との間の条約によって結合された同
盟である。共同市場の創設，通貨と度量衡の統一を行い，財政上は諸国のプ
ロイセン依存が強まった。政治的統一の先駆となったゆえんである(24)。取引
の円滑化には，度量衡だけではなく司法の統一が基本的なインフラストラク
チャーの1つとなる。実体法では，前述の普通商法典，手形法があり，裁判
所は，司法的インフラである。そこで，司法の統一がこれに続いたのである。

　1871年に成立したドイツ帝国のライヒ大審院の前身は，ライヒ上級商事裁
判所であり，さらにその前身は，北ドイツ連邦の連邦上級商事裁判所である
(BOHG, Bundesoberhandelsgericht)。1866年のプロイセンとオーストリア間
の戦争により旧ドイツ連邦が解体し，1867年に北ドイツ連邦（Norddeutscher
Bund）が成立したことから，連邦上級商事裁判所は，その最高裁として，
1869年6月12日に，プロイセンとザクセンの主導のもとに，後者の古都ライ
プチッヒに設立された。

　1867年に創立された北ドイツ連邦も，手形法のほかに連邦法を制定し，司
法的には，全ドイツに共通の裁判所制度をもたらした。商事に関する最上級
審であり，具体的に連邦上級商事裁判所が設立されたのは，その1年後であっ
た。1870年の普仏戦争の時に（1870年7月14日開戦，1871年5月講和条約），ラ
イプチッヒに，1870年8月5日に，設立されたのである。設立にあたっても，
戦時であったことから，連邦首相のビスマルクや連邦司法部長（連邦司法大
臣に相当）の出席もなかった。

　ライプチッヒ大学の学長による法律学と法実務の連携に関する祝辞が述べ
られたにとどまる。これに対する裁判所長官による答辞では，連邦裁判所が
ライプチッヒに定められたことから，裁判官と著名な大学の精神的交流の機
会が述べられた。こうした学問と実務の交流は，現在でも，重要な意義を有
している(25)。

　(b)　もっとも，この北ドイツ連邦の連邦上級商事裁判所の設立は，必ずし
も容易ではなかった。ライプチッヒの商事会議所の提案で，1869年2月に，
ザクセン政府が，北ドイツ連邦の連邦参議院に，商事事件の最上級審の設立
の草案を提出したことに遡る。1867年の北ドイツ連邦の憲法は，連邦の裁判

権について規定していなかったが，この草案は，議会の多数の賛同をえた。憲法の修正には，議会の3分の2の多数が必要であったことから，最初の中央裁判所の管轄権は，商事に限定されたのである。連邦上級商事裁判所は，従来の諸邦の最上級審の地位を占めた。統一的な手続法のないことが問題であった。そして，上級商事裁判所は，当初22の，最後には30もの，異なる訴訟法によって運営されることになった。訴訟は，当該の争点にもっとも関係するラントの手続によることとされたからである。おおむね訴訟が係属した一審の手続法によることとなった。裁判所は，個別のラント法による法に従い，事実審としても法律審としても，活動しえた[26]。

　北ドイツ連邦は，プロイセンなど22か国（＝3王国，4大公国，5公国，7侯国，3自由都市）からなっていたが（1870年8月5日から活動を始めた），連邦上級商事裁判所が実質的にドイツ（ビスマルク帝国）の最高裁となることから，神聖ローマ帝国の最高裁であったライヒ帝室裁判所（Reichskammergericht）の伝統と構造に従っている[27]。

　(c)　1815年のドイツ連邦の，裁判所に関する連邦協約12条（Bundesakte von 1815）によれば，通常事件においては三審制であり，特別事件においては二審または四審であった。連邦上級商事裁判所の位置づけは，この最終審に位置する。すなわち，旧ドイツ連邦が構成諸ラントに委ねた第三審（終審）を，北ドイツ連邦は自己の権利としたのである。判決の冒頭の文言は，「北ドイツ連邦の名において」であり，統一後の1871年から後は「ドイツ帝国の名において」であった。

　管轄事件の対象は，当初商法と手形法であったが，のちに領域も管轄も拡大された。1971年のドイツ帝国（全25か国。北ドイツ連邦にバイエルン王国，バーデン大公国，ヴュルテンベルク王国などの南ドイツ3か国が加入して成立）の最高裁となったことから，南ドイツにも管轄権が拡大された。ライヒ上級商事裁判所と名称を改めた。その所在地は，引き続きザクセンのライプチッヒであった。

　また，1871年の憲法では，ライヒの管轄権は，民法では債権法のみであり（Bismarckische Reichsverfassung (1871) in der Vorschrift der Angelegenheiten der Reichsgesetzgebung, Art.4, 13），これは，かつて1867年の北ドイツ連邦も同様であった。1815年のドイツ連邦では商法だけであり，ようやく1866年のドレスデン草案が，債権法への拡大を試みたのである[28]。1873年12月20日

の連邦規約の改正によって（RGBl. S. 379），ライヒの権限は民法全体に拡大された（前述のラスカー法）。そして，ドレスデン草案（1866年）は，実質的に1900年のドイツ民法典の債権編の基礎となった。

(d) 連邦上級商事裁判所の長官には，プロイセンの枢密顧問官である Heinrich Eduard von Pape（1816. 9. 13–1888. 9. 10）が任命された（ライヒ上級商事裁判所の全期間を通じて唯一の長官である）。彼は，多くの立法作業のプロイセン代表となった。また，のちには，民法典の制定委員会の委員長でもある。

連邦上級商事裁判所には，最初に，14人の裁判官が任命された。法律によって，裁判官には，連邦構成国の法学教授や上級裁判所の裁判官が選ばれた。ただし，裁判官になる法学教授には，構成国でない大学の者も可能であった。商法学者の Levin Goldschmidt（1829. 5. 30–1897. 7. 16）は，この例外にもとづいて任命された。当時ハイデルベルク大学教授で，大学の所在地は，南ドイツのバーデンに属した。教授では，ほかに，チュービンゲンの民法学者であり，のちにライヒ議会の自由国民党の Robert Römer（1823. 5. 1–1879. 10. 28）も1871年から1879年の間おり[29]，Hermann Gustav Ludiwig Krüger は，1874年から1879年の間に在職した。

上級商事裁判所は，最初，総会（Plenum）で決していたが，事件が停滞することから，部（Senate）が設けられた。1871年8月に，2部が設けられた。部の構成は，のちのライヒ大審院に受け継がれ，そこでも，7人の裁判官からなっていた。

第1部の長は，Pape であり，第2部の長は，Karl Drechsler（1821–1897）であった。後者は，リューベックのハンザ上級裁判所の裁判官であった。裁判官の職務は規則によって決まっていた。長官は，事件を2つの部に割り振った。のちのライヒ大審院や今日の連邦裁判所のように，あらかじめ法域や地域的な基準によって裁判権が決定されているのではなかった。ただし，分配は，どちらかというとザッハリヒに行われ，フランス民法に関係する事件は，おもに第1部に割り振られた。同様に，海法と刑法も同様であった。専門化の傾向がみえる。さらに，裁判官への割当も，合議体の決定ではなく，長官の手によった。長官の権限には大きなものがあった[30]。

(e) 連邦上級商事裁判所の裁判権が，商事事件に限定されるという最初の制限は，長くは続かなかった。1870年6月の法律により，著作権問題に拡張

第1篇　ドイツ民法典の成立と法実務家　　71

された。また，その関係から，初めて刑事事件にも併合管轄が認められた。

　連邦上級商事裁判所は，ライヒ大審院に改組され，南ドイツ諸国の管轄も
もつようになった。地域的な拡大により，裁判官も4人増員された。1871年
5月に，エルザス・ロートリンゲンの獲得により，地域的な裁判権はより拡
大した。ここがライヒ領になったことから，連邦上級商事裁判所は，この地
域の破棄院の権能も獲得したのである。

　1871年のライヒ（ドイツ帝国）の成立後に，「連邦」上級商事裁判所は，「ラ
イヒ」上級商事裁判所と改称された。もっとも，この改称は法律によったの
でも，ライヒ宰相府の行政行為によったのでもなく，1871年9月の裁判所自
体の総会の決定によったのである。裁判所は，皇帝ではなく，連邦法によっ
て設立されたから，「北ドイツ連邦」が「ライヒ」（全ドイツ）に改組された
からには，裁判所もライヒ上級商事裁判所ということが適切と思われたので
ある。新たなライヒ法では，民事事件も裁判権の範囲に付加された。また賠
償責任，営業的権利保護，商標法，特許法も付加された。権限の拡大ととも
に，1874年に，第3部と副長官 Karl Hocheder（1825-1913）の地位が増設さ
れた。彼はバイエルンの司法大臣であった。こうして，裁判官は，24人となっ
た。

　このような経過から，ライヒ上級商事裁判所は，最初の構造に比して，多
くの権能と組織をえて，ライヒ大審院に発展することとなったのである。こ
うした拡大は，当時有力であった自由国民的な裁判所の理念にも合致した。
そこで，連邦上級商事裁判所判事の Goldschmidt は，すでにライヒ大審院
という言葉を使っていた。裁判所は，実体としてすでに法統一の機能を果た
していた。さらに，1879年のライヒ司法改革にも影響したのである[31]。

　（f）現代的な司法活動とその付随物として，判決やその成果の公表の問題
がある。

　公式判例集の出版は，ライヒ大審院や連邦裁判所にもみられる。しかし，
判例集の作成は，当初から，公式に行われたのではなく，裁判官の自主的作
業によるにとどまった。事件が個別に印刷されるだけであり，系統的には，
1858年から，Levin Goldschmidt によって行われたのが最初である。現存す
る雑誌 Zeitschrift für das gesamte Handelsrecht（ZHR）である[32]。個別に
記載されたものは，裁判官の守秘義務との関係もあり，その完全性は期しが
たい。

判決が書面によってなされることとされたのは，比較的近時のことである。それも，当初は，高次の法的手続においてのみみられ，下級審には存在せず，当事者のためというよりは公的な必要からであった。1610年のヴュルテンベルク・ラント法が，初めてこうした義務を認めた。もっとも，裁判所日誌（Gerichtsbücher）や都市や陪審員の日誌（Stadtbücher, Schöffenbücher）には，訴訟の当事者や請求内容の記載があり，これは13世紀にまで遡る。ただし，裁判所の内部資料や記録として用いられた。記録は，しだいに統一され，プロイセンでは，一般的な判決理由の必要性が明示されたのは，1831年であり，1837年から公式に公刊される判例集 Entscheidungen des Königlichen Geheimen Obertribunals が出された[33]。

(2) ライヒ大審院の設置，オーストリア最高裁

(a) 1878年のライヒ司法法（Reichsjustizgesetz）の発効によって，ライヒ大審院が設立された。それまでも，判例法の集積は，法の統一に貢献したのである。とりわけ，ライヒ上級商事裁判所の判決は，手形法の実務と理論に影響を与えたといわれる。

ライヒ大審院の公式判例集（RGZ）は，1879年に開始し，1945年まで継続した（民事判例集 RGZ，173巻，約１万5000事件，刑事判例集 RGSt（1880-1944），77巻，約１万1000事件）。戦後は，1951年から連邦裁判所判例集（BGHZ, BGHSt）が発刊されている[34]。

ライヒ大審院にも，著名な裁判官がいた。たとえば，Karl Julius August von Vangerow（1809-1898）は，1870年７月から1879年９月まで，ライヒ上級商事裁判所判事（Reichsoberhandelsgerichtsrat）となり，その後設立されたライヒ大審院判事ともなった。彼は，著名なパンデクテン法学者の Karl Adolph von Vangerow（1808. 6 . 15-1870. 10. 11，ハイデルベルク大学教授）の弟である。ライヒ上級商事裁判所から移籍した者については，後述する。

(b) オーストリアは，中世においては，神聖ローマ帝国皇帝を輩出したことから，神聖ローマ帝国の最高裁であるライヒ帝室裁判所を有した。しかし，1806年に神聖ローマ帝国が解体すると，この裁判所はなくなった。1815年のドイツ連邦も，中央裁判所をもたなかったから，オーストリア国家の中央裁判所の必要性が生じた。また，オーストリア・ハプスブルク国家は，神聖ローマ帝国の域外にも領土を有したから，これらを統合する意味でも，国家の中

央裁判所が必要とされたのである。

そこで，1749年に，マリア・テレジア（1717年-1780年，位1740年-1780年）は，最高司法院（Oberste Justizstelle）を設立した。その後，1848年8月21日には，この組織を改編し，新最高裁（OGH, Der Oberste Gerichtshof）が，ウィーンの司法宮殿（Justizpalast）に設立された。

最高裁は，ドイツ連邦の存続中は，連邦協約によって認められた各ラントの最高裁（オーストリア国家の第三審）という位置づけであったが（プロイセンの上級裁判所などと同じ），1871年に，オーストリアを排除して，北ドイツ連邦が成立すると，北ドイツ連邦の中央裁判所としては，新たに連邦上級商事裁判所（ライプチッヒ）が設立された（のちのライヒ大審院の前身）。他方で，オーストリア最高裁の位置づけにも変化が生じ，それは，オーストリア地域の固有の国家裁判所となったのである。連邦上級商事裁判所は，連邦規約上，商事のみの特別裁判所の位置づけであったが，オーストリア最高裁は，民事・刑事のすべての事項について裁判権を有している。当初から，のちのドイツのライヒ大審院やその後の連邦裁判所と同じ権限を有していた。

同等の裁判所として，1920年に設立された憲法裁判所（Verfassungsgerichtshof）があり，その設立は，ケルゼン（Hans Kelsen, 1881. 10. 11-1973. 4. 19）の草案によるものであった。法律と行政行為が憲法上の権利を侵害していないかについて合憲性を審査する。合憲性にかかわらない行政行為は，行政裁判所（Verwaltungsgerichtshof）の対象となるにとどまる[35]。

4　連邦上級商事裁判所の裁判官（人と経歴）

(1)　連邦上級商事裁判所の長官は，上述した Heinrich Eduard von Pape（1816-1888）である。就任は，1870年7月1日で，退任は，1879年9月30日であり，ライヒ大審院には移らず，民法典制定の第1委員会の職についた。

副長官の2人は，ライヒ大審院の部長裁判官となった。August Drechsler（1821-1897）は，就任は，1870年7月1日で，退任は，1879年9月30日，また，Karl Hocheder（1825-1913）は就任は，1873年3月1日であり，退任は，1879年9月30日である。

以下の判事のうち，06，14，17，20の者は，ライヒ大審院の裁判官となった後，その部長裁判官となった。詳細には，立ち入りえない（Römer のみ後述）。

74　　　　第1部　ドイツ民法典と法実務家

名前のあとは，就任日時と退任日時である。○×は，ライヒ大審院に移動
したかどうかである。その前に退職した者では，L. Goldschmidt が早くに
ベルリン大学教授になったほか，死亡した者が多い。ライヒ大審院は，最上
級審として，ライヒ上級商事裁判所にひけをとるものではなかったから，少
数の引退者を除けば，おおむね両者の間で継続性が維持されたといえる[36]。

01　Bernhard Friedrich Gustav Ponath，1870．7．1–1879．9．30　×引退
02　Wilhelm Albert Kosmann（1802–1875）1870．7．1–1874．7．1　×引退，
　　死亡（もともと1848年のフランクフルト国民議会の議員であった。その前は，
　　Stettin の高裁判事。1861年に，プロイセンの Obertribunal 裁判官）
03　Dr. Schmitz（–1875）1870．7．1–1875．1．17　×死亡
04　Friedrich Gallenkamp（1818–）1870．7．1–1879．9．30　○
05　Friedrich Moritz Hoffmann（1818–1882）1870．7．1–1879．9．30　○
06　Gustav Ludwig August Fleischauer（1819–1891）1870．7．1–1879．
　　9．30　○
07　Adolph Schliemann（1817–1871）1870．7．1–1871．1．19　×死亡
08　Jeremias Theodor Boisselier（1826–1912）1870．7．1–1879．9．30　○
09　*Levin Goldschmidt（1829–1897）1870.7.1–1875.9.1*　×ベルリン大学
　　教授，商法学者として著名である。
10　*Johann Friedrich Voigt（1806–1886）1870.7.1–1879.9.30*　×引退
11　*Karl Julius August von Vangerow（1809–1898）1870.7.1–1879.9.30*　○
12　Karl Friedrich Werner（–1877）1870．7．1–1877．8．31　×死亡
　　以上の者は，1870年の創設時の裁判官である。

創設後に，以下の17名が任命された。
13　Marquard Adolph Barth（1809–1885）1871．8．1–1879．9．30　×引退
14　Johann Wernz（1819–1892）1871．8．1–1879．9．30　○
15　Ernst Sigismund Puchel（1820–1885）1871．8．1–1879．9．30　○
16　*Robert Römer（1823–1879）1871.8.1–1879.9.30*　×引退，死亡
17　Friedrich von Hahn（1823–1897）1872．5．1–1879．9．30　○
18　Friedrich Wilhelm Heinrich Mohrmann　1873．1．1–1879．9．30　×
　　引退

第1篇　ドイツ民法典の成立と法実務家　　　　75

19　Wilhelm Langerhans (1816-1902)　1874. 5 . 1 -1879. 9 . 30　○

20　Heinrich Wiener (1834-1897)　1874. 4 . 1 -1879. 9 . 30　○

21　Hermann Gustav Ludwig Theodor Krüger (1825-1903)　1874. 7 . 1 -
　　1879. 9 . 30　○

22　Schilling (-1879. 5 . 27)　1875. 4 . 1 -1879. 5 . 27　×死亡

23　Wilhelm Buff (1825-1900)　1875. 4 . 1 -1879. 9 . 30　○

24　Viktor von Meibom (1821-1892)　1875. 9 . 1 -1879. 9 . 30　○

25　Karl Heinrich Dreyer (1830-1900)　1876. 3 . 1 -1879. 9 . 30　○

26　Baum Hambrook (1818-1897)　1877. 9 . 1 -1879. 9 . 30　○

27　Hermann Wittmaack (1833-1928)　1877. 9 . 2 -1879. 9 . 30　○

28　Leberecht Fürchtegott Wilhelm Maßmann (1837-1916)　1877. 9 . 3 -
　　1879. 9 . 30　○

29　Heinrich Gerhard August Hullmann (1826-1887)　1878. 1 . 1 -1879.
　　9 . 30　○

　(2)　レーマー (Robert Römer, 1823. 5 . 1 -1879. 10. 28) は，1823年に，シュ
トットガルトで生まれた。父　Friedrich は，軍事顧問官 (Kriegsrat) で政
治家であった。ドイツ民法典起草の第1委員会に所属したヨホー (Reinhold
Heinrich Sigismund Johow, 1823. 5 . 30-1904. 1 . 12) と同年の生まれである。
チュービンゲン大学とハイデルベルク大学で学んだ。シュトットガルトで弁
護士となり，1852年に，チュービンゲン大学で私講師，1856年に員外教授，
1857年に正教授となった。1871年から79年に，ライプチッヒの上級商事裁判
所の裁判官となった。1879年10月28日に，シュトットガルトで亡くなった。
　彼は，ローマ法とヴュルテンベルクの固有法を専門とし，早くに証明責任
に関する論文を書いた (Beweislast hinsichtlich des Irrthums, Erlöschen des
klägerischen Rechts, 1852)。実体法では，更改 (Die bedingte Novation, 1863)，
代物弁済 (Die Leistung an Zahlungsstatt, 1866) に関する著作がある。しか
し，むしろ政治家として著名である。1864年に，父のあとを継いで，Geislin-
gen 地区から，ヴュルテンベルクのラント議会の議員となった（1871年まで）。
その後，その地区からライヒ議会の議員となった（1876年まで）。1866年から，
ヴュルテンベルクのドイツ党の指導者であった。ドイツ統一の時期であり，
南ドイツにおける統一への参加を論じた (Die Verfassung des Norddeutschen

Bundes und die süddeutsche, insbesondere die württembergische Freiheit, 1867)[37]。

5 ライヒ大審院

(1) 当初のライヒ大審院

(a) 1879年10月に，ライプチッヒ大学の講堂で開設式の行われたライヒ大審院の陣容は，ライヒ上級商事裁判所のそれを大幅に上回る。すなわち，68人の裁判官，5つの民事部，3つの刑事部を有し，全ライヒ地域の裁判権，統一的な訴訟法（ZPO, StPO）と上告裁判所としての権能を有していた。対象事件も，商事に限定されなかった。

裁判官は，ライヒ上級商事裁判所の19人の裁判官と24人のプロイセン上訴裁判所（Obertribunal）の裁判官，他の連邦国の裁判官からなっていた。従来，ラントの裁判所は，個別のラント諸侯の名で判決を下していたが，ライヒ大審院は，ライヒ上級商事裁判所と同じく，皇帝ではなく，ライヒの名で判決を下した。ライヒ大審院の裁判官は，連邦参議院の提案をもって，皇帝により任命された。当初は，出身裁判官のラント間の割合が考慮された。これは，連邦参議院の議席がラントの持ち数によったのと同様である。

(b) どこにライヒ大審院をおくかについては，議会に対立があった。ラントの政治力学に影響するからである。プロイセンは，首都ベルリンの近郊を望んだ。連邦司法部もそこにあったからである。そこで，ライヒ刑事裁判所をベルリンに，民事裁判所をライプチッヒにおくとの折衷案もあった。大審院の所在地は，皇帝の勅令ではなく，法律によって決するものとされ，連邦参議院は，1877年2月28日に，30対28の賛成で，ライプチッヒと決定した。3月4日に，ライヒ議会も，第3読会で同様に決した（ライプチッヒ213票，ベルリン142票であった。）。ライプチッヒになったことには，ライヒ上級商事裁判所と中世以来の著名な大学の地であり，重要な商業都市であったことが考慮された。また，裁判所が王権やライヒ政府による影響から遠ざかることにも意味があった。裁判も，政治的な争いの種になりえたからである。首都にあれば，政府と裁判所の影響関係はより密なものになったであろう[38]。

(b) ライヒ大審院の長官には，プロイセンのフランクフルト（Oder）の高等裁判所の長官シムソン（Eduard Simson, 1810–1899）が任命された。Simsonは，自由国民派の議員であり，1848年のドイツ国民議会の議長や，ライヒ議

会の議長（1871-1874）で知られていた。

1891年までの彼の任期中，新たなライヒ大審院の建物の起工（1888）が行われ，建物は，1895年に完成した。ベルリンのライヒ議会の建物とともに，皇帝期様式の建物である。ライヒ大審院の部の数の決定は，GVG 132条により，ライヒ首相の権限であることから，事件の増加によって，最初の5民事部に2部が付加され，刑事部も，皇帝期の末までに，現在と同様に，5部となったのである[39]。

(c)　第一次世界大戦までの時期の重要な事項としては，1900年に，民法典が施行されたことがある。そして，ほぼ同時期に，シュタウプ（Staub, 1856-1904)による，積極的契約侵害論(Die positive Vertragsverletzungen un dihre Rechtsfolgen, Festgabe f.26.DJT, 1902）が公けにされた。民法典はその発効とほぼ同時に，修正のための芽を生じたのである。また，1901年には，一般的不作為訴訟（allgemeine Unterlassungsklage）が肯定された。

司法制度に関しては，第一次世界大戦の末期，1918年10月に，ミュンヘンに，ライヒ財務裁判所（Reichsfinanzhof）が創設された。行政に関するもののうち，財務裁判所が先行し設立されたのである。ライヒ行政裁判所は1941年にようやく設立された[40]。しかし，憲法裁判所は，ライヒの時代には設立されることはなく，戦後の設立を待つことになった。現在の並列的な最上級裁判所の形態は，この時期に始まる（連邦通常裁判所・BGHのほか，憲法，財務，行政，労働，社会の各裁判所の存在)。

(2)　ライヒ大審院の著名な判事

(a)　1879年10月の開設時に，68人の裁判官を擁していたライヒ大審院は，1879年から1945年の66年の間に，裁判官の総数333人を数えた。その組織の規模は，わが最高裁よりも，旧大審院に近く，現在の連邦裁判所（BGH）でも，かなりの規模になる。ちなみに，わが旧大審院の裁判官は，1919年（大正8年）から1941年（昭和16年）までが47人，1942年（昭和17年）37人，1946年（昭和21年）31人であった（定員）。大陸型の最高裁の類型に属しており，戦後のアメリカ型の最高裁とは異なる。

裁判官の中の一部の者については，別の項目ですでに検討したことがある（ドイツ民法典の起草関係では，たとえば，Achilles，ユダヤ系判事の関係では，たとえば，David，戦後の生き残りのSchäferなどである)。裁判官の総数が多い

ので，ライヒ上級商事裁判所の裁判官のような詳細な検討はできない。また，別の項目で検討する予定の者は除外し（ALR の注釈者 Rehbein, Reinke など），若干の者だけにふれる。

当初，ライヒ大審院判事の選出には，出身のラントのバランスが考慮された（プロイセンのヘゲモニー下）。そこで，引退する判事のラントによって発議され，連邦参議院により提案された。しかし，1896年ごろには，当初の裁判官が引退したことから，より透明性のある選任が議論されるようになった。実質的には，ライヒ司法部により裁判官が選任され，ラントの影響力は低下していたのである。裁判官の職域は，BGH と同じく，専門により，刑事，民事で固定していた（民事41人）。ライヒ上級商事裁判所の裁判官のほとんどは，民事部に割り当てられた（17人）。民事部は，つねに負担過剰となったので，当初，プロイセンは自己費用で，補助裁判官をおいた。1886年までに，2つの民事部が追加され，さらに，1900年の民法典の施行にあわせて，1部が追加された。1910年には，正式な補助裁判官の制度がおかれた（11人）。

　(b)　ライヒ大審院の裁判官の在任期間は，かなり長い。長官でも10年以上にもなる例が多く，最初の Simson は，12年，最後の Bumke は，16年にもなる。そこで，ライヒ大審院の管轄権は限定されていたものの，長官の権威はかなり高かったものと思われる。在任期間2年内外の者が2人いるが，それは死亡したからである（3代の Gutbrod と5代の Delbrück）[41]。

歴代のライヒ大審院の長官の在任期間は，以下のとおりであった。

1　Eduard von Simson（1810-1899）は，1879. 10. 1〜1891. 2. 1で，在任期間は12年。

2　Otto von Oehlschläger（1831-1904）は，1891. 2. 1〜1903. 11. 1で12年。

3　Karl Gutbrod（1844-1905）は，1903. 11. 1〜1905. 4. 17で，1年半であった。

4　Rudolf Freiherr von Seckendorff（1844-1932）は，1905. 6. 18〜1920. 1. 1で15年。

5　Heinrich Delbrück（1855-1922）は，1920. 1. 1〜1922. 7. 3で，2年半。

6　Walter Simons（1861-1937）は，1922. 10. 16〜1929. 4. 1で，7年。

7　Erwin Bumke（1874-1945）は，1929. 4. 1〜1945. 4. 20で，16年。

(c) 歴代の院長のうち，第1代 Eduard von Simson，第2代 Otto von Oehlschläger，最後の Bumke については，前述した（【法学上の発見】135頁をも参照）。ライヒ大審院判事の Hermann Weinkauff は，戦後，連邦裁判所の初代長官となった（後述⑵参照）。第1代シムソンの遠縁でもある。その他の者については，第2部3篇参照。

同じく判事の Alexander Achilles, Otto Bähr, Gustav Theodor Friedrich Derscheid には，民法典の起草の関係でふれたことがある。また，前述の David のほか，Alexander Baumgarten, Curt Citron, Daniel Cohn, Wilhelm Koehne, Paul Königsberger, Richard Metz は，ユダヤ系判事である（ほかに，Ernst Brandis, Bernhard Engländer など若干名）。

Hermann Großmann, Wilhelm Hartmann, Fritz Hartung, Otto Löwenstein, Georg Pick, Alfred Tittel, Paul Vogt などは，法学者でもある。Karl Julius August von Vangerow は，ハイデルベルク大学の著名な法学者の弟である。Karl Eduard Pape, Hugo Planck, Wilhelm Unger は，著名な法学者の縁故者と思われるが，詳細は別にゆずる。Hugo Rehbein, Otto Reincke は，ALR の解説書を書いていることから著名である。政治家出身の者もいるが，省略する⑷²⁾。

当初は，定年の定めはなく，80歳すぎまで勤めた例もある（Schlesinger）。定年が定められたのは，ワイマール期の1923年である。当初は，68歳であったが，帝政時代の保守的な裁判官が多く，司法の危機を生じたことから，定年の引き下げが行われた（65歳）。しかし，共和国時代に任命された25人の裁判官には，労働者や被用者階級の出身者は，ほとんどいなかった。もっとも，これは，大審院に限らず，下級裁判所でも，同様であった。

(d) ローベ（Adolf Lobe, 1860. 8. 15-1939. 8. 21. 死亡時については1933年説もある。GND：102016828）は，1860年に，ザクセンの Pegau で生まれ，銀行家の息子であった。宗旨は，プロテスタントであった（evangelischer Großvater）。ワイマール憲法を起草したプロイス（Hugo Preuss, 1860. 10. 28-1925. 10. 9）と同年の生まれである。

Chemnitz, Zwickau とドレスデンのギムナジウムを出たのち，ライプチッヒ大学で法律学を学んだ。法律家として順調なキャリアを積んだ。すなわち，ライプチッヒのラント裁判官，ドレスデンの OLG 裁判官，1912年には，ライヒ大審院の裁判官，その部長判事（ライヒ懲戒裁判所長官を兼任）となった。

一時期は，地域政治にもかかわり，第一次世界大戦の時期から，ライプチッヒの市会議員もした。

ワイマール共和国の時代には裁判官であったが，1928年4月に退職し年金生活に入った後，1928年のライヒ議会で，議員となった。ライヒ議会では，Georg Bestとともに，リベラル左派に属した。ライヒ議会を離れてからは，ドイツ民主党（DDP, Deutsche Demokratische Partei）に属した。1939年に，ライプチッヒで亡くなった。

ローベは，学究型の実務家であり，多くの著作を残している。プランクの民法コンメンタールや，ライヒ裁判官による民法コンメンタール，ライプチッヒの刑法コンメンタールなどにも加わっている。未決勾留法のコンメンタール（Die Untersuchungshaft, 1927）や共和国保護に関する法のコンメンタール（Die Gesetzgebung des Reiches und der Länder zum Schutze der Republik, 1922）も書き，法学辞典にも関与している。不正競争防止法のコンメンタールの編者や著述もした[43]。Das Gesetz zur Bekämpfung des unlauteren Wettbewerbes vom 27. Mai 1896, 1896, § 8 des Gesetzes gegen den unlauteren Wettbewerb, Leipzig 1913.

今日では，晩年の著作である，ライヒ大審院の50年史で知られている（Fünfzig Jahre Reichsgericht am 1. Oktober 1929, 1929）。ライヒ大審院に関するもっとも基礎的な文献となっている。

Lobeには，方式の自由に関する論文もある。Die Form der Rechtsgeschäfte nebst einem Verzeichnis der formbedürftigen Rechtsgeschäfte, 1901, S. 13ff. 近代法は，原則としての方式の自由を採用としているが，BGBの制定時に，なおそこにみられた方式規定を包括的に検討したものである（執筆時の肩書は，Landgerichtsrat, Adolf Lobe であった）。

方式の自由は，1900年前後に好んで取り上げられたテーマであり，ほかにも，Frei, Zur Lehre von der gesetzlichen und gewillkürten Form der Rechtsgeschäfte, 1906；Sturm, Die Form des Rechts, 1911などがある。

以下の2著は，第一次世界大戦に伴う騰貴と暴利を扱うものであり，暴利論に一定の影響を与えた。

Kriegswucher, Handel und Reichsgericht, 1917.

Preissteigerung, Handel und Reichsgericht, 1917.

ほかにも，以下がある。

Zur gesetzlichen Regelung des Zugabeunwesens, 1914.

Übermäßiger Gewinn im Sinne von § 5 Nr. 1 der Bundesratsverordnung vom 23. Juli 1915/23, Leipzig 1916.

Das Reichs-Strafgesetzbuch mit besonderer Berücksichtigung der Rechtsprechung des Reichsgerichts, 1922.

Die Wertreklame in wirtschaftlicher und juristischer Beurteilung, 1928.

Einführung in den allgemeinen Teil des Strafgesetzbuches, Berlin 1930.

Die Wahrnehmung berechtigter Interessen, Leipzig 1932.

　(e)　R. ミハエリス（Richard Michaëlis, 1856. 6 . 27-ca.1941. 3 . 10）は，1856年に，ダンチヒで生まれた。1883年に区裁判官，1886年にラント裁判官，1905年に高裁裁判官となった。1910年に，枢密司法官（Geheimer Justizrat）となり，1912年から，ライヒ大審院の裁判官となった（当初は Hilfsrichter bei Reichsgericht, 同年 Reichsgerichtsrat）。1922年に，共和国保護のための国家裁判所の代表となった (Staatsgerichtshof zum Schutz der Republik) が，1924年 8 月に引退し，1941年に，強制収容所のあったフランスの Camp de Gurs で亡くなった[44]。すでに引退していたことから，亡命する機会をえられなかったのである。ワイマール共和国時代にライヒ大審院に就任したユダヤ系裁判官はかなり多かったから，同様の境遇も推察されるが，現役の者に比して，退任後の消息は必ずしも明確ではない。

　ほぼ同年代の生まれで，日本にも来たことのある G. ミハエリス（Georg Michaelis, 1857. 9 . 8 -1936. 7 . 24）とは関係がない。後者は，第一次世界大戦中の1917年に，3 か月ほどライヒ首相をした。日本には，1885年から1889年の間，独逸学協会学校の教師として滞在した[45]。

　（f）　ライヒ大審院の裁判官となったシェーファーは，2 人いる[46]。

　①　August Schaefer, 1888. 7 . 23-1984. 3 . 28

　A・シェーファーは，1888年に，北バイエルンの Schweinfurt で生まれた。父は，裁判所の執行官であった。1911年に，第一次国家試験に合格し，その後の第一次世界大戦では，予備役少尉となった。1919年に，検察官(Memmingen ラント地裁)，1925年に，エルランゲンの区裁判官，1927年に，ミュンヘ

ンのラント裁判所の検察官となり，1931年には，そこでラント裁判官となった。この間，ライヒ大審院やバイエルン高裁で調査官（Untersuchungsrichter）としても働いた。

1934年に，ミュンヘン地裁の上級検察官，1938年に，ミュンヘンの地裁の顧問官となり，ライヒ大審院の補助裁判官となった。1939年には，ライヒ大審院の裁判官となった。1945年のライプチッヒの占領時に，他の判事とともにソ連軍に逮捕され，Mühlberg と Buchenwald の強制収容所に送られ，1950年にようやく解放された。その体験を記した Das große Sterben im Reichsgericht, DRiZ 1957, S. 249. は，貴重な記録となっている（後述(5)参照）。

まず，Hof のラント地裁所長となり，1950年に，Hermann Weinkauffs（戦後創設された連邦裁判所 BGH の長官となった）の後任として，バンベルク高裁の所長となった（1956年まで）。1951年に，バイエルン最高裁の裁判官となった。1956年に定年となった。Das große Sterben im Reichsgericht (DRiZ 1957, S. 249, 250) は，その後の著作である（逮捕時のライヒ大審院について）。1984年に，亡くなった。

② Franz Schäfer, 1879–1958. 4 . 28

F・シェーファーは，1879年に，Fredeburg(Schmallenberg, ヴェストファーレンの山岳地帯）で生まれた。Marianum nach Warburg のギムナジウムを出た。19歳の時に，父を亡くした。ミュンヘン，フライブルク，ベルリン，マールブルクの各大学で法律学を学んだ。1902年に第一次国家試験に，1907年に第二次国家試験に合格し，フライブルク大学で学位をえた。

1909年に，ザールブリュッケンでラント裁判官となった。1922年に，理事官，1927年に，所長となった。ナチスの法律家協会（Rechtswahrerbund）に属し，1937年に，ライヒ大審院の裁判官となった。

戦後，フランス占領地区のザールラントで，政府の司法部門に勤め，1946年に，ザールブリュッケンの高裁の裁判官となった。1948年に，引退したが，1952年まで，ザールラントの大学で民法を教えた。1958年に，ザールブリュッケンで亡くなった。

(3) ワイマール期

(a) 帝政からワイマール共和国への移行は，他の中央省庁と同じに，ライ

ヒ大審院に，目立った人事上の変革をもたらさなかった（ユダヤ系の差別の撤廃は変化。女性の裁判官はいない）。1905年に任命された第4代長官 Rudolf Freiherr von Seckendorff（1844-1932）も，他の裁判官も，職にとどまった。裁判所の事務も，1918年11月の革命時にも，途切れることはなかった。第二次世界大戦時とは異なる。

　1819年8月のワイマール憲法は，裁判所のシステムに基本的な変更を与えなかった。その103条は，通常裁判権は，ライヒ大審院とラントの裁判所が行使するものとした。20年代には，ワイマール憲法108条に予定された国家裁判所（Staatsgerichtshof）が整備され，1922年から27年まで活動した。また，1927年には，労使共同の名誉職の裁判官を入れる労働裁判所の系統が整備され，ライヒ大審院の特別部として，ライヒ労働裁判所も設立されたのである[47]。

　(b)　民法典の成立から時間がたつにつれて，ライヒ大審院は，BGB の一般条項をますます利用するようになった。これによって，従来の概念法学的な実証主義からの解放が行われ，全民法のカズイスティックから，明確な意味を読み取ること，同時に契約と法の修正を可能にしたのである。戦時の危機とインフレから生じた事情変更の原則（clausula rebus sic stantibus）の承認によって，契約や契約的な義務を解消し，変更した関係に適合させることも可能になった。もっとも著名な判決は，1923年11月28日の切上げ Aufwertung 判決である（RGZ 107, 78, Lüderitzbucht-Fall）。これによって，抵当債権者は，インフレによって価値を失った証券の名目価値の支払による償却の同意を拒絶でき，抵当債権の，裁判官による増額の可能性が242条により認められたのである。ライヒ大審院は，その活動によって，国内でも外国でも注目されるようになった。こうした指摘は，1929年の50周年祭の時に，すでにみられる[48]。

　(4)　ナチス期

　(a)　ナチスの権力掌握後に，ライヒ大審院への攻撃が始まった。1935年までに，ライヒ大審院のユダヤ系の全判事は，追放された。その中には，部長判事 Alfons David（1886-1954）がいる。彼は，1933年3月16日に，ザクセンとチューリンゲンのナチスの法務部門の長から，ライヒ大審院の中で訪問をうけ，ユダヤ教に関する尋問をうけ，ライヒ大審院の弁護士のための名誉裁判所の所長の職を解かれた。2日後，ナチスから，他の現職裁判官への圧

力があった。1933年3月末までに，Davidは，辞任させられた。大審院長からの保護はなかった。詳細は繰り返さない（【法学上の発見】171頁）。

ほかに6人の裁判官が同様の目にあった。1933年4月6日までに，ライヒ大審院のただ1人の社会民主党員，54歳のHermann Grossmannも免職となった。1933年5月には，1929年に任命された長官Erwin Bumke（1874-1945）は，大審院の大講堂にあった初代長官Simsonの肖像画を，彼がユダヤ系であったことからはずさせた。

　(b) ライヒ大審院は，ライヒ議会放火事件（1933年2月27日）を通して注目された。大審院は，反逆事件の初審かつ最終審であった。第4部は，部長Wilhelm Bünger（1870-1937）のもとで，1933年9月21日から12月23日まで，厳格な証拠手続で扱った。4人の起訴された共産主義者は無罪となり，ナチスからは欠陥判決と攻撃された。同時に係属したLubbeに対する死刑判決は，事後立法によるものであった。1933年3月29日に出された特別法は，放火犯に死刑を課したのである。しかし，事件の結末が，必ずしもナチスの思い通りにはならなかったことから，反逆罪については，新たにベルリンに民族裁判所（Volksgerichshof）が設立された(49)。

ナチス期のライヒ大審院の判決の評価については，統一的にはいえない。伝統的な判例に続く部分もあるし，ナチス法への拘束もあり問題外の汚点となっている。そして，人種差別のニュルンベルク法の適用については，かなり形式的であるといわれる。

　(c) 1933-1945に任命された裁判官がすべてナチス党員だったわけではない。そこで，高い資質の者もいた。たとえば，ザールブリュッケンのラント裁判所長のFranz Schäfer（1879-1958）である。彼は，地域のナチス組織から批判され，1937年に，ライヒ大審院判事として，いわばライプチッヒに隔離されたのである。また，Hans von Dohnanyi（1902-1945）は，1938年に，ライヒ司法省からライヒ大審院に左遷された。そして，ザクセンハウゼンの収容所で殺害されたのである(50)。

長官のBumke（1874-1945）は，当時の65歳の定年を超えて（1929年の任命〜1939年の予定），自分のために，2回もこれを引き上げた。そして，彼とともに，ライヒ大審院は終焉を迎えるのである。ナチスの不法への絡みから，1945年4月20日に，アメリカ軍のライプチッヒへの進駐時に，ブムケは自殺した。1944年に，連合軍最高司令官アイゼンハワーの出した布告1号によっ

第1篇　ドイツ民法典の成立と法実務家　　85

て，ドイツの裁判所は終焉を迎えた。ライヒ大審院も1945年4月19日に活動を停止した[51]。

(5)　ライヒ大審院の解体

(a)　ライヒ大審院を再開しようとする当初の動きもあり，これについては，のちの BGH 長官 Hermann Weinkauff (1894-1981) が，「ライヒ大審院の課題と意義に関する総論」で述べている。しかし，アメリカの軍政のために挫折した。また，ライヒ大審院の管理のためのアメリカの委員会には，裁判官の Franz Schäfer が働きかけていたが，ザクセンが（西ベルリンと交換に）ソ連の管轄下に入ったことから，1945年10月に，ソ連によって完全に解体された。1945年8月末に，ソ連の秘密警察は，ライプチッヒに残っていた裁判官を捕らえ，34人は，エルベ河畔の Mühlberg (bei Torgau) 収容所で死亡した。生存者は，わずか4人であった[52]。その1人 Schäfer は，のちに収容所時代の報告を書いた[53]。

なお，1939年のライヒ大審院の裁判官は97人であったが，休暇や疎開，21人の徴用などで，1945年には，53人しか残っていなかった。そして，ライプチッヒのあるザクセン地区の占領がアメリカからソ連に交代した時期に，34人から37人が理由なしに逮捕されたのである[54]。

(b)　ライヒ大審院の終焉によって，4つの占領地域間の法の分裂 (Rechtszersplitterung) が生じた。1946年11月の末に，イギリス区域の司法中央部長，前のハンブルク高裁長官 Wilhelm Kisselbach (1867-1960) は，統一的なドイツの上告裁判所の必要性を訴え，ソ連地区の司法中央部長，前ライヒ司法大臣の Eugen Schiffer (1860-1954) も，中央裁判所の設置を考えた。さらに，地区ごとに部をもつライヒ大審院の計画もあった。しかし，東西の対立から，これらのプランは否定されたのである[55]。

6　戦後の展開

(1)　イギリス地区の最高裁

(a)　アメリカ地区とイギリス地区の違いは，たんに軍政に関する観念だけではなく，アメリカ地区が，主として南ドイツであることであった。バイエルン，バーデン，ヴュルテンベルクの北部とヘッセンであり，南ドイツは，1871年のドイツ統一の抵抗勢力の舞台でもある。南ドイツには，ラントの独

立国家としての伝統が長くあり，固有の司法を長く保った地域でもある。完全な司法の統一は，ようやくナチス期の1934-35年であった。ラントごとにまとまっていたことから，ここでは，ラントを超えた司法の統一の必要性は，あまり高くなかった。たとえば，刑事事件には，戦後長らく独自のバイエルン最高裁が存在した（2006年まで）。

　しかし，北西ドイツを中心としたイギリス地区は，もとのプロイセンの領域であり，分裂の伝統は比較的早くに収束したから，全地域に共通の統一司法の必要があった。イギリスの軍政は，従来のライヒ司法省の役割もおわされることになったのである[56]。

　(b)　こうして，イギリス地区に，統一的な上訴裁判所が必要となったことから，1947年10月には，イギリス地区の最高裁（Der Oberste Gerichtshof für die Britische Zone）の設立の立法が行われ，1948年4月には，活動を開始した。裁判管轄と手続法に関しては，ライヒ大審院のそれが参考とされた。当初は，民事と刑事の1部ずつから出発し，各部に，ライヒ大審院でも1923年以来普通であった各5人の裁判官がおかれることとなった。しかし，人員の欠乏から，最初は3人のみであった。

　地区最高裁の長官には，かつてのベルリンの弁護士会の会長 Ernst Wolff（1877. 11. 20-1959. 1. 11）が任命された。彼は，亡命法学者の M. ヴォルフ（Martin Wolff, 1872. 9. 26-1953. 7. 20）の姻戚であり，最初のライヒ大審院の長官の Simson の孫でもある。これによって，両裁判所の継続性が強調されている。裁判所は，大学都市のケルンにおかれた。この裁判所は，1949年に，補助裁判官を入れることによって，さらに2つの部が追加された。その活動は，ドイツ連邦共和国の成立（1949年）後は，連邦裁判所の一部として存続した。地区最高裁は，1950年9月30日の，連邦裁判所（BGH）の開設によって初めて停止したのである。その訴訟記録は，連邦裁判所に移管され，後者はただちに仕事を開始できたのである[57]。

　(c)　E. Wolff の父は，医師であり，母は，Simson の娘であった。1895年から，ベルリン大学とローザンヌ大学で法律学を学び，1891年に，第一次国家試験に合格し，修習生となった。1899年に，ベルリン大学で博士の学位をえた（Die Haftung des Ratgebers, 57頁。審査員は，Pernice, Hübler, Brunner で，成績は magna cum laude であった。記番号411）。兵役後，1904年に，第二次国家試験に合格した。1914年に勃発した第一次世界大戦でも，兵役に服し

占領地区

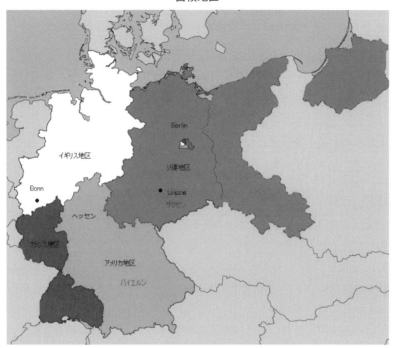

Vgl.Zentner, Der große Bildatlas zur Weltgeschichte, 1981, S. 528.

負傷した。戦後，1919年に，ベルリンで弁護士となった。1929年に，ベルリン弁護士会の会長となった。多くの修習生の教育にもあたった。その中には，Walter Hallstein, Hans-Joachim von Merkatz, Ulrich Scheuner, Walter Strauß などがいた。1933年のナチスの政権獲得後，弁護士会長を辞し，ドイツ法曹会議（DJT）の解散を宣言した。祖父母の時期からプロテスタントであったが，ユダヤ系のため弁護士職を免じられた。1938年に，イギリスに亡命した。1947年に帰国し，1949年に，占領軍から，イギリス地区の最高裁の長官に任命され，1950年の連邦裁判所の設立まで裁判官を務めた。1950年に，ケルン大学で講義をし，大学は，彼に名誉教授号を与えた。1949年のドイツ法曹会議の再開に尽くした。1959年に，チュービンゲンで亡くなった。

（Helmut Heinrichs, Harald Franzki, Klaus Schmalz, Michael Stolleis (Hrsg.)：Deutsche Juristen jüdischer Herkunft, 1993；Göppinger, Juristen jüdischer Abstammung im Dritten Reich. 2. Aufl., 1990；Gesamtliste der Dissertationen

88 　　　　第 1 部　ドイツ民法典と法実務家

1810-1990 （1899））．

（2）　連邦裁判所

（a）　1950年 9 月12日の法の統一の回復に関する法によって，連邦裁判所
（Bundesgerichtshof）が設立された。カールスルーエに設立する決定は，1950
年 7 月26日に連邦議会で行われた。イギリス地区と異なり，アメリカ地区に
もフランス地区にも中央裁判所はおかれなかったから，連邦裁判所は，ライ
ヒ大審院の直接の後継者となった。

　ライプチッヒ（ザクセン）が，東ドイツに含まれたことから，連邦裁判所
の所在地をめぐって，ケルンとカールスルーエの競争が行われた。ライヒ大
審院の設立のさいの駆け引きが思い起こされる。連邦首相のアデナウアーと
司法大臣の Dehler の間にも思惑の違いがあり，決定は，1877年の時と同様
に議会に任された。

　結局，南ドイツの，かつてのバーデンの首都であったカールスルーエにお
かれたのである（ドイツ連邦共和国＝西ドイツは，1949年成立）。連邦裁判所は，
1950年10月 1 日に発足し，8 日に，連邦大統領 Theodor Heuss （1884-1963）
の臨席の下で開設された。当初予定された64人の裁判官は，開設時に12人し
か定まらなかった。1950年末でも，42人だけであった。1950年10月11日に，
最初の判決が出された[58]。

　（b）　連邦政府の決定により，初代の長官には，Hermann Weinkauff （1894.
2 .10-1981. 7 . 9 ）が任命された。1933年以前のライヒ大審院の伝統が持ち
込まれた。Weinkauff は，1936年から1945年，ライヒ大審院において，（営
業保護のための）民事 1 部に在籍し，ナチス政府との関係はなかった。バン
ベルクの高裁長官として，彼は，1950年の夏に，連邦司法省に派遣され，連
邦裁判所の開設の準備をしたのである。西欧論理に忠実であり，学生の時に，
フランスに勉学滞在したことがあった。1920年代には，バイエルン・ファル
ツの裁判官となり，1949年から50年には，アメリカにも研究滞在した。英米
法の中での経験は，のちの司法改革に影響を与えている。自然法的な判決も
出している[59]。

　連邦裁判所の開設後，約 1 年で，連邦憲法裁判所が開設した。1951年 9 月
であった。憲法裁判所を連邦裁判所と同じ地におくとの連邦政府の計画は，
議会の反対をうけた。ベルリンにおくというものである。憲法裁判所をカー

ルスルーエにおくのは，組織的かつ財政的考慮によるものであった。すなわ
ち，法廷や図書や印刷，金庫の共用である。しかし，共用は実際には実現し
なかった。図書館は別に作られたし，憲法裁判所を連邦裁判所の建物に容れ
るような他の組織的な結合もなかったからである。ベルリンには，連邦行政
裁判所がおかれ，再統一後まで存在した。同裁判所が，ライプチッヒのかつ
てのライヒ大審院の建物に移転したのは，ようやく2002年であった(60)。

　(c)　Weinkauff は，1894年に，ファルツの Trippstadt で生まれた。Speyer
のギムナジウムを出て，ミュンヘン，ハイデルベルク，ヴュルツブルク，パ
リの各大学で，法律学を学んだ。1920年に，第一次国家試験に合格し，裁判
所試補となった。1924年に，ミュンヘンのラント裁判所で検察官となった。
その後，ミュンヘンの労働裁判所で，区裁判官となった。1928年には，パリ
でフランス法を学んだ。

　1930年に，Berchtesgaden の区裁判所で，上席区裁判官，1932年に，ミュ
ンヘンのラント裁判所で部長，1935年に，ライヒ大審院で補助裁判官となり，
1937年に，ライヒ大審院の裁判官となった。1938年に，ナチス時代の勲章
(Treudienst-Ehrenzeichen) をうけた。

　戦後，アメリカの収容所に入れられ，解放後，バンベルクのラント裁判所
の長官代理をし，1949年には，同地の高裁長官となった。1950年に，最初の
連邦裁判所 (BGH) 長官となった。1951年に，ハイデルベルク大学から名誉
博士をうけた。1952年のドイツ法曹大会では，講演をしている (vgl. Klang,
Berliner Kundgebung 1952 des Deutschen Juristentages, JBl 1953, 10)。

　1960年に，引退した後，多くの著作を著した。連邦共和国の功労勲章をう
けた (Großen Bundesverdienstkreuz mit Stern und Schulterband)。1981年に，
ハイデルベルクで亡くなった。著作では，Die deutsche Justiz und der Na-
tionalsozialismus が著名である。法実証主義 (Gesetz ist Gesetz) が，ナチス
に対して無力であったとし，宗教的な自然法の感情を吐露している。自然法
思想は，BGH の判決にも少なからず影響している。自然法や抵抗権の側面
からの著述が多い。

Das Naturrecht in evangelischer Sicht, in: Werner Maihofer (hrsg.),
Naturrecht oder Rechtspositivismus？, 1962, S. 211 ff.

　Richtertum und Rechtsfindung in Deutschland, 1952.

　Die Militäropposition gegen Hitler und das Widerstandsrecht, in

90 第1部 ドイツ民法典と法実務家

Europäische Publikation (hrsg.), Vollmacht des Gewissens. Probleme des militärischen Widerstandes gegen Hitler, Bd. 1, 1960, S. 152 ff.

Das Naturrecht und die Große Justizreform. Gedanken über die Grundfragen der Rechtsprechung, in Frankfurter Rundschau vom 6. April 1960.

Über das Widerstandsrecht. Vortrag, gehalten vor der juristischen Studiengesellschaft in Karlsruhe, Karlsruhe 1956.

Die deutsche Justiz und der Nationalsozialismus, 1968.

ほかに，フランスの司法改革に関する論文がある。

Die Französische Justizreform von 1926-1929, JR 1929, 221 ff.

第5章　むすび

1　統一的最高裁

(1)　ドイツの最高裁判所の形態は，やや特殊である。基本法95条1項が予定するのは，法領域ごとの連邦裁判所のみであり，形式的・組織的に構成された最高裁（das oberste Bundesgericht）は，予定されていない。

そこで，①連邦〔通常〕裁判所（Bundesgerichtshof, BGH，カールスルーエ）やその前身のライヒ大審院（RG）は，民事・刑事の最高裁判所ではあるが，領域別に，それと同等の特別裁判所がある。

まず，連邦憲法裁判所（Bundesverfassungsgericht，カールスルーエ）があり，ほかにも，②連邦行政裁判所（Bundesverwaltungsgericht, BVerwG，ライプチッヒ），③連邦財務裁判所（Bundesfinanzhof, BFH，ミュンヘン），④連邦労働裁判所（Bundesarbeitsgericht, BAG，エルフルト），⑤連邦社会裁判所（Bundessozialgericht, BSG，カッセル）
がある。そして，これらがドイツの実質的な最高裁（連邦憲法裁判所以外は上告裁判所，Revisionsgericht）を構成している。そこで，連邦〔通常〕裁判所（Bundesgerichtshof, BGH）を，広義の連邦裁判所一般（②～⑤，Bundesgerichte）と区別するためには，このようにかっこ書きを付して記すことが必要になる。

さらに，連邦裁判所は，憲法裁判所と上告裁判所だけではない。基本法に定めがある特別裁判所としては，軍事関係の軍刑事裁判所（Wehrstrafgericht，基本法96条2項），連邦特許裁判所（Bundespatentgericht，基本法96条1項），

軍務裁判所 (Truppendienstgerichte Nord in Münster und Süd in München (基本法96条4項) がある。前二者は, 連邦〔通常〕裁判所の, 最後のものは, 連邦行政裁判所の下級審となる。連邦裁判所で初審になるのは, これらだけである。

(2) (a) 連邦〔通常〕裁判所やライヒ大審院は, かなりの大所帯であったから, 部の数も多数にのぼる。そこで, 判例の統一のために, 大法廷の制度がとり入れられている。まず, 民事・刑事の各大法廷(Großer Senat für Zivilsachen, Großer Senat für Strafsachen) があり, さらにそれを統一するためのものとして, 統一連合部 (Vereinigte Große Senate) の制度がある。②〜⑤の連邦裁判所にも, 部と大法廷がある。さらに, 上告審となる連邦裁判所が複数あることから, その相互の矛盾を避けることも必要となり, 全連邦裁判所の共通部 (Gemeinsamer Senat der obersten Gerichtfhöfe des Bundes) の制度がある。

この共通部の制度は, 基本法95条3項で, 判例の統一のために予定され, 1968年の基本法改正で定められた (G. 1968. 6 . 18, BGBl.I, S. 657)。このための特別法としては, Gesetz zur Wahrung der Einheitlichkeit der Rechtsprechung der obersten Gerichtshöfe des Bundes (ReprEinhG) がある (G. 1968. 6 . 19, BGBl.I, S. 661)。共通部は, 各連邦裁判所の長官, 場合により裁判長や他の裁判官から成る。共通部の裁判長は, 参加しない連邦裁判所の最年長の長官が成る。ただし, 1968年以来, ごくまれにしか行われたことはない[61]。

(b) わが最高裁には3つの小法廷しかないが, 多数の部を有した大審院判例には, 必ずしも判例が統一されていない場合が多々あった。不統一でも, 必ずしも連合部判決が行われたわけではないからである。たとえば, 登記の過誤に関する裁判例である。すなわち, 登記官の過誤による登記の遺脱や, 転記のさいに落としたとか, 誤った抹消登記をしたなどの場合である。登記や公示の本質論からすれば, 対抗要件は, 第三者が出現する時に存在しなければならず, 存在しなければ, 当事者には責任がなくても対抗力は消滅するとするほかはない。この趣旨のものとしては, 大判大8・8・1民録25輯1390頁 (脱漏)。最判昭30・6・28民集9巻7号954頁 (第三者による) がある。

他方, 抹消登記は, それ自体が実体に符号しない無効な登記であるとすれば, 旧登記が有効であり, 対抗力も存続していることになる。この趣旨のも

のとしては，大12・7・7民集２巻448頁（登記官による），大10・4・4民集14輯437頁（脱漏），最判昭34・7・24民集15巻８号1196頁（登記簿滅失），最判昭36・6・16民集15巻６号1592頁（第三者），最判昭43・12・4民集22巻13号2855頁（仮登記）がある。これらの区別は，おおまかには理論づけられるが，個別の事案ごとには，必ずしも統一されていたとはいえない[62]。

　ちなみに，登記が初めからない，たとえば，申請したが登記簿に記載されていない場合には，対抗力のないことに争いはない。

　(3)　連邦憲法裁判所の位置づけは，未定である。必ずしも，憲法裁判所が他の連邦裁判所の上に位置しているわけではない。民事事件において，とくに疑問が提示されたのは，信用保証のケースである。信用保証が過酷な結果をもたらすことは，ドイツの銀行実務でもみられ，中小企業に信用を供与するにあたり，取引に経験がなく無資力の債務者の家族を保証人とすることが多く行われてきた。従来，連邦〔通常最高〕裁判所は，債務の額と保証人の資力の間に不均衡があっても，保証契約の効力を否定することはなかった（ドイツ民法典は，138条において，わが民法90条に相当する規定をおいている）。しかし，1993年10月19日の憲法裁判所の判決は，このような保証人の責任を否定したのである（BVerf.G.E.89,214,I（Nr.18）S.214ff.；1993,10,19 K/T 6）[63]。

　(4)　ドイツの司法制度においては，連邦の次元でもラントの次元でも，裁判官の数が多く，裁判所の数も多いことが特徴である。比較法的な裁判官の人数については，本稿では立ち入らない[64]。

　通常裁判所における区裁判所は，656か所，ラント裁判所は，116か所，高裁は24か所である。高裁は，各州に最低１，バーデン・ヴュルテンベルク州には２つ，バイエルンには３つ，ニーダーザクセン州とノルトライン・ヴェストファーレン州には３つ，ラインラント・ファルツ州には２つ存在する。高裁は，必ずしも人口規模だけではなく，歴史的な重要性にももとづいて置かれている。各州にも，憲法裁判所あるいは国家裁判所がある（16か所）。

　行政裁判所は51か所，高等行政裁判所は15か所（各州１，ベルリンとブランデンブルクは共通で，ベルリンにある），財務裁判所は18か所（バイエルン州に２，ノルトライン・ヴェストファーレン州に３，ベルリン州とブランデンブルク州は共通で，Cottbus にある），労働裁判所は113か所（詳述しないが，最大のノルトライン・ヴェストファーレン州では30か所である），ラント労働裁判所は18か所（バイエルン州に２，ノルトライン・ヴェストファーレン州に３，ベルリン

州とブランデンブルク州は共通で，ベルリン），社会裁判所は68か所，ラント社会裁判所は14か所（ベルリン州とブランデンブルク州は共通で，Potsdam，ニーダーザクセン州とブレーメン州も共通で，Celle）である。ベルリン州やブレーメン州は，都市州のため，周辺領域のブランデンブルク州やニーダーザクセン州と統合されることがある。統合されない場合もあるから，その相違は必ずしも必然的なものではない[65]。

　人口規模からすると，たとえば，高裁が，8つしかない日本と比較すると，きわめて裁判所の密度の高い構成になっているといえる。

　(5)　(a)　簡単に，近時の裁判所の新受件数にもふれておこう。以下は，民事事件の新受件数（Neuzugänge）であり，家事事件（Familiensachen）を含んでいない。ラント裁判所の新受件数は，1990年代から若干減少し，区裁判所のそれは，かなりの減少傾向にある。また，既済件数（Erledigte Verfahren）は，おおむね新受件数と同数である。いちいち立ち入りえないが，たとえば，2009年には，区裁判所の新受件数と既済件数は，1,243,951件と1,250,582件，ラント裁判所の新受件数と既済件数は，368,692件と359,525件である。

　平均的な訴訟期間は，区裁判所で，4.5か月（1995年）から4.6か月（2009年），ラント裁判所で，6.3か月（1995年）から，8.2か月（2009年）で，ラント裁判所の長期化が目につくところである。2001年から，つねに7.0か月を上回っており，2006年に，8.0か月となった。

　高裁の新受件数は53,154件，既済件数は52,215件であり（2009年），平均的な訴訟期間は，7.9か月である[66]。

　(b)　比較までに，日本の裁判所の新受件数に若干ふれる。2010年に，地裁で，817,058件（新受件数），841,540（既済件数），370,002（未済件数）である。簡裁では，1,313,712（新受件数），1,353,425（既済件数），150,742（未済件数）であった。高裁では，41,171（新受件数），39,329（既済件数），13,754（未済件数）であった[67]。統計のとり方，事件の処理方法が異なるので，一概には断定しえないが，たとえば，高裁の比較では，わがくにの裁判官の負担は，かなり重いようである。ドイツのOLGでは，53,154（新受件数），52,215（既済事件）（2009年）。事件を処理する裁判所の数では，3倍にもなるからである（裁判官数ではこれを上回る）。

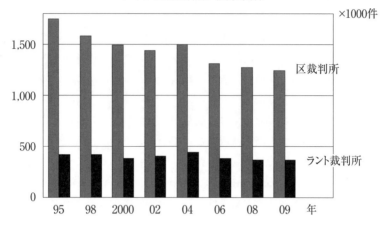

ドイツの新受件数（民事事件）

2　近時の連邦裁判官

(1)　最近の連邦裁判官の動向にふれておくと，2012年に任命された連邦裁判官は，17人（うち女5人）であった。内訳は，連邦裁判所で12人，連邦行政裁判所で3人，連邦財務裁判所で2人であった。連邦労働裁判所と連邦社会裁判所では新任はなかった。

選任の提案は，連邦裁判官選定委員会（Bundesrichterwahlausschuss）のメンバーと連邦司法大臣により行われる。この連邦裁判官選定委員会は，16州の担当のラント大臣（司法大臣）と連邦参議院から選出された16人のメンバーから成る。同委員会は，有効投票の過半数による秘密投票で決定する。

(2)　2013年にも，たまたま同数の17人が選任された。内訳は，連邦裁判所で8人（うち女6人），連邦行政裁判所で2人，連邦財務裁判所で7人（うち女1）であった。連邦司法相のLeutheusser-Schnarrenbergerは，連邦裁判所8人のうち，女性は6人であり，男性を上回ったことにつき，多くの女性が選任されたことを喜ばしいとしている。

この発言は意味のないことではなく，連邦政府の行動計画と関係している。かねて，連邦政府は，2011年2月9日の閣議で，ドイツ・コーポレート・ガバナンス委員会の報告書（Bericht der Regierungskommission Deutscher Corporate Governance Kodex an die Bundesregierung）を了承している。その報告書では，とくに企業の中枢部門（Spitzenpositionen）での女性の参加が緊急に必要であるとされている。わがくにと同様に，北欧などに比較すると，

ドイツの女性参加は，従来あまりに少ないとされているからである。そして，企業では，上位層の女性の進出は，たんに個々の会社の利益となるだけではなく，社会・経済的にも利益があるとされている。政府の委員会も，このテーマについて，2010年5月のコーポレート・ガバナンス準則の変更にあたり，とくにとりあげている。準則では，この点について，明確な数字や目標を社会に公表するよう具体的に勧告している。

これをうけて，連邦政府も，女性のよりよい参加が，取締役会や監査役会において着手されるように観察するものとした。同様の参加は，政府など公団体においても要請されている。こうした上位の女性の割合を高めるための，連邦政府の連立協定（CDU/CSU と FDP）の中でも合意され，各種の段階計画でも考慮されているからである[68]。

（3）年ごとの連邦裁判官の数と男女比については，第3部2篇のグラフを参照されたい[69]。

3　近時の歴史的課題

（1）裁判官・司法官と政治の関係については，戦前・戦後のナチスの影響の検討が課題とされている。近時，戦後の司法省や裁判所におけるナチス司法官の見直しの動きが盛んである。第二次世界大戦前の動向についてはいうまでもないが，戦後も，必ずしも完全に戦前との断絶が行われたわけではない。その端緒については，すでに簡単にはふれたことがある（一橋法学11巻3号746頁）。2012年1月11日，連邦司法省は，過去のナチス犯罪の再検討のための学術的な独立委員会を設立し，ポツダム大学の Manfred Görtemaker（現代史教授，近代ドイツ史の多くの著作があり，軍事史の専門家でもある）とマールブルク大学の Christoph Safferling（刑法・刑訴法，国際刑法，国際法教授，多くの学術的著作のほか，戦争犯罪訴訟，ニュルンベルク原則の研究でも知られる）に対し，ナチスの過去犯罪の再検討を委嘱した。彼らは，独立委員会として，戦後の1950年代と60年代に連邦司法省の中で，人的，専門的，政治的なナチスの継続性があったかについて歴史的な研究を行うこととされた[70]。

（2）この独立委員会の対象は，1945年以前だけではなく，むしろ戦後の影響の検討にある。成立初期の連邦共和国へのナチスの影響の問題は，従来の研究が欠けており，これからの包括的な研究の対象である。連邦司法省は，内部担当者の Hans-Jochen Vogel と Hans Engelhard の下で，これらの予

備調査を行った。そして，この予備調査をうけて，新たな独立委員会が設置されたのである。

独立委員会は，とくに戦後の初期 Rosenburg（Bonn, 1949-1973）に連邦司法省がおかれた時代，すなわち1950年代と60年代における，ナチスの影響の人的な継続性を検討することを課題としている。委嘱された研究者は，みずから司法省内の資料にあたり，現状を把握するものとされる。すでに，2012年 4 月に，専門家の学術的シンポジウムが行われた。

(3)　2012年 1 月に設立された独立委員会の第 1 回シンポジウムは，2012年 4 月26日に，ベルリンの高裁（Kammergericht）で，第 2 回シンポジウムは，2013年 2 月 4 日に，ニュルンベルク・ラント裁判所の陪審法廷（Schwur-gerichtssaal des Landgerichts Nürnberg-Fürth）で，開催された。報告は，翌日 HP 上にも公表された[71]。

この委員会には，Görtemaker, Safferling の 2 教授のほか，歴史的証人として，幼年期にドイツから亡命し，のちにアイヒマン事件の訴追者となった G.Bach，もとフランクフルトのアウシュヴィッツ裁判の裁判官 Düx，もと連邦裁判所（第 7 代）長官の Hirsch（2000. 7 . 15～2008. 1 . 31），歴史家 Thamer，同じく歴史家の Küspert，市長の Förther などの陳述があった。

また，1945年以降の司法省関係の多くの法律家の人的ファイルが明らかにされた。たとえば，刑法コンメンタールで知られる E.Dreher の例がある（戦前・戦後とも司法省高官）。司法省の個人調書から，Dreher が，インスブルックの特別法廷で，軽罪事件においても検事として死刑を求刑していたことが明らかにされた。また，彼は，戦後の秩序違反法の施行法（Einführungsgese-tzes zum Ordnungswidrigkeitengesetz）の改革で，「冷たい〔一律の〕時効」（kalte Verjährung）によって自分にも有利になる改正をしたことも明らかになった。彼に対するナチ活動の刑事告発は，この法によって導入された時効により，免訴となった[72]。さらに，元司法相，外相の Kinkel（1936. 12. 17-）の言によれば，元司法省高官の Freisler は，95件のナチスの不法な死刑判決に責任があるとされる。なお，この委員会の詳細については，別稿で扱う。

(4)　第 3 回目のシンポジウムは，2013年 5 月 8 日に，Berlin-Grunewaldのヨーロッパ・アカデミーで開催された。ナチス司法の再生（Aufarbeitung）の問題が焦点であった。

さらに，2013年 6 月 8 日に，ミュンヘンの現代史研究所で行われた講演があ

る（BMJ, Die Rosenburg, Das Bundesministerium der Justiz und die NS-Vergangenheit-Eine Bestandsaufnahme）。歴史家のGötemakerやRalph Giordanoの報告と討論が行われた（Giordano, Der Perfekte Mord）。

(1) 2006年は，神聖ローマ帝国の解体から200周年であり，各種の記念行事も行われた。たとえば，Deutsches Historisches Museum（Berlin）の特別展示である（2006. 8. 28 - 2006. 12. 10）。もっとも，神聖ローマ帝国の皇帝では，ローマ帝国との継続性・ローマ理念からその最初をカール大帝（742年-814年）の戴冠にまで遡ることが多い（800年）。このことは，ローマ法継受の理論的根拠にもかかわってくる。

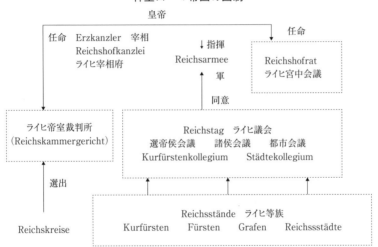

帝室裁判所の裁判官は，一方的に皇帝によって任命されるのではなく，ライヒを管轄する地域からの選出が必要であり，実質的には，地域の等族，諸侯の推薦によったのである（vgl. Kinder und Hilgemann, Atlas zur Weltgeschichte, I, 1964, S. 144ff., S. 219, S. 263）。それが学識者の利用・ローマ法の継受の一要因ともなっている。Vgl. Wieacker, Privatrechtsgericht der Neuzeit, 1967, S. 176ff.（鈴木禄弥訳・近世私法史・1961年・182頁）。

ただし，当初の裁判官（長官）には，貴族が多い。しかも，フランスのような法服貴族（王権に依存する）ではなく，世襲的な貴族である。

1510–1520　Graf Bernhard III von Eberstein
1521–1535　Graf Adam von Beichlingen（–1538）
1546–1555　Graf Wilhelm IV. von Eberstein（–1562）
1555–1557　Johann Graf von Hoya, Fürstbischof von Osnabrück（–1574）

98 第1部 ドイツ民法典と法実務家

1569ごろ　Freiherr Georg Theseres von Fraunhofen (-1591)

1580-83ごろ　Freiherr Cuno von Winnenberg und Beilstein

1629-1644　Moritz Freiherr von Büren (-1661)

(2)　Fischer, Zur Geschichte der höchstrichterlichen Rechtsprechung in Deutschland, JZ 2010, S. 1077. 第1篇3章の部分は，同書によるところが多い。裁判所と諮問機関を兼ねる点では，宮中会議は，江戸時代の評定所に近い。裁判は，皇帝の名をもって行われた。また，Buschmann, 100 Jahre Gründungstag des Reichsgericht, NJW 1979, 1966にも，まとまった記述がある。

(3)　木下真人・維新旧幕比較論（宮地正人校注，1993年）41頁（裁判所），210頁（裁判）など。

(4)　ライヒ改造計画については，ランケ「宗教改革時代のドイツ史」のうち，第1章「帝国制度改造計画　1486年～1517年」ランケ（林健太郎編・渡辺茂訳・世界の名著47・1980年）85頁以下。

　　ライヒ帝室裁判所は，従来から，とくにローマ法継受に果たした役割が注目されており，最上級審としての意義も注目されている。本稿では，その構成などの詳細については立ち入りえない。Vgl.Wieacker, a.a.O.（前注(1)), S. 149, S. 176ff.（鈴木訳・102頁，182頁）。勝田有恒・森征一・山内進編著・概説西洋法制史（2004年）173頁以下。宮中会議＝帝国宮内法院については，後者の178頁参照。

(5)　Fischer, a.a.O.（前注(2)), S. 1077.

(6)　Fischer, ib. また，法の公開については，c.f. Hozumi, The New Japanese Civil Code, as material for the Study of Comparative Jurisprudence, 1904. p.20. 公事方御定書も秘密にされた。

(7)　ツァシウスについては，勝田有恒「ウールリッヒ・ツァジウス」近世・近代ヨーロッパの法学者たち（勝田有恒＝山内進編，2008年）65頁，同「フライブルクのツァジウス」一橋論叢48巻4号。拙稿「ツァシウスとフライブルク市法の改革」【大学】275頁以下所収。

(8)　わがくにでも，法令や判例（御定書百箇条，1742年ごろ。重要判例も御定書に添候例書として付加された）は公式には秘密とされたが，実質的には写本が流布し，諸藩の法制にも大きな影響を与えた。公式には，裁判官である奉行とその属僚のみが参照できるだけであったが，実際には多数の写本が作られ，公事宿にも備えつけられた。当事者もそれを筆写することが可能であった。Hozumi, op.cit.（前注(6)), p.20. 滝川政次郎・公事宿の研究（1959年）77頁，95頁参照。また，高橋敏・江戸の訴訟（1996年）には，訴訟のために滞在した名主が公事宿で公事方御定書の写しである「秘密録」をさらに写すことが述べられている（73頁）。

(9)　Wieacker, a.a.O.（前注(1)), S. 176ff.（鈴木訳・182頁）; Fischer, a.a.O., S. 1078.

(10)　Fischer, a.a.O.（前注(2)), S. 1079; Jessen, Der Einfluss von Reichshofrat und Reichskammergericht auf die Entstehung und Entwicklung des Oberappellations-gerichts Celle, 1986, S. 46ff., S. 122f.

(11)　これにつき，拙稿「ドイツの連邦裁判所の過去と現在」法の支配155号，【体系と変

第1篇　ドイツ民法典の成立と法実務家　　　99

動】406頁にも所収。現在，連邦の裁判所は，判事席後方の壁面には，連邦の国章である金地の黒鷲（Bundesadler im goldenen Schild）が飾られているが，ラントの裁判所では，各ラントの Wappen が飾られることが通常である。たとえば，バイエルン州であれば，二匹のライオンが盾を支えており，ブランデンブルク州であれば，白地の赤鷲であり（Märkischer Adler），マルク・ブランデンブルクの紋章に由来する。これらは比較的簡素であるが，バーデン・ヴュルテンベルク州の紋章は，合併の沿革から複雑で，ヴュルテンベルクの鹿，ファルツのライオン，バーデンの中帯，ホーエンツォーレルンの盾，オーストリアとフランケンの盾などが組み合わさっている。

⑿　Steffenhage, Caemmerer, Johann Vincenz, ADB Bd.3 (1876), S. 681.

⒀　Teichmann, Neurath, Johann Friedrich Albrecht Constantin von, ADB 23 (1886), S. 551.

⒁　フランクフルトに常設議会のみがおかれたが，その実態は，諸国の利害調整の場にすぎず，現在の国連に近いであろうが，ウィーン体制の下では復古主義が隠された主役であった。しかし，1848年2月に，パリの二月革命により七月王政が倒れ，第二共和制が成立した。その影響から，同年3月，ウィーンで発生した三月革命の結果，メッテルニヒ（Metternich, 1773-1859）が失脚し，30年におよぶウィーン体制は崩壊した。

⒂　神聖ローマ帝国の解体後，1815年にドイツ連邦ができるまでの間に，中央ドイツには，ライン連邦（1806年-1813年）が造られたが，実質的には，これもナポレオン保護下の小ラントの同盟にすぎなかった。Kinder und Hilgemann, a.a.O.（前注(1)), II, 1977, S. 28f.

⒃　Fischer. a.a.O.（前注(2)), S. 1079；Jessen, a.a.O.（前注⑽), S. 85ff.

⒄　ハンザ同盟については，一般的に，高橋理・ハンザ同盟（1980年）177頁。また，同「13世紀ヴィスビ・ドイツ商人による北方通商法の確立」史学雑誌88編11（1979年）。ほかに，有力都市としては，ケルンやキールなどがあった。実質的に最後までハンザとして活動したのは，ブレーメン，ハンブルクとリューベックのみである。
　　　東ヨーロッパにおける都市法の分布については，Kinder und Hilgemann, a.a.O.（前注(1)), I, 1964, S. 170.

⒅　もとの裁判所の建物は，リューベックで生まれたブラント元首相(1913. 12. 18-1992. 10. 8，在任は，1969-1974)の記念館になっている。Vgl.Polgar, Das Oberappellationsgericht der vier freien Städte Deutschlands (1820-1879) und seine Richterpersönlichkeiten, 2007；Landwehr, Rechtspraxis und Rechtswissenschaft im Lübischen Recht vom 16. bis zum 19. Jahrhundert, ZLG 60 (1980), S. 21ff., S. 55ff.；Frensdorff, Heise, Georg Arnold, ADB (Bd.11, 1880), S. 666ff.；Teichmann, Kierulff, Johann Friedrich Martin, ADB (Bd 55, 1910), S. 513ff.
　　　大ハンブルク法のように，集権化のために行政機構や裁判所が移転されることは，稀ではない。日本でも，戦争を予期して，九州の中央集権化が図られ，行政機構だけではなく，控訴院が長崎から福岡に移転された例がある。

⒆　Ernst v.Caemmerer, Verwirklichung und Fortbildung des Rechts durch den

100 第1部　ドイツ民法典と法実務家

Bundesgerichtshof, Ansprachen aus Anlass des 25jährigen Bestehens des Bundesgerichtshofs am 3. Oktober 1975, 1975, S. 22.（Ges.Sch.III, 1983, S. 137ff.）；Fischer. a.a.O., S. 1079.

⑳　ボンのライン右岸のHeimat Museum（Beuel博物館）は，小規模な郷土博物館であるが，大部のCorpus iuris civilisの注釈書（Azo）が備えられている。それ自体はイタリアの大学にも劣らないものである。ラインラントは，ALRやライン・フランス法の導入までは普通法地域であったからである。

㉑　Rose-Rosahl事件は，今日でも講義にとりあげられる著名な刑事事件である。Rosahlは，Roseに，Schliebeを射殺すれば高い報酬を与えると約束した。Roseが，薄明かりの中でSchliebeと思いつつ射撃したところ，弾は，17歳のHarnischに当たったというものである。被害者たる人に関する錯誤（error in persona）があっても，Harnischに対する殺人罪を構成するか，また，Roseの錯誤は，教唆者のRosahlの罪科につきどのような影響を与えるかが論点である。プロイセン上級裁判所は，人に関する錯誤は，故意を阻却しないとして，Harnischへの殺人を肯定し，また，実行犯の錯誤は，Rosahlの殺人の教唆に影響しないとした。

　　ただし，後者については，今日でも，教唆者の故意を阻却するとの見解があり，また，折衷的に，本質的な相違がある錯誤では，故意を阻却するとする。多数説とBGHの判例（1990. 10. 25）では，殺人の教唆となる（Hoferbenfall, BGHSt 37, 214）。Vgl. Goltdammer's Archiv für Strafrecht, Bd. 7（1859），S. 322.

㉒　Fischer. a.a.O.（前注⑵），S. 1079–1080.

㉓　Ib., S. 1080. 普通商法典については，Wieacker, a.a.O., S. 462ff.

㉔　Kinder und Hilgemann, a.a.O.（Atlas），II, S. 47.

㉕　Fischer. a.a.O.（前注⑵），S. 1080.

㉖　Ib., S. 1080.

㉗　Jessen, a.a.O.（前注⑽），S. 157ff., S. 214f.

㉘　債権法のほかに，刑法，商法，手形法と裁判手続法であった。（Art.4, 13）*die gemeinsame Gesetzgebung über das Obligationenrecht*, Strafrecht, Handels- und Wechselrecht und das gerichtliche Verfahren. Ziff. 13は，以下のように修正された（Vorschriftänderungen v. 20. 12. 1873, RGBl. S. 379）*die gemeinsame Gesetzgebung über das gesamte bürgerliche Recht*, das Strafrecht und das gerichtliche Verfahren.

㉙　Hartmann, Römer, Robert, ADB 29（1889），S. 125；Fischer. a.a.O., S. 1081.

㉚　Fischer. a.a.O.（前注⑵），S. 1081. この事件の割り振りは，わが最高裁の（3つの小法廷への事件の割り振り）方法に似ている。日本では，かなり機械的な割り振りが行われているからである。【体系と変動】414頁参照。そのため，3つの小法廷が異なった判断を示したり，逆に，それを防止するために，3つの小法廷がほぼ同じ時期に同様の判決を出すことが行われている。後者の方法は，1990年代ごろから，大法廷の開かれる数が減ったことから，大法廷の代用とされている。

㉛　Fischer. a.a.O.（前注⑵），S. 1082.

第1篇　ドイツ民法典の成立と法実務家　　**101**

⑶　Ib., S. 1082.

⑶　Stegemann, Die Rechtsprechung des Deutschen Oberhandelsgerichts zu Leipzig.（ROHG-E），1871 ff.; Henne, Jüdische Richter am Reichs-Oberhandelsgericht und am Reichsgericht bis 1933, Ephraim-Carlebach-Stiftung（hrsg.), Antisemitismus in Sachsen im 19. und 20. Jahrhundert, 2004, S. 142ff.

　　判例集の沿革については，Detlev Fischer, Amtliche Leitsätze und Entscheidungssammlungen–Ein Überblick an Hand der Entwicklung im Bereich der ordentlichen Gerichtsbarkeit, JuS 1995, S. 654ff. また，Warneyer, in Lobe, 50 Jahre RG, S. 54, 55.

⑶　RGSt は，2008年に，戦争中に公刊されなかった第78巻が公刊された。Detlev Fischer, a.a.O.（Amtliche Leitsätze, 前注⑶），S. 654ff.

⑶　オーストリアの最高裁の変遷については，別稿「19世紀後半以降のオーストリア法の変遷と民法」一橋法学15巻１号217頁，とくに246頁以下参照。

　　これに対し，1871年のビスマルク帝国には，専門の国家裁判所や憲法裁判所はなかったのである。Laband, Die Anträge zur Errichtung eines Staatsgerichtshofes für das Deutsche Reich, DJZ 1901, 1; Pfeiffer, Das Reichsgericht und seine Rechtsprechung, DRiZ, 1979, 325; Vögel, Recht im Wandel, DRiZ, 1979, 332. ドイツ民法典の発効から１年を経たときの回顧である Stranz, Zum ersten Geburtstages des Bürgerlichen Gesetzbuchs, DJZ 1901, 4.

⑶　Lobe, a.a.O., S. 337ff.

⑶　Hartmann, Römer, Robert, ADB 29（1889），S. 125.

⑶　Fischer. a.a.O.（前注⑵），S. 1083. ライヒ大審院が，ライプチッヒにおかれたことについて，近時，Morgenstern, Bismarck und die Gründung des Reichsgerichts in Leipzig, Symposion 120 Jahre Reichsgerichgts Gebäude, 2016, S. 29ff. がある。また，その建築の特徴について，Müller, Das Reichsgericht in Leipzig–Justiz und Architektur zur Zeit des Historismus, Symposion 120 Jahre Reichsgerichgts Gebäude, 2016, S. 45ff.

　　ライヒ大審院の建物は，東ドイツ時代には，博物館となっていた。Guratzsch, Das Museum der bildenden Künste Leipzig im Reichsgericht von 1952 bis 1997, Symposion 120 Jahre Reichsgerichgts Gebäude, 2016, S. 277ff. また，ドイツ再統一後，博物館から連邦行政裁判所となり，連邦行政裁判所はベルリンからライプチヒに移転した。Franßen, Der Weg des Bundesverwaltungsgerichts von Berlin nach Leipzig, Symposion 120 Jahre Reichsgerichgts Gebäude, 2016, S. 285ff.

⑶　Fischer. ib.

⑷　Ib., S. 1084. ワイマール憲法107条参照。ただし，すでにナチスの時代であり，その実質的意味は乏しい。

　　また，対応する連邦の裁判所との比較では，ライヒ労働裁判所は，独立の組織としては設立されず，ライヒ大審院の部の中に存在するだけであり（1926年），社会裁判所も設立されなかった。

⑷ Lobe, 50 Jahre Reichsgericht. 1929.

⑷ Ib.

⑷ Lobe, Was verlangen wir von einem bürgerlichen Gesetzbuch? Ein Wort an den Reichstag, 1896, S. 42ff.

⑷ Lobe, a.a.O.（前注⑷）, S. 378 ; Bundesarchiv（Akten der Reichskanzlei Weimar Republik）.

⑷ 潮木守一・ドイツの大学（1992年）197頁以下は，ミハエリスが法学博士の肩書をもっていたが，それは，ゲッチンゲンで，論文なしに，面接官（イェーリングなど）との面接だけで授与されたものだったとする。

⑷ ①については，Kaul, Geschichte des Reichsgerichts, Band Ⅳ（1933-1945）, Berlin（Ost）1971, S. 288f. ; Günter, Die Präsidenten des Appellations-/Oberlandesgerichts Bamberg seit 1809, Meisenberg（hrsg.）, Festschrift 200 Jahre Appellationsgericht/Oberlandesgericht Bamberg, 2009, S. 354.

　②については，Lillig, Die Präsidenten des Landgerichts Saarbrücken,（hrsg. Landgericht Saarbrücken）, 150 Jahre Landgericht Saarbrücken, 1985. S. 378.

　Gehrlein, Franz Schäfer（1979-1958）, Landgerichtspräsident und Reichsgerichtsrat,（hrsg.Detlev Fischer/Marcus Obert）, Festschrift für Dietrich Pannier zum 65. Geburtstag am 24. Juni 2010, 2010, S. 39.

⑷ Fischer. a.a.O.（前注⑵）, S. 1084.

⑷ Fischer. ib., S. 1085. ライヒ大審院時代の私法の発展について，Krüger, Die zivilrechtliche Rechtsprechung des Reichsgerichts, Symposion 120 Jahre Reichsgerichts Gebäude, 2016, S. 171ff.

⑷ Ib., S. 1085. ワイマール憲法の各種の権利が，その破壊者によって利用されたことに鑑みると，現在の基本法が，反ナチス的な原則を有するべきか，それとももっと価値中立的であるべきかは，疑問のあるところである。Leitmeier, Das antinazistische Grundgesetz, NJW, 2016, 2553. ひいては，憲法秩序が，その破壊者をも保護するかは，大きな問題である。

⑸ Ib. こうした扱いからみると，ライヒ大審院判事の地位は，必ずしも高いものではない。わがくにでも，院長や部長を除くと，わが大審院の場合と同様に，全国9つの控訴院長や高等法院長の方が格上であった。前掲論文（前注⑾）法の支配155号，【体系と変動】416頁注17。

⑸ Fischer. a.a.O.（前注⑵）, S. 1085. ライヒ大審院については，ほかに，Buschmann, 100 Jahre Gründungstag des Reichsgerichts, NJW 1979, S. 1966 ; Kelmmer : Das Reichsgericht in Leipzig, DRiZ 1993, S. 26. Vgl. 単行本では, Lobe : 50 Jahre Reichsgericht, 1929.

⑸ Fischer. a.a.O.（前注⑵）, S. 1086.

⑸ Schäfer, Das große Sterben im Reichsgericht, DRiZ 1957, 249.

⑸ Michaelis, Die außerordentliche Wiederaufnahme rechtskräftig abgeschlossener Verfahren in der Praxis des Reichsgerichts 1941-1945, in Dreier und Sellert

第1篇　ドイツ民法典の成立と法実務家

(hrsg.), Recht und Justiz im „Dritten Reich", 1989, S. 273ff.

(55)　Fischer. a.a.O.（前注(2)), S. 1086.

(56)　Ib., S. 1086.

(57)　Ib.

(58)　Fischer. a.a.O.（前注(2)), S. 1087.

(59)　BGHZ 11, 34；BGHSt 6, 46.

(60)　これにつき，拙稿「ドイツ再統一と連邦裁判所の再配置－ライヒ大審院，連邦裁判所，連邦行政裁判所」【現代化】414頁。

(61)　Beschluss des Gemeinsamen Senats vom 5.4.2000, GmS-OGB 1 / 98；Beschluss des Gemeinsamen Senats vom 27. 4 . 1993, GmS-OGB 1 /92.

(62)　登記名義人やその代理人の過誤のよる場合は，対抗力がなくなることが原則である（大判昭15・6・29民集19巻1118頁，最判昭42・9・1民集21巻7号1755頁）。当事者の意思によらない場合には対抗力は存続する（大判昭17・9・18民集21巻894頁）。

　　　最高裁でも，小法廷ごとの差異がみられる場合もあった。たとえば，消費者金融の弁済後の再貸しつけの事案である。最判平19・2・13民集61巻1号182頁，最判平19・6・7民集61巻4号1537頁，最判平19・7・19民集61巻5号2175頁，最判平20・1・18民集62巻1号28頁などである。本稿では立ち入らない。これにつき，【利息制限の理論】299頁，475頁，489頁参照。

(63)　わが判例における保証人の責任制限については，【利息】494頁以下参照。また，フランス法にも，保証責任の資産との均衡を求める，いわゆる比例原則（principe de proportionnalité）が存在する。判決への簡単な言及は，シュトル〔海老原訳〕「ドイツ民法の百年」比較法研究58号89頁以下，102頁参照〔1997年〕。ドイツ法には，権利の濫用に関する一般的規定がなく，信義則（ド民242条），公序良俗（同138条）によるところが多く，構成のうえでわがくにと異なる点が生じる。

(64)　諸外国の裁判官の数の比較について，【大学】114頁。

(65)　Gerichte des Bundes und der Länder am 1. Januar 2012 (ohne Dienst- und Ehrengerichtsbarkeit).

(66)　Geschäftsentwicklung der Zivilsachen in der Eingangs-und Rechtsmittelinstanz Statistisches Bundesamt, Fachserie 10 Reihe 2.1 „Zivilgerichte"(Tabellen 1. 1, 1. 2, 4. 1, 4. 2, 7. 1 und 7. 2).

(67)　司法統計年報　平22年度（B22DMIN 1 - 1 ）。ドイツは，もともと訴訟大国というわけではなかったが，近年訴訟件数が減少しつつあることが注目されよう。人口比からすれば，なお多いことは否めないが，日本は，増加傾向であり，またそれが法化社会としてもてはやされる点が異なる。単純な数字の問題ではないが，紛争を減少させる努力も必要であろう。

(68)　【体系と変動】345頁。Vgl.Bericht der Regierungskommission Deutscher Corporate Governance Kodex an die Bundesregierung, November 2010；Stellungnahme der Bundesregierung zum Bericht der Regierungskommission Deutscher Corporate Governance Kodex vom November 2010；BMJ, Corporate Governance Kodex - ein richtiger Weg, 09. Februar 2011.

(69) BMJ, 17 neue Bundesrichter gewählt, 29. 03. 2012. おおむね同一形式で，毎年 1 ～ 4 月の間に，BMJ からその詳細が公表される。BMJ, 17 neue Bundesrichter gewählt, 21. 03. 2013. また，2013年，6 月にも，Beate Sost-Scheible, Rolf Raum, Thomas Fischer の 3 人が任命された（BMJ, Bundesjustizministerin ernennt Richter am Bundesgerichtshof, 25. 06. 2013）。

(70) BMJ, Einsetzung einer unabhängigen wissenschaftlichen Kommission beim Bundesministerium der Justiz zur Aufarbeitung der NS-Vergangenheit, 11. 01. 2012.

(71) Norbert Frei, Lore Mari Peschel Gutzeit, Thomas Darnstädt, 元司法相の Kraus Kinkel, Hans-Jürgen Papier などの発言がある（Livestream の形式で，約45分。Die Rosenburg-Der Umgang des Bundesjustizministeriums mit seiner NS-Vergangenheit）。その成果の詳細は，2013年 4 月以降順次に公表される予定である。BMJ, 2. Symposium zur NS-Vergangenheit des Bundesjustizministeriums, 2013. 2. 4.

(72) BMJ, Erste Einblicke in die Arbeit der unabhängigen Historikerkommission, Datum, 06. 02. 2013）.

第1篇　ドイツ民法典の成立と法実務家　　105

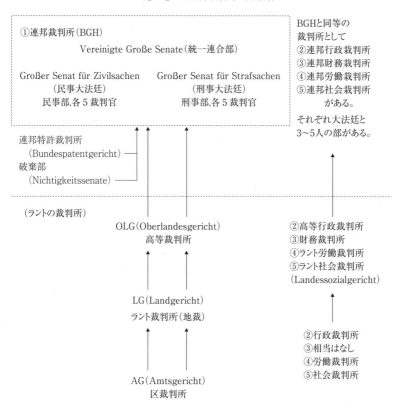

　民事の区裁判所には，Mahngericht, Vollstrekungsgericht（催告裁判所，執行裁判所），Prozessgericht, Familiengericht, Freiwillige Gerichtsbarkeit（訴訟裁判所，家庭裁判所，仲裁裁判所）などがある。
　刑事の区裁判所には，Jugendgericht, Schöffengericht, Erweitertes Schöffengericht, Jugendschöffengericht（少年裁判所，陪審裁判所）などがある。
　ほかにも，種々の特別裁判所があるが，省略する。
　家庭裁判所は，BGBでは，たとえば，112条，113条に記載されているが，裁判所の組織上の区分では，区裁判所の一部であり，区裁判所の家族部（夫婦）と少年部（親子），後見部，相続部は，それぞれ，家庭裁判所（Familiengericht），少年裁判所（Jugendgericht），後見裁判所（Vormundschaftsgericht），遺産裁判所（Nachlassgericht）と呼ばれるが，独立した組織でなく，略称である。
　これに対し，労働裁判所は，戦後独立の組織となった。

第2篇　ドイツ民法典と法実務家，補遺
── 第一草案，第二草案にみる法実務家 ──

第1章　第一草案・序 (Entwurf eines bürgerlichen Gesetzbuches für das Deutsche Reich, Erste Lesung, 1888)

　以下は，ドイツ民法の第一草案，および第二草案の委員会議事録にみる実務家の役割をそれらの序文をみることによって，明らかにしようとするものである[1]。立法に関与した法実務家，官僚，学者の役割が，その関与の時期や死亡時などとともに明確になろう。各ラントの役割，プロイセンのヘゲモニー，委員相互の関係など，その示唆する点は多岐にわたる。

　序文
〔民法制定の第一委員会〕
　ライヒ憲法4条の13号を変更する1873年12月20日の法(RGBl.S. 379)によって[2]，連邦参議院は，1874年6月22日の決議で，実務と理論の卓越した法律家を集めた委員会に，商法とその付属法域を除いて，ライヒの民法典の草案を起草する役割を委任した。
　この委員会の構成員は，以下の者である。
1　ライヒ上級商事裁判所の当時の長官，真正の枢密顧問官 (Wirklicher Geheimer Rat) パーペ博士，彼は，委員長に任命された
2　皇帝控訴裁判所判事 (der Kaiserliche Appellationsgerichtsrath)，現ライヒ大審院判事 (der jetzige Reichsgerichtsrath) のデルシャイト
3　バーデン大公国参事官ゲープハルト博士
4　プロイセン王国枢密上級法律顧問官ヨホー
5　ヴュルテンベルグ王国上級裁判所，副長官フォン・キューベル博士
6　プロイセン王国枢密上級法律顧問官かつ司法省上申官 (vortragender Rat) クールバウム二世博士
7　プロイセン王国控訴裁判所判事・枢密法律顧問官プランク博士

第2篇　ドイツ民法典と法実務家，補遺　　107

　8　バイエルン王国法学正教授フォン・ロート博士

　9　バイエルン王国参事官，現高裁長官フォン・シュミット博士

　10　ザクセン王国高裁長官，真正の枢密顧問官フォン・ウェーバー博士

　11　ザクセン王国枢密顧問官かつ正教授フォン・ヴィントシャイト

（第一草案の公表までのおもなプロセス）

```
1874. 6.23——9.17————————1881.10————————1887. 9.30——1888. 1.31
委任      予備草案の起草者     全体委員会      個別草案の完成  第一草案の公表
```

〔予備草案の起草者〕

　1874年9月17日に会合をもった委員会は，連邦参議院によって一般的に示された観点に従い，法典の範囲についての限界を定め，審議のための基礎をえるために，法典の部分ごとに，それぞれの起草者による予備草案と理由書の配置を決議した。委員会は，草案の作業を以下のように委任した。

　　a）総則を，バーデン大公国参事官ゲープハルト博士

　　b）債権法を，ヴュルテンベルク王国上級裁判所，副長官フォン・キューベル博士

　　c）物権法を，プロイセン王国枢密上級法律顧問官ヨホー

　　d）家族法を，プロイセン王国枢密法律顧問官プランク博士

　　e）相続法を，バイエルン王国参事官フォン・シュミット博士

〔起草補助者〕

　補助員（Hülfsarbeiter）として，委員会は，以下の者を任命した。彼らは，とくに，起草委員を作業にさいして助け，かつ議事録の作成にあたり，書記の事務を務める[3]。

　　1　プロイセン王国高裁判事ノイバウアー，委員会の会合から現在まで

　　2　プロイセン王国高裁判事アヒレス，1874年10月から現在まで

　　3　ザクセン王国地裁理事ベルナー，1874年10月から現在まで

　　4　プロイセン王国高裁判事ストゥルックマン，1877年7月から現在まで

　　5　ブラウンシュヴァイク公国高裁判事フォン・リーベ，1877年7月から現在まで

　　6　ヴュルテンベルク王国地裁判事エーゲ，1879年12月から現在まで

7　プロイセン王国高裁判事，現宗務局理事ブラウン，1874年10月から1877年7月まで

8　ヘッセン大公国枢密法律顧問官フォーゲル，1874年11月から1883年12月の死亡まで

9　メクレンブルク大公国官房顧問官マルチニ，1875年2月から1877年10月まで

〔補助員の変遷，彼らの多くはのちにライヒ司法部の高官となる〕

1. Neubauer	1874. 9			→ 1888
2. Achilles	1874. 9			→ 1888
3. Boerner	1874. 9			→ 1888
4. Struckmann		1877. 7		→ 1888
5. Liebe		1877. 7		→ 1888
6. Ege			1879. 12	→ 1888
7. Braun	1874. 10	1877. 7		
8. Vogel	1874. 11		1883. 12死亡	
9. Martini	1875. 2	1877. 10		

〔予備草案の債権法部分は，ドレスデン草案による〕

　予備草案が大部分完成した後，それにもとづき1881年10月に，草案自体の確定のための全体委員会の審議が開始した。債権法に関する予備草案は，その起草者が病気のために死亡し完成しなかったが，実質的には，債権法に関する普通ドイツ法典，いわゆるドレスデン草案が審議の基礎に用いられた。債権法の審議が終了したとき，1884年1月5日に，起草者のフォン・キューベルは，亡くなった。彼の代わりに，1884年3月13日の連邦参議院の決議により，1884年3月26日以後，ヴュルテンベルグ王国法律学正教授のフォン・マンドリ博士が，委員会の委員として入った[4]。

　その前，1883年10月に，教授フォン・ヴィントシャイト博士は，個人的かつ職務上の関係から，ライプチッヒを長い間留守にすることができずに辞任したが，彼の補充は行われなかった。

〔全草案の審議〕

　最後の編の草案，すなわち相続法の草案ができた後，1887年9月30日から12月の末ごろ前に，民法典の全草案は，委員会によって，なお第一読会の最

終決議のために，一般的校閲が行われた。

委員会は，〔現在も〕なお草案の施行法の審議に携わっている。

〔議事録と理由書〕

克服されるべき困難の大きさは，予備草案のために引用された資料が示しており，その困難と委員会がなした注意は，以下の事実から明らかである。すなわち，法典の施行に関する作業を含めた準備作業が，フォリオ版19巻となり，議事録が金属版刷りでフォリオ版1万2309頁を数えることである。議事録はたんに提案と決議だけではなく，理由をも記述している。

委員会の作業に関する完全な説明を含むこの資料の範囲に関しては，圧縮され，概観と説明を容易にする草案理由書が作られた。その制定は，起草者によって作成された予備草案の理由書ならびに委員会によって認められた議事録を基礎に行われた。全体委員会の検証と承認はうけていない。

〔第一草案と理由書〕

連邦参議院は，1888年1月31日の会期中に，第一読会で確定された法典の草案と付された理由を公表することを決議した。また，ライヒ首相にこの決議の実施を委託した。それに従って，この法典は，一般に公布される。たんに法律学と法曹実務職だけではなく，経済的な利益の代表者も，これについて知って，意見と提案をなすことが歓迎される。それは，草案に関してのさらなる決議〔発展 Beschlußfassug〕のために意味をもつであろう。この通知は，ライヒ首相（ライヒ司法部）に提出されたい[5]。

第2章　第二草案・序 (Protokolle der Kommission für die zweite Lesung des Entwurfs des Bürgerlichen Gesedtzbuchs, 1897)

序文

〔第一草案と理由書〕

連邦参議院の1874年6月22日および7月2日の決議によって，ドイツ民法典の草案の制定を委託されていた委員会は，その審議を1889年3月30日に終了した[6]。この審議から「ドイツ帝国のための民法典草案，第一読会 (Erste Lesung)」と「ドイツ帝国のための民法典の施行法草案，第一読会」が生ま

れた。民法典草案は，1887年12月27日の報告書とともに，また，施行法草案は，1888年6月19日の報告書とともに，委員長からライヒ首相に提出された。この両草案については，その議事録にもとづき，また起草者がその予備草案に付した包括的な理由づけを用いて，委員会の補助者により，部分的には，報告者の協力をえて，理由書（Motive）が作成された。連邦参議院の決議に従い，この両草案は理由書とともに公表された。その公的な出版は，1888年に，グーテンターグ社（D.Collin）によって，ベルリンとライプチッヒで行われた。その法典草案の公的な出版の序では，たんに法律学と法曹実務家の代表者〔学者と法曹専門家〕だけでなく，経済的利益の代表者〔経済界〕にも，その草案について知らせ，彼らの判断と提案を提出することを希望する旨が表明されている。印刷物や論文，団体や集会の決議ならびに新聞において公にされた多くの通知は，ライヒ司法部に対し，役立つように提案された私人，社団と団体の意見とともに，ライヒ司法部で作製された6巻の大部の「民法典草案についての鑑定意見書」およびこれと同じく作成された「民法典施行法草案についての鑑定意見書」の中に見通しよく整理されて述べられている。この2つの意見書は，草稿として印刷された（1890年，1891年）。

（第一草案から民法典施行までのおもなプロセス）

〔第一草案の修正，そのための第二読会と手続〕

連邦参議院は，1888年1月31日の決議で，第一読会で確定された民法典草案とその理由を公表するように指示したが，第二読会についての定めは留保した。これは，1890年12月4日の決議で定められた。その中から，ここでは，当面，次の決議が報告されなければならない。

1　第一読会で確定されたドイツ帝国のための民法典草案およびその施行

法草案は，第二読会にかけられる。この目的のために，21人の委員，一部は法律家，一部は種々の経済的利益の代表者，からなる委員会が設置される。

　2　法律家の委員会の選考にあっては，学界と実務の代表，とくに弁護士界の代表をも，またドイツ帝国内に存する大きな法領域の代表と前の委員会の作業とのかかわりを考慮するべきである。経済的利益の代表者の選考にあっては，農業，商業および工業ならびに国民経済学界（Theorie der Volkswirtschaft）の代表を考慮するべきである。

　3　委員は，一部は常任で，一部は非常勤たるべきである。後者は，総会に出席する権利を害されないが，その出席は，委員長が必要と認める場合にのみ義務づけられる。

　4　委員長は，委員会の法律委員の中から，1人の総括報告者と民法典草案の各編ごとに1人ずつの報告者を指名する。第1編の報告者は，同時に施行法草案の報告者となる。

　5　ライヒ首相と個別の連邦（構成）諸政府は，その審議のために特別委員を送ることができる。これらの特別委員は，議事規則の詳細な定めに従い，発言しかつ提案する資格を有する。

　6　この委員会は，本年中になお，実質的審議の開始のために必要な事務を処理するために発足する。実質的審議は，1891年4月1日に開始する。

〔委員の任命〕
この決議によって，つぎの委員（Mitglieder）が任命された。

　I　常任委員として，ライヒ司法部の次官（現ライヒ大審院長），真正の枢密顧問官[7]エールシュレーガー博士（ベルリン），枢密法律顧問官（現真正の枢密顧問官）プランク博士（ゲッチンゲン），枢密上級法律顧問官かつ司法省の上申官，現真正の枢密上級法律顧問官かつ高裁長官のキュンツェル博士（ベルリン），枢密上級法律顧問官かつ司法省の上申官アイヒホルツ（ベルリン），上級政府顧問官（現司法省の理事官かつ上申官）ヤクベツキー博士（ミュンヘン），枢密顧問官かつ司法省の上申官（現検事総長）リューガー博士（ドレスデン），法律学教授フォン・マンドリー博士（チュービンゲン），枢密顧問官かつ法律学教授ゲープハルト博士（フライブルク），理事官（現司法省参事官）ディトマー博士（ダルムシュタット），弁護士ヴォルフスゾーン博士（ハンブ

ルク）である[8]。

Ⅱ　非常勤委員として，地方長官（現地方参事官）かつ騎士領保持者フォン・マントイフェル・グロッセン伯爵（ドラーンスドルフのシュロース・グロッセン），ヘルドルフ等の騎士領保持者，冶金監督官，枢密鉱山顧問官ロイシュナー（アイスレーベン），農場保持者フォン・ガーゲルン伯爵（エルランゲン），ラント地裁判事（現ベルリン高裁判事），シュパン博士（ボン），枢密法律顧問官かつ法律学教授フォン・クニー（ベルリン），醸造理事官ゴールトシュミット（ベルリン）。区裁判所判事（現ベルリン高裁判事，枢密法律顧問官）ホフマン（ベルリン），割引銀行の業務執行者リュッセル（シャーロッテンベルク），森林大学の理事官，上級森林監督官（現ラント森林監督官）ダンケルマン博士（エバースワルト），枢密政府顧問官かつ国民経済学教授コンラート博士（ハレ），枢密宮廷顧問官かつ法律学教授ゾーム博士（ライプチッヒ）である。

〔特別委員の任命と変遷〕

ライヒ司法行政部の特別委員（Kommissare）も任命された。枢密政府顧問官かつライヒ司法部の上申官（現，枢密上級政府顧問官）ストゥルックマン博士，枢密法律顧問官（現ザクセン司法省の上申官）ベルナー，および高裁判事（現ライヒ大審院判事）アヒレス博士である。

委員会の人的な構成は，しばしば変更された。実質的な審議の前に，真正の枢密顧問官エールシュレーガー博士は，ライヒ大審院長に任命されたことで任務を離れた。1891年３月12日の連邦参議院の決議によって，同人の代わりに，ライヒ司法部の次官となった真正の枢密顧問官ボッセ博士が常任の委員に任じられ，委員会は，同時に，もう２人の委員を任命した。すなわち，ライヒ司法部の理事官（のちに次官），真正の枢密顧問官ハナウアーを，常勤の委員に，そして，弁護士で法律顧問官のヴィルケ（ベルリン）を，非常勤の委員としたのである。1892年末に，真正の法律顧問官ボッセ博士は，プロイセンの国務大臣および精神・教育・医療大臣に任命された結果，職を離れた。同人の代わりに，1892年５月12日の連邦参議院の決議によって，枢密政府顧問官かつライヒ司法部の上申官ストゥルックマンが常勤の委員に任命された。1893年４月30日，真正の枢密顧問官ハナウアーは，死亡した。1895年４月１日に，枢密顧問官リューガー博士は，検事総長に任命された結果，職

を離れた。後者の代わりに，1895年3月21日の連邦参議院の決議により，枢密法律顧問官ベルナーが常勤の委員に任じられた。1895年に，枢密上級法律顧問官アイヒホルツが，1895年10月12日に，弁護士のヴォルフスゾーン博士が死亡した(9)。

〔委員長〕

委員長として，1890年12月4日の連邦参議院の決議は，委員会の委員長とその代理が，委員の中からライヒ首相により任命されることを定めた。委員長は，まず，ライヒ司法部の次官，真正の枢密顧問官エールシュレーガー博士，代理は，枢密上級法律顧問官キュンツェル博士となった。【以下の交代については省略。順に，Hanauer, Küntzel, Nieberding など】(10)

書記（Schriftführer）として，委員会は，皇帝区裁判官（der Kaiserliche Amtsrichter）のカイザー（Kayser），プロイセン裁判官試補（現政府顧問官）イェックリン，プロイセン裁判官試補（現区裁判官）グライフ，およびプロイセン裁判官試補（現区裁判官）フォン・シェリングを任命した。【以下の変更についても省略。順に，André, Kayser, Unzner, Ritgen など】(11)

〔各編の報告者〕

1890年12月15日に，委員会は，準備会議のために会合した。委員長は，総括報告者に，枢密法律顧問官プランクを，総則につき個別報告者として，枢密顧問官ゲープハルトを，債務法につき，上級法律顧問官ヤクベツキーを，物権法につき，上級法律顧問官キュンツェルを，家族法につきマンドリー教授を，相続法につき，リューガーを任命した。枢密顧問官リューガーの離任後は，その代わりに，枢密法律顧問官ベルナーが任命された。総則の報告は，前述の1890年12月4日の連邦参議院の決議に従い，施行法にも拡大された。

〔議事規則〕

事務的な報告を終えた後，委員会は，この会議で議事規則の審議に入った。議事規則の確定は，それが連邦参議院の決議から明らかでないかぎり，委員会に委ねられていた。連邦参議院の決議と確定された議事規則にもとづいて，実質的な審議にあたり遵守された手続は，実質的に，以下の方法によった。第一読会の草案について提出された諸提案は，審議の行われる日よりも前に

適切にまとめられて提出され，複写され，委員と特別委員に通知された。行われた決議の変更や，すでに決着した対象の再度の審議を求める提案は，その検討が審議再開の提案の理由づけに従い，委員会により事前に承認された場合にだけ，審議されることができた。報告者と総括報告者は，報告により討議を誘導し，議論の終わった後に審議の結果を要約した。決議は，それについての連邦参議院の定めに従い，その会議に出席した委員の多数決によってされた。可否が同数のときには，委員長の投票で決した。個々の会議について，書記により議事録が作成された。それは，その会議に出席した委員，特別委員および書記の表示，事務上の報告，出された提案となされた決議と後者についての理由づけを含んでいる。発言者，提案者および投票者の名前は，議事録に記載されていない。決議のされた投票関係は，それが提案された場合には，記されている。その議事録は，起草委員会を構成する委員からなる小委員会により検討された。もっとも，当該の編の報告者が他の委員によって代理される必要があった場合には，そうではなかった。このように検討された議事録は，閲覧に供され，異議がなければ，閲覧のための所定の期間が経過すれば承認されたものとされた。承認された議事録は，複写され，委員と特別委員に知らされた[12]。

〔委員会決議の集成〕

委員会によってされた実質的な決議は，総括報告者によって集成された。この「民法典草案の第二読会のための委員会決議の暫定集成」（Vorläufige Zusammenstellung der Beschlüsse der Kommission für die zweite Lesung des Entwurfs eines Bürgerlichen Gesetzbuchs）は，複写され，委員と特別委員に知らされた[13]。それが，起草委員会の任務が確定するべき校正の最終形態の基礎となった。連邦参議院の1891年3月12日の決議は，起草委員会が，ライヒ司法部の当時の部長で，真正の枢密顧問官ハナウアーを委員長とし，これに全体委員会の委員長代理，総括報告者と各編の報告者によって構成されること，および，全体委員会は，必要と認めるときには，起草委員会の補充または強化のための指示をなしうることを定めた。ライヒ司法部の部長と全体委員会の委員長への任命後，真正の枢密顧問官ハナウアーは，編集委員会の委員長としての従来の職務を辞した。その結果，委員長は，暫定的に，全体委員会の委員長代理で枢密上級法律顧問官キュンツェルとされた。1892年5

月12日の連邦参議院の決議は，編集委員会は，全体委員会の委員長代理から，委員長，総括委員と各編の担当委員を定めるものとした。次官のハナウアーの死後，枢密上級法律顧問官キュンツェルは，全体委員会の委員長に任命された。そこで，1893年10月25日の連邦参議院の決議は，編集委員会は，全体委員会の委員長，総括委員，および各編の担当委員によって構成されるとした。編集委員会は，当面，理事官のヤコベツキーと，枢密法律顧問官ベルナーを加え強化された。後者は，ライヒ特別委員として，最初から審議に参加していたのである。編集委員会の決定〔Feststellungen, 決議は Beschluß である〕は，「起草委員会決議集」(Zusammenstellung der Beschlüsse der Redaktionskommission) にまとめられた。この決議集は，複写され，委員会と特別委員に知らされた[14]。

　1891年4月1日，その委員会は，第一読会草案の実質的な審議に入った。1895年11月13日には，ドイツ皇帝陛下〔ウィルヘルム2世（位1888–1918）である〕が会議に臨席した。

　審議の状況については，毎週，短い報告がライヒ官報に記載された。審議にさいしては，批判の側からされた通知と，連邦政府によりうけとられ委員会に知らされた意見が，詳細に考慮された。いくつかの事項については，事前の検討が，そのために作られた小委員会（Subkommissionen）でされた[15]。

〔審議の過程〕

　第一読会の民法典草案の最初の審議は，1891年4月1日から1895年3月27日までの期間を要した。第1編の審議は，法人を扱う節を一時的に除外して，1891年11月末に終了した（議事録2から41）。1891年10月14日から11月末までに第2編の一部が（Prot. 43から63），1891年11月30日から1892年1月18日までに，第1編に属する法人の節が（議事録64から77），1892年1月18日から1893年1月9日までに，第2編の残りが終了した（議事録77から176），1893年1月9日に，第3編の審議が始まり，1893年11月15日に（議事録176から264），同日第4編の審議が始まり，1894年5月30日に（議事録264から332）終了し，同日第5編の審議が始まり，1895年3月5日に終了した（議事録332から400）。

（民法典審議の編別のプロセス）

①1891. 4 . 1 —1891.11. 30
①（法人）　　　　　 11. 30—1892. 1 . 18
②　　1891.10. 14—11. 30　　　　1 . 18—1893. 1 . 9
③　　　　　　　　　　　　　　　　 1 . 9 —1893. 11. 15
④　　　　　　　　　　　　　　　　　　　　11. 15—1894. 5 . 30
⑤（⑥）　　　　　　　　　　　　　　　　　　　　5 . 30—1895. 3 . 27

〔国際私法の位置づけ，第 6 編の削除〕

　1895年 3 月 6 日から 3 月27日までの間に，第二読会の草案の第 6 編に入れられていた外国法の適用についての諸規定を終えた（議事録401から409）。第一読会の草案は，この事項については，規定していなかった。第一次委員会は，「法規（Rechtsnormen）の場所的支配」についての諸規定に関する法案を審議し確定した。それは，ライヒ首相に法典草案の提出にあたって，つぎの付記をして提示された。すなわち，この種の規定を法典にとり入れるのが妥当かについて疑問があり，これについての決議は裁量に任されるという付記である。付記は，第一読会の草案では採用されず，公開されなかった。第二委員会は，いわゆる国際私法は法典で規制されることが必要と解して，第 2 回目の会議で，総則につき指名された報告者に必要な提案を準備するように委託した。連邦参議院は，草案の審議にあたり，第 6 編を削除し，法規の場所的支配に関する必要な諸規定を施行法の草案にとり入れることを決した。

〔民法草案の諸編の公表と出版〕

　全体委員会の決議に従い起草委員会により確定された諸編は，印刷され公表された。当局による刊行物は，「ドイツ帝国のための民法典草案，第二読会。起草委員の決議による」と命名されて，1894年と1895年にベルリンのグーテンターグ社によって出版された[16]。

〔草案の修正〕

　1895年 5 月 6 日から 6 月19日までの間に，この草案の修正がされた（議事録410から428）。修正された草案は，起草委員会によりもう一度点検された。1895年10月21日に，最終起草の確定が全体委員会によりされた（議事録431）。この草案は，それがこの確定によってうけた表現では公表されなかった。〔こ

こで確定された文面は公表されなかった〕

〔民法典施行法の審議〕

1895年10月14日，委員会は，施行法草案の第１回目の審議に入った。これは，民訴法，破産法およびこれらの法律の施行法の変更と補充を対象とする11条から15条までを切り離して，1895年12月２日に終了した（議事録429から446）。1895年12月７日から20日まで第２回目の審議が行われた（議事録447から449）。1895年12月21日に，起草委員会によって諸決議にもとづき作成された法案の確定がされた（議事録450）。それについて，1896年１月21日，なお，いくつかの点の検討が続けられた（議事録455）。第二読会の施行法草案は公表されなかった。

1895年12月20日から1896年１月22日までの間，切り離されていた11条から15条までが審議された（議事録449から456）。この審議から「裁判所構成法，民訴法，破産法および民訴法と破産法の施行法の変更に関する法律の草案」ができた。1896年２月８日（議事録457），起草委員会によって諸決議にもとづき作成された法案が確定された。

民法典草案は，その最終的に確定された構成で，1895年10月22日，ライヒ首相に提出され，首相からただちに連邦参議院に送付され，連邦参議院によって，その法務委員会が提案した変更をへて，1896年１月16日に可決された。1896年１月17日，ライヒ首相はその草案をライヒ司法部で準備した覚書（Denkschrift）とともに，ライヒ議会に提案した（ライヒ議会印刷物87号）。

施行法草案は，連邦参議院によって，その法務委員会が提案した変更とともに，1896年１月23日に可決され，ライヒ首相によって，1896年１月25日に，第３章のための資料を含む添付物と合わせて，ライヒ議会に提案された（ライヒ議会印刷物87a号）。

ライヒ議会では，この両草案の第１回目の審議は，1896年２月２，４，５，および６日の会議で行われた。両草案は，21人の委員からなる委員会に付託された。その構成は，しばしば変った[17]。報告は，以下の委員により署名された。バーヘム博士，フォン・ベニングセン博士，フォン・クーニー博士，フォン・ディツィエムボウスキー・ポミアン（Dziembowsky-Pomian）博士，エンネクツェルス博士，ジローメ（Jrohme），グレーバー（Gröber）（ヴュルテンベルク），ヒンブルク（Himburg），ジュスクラウト（Jskraut），カウフマ

ン，レンツマン，レルノ，リーバー (Lieber) 博士（モンタバウアー），マル
ベ，パウリ，フォン・ノーン男爵，フォン・ザリッシュ (von Salisch)，シュ
レーダー，シュパーン，スタットハーゲン，ストゥム・ハルベルク男爵(Stumm
=Halberg) である。委員会は，1896年2月7日に発足し，委員長として，ラ
イヒ議会の第2代の副議長シュパーン議員を，委員長代理としてカウフマン
議員を選出した。報告者は，最初の2編については，エンネクツェルス博士・
議員，第3編については，フォン・ブフカ博士・議員，第4編については，
バーヘム博士・議員，第5編と施行法については，シュレーダー議員であっ
た（ライヒ議会印刷物440号から440d 号）。両草案は，53回の会議で2つの読会
に付された。その審議には，連邦参議院の多くの委員と特別委員が関与した。
　ライヒ議会の総会は，1896年6月19日に両草案の第2回目の審議に入り，
1896年6月27日それを終えた。6月30日と7月1日には，第3回目の審議が
された。全体投票には，288人の議員が関与した。そのうち，222人が賛成，
48人が反対，18人が投票を留保した。
　（ライヒ議会における報告者）

①②	エンネクツェルス
③	ブフカ
④	バーヘム
⑤	シュレーダー

〔連邦参議院の同意，公布〕
　7月14日に，連邦参議院は，両草案に憲法上必要な同意を与えた。8月18
日に，民法典と民法典施行法は，皇帝により認可された。その公布は，1896
年8月24日，ベルリンで発行されたライヒ法令集21号でされた。

〔民法典の施行，議事録の公表〕
　民法典は，1900年1月1日に施行された。これは，ドイツ国民に，長らく
待望され，真摯な検討によって獲得された統一的な民法となった。学問と法
適用には，法典の諸規定の中にある法の財宝 (Rechtsschatz) を明らかにし，
それを有用なものとする高い使命が課せられている。この使命の解決を容易
にするのに適する諸資料のなかで特別の意義があるのは，議事録(Protokolle)
である。この議事録には，第一草案の制定を委託された委員会の審議と，こ

第2篇　ドイツ民法典と法実務家，補遺　　　119

の草案の第二読会を委託された委員会の審議が含まれている。第一委員会の金属刷りされた議事録は，公表されなかった。しかし，その本質的な内容は，第一読会のために作成された理由書に再現されており，1888年に出された理由書の公的な刊行物によってだれにでも入手可能になっている。〔ただし〕今日まで，同様に公表されていない457回の会議を含む，フォリオ版9524頁になる金属刷りの第二委員会の議事録の内容については，事情が異なる(18)。

　第二読会でされた諸決議をもたらした衡量は，それがライヒ議会に提出されたもの（民法典の草案の覚書 —— 施行法草案の第3節の素材と第一読会草案理由書と第二読会からの抜粋を含む）を例外として，議事録自体からしか窺えない。というのは，第二読会草案のための理由書は作成されなかったからである。ここで，この法典編纂を理解するためにもっとも重要な補助手段の1つが一般の利用に供されない不都合をさけるために，ライヒ司法部は，第二読会についての委員会議事録を実際の利用に適した形で刊行することを意図し，これを，公的に委託して編集させた。この編集は，6巻になって発行されよう。第1巻は，総則と債権法第1章と第2章第1節を含む。第2巻は，債権法第2章第2節から第20節まで，第3巻は，物権法，第4巻は，親族法，第5巻は，相続法，そして，第6巻は，法規の場所的支配についての諸規定，第1回目の審議で決議された民法典草案の諸規定の校閲，施行法（第二読会で審議されたが，切り離された第一読会草案の11条から15条を含む），および第1回目の審議でこれについて決議された諸規定の校閲を，それぞれ含む。予定されている第7巻は，詳細な用語と事項の索引と対照表（Zusammenstellung）を含む。その対照表は，民法典と施行法のどの条文が第一読会と第二読会の公表された委員会草案と連邦参議院とライヒ議会に提案された草案の条文に対応するかを明らかにする。そのほかの索引は，民法典と施行法条文を，当該の条文に関する議事録の場所を付して，法文の順に登載する予定である。

　その印刷は，会議の順序により，会議の順番を明示してされる。各議事録には，冒頭に金属刷り議事録のページ数が記入されている。ページの見出しは，第一読会草案の条文（Paragraphen bezw.Artikel），それに対応する第二読会草案，ライヒ議会法案ならびに民法典および施行法の各条文を表示する。本文に付されている欄外注は，概観を容易にしている(19)。

　議事録で参照されている諸決議の暫定的な集成の規定と，参照されている

が公表はされていない起草委員会の諸決議は，必要な限りで本文の注で印刷される。

〔議事録の訂正〕
　議事録の内容は，たんに事務的な記事を除いて，原則として議事録にそのまま再現される。しかし，このことは，ありうる明白な誤りが訂正され，および簡潔さに有益であり，または理解を容易にするような表現の変更がされること，および法典と付属法の内容を考慮して，その解釈にとって何ら意義のある可能性もない記述が削除されることを妨げるものではない。ただし，それが他の記述と関連するために削除しない方がいい場合を別とする。
　この作業は，編集者の間で，次のように割り当てられた。ゲープハルト博士が総則と国際私法を含む施行法を，アヒレス博士が債権法と物権法を，シュパーン博士が親族法と相続法を引き受けたのである[20]。

　　　　ベルリン，1897年8月　　　　　　ゲープハルト博士

　（議事録訂正の編別担当者）

```
┌─────────────────────────┐
│  ①　　　　ゲープハルト    │
│  ②③　　　アヒレス        │
│  ④⑤　　　シュパーン      │
└─────────────────────────┘
```


⑴　ドイツ民法典編纂の過程は，これらに詳しく記され，また多くの法制史のテキストにも引用されている。翻訳の一部としては，久保正幡還暦論文集Ⅲ（1979年）に好美清光訳がある。本稿は，これを参考に，そこでは省略されている日時的な変遷や法実務家の交代などをも訳出した。本書の対象からすると，こうした個人の交代や役割にこそ意味があるからである。ただし，翻訳のもつ法制史的な高い価値からすれば，本稿の付け加えたものは，ごく僅かである。さらに，概観に便利なように小見出し〔〕と図を付した。

⑵　1871年のビスマルク帝国の憲法によれば，民法のうち債権法のみが連邦＝ライヒの権限に属するとされていた。これは，ビスマルク帝国が，1867年の北ドイツ連邦の発展であり，連邦権限が限定されていたからである。統一後，連邦権限を民法全体に拡大することが試みられ，いわゆるラスカーミケル法によって実現されたのである。連邦権限の拡大が，「ドイツ民法典」制定の出発点となった。

第2篇　ドイツ民法典と法実務家，補遺　　　**121**

(3)　以上，Entwurf eines bürgerlichen Gesetzbuches für das Deutsche Reich, Erste Lesung, 1888, S. IV（Vorwort）.

(4)　以上，S. V.

(5)　S. VI.

(6)　Protokolle der Kommission für die zweite Lesung des Entwurfsdes Bürgerlichen Gesedtzbuchs, 1897, S. III（Vorwort）.

(7)　「真正の枢密顧問官」は，「枢密顧問官」の肩書が官吏や大学教授に対して乱発されたことから，とくに創設された肩書であるが，この肩書ものちには濫用され，立法担当者以外にも用いられた。ほかにも，法律顧問官，宮廷顧問官，政務顧問官など，多様な呼称があり，ライヒ，ラント，都市などから付与されている。あまり実質性のない美称である。拙著・法学上の発見と民法（2016年）57頁，59頁参照。「上申官」についても，同書を参照されたい。

　　以下で，皇帝控訴裁判所判事（der Kaiserliche Appellationsgerichtsrath），皇帝区裁判官（der Kaiserliche Amtsrichter）とあるのも，美称である。たんなる控訴裁判所，区裁判所でたり，たんに「皇帝の」と付加したにすぎない。意味上は，「帝国」（Reich）と同義であり，「皇国」とでも訳するべきであるが，後者には日本語の方に特殊な意味があるので避けた。ドイツ語でも，正式な場合にはライヒを用い，カイザーは例外である。

　　中世の用語では，帝国都市（Reichsstadt），皇帝都市（Kaisersstadt）の区別があり，この場合は，個別の皇帝に左右されない帝国の自由都市ということを強調する意味がある。皇帝に権威がなく，「帝国」と冠することは，封建的に自由であること（Freigrafschaft）を意味したからである（57頁参照）。

(8)　Ib., S. V.

(9)　Ib., S. VI

(10)　Ib., S. VII.

(11)　Ib.

(12)　以上，Ib., S. VIII.

(13)　Ib., S. IX

(14)　以上，Ib., S. IX.

(15)　Ib., S. X.

(16)　以上，Ib., S. X.

(17)　Ib., S. XI.

(18)　以上，Ib., S. XII.

(19)　以上，Ib., S. XIII.

(20)　Ib.,S. XIV.

第3篇　シュタウプ (Samuel Hermann Staub, 1856. 3. 21-1904. 9. 2) と積極的契約侵害論

　1　シュタウプは，1902年に公表した積極的契約侵害論で知られている。その概念は，その後100年以上にわたり，ドイツ債務法の基本的な方向性を示すものとなった。彼は，弁護士として活躍し，1904年に亡くなった。2004年に，没後100周年となったことから，講演会や記念シンポジウムなども行われた。連邦司法省の講演もある。NJW 誌は，2004年に彼の顕彰記事 (Würdigung, NJW 2004, Heft 36, XVI) を掲載している。

　シュタウプは，上シレジアの中流のユダヤ系市民の出である。1856年に生まれ，大学入学資格試験・アビトゥーアに合格したあと，1874年10月から4学期間，ブレスラウ大学で Gierke に学び，1876年10月から1877年5月までは，ライプチッヒ大学で学んだ。ついで，ベルリンで，Goldschmidt, Gneist, Berner に学び，さらに，ブレスラウ大学で勉学を終了した。1877年に，第一次国家試験に合格し，同年11月から，Ratibor のラント高裁で修習生となった（シレジアの司法研修は同高裁によって行われていた。ちなみに，ドイツの司法研修は，現在でも各州の司法省か高裁によって行われる）。この高裁は，1848年に，かつて Kirchmann（学問としての法律学の無価値性，Die Werthlosigkeit der Jurisprudenz als Wissenschaft, 1847の著者）が副所長として在任したところとして知られている。

　1880年に，ライプチッヒ大学で学位をえて，1882年に，第二次国家試験に合格し（成績は gut。ちなみに，ドイツの司法試験の成績は，上から順に，① sehr gut，②gut，③voll-befriedigend，④befriedigend，⑤ausreichend，⑥bestanden nicht=mangelhaft であり，現在では，①と②の占める割合は，それぞれ0.1〜0.2%と2〜3%程度である），ベルリンで，弁護士となった。1898年に，司法顧問官，1900年に，公証人の資格をえた。

　勉学の最初から，彼は，ユダヤ系の名前である最初の名の Samuel を使用せずに，Hermann を用いた。これは，当時の反ユダヤ主義への対策でもあった。しかし，ユダヤ教からキリスト教への改宗をしなければならないことから，ベルリン大学の教授としての招聘を断った（ちなみに，改宗したユダヤ系

第3篇　シュタウブ(Samuel Hermann Staub, 1856. 3. 21-1904. 9. 2）と積極的契約侵害論　**123**

のベルリン大学教授は多数いる）。プロイセンとオーストリアのユダヤ人解放
は，1812年と1866年であったが，ドイツ全土のものは，統一時の1871年であっ
た（ビスマルク憲法）。なお，イギリスでも，1858年である。ただし，法令上
の解放後も，事実上の差別は残っていた。もっとも，彼は，実務家として成
功し，ベルリンでもっとも人気のある弁護士の１人となった。

　シュタウブは，法律学上の著作者としても著名である。彼は，1893年に，
ベルリンの Heine 書店から（のち，Guttentag，ついで Walter de Gruyter 書店）
から，商法のコンメンタール（Kommentar zum Handelsgesetzbuch）を出版
した。これは，実務で高い評価をえて版を重ねた。2.A. 1894；3./4.A. 1896；
5.A. 1897；6./7.A. 1900（１万3000部）；8.A. 1906；9.A. 1912；10./11.A.
1921；12./13.A. 1926f.；14.A. 1933（4000部）。1900年の版の１万3000部は，
当時としては，破格の部数である。

　このコンメンタールは，1933年までの40年間に14版を重ねたが，同年のナ
チの政権獲得のもとで，ユダヤ人法律家への反感から絶版となった（ただし，
1938年のオーストリア併合まで，ウィーンで，Kommentar zum Allgeminen Deu-
tschen Handelsgesetzbuch, 3.Aufl., 1938が出版されている。Manz 書店）。1930年
代は，ユダヤ系の法学者の受難の時期であり，Ernst Rabel (1874-1955，1939
年にアメリカに亡命），James Goldschmidt（1874-1940，1938年にイギリスに亡
命），Martin Wolff（1872-1953，1938年にイギリスに亡命），Fritz Schulz（1879
-1957，1939年にイギリスに亡命），Arthur Nussbaum（1877-1964，1934年にア
メリカに亡命），Julius Flechtheim（不明），Max Rheinstein（1899-1977，1933
年にアメリカに渡る），Julius Magnus（1867-1944，1939年にオランダに亡命），
Max Alsberg（1877-1933，1933年にスイスに亡命）などは，人種差別法の下
で，亡命をよぎなくされた。比較的早世したシュタウブは，その著書だけが
焚書の対象となったのである。

　もっとも，そのコンメンタールは，戦後，Walter de Gruyter から，７冊
の大コンメンタールとして新たに出版され，今日なお，商法の基礎的な文献
となっている(Handelsgesetzbuch: Großkommentar, 5.Aufl., 2008, hrsg. Canaris)。
彼の手形法コンメンタールも，1934年までに，10版を重ねた（Kommentar zur
Wechselordnung, 10. Aufl., 1923；13. Aufl. 1934）。ほかに，商法草案批判の講
演録（Kritische Betrachtungen zum Entwurf eines Handelsgesetzbuchs：Vor-

trag, gehalten auf dem Deutschen Anwaltstage zu Berlin am 12. September 1896, 1896）がある。

ほかに，手形法のコンメンタール Wechselordnung（Kommentar）1893も版を重ねている。2.A. 1895, 3.A. 1899, 4.A. 1901, 14.A. 1952（Stranz）.

有限責任会社法の解説もある。Gesetz über die Gesellschaft mitbeschränkter Haftung 1903（Hachenburg による改訂版，8．A. 1992がある）。

また，シュタウプは，1886年から，現在も継続している法律雑誌（Juristen-zeitung）の編集者ともなっている。1904年に，彼は，がんで死亡し（48歳），その墓は，ベルリン（jüdischer Friedhof Berlin-Weißensee）のユダヤ人墓地にある。1927年まで存命した娘が一人あった[1]。上記の NJW 誌によれば，彼の亡くなった時に，同僚からは，弁護士としてドイツ最高の者と評価され，また弁護士界における彼の地位は，政治におけるビスマルクに比しうると讃えられた。

2　ベルリンで弁護士となったシュタウプは，そこで，当時施行から２年しかたっていない民法典に解決できない事件に直面した。

馬の飼料の買主が，有害な（Rizinus）成分を含んだインド・とうもろこし（indischer Mais）を引渡された。それにより，馬は，死んでしまった。

また，商人が，製造した発光物を買主に引渡したところ，爆発する成分が含まれていたが，買主にそれにつき注意を与えなかった。発光物は，買主の倉庫で大きな損害を発生させた。

シュタウプは，こうした場合を積極的契約侵害と名付けた。というのは，債務者は，民法典に規定された不能や遅滞とは異なり，たんに給付をしないのではなく，債権者に対して積極的行為により損害を与えているからである。民法典は，給付障害の一般概念として不能と遅滞（Unmöglichkeit und Verzug），また瑕疵担保責任のみを規定していた。不能は，給付ができない場合を，そして，遅滞は，可能である給付がされない場合をいうが，そのほかにも，①給付した物に瑕疵がある場合，②給付の方法が適切でない場合，さらに，③給付された物によって拡大損害が惹起される場合などがあるからである。

1902年のドイツ法曹大会への記念論文集（Festschrift zum Deutschen Juristentag）において，シュタウプは，「積極的契約侵害とその効果」（Die positiven Vertragsverletzungen und ihre Rechtsfolgen）と題する論文を公にし，民法典

における法の欠缺を論じた。積極的契約侵害の概念（あるいは積極的債権侵害 die positiven Forderungsverletzung）は，論争ののち，ライヒ大審院の判例にも採用された。こうして，彼によって基礎づけられた積極的契約侵害は，判例によって債権法の中枢概念として発展した。この概念は，今日，契約的な損害賠償を考える上で，義務の構造論の側面からも見落とすことができないものとなっている。債務者による給付の障害は，たんなる給付義務の瑕疵にとどまるものではなく，付随義務や保護義務違反の形態をとることが承認されている。

　2002年の債務法改正にさいし，積極的契約侵害は不能や遅滞とともに，上位概念に包含され「義務違反」（Pflichtverletzung）として法典に採用された。「義務違反」は，今日給付障害法の基礎となっている。新債務法280条１項では，給付障害の基礎として，義務に違反した債務者は，債権者に対し，そこから生じた損害を賠償しなければならない。また，契約上の保護義務の違反でも同様である（241条２項）。こうした不能論の克服には，シュタウプの実務からのアプローチと，比較法学者ラーベル（上述）の理論からのアプローチの貢献にはとくに大きなものがある。

　なお，オーストリアでは，積極的契約侵害論の位置づけには古くから争いがあり（vgl.Rabel, Zur Lehre von der Unmöglichkeit der Leistung nach österreichischen Recht, Gesammelte Aufsätze, I, 1965, S. 79），通説は，債務者の給付そのものには瑕疵がない場合の，瑕疵結果損害（Mangelfolgeschäden）をさすものと位置づけている（1295条１項 ABGB。1447条は，物の滅失による免責。vgl.Ditrich und Tades, ABGB, 2007, S. 593ff.）。オーストリア法（ABGB, 1811年）は，パンテクテン法学以前の統一的な不履行体系に基づいていることから（違法な権利の侵害，すべての不利益 widerrechtliche Rechtsverletzung, jeder Nachteil, ALR（1794）I 5 §§270ff. Code civi（1804），art.1147も同様である），ドイツ民法典のような法の欠缺（不能と遅滞の二分体系の給付障害構成）は存在しないからである。要件上の分別の問題よりも，効果上，拡大損害を含むことが議論の中心になる。

3　現代化法の条文（抄訳）

　1900年のドイツ民法典の給付障害規定が基本とする不能と遅滞，これにシュタウプの付け加えた積極的契約侵害の３分体系は，2002年に発効した債

務法現代化法のもとで，上位概念である義務違反に置き換えられた。その主要な規定は，以下の損害賠償や解除の規定にみることができる。なお，学問上は，他の概念が提唱されることもあった。たとえば，給付障害（Leistungsstörungen）や，不履行（Nichterfüllung）である。後者は，わが民法の不履行概念やフランス法の不履行（inéxecution）に近いが，立法者は，たんに履行をしないことよりも，いっそう積極的な概念である「義務違反」を採用したのである。英米法の契約違反（breach of contract）に近い（ただし，275条1項では，不能概念が復活した）。

280条（義務違反にもとづく損害賠償）
(1) 債務者が債務関係から生じる義務に違反した場合には，債権者は，これにより生じた損害の賠償を請求することができる。これは，義務違反につき債務者に帰責事由がない場合には適用しない。
(2) 債権者は，286条により付加される要件を満たす場合においてのみ，給付の遅延にもとづく損害賠償を請求することができる。
(3) 債権者は，281条，282条または283条により付加される要件を満たす場合においてのみ，給付に代わる損害賠償を請求することができる。

282条（241条2項の義務違反による給付に代わる損害賠償）
債務者が，241条2項の義務に違反し，債務者による給付が期待しえないときには，債権者は，280条1項の規定のもとで，給付に代わる損害賠償を請求することができる。

241条（債務関係による義務）
(1) 債務関係の効力として，債権者は，債務者から給付を請求する権利を有する。給付は，不作為によることもできる。
(2) 債務関係は，その内容により，各当事者に相手方の権利，法益および利益（Rechte, Rechtsgüter und Interessen）に対する配慮を義務づけることができる。

323条（給付不履行または契約に適合しない給付をしたことによる解除）
(1) 双務契約において，債務者が履行期の到来した給付をなさず，または

第3篇　シュタウプ(Samuel Hermann Staub, 1856. 3. 21-1904. 9. 2)と積極的契約侵害論　**127**

その給付が契約に適合しない場合には，債権者は，債務者に対して給付また
は追完のために相当の期間を定め，その期間が徒過されたときには，契約を
解除することができる。(2項省略)

(3)　義務違反(Pflichtverletzung)の性質によると，期間の定め(Fristsetzung)
を考慮しえないときには，これの代わりに警告（Abmahnung）による。(4
項省略)

(5)　債務者が給付の一部を履行した場合には，債権者は，給付の一部には
利益がないときにのみ，契約の全部を解除することができる。債務者の契約
に適合した給付をしない場合でも，その義務違反が重大でないときには，債
権者は，契約を解除することができない。(6項省略)

4　伝統的な不能論に関しては，キッシュについて簡単にふれる。

(1)　伝統的な不能論では，Titze のほか，Kisch(Johann-Baptist Josef Kisch,
1874. 12. 12-1952. 3. 9）がいる。この2人と，Kleineidem の3者が，1900年
のドイツ民法典の発効の年に，不能に関する大部のモノグラフィーを出して
いる。パンデクテン法学の不能論の集大成ともいえるものである。すなわち，
ドイツ民法典の不能論は，ほぼその完成時から，他方では批判にさらされて
いたのである（ラーベル，シュタウプ）。

キッシュは，1874年に，エルザスの Diedelsheim/Oberelsass で生まれた。父
は，農民であった。両親は，1871年に，ルクセンブルクからエルザスに移住し
た。父は税理士(Steuersekretär)であった。キッシュは，1893年から，シュト
ラスブルク大学で，法律学を学び，1899年に学位をえた(師は, August Sigmund
Schultze, 論文は, Begriff und Wirkungen der besonderen Streitgenossenschaft,
1899)。1900年に，ハビリタチオンを取得（Die Wirkungen der nachträglich
eintretenden Unmöglichkeit, 1900)。エルランゲン大学の招聘を断り，1903年
に，シュトラスブルク大学の正教授となった。1916年に，ミュンヘン大学教
授。Lothar von Seuffert の後任であった。民訴学者の Leo Rosenberg, Max
Pagenstecher, Albrecht Mendelssohn Bartholdy などとともに，民訴法学
者協会（Vereinigung deutscher Zivilprozesslehrer）を創設した。1933年から
37年の間，ドイツ法アカデミーの副総裁となった。1937年に，ナチスに入党。
1935年に，自分の意思で，年金生活に入った。1942年に，任意で退職（名誉
教授となる）。

128 第1部　ドイツ民法典と法実務家

以下の業績がある。

Parteiänderung im Zivilprozess 1912.

Handbuch des Privatversicherungsrechts, Bd. 1f. 1920ff.

Handbuch des Patentrechts 1923, Der deutsche Rechtslehrer 1939, 50 Jahre Allianz, 1940.

Das Recht des Versicherungsvereins auf Gegenseitigkeit, 1951.

顕彰記事 NJW 1952, 374 (Kötter) がある。弟子として，Hans Würdinger, Hans Möller, Emil Frey, Robert Schuman がいる。

　(2)　Titze や Kisch と同じく1900年に，不能のモノグラフィーを出した Kleineidem については，あまり明確ではない。以下の著作がある。

Ummöglichkeit und Unvermögen nach dem Bürgerlichen Gesetzbuche für das Deutsche Reich, 1900.

Einige Streitfragen aus der Unmöglichkeitslehre des BGB, JherJb 43 (1901), 105があり，いずれも，肩書は，私講師およびブレスラウの試補 (Gerichtsassessor)である。前者は，Abhandlungen zum Privatrecht und Civil- prozeß des Deutschen Reiches のシリーズで，ブレスラウ大学の Otto Fischer の編集にかかるものである。出版社は，イエナの，Verlag von Gus- tav Fischer であった。

　(3)　キッシュには，もう1人がおり，ユダヤ系のキッシュ (Guido Kisch, 1889. 1. 22–1985. 7. 7) は，1889年に，プラハで生まれた（父は，ユダヤ教の ラビ）。プラハ大学で法律学を学んだ。1913年に学位をえて，プラハのラン ト裁判所で研修を行い，1914年に，民訴の Adolf Wach の下でハビリタチオ ンを取得した (Der deutsche Arrestprozess in seiner geschichtlichen Entwick- lung, 1914)。1920年に，ケーニヒスベルク大学で教授となり，1922年に，ハ レ大学教授。1933年に，定年を強制された。1933/34年に，ブレスラウのユ ダヤ教の宗教学校の教授となったが，1935年に，アメリカに亡命し，1937年 に，ニューヨークのユダヤ教の宗教協会やヘブライ大学の教授となったが， 安定した職ではなかった。戦後もドイツには帰国せず，オランダやスイスの 大学の客員となった。1955年にドイツの大学にも関係したが，1958年に定年 となった。

　法史と民訴の業績が多い。

Das Einlager im älteren Schuldrecht Mährens, 1912.

第3篇　シュタウブ(Samuel Hermann Staub, 1856. 3. 21-1904. 9. 2)と積極的契約侵害論　129

Zur sächsischen Rechtsliteratur der Rezeptionszeit, 1923.

Die Kulmer Handfeste, 1931.

Das Fischereirecht in Deutschland, 1932.

Sachsenspiegel and Bible, 1941.

The Jews in Medieval Germany 1949, 2. A., 1970.

ツァシウスやバーゼル，人文主義関係のものは，戦後の業績である。

Zasius und Reuchlin, 1961.

Humanismus und Jurisprudenz, 1955.

Bartolus und Basel, 1960.

Erasmus und die Jurisprudenz seiner Zeit, 1960.

Zasius und Reuchlin, 1961.

Die Anfänge der juristischen Fakultät der Universität Basel 1449-1529, 1962.

Enea Silvio Piccolomini und die Jurisprudenz, 1967.

Melanchthons Rechts- und Soziallehre, 1967.

Gestalten und Probleme aus Humanismus und Jurisprudenz, 1969.

Studien zur humanistischen Jurisprudenz, 1972.

自伝がある。Lebensweg eines Rechtshistorikers-Erinnerungen, 1975（Autobiographie).

(1)　BMJ, Samuel Hermann Staub, Pionier des Schuldrechts Berlin, 02. 09. 2004；Henne/Schröder/Thiessen, Anwalt, Kommentator, „Entdecker" Festschrift für Hermann Staub zum 150. Geburtstag, Berlin, 200；Döhring, Geschichte der deutschen Rechtspflege, 1953, 447；Kleinheyer und Schröder, Deutsche und Europäische Juristen aus neun Jahrhunderten, 1996, S. 513；Schmidt, Eike, Jhering Culpa in contrahendo & Staub Die positiven Vertragsverletzungen, mit einem Nachwort von Schmidt, 1969, S. 131.

　　Ono, Die Entwicklung des Leistungsstörungsrecht aus rechtsvergleichender Sicht, Hitotsubashi Journal of Law and Politics, vol.30, p.15（2002). また，シュタウブの論文で触れられた諸事例については，拙稿・司法の現代化と民法（2004年）176頁以下参照。

第２部　プロイセンの実務家とライヒ大審院

第1篇　立法と法実務家の役割
—— ALR の変遷 ——

第1章　ドイツ法の二重構造と法の沿革

1　連邦法と州法

(1)　ドイツ法に典型的な二重構造の1つに，連邦法と州法の存在がある。ドイツは連邦制をとっていることから，連邦の法律は，憲法（基本法）で定められた事項のみを対象としている（1949；BGBl.S.1.の30条～32条）。具体的な例としては，民法典の存在がある。1867年の北ドイツ連邦の憲法も1871年のビスマルク帝国の憲法も，債権法のみを連邦やライヒの権限としていた（4条13号，Reichsverfassung）。連邦権限の強化は，南ドイツ諸国の警戒心をあおり，統一やその維持の妨げになると考えられたからである。もっと前の1815年のドイツ連邦の時代でも，その時代の産物であるドレスデン草案（1866年）は，商法（ADHGB）を除いた債権法のみを対象としていたのである[1]。

　物権法や家族法をも含む民法全般の法典化が意図されたのは，統一後，自由国民党のミケルとラスカーの提案によるものであった。そして，保守党や中央党などの反対を押し切って，4条13号の修正（Lex Lasker）が行われ，ライヒの立法権限は，民法全体に拡大された（1873年12月）[2]。1896年に成立し，1900年に施行された現行民法典は，その産物である。しかし，現在でも，州法に留保された事項は多数存在する（民法施行法1条2項，55条～152条参照）。

　いうまでもなく，連邦法と州法の分離は，統一前の，伝統的な普通法とラント法の系譜を引くものであり，現在の連邦に相当するライヒ（Reich）には，皇帝法としてのローマ法が一般的に適用されたのに対し，プロイセンなどの各ラントや自治都市の法律は，地域法として適用されたのである。ただし，近代的法典編纂の所産である ALR（Allgemeines Landrecht für die Preußischen Staaten 1794，プロイセン一般ラント法典）や ABGB（Allgemeines Bürgerliches Gesetzbuch, 1811，オーストリア一般民法典）は，明示的にローマ

法の適用を排斥した。国家による法の独占である。

（2）これに加えて，近時は，新たな法の二重構造が成立しつつある。それは，EUの権限強化にもとづくものであり，かなり前から，民法の法令集の項目では，EU指令（EG-Richtlinien）が幅をきかせるようになり，民法典の付属法規を凌駕するようになっている。1990年の環境責任法（UmweltHG）や，1989年の製造物責任（ProdHaftG）は国内法の形式をとっているが，民法典修正の根拠となった，その他のEU指令は，そのままの形で掲載されることが多い（2000年の取引における支払遅延防止指令や，1993年の消費者契約における濫用条項指令，古いものでは1976年の男女同権の基本指令など）。国内法の形式をとるにせよ，ヨーロッパ共通法としてのEU法の位置は大きくなりつつある。

かつて連邦法は，ラント法を統合する存在であったが，今日では，連邦法自体がかつてのラント法のように，EU法の下に位置しているのである。しばしば各国の議会も，実質的にEUの下請けになっている感がある。もっとも，この点は，EU所属の他国でも同様である。その結果，EUによる法統一作業には，かつての法統一のプロセスが参考となる面がある。

（3）連邦＝かつてのライヒの法そのものにも，二重構造がみられる。19世紀には，いわゆるローマ法とゲルマン法の理念の対立があった。制定されるべき民法典の理念をめぐるロマニステンとゲルマニステンの対立である。そして，19世紀の初頭には，将来の民法典の像をめぐって，自然法と歴史法学の対立があった。いわゆるチボー・サヴィニー論争である。さらに，中世には，普通法の内容をめぐって，ローマ法とカノン法の優越をめぐる鋭い対立があった[3]。しかも，これらの対立は，つねに一方の勝利によって決着してきたわけではなく，法の二重構造の中でしばしば再燃しているのである。たとえば，歴史法学におけるゲルマニストの役割や隠棲自然法，あるいはゲルマン法に対するカノン法の役割などである。

2 法ドグマと法実務

（1）別の側面では，法ドグマと法実務の二重構造がある。理論と実務とが必ずしも適合しない場合があることは，ままみられる現象ではある。わがくにでも，法社会学の意義について法規と現実の分離がふれられることがある。ローマ法を継受したドイツにおいても，沿革的には外国法であるはずのロー

第1篇　立法と法実務家の役割　　135

マ法の適用が，伝統的なドイツ法の実務に適合しないことは，中世以来の問題であった[4]。しかし，中世法は，これをいわゆる条例理論(Statutentheorie)によってたくみに回避してきた[5]。実務家の多く携わるラントや都市法の優越を認めたからである。そして，ローマ法学者も，これらの地域法を特別法と位置づけ，ローマ法に組み込んでいったのである（ローマ法の現代的慣用)[6]。

　これに対し，近代的法典編纂の所産では，ローマ法の普通法としての地位を否定したことから，こうした理論と実務の提携は困難となった。一方で，法典編纂の行われない地域が広く残り，大学は，ドイツ全土で通用する普通法のみを教え，法の現代化は，ローマ法を中心に行われた。他方で，法典編纂をしたラントでは，実定法であるラント法のみが適用された。ALR やABGB は，包括的法典として，ローマ法やカノン法の適用を認めなかったから，厳密な理論と実務の乖離が生じたのである。

　地域法の教育は，裁判所がみずから行う必要が生じた。ドイツに特有な二段階法曹養成制度は，ここに由来する。また，ALR や ABGB の学問化は，いわば少数派であるゲルマニステンと法実務家である裁判官の手によることになったのである[7]。そして，ゲルマニステンの興味も，固有法としての個別の解釈にではなく，ゲルマン法の体系化（そのモデルは，しばしばローマ法である）にあったから，ALR や ABGB の体系化のモデルは，その出自にもかかわらず，ローマ法のパンデクテン体系となったのである。

　(2)　ドイツ民法典理由書によれば，非常に多くの ALR と ABGB の規定が，ゲルマン法由来のものとして援用されている。また，民法典制定の第一委員会では，プロイセン法の専門家として，11人中 3 人が占めている(Pape, Johow, Kurlbaum)。これはプロイセンの代表委員 5 人の過半数を占めている。これにゲルマン法とザクセン法の専門家 2 人を加えると，ほぼ半数の 5 人となる。そして，普通法は 4 人，ライン・フランス法が 2 人であるから，合計 5 人は，最大勢力とさえいえるのである。さらに，普通法の専門家の場合でも，ほとんどは裁判官であったから，民法典制定史における実務家の役割は大きい。大学教授は，1883年に辞したヴィントシャイト（1892年に死亡）と，ミュンヘン大学のロート（Roth）の 2 人にすぎない[8]。

　もっとも，こうした事実は，ローマ法・普通法の役割が必ずしも絶対的ではなかったことを意味するが，パンデクテン法学の役割そのものを否定することにはならない。法の素材の多くがプロイセン法（とくに ALR）に由来す

136   第2部　プロイセンの実務家とライヒ大審院

るとしても，法の体系や概念は，パンデクテン法学に由来するからである。
裁判官もまた，法の概念をパンデクテン法学から学んだのである。さらに，
裁判上も，ドイツの共通法である普通法が問題となることは多かったから，
裁判官も，普通法実務に疎遠だったわけでもないのである。ラント間の取引
では，普通法によることが通常であったからである。この事実は，中世では
300諸侯，1815年の段階でも，39か国の分裂（1815年のドイツ連邦。1867年の
北ドイツ連邦で22か国，1871年のビスマルク帝国で25か国）がみられたドイツ諸
国の状態からみれば，決して軽視されるべきではない。

　(3)　パンデクテン法学は，それがローマ法法文の現代化を目ざす理念に立
脚したことから，プロイセン法については比較的冷淡であった。したがって，
プロイセン法の学問化は，大学教授によってではなく，おもに裁判官などの
実務家によって行われた。学者で比較的関心を示したのは，デルンブルク
（Heinrich Dernburg, 1829. 3. 3-1907. 11. 23）であったが，それはパンデクテ
ンの体系にそくした実務的なゲルマン法としてであった。ゲルマニステンの
歴史的な検討対象も，当初は，中世のゲルマン法源に向けられたのである（グ
リムやベーゼラーなど）。19世紀半ば以降は，解釈学的な意味でも，ゲルマニ
ステンの注意が向けられたが，それは，もっぱらプロイセン法の実務を採り
入れ（シュトッペ），あるいは逆に，来るべきドイツ民法典に影響を与えるこ
とを目ざした実践的な意図にもとづくものであった（ギールケ）。なお，こ
れらについては本篇は立ち入らない。

　こうした実務家の系譜として，本篇では，プロイセン法を中心に，制定史
上ではカルマーとスアレツを（第2章），成立後の変遷に関しては，ボルネ
マン，コッホ，フェルスター等を取り上げよう（第3章）。そして，ALR（ABGB
も同様）のもつ，当初の自然法による出自と，19世紀におけるパンデクテン
解釈による変容を概観しよう（第4章）。

第2章　制定史上の実務家（ALRの制定）

1　プロイセンの司法改革

　(1)　プロイセンの司法改革は，コクツェーイ（Samuel Freiherr von Cocceji,
1679. 10. 20-1755. 10. 4）の時に始まる。同人は，ハイデルベルク大学でSamuel
von Pufendorf（1632-94年，1661年に新設された自然法の講座に就任）の講座

第1篇　立法と法実務家の役割　　137

の後任となった Heinrich von Cocceji（1644. 3. 25–1719. 8. 18, もと Koch）
の息子であり，1702年に，フランクフルト（オーダー）大学教授，1723年に，
宮廷裁判所長官となった。1738年から39年，1741年から46年に，プロイセン
の司法大臣，1747年から大法官（Großkanzler, 実質的に宰相である。王の文書
を扱ったからである）となり，フリードリヒ大王（1712–86年，位1740–86年，Frie-
drich II, der Große）から，シレジアの法律整備を委ねられ，ついでその法
システムの全プロイセンへの拡大を試みたが，完成を見ずに亡くなった[9]。
その後，いわゆる著名な「粉屋のアーノルト事件」（Müller-Arnold-Affäre, Kam-
mergericht, ca.1780）が起こった[10]。

　この事件に，フリードリヒ大王は，反貴族の感情から裁判に介入し，啓蒙
思想から法の下の平等の擁護者の役を演じたが，官僚組織は，必ずしもこれ
に忠実ではなかった。その根底には，王と貴族の確執の歴史があった。すな
わち，1768年に，シレジアの司法大臣となった Carmer（後述）は，かねて
フリードリヒ大王に対し，農民に関する諸手続の促進を具申していた（なお，
プロイセンの農奴解放は，ナポレオン戦争後のシュタインの改革時1807～21年で
あった）。宰相（Großkanzler, 大法官ともいわれる。ドイツの首相は，現在でも
Kanzler である）の Kupferberg（1717–1790）が提案に反対したことから，1776
年1月4日の講演に両者が招かれ（そのおりに，Carmer は下僚である Svarez,
のちの ALR の起草者を同伴した），さらに1779年には，アーノルト事件のため
に罷免された Fürst の代わりに Carmer が大法官，実質的に宰相とされた[11]。

　しかし，大臣の Zedlitz（1731–1793）は，裁判官を処罰する王の命令書に
なお副署しなかったのである。もっとも，彼は，たんなる保守主義者という
わけではなく，啓蒙思想家であり，教育行政に携わり，ベルリンに男女共学
の学校を設置した経歴の持主でもある。また，カントの「純粋理性批判」も，
彼に献呈されている[12]。

　(2)　ALR の構想そのものは，大王の父 Friedrich Wilhelm I（1688–1740年，
位1713–40年，兵隊王）の時代までに遡る。早くに法の統一が意図されたが，
具体的な作業が実行されたのは，フリードリヒ大王の時代である。王から大
法官 Samuel von Cocceji に命じられた包括的な法典の計画（Project eines
Corporis Juris Fridericiani, 1749/1751）は成立に至らなかった。そのうちで，
実質的な民事訴訟法である Corpus Juris Fridericianum のみが，1781年に
成立した。

フリードリヒ二世は，アーノルト事件の教訓から，包括的な司法と法改革を考えたのである。司法官僚の権力を正確な法の体系によって制限することが意図された。王は，法律家の権利濫用を制限するために，注釈や類推を禁じた（Analogieverbot）。法は，誰にでもわかる方法で調べられるものでなければならず，文言的な解釈だけが可能であり，疑わしいときには，そのための委員会に諮問するものとされた（裁判官への不信は，アンシャンレジーム以来のものである）。しかし，こうした方法は判例の形成を妨げるものであり，法典の成立後じきに廃止された。

1780年4月14日の王令によって，大法官のカルマーは，立法作業を開始した。民法は，スアレツ（Carl Gottlieb Svarez）が，刑法はクライン（Ernst Ferdinand Klein, 1744. 9. 3 –1810. 3. 18）が起草を担当した[13]。

2　カルマー（Johann Heinrich Casimir Graf von Carmer, 1720. 12. 29–1801. 5. 23）

⑴　カルマーは，1720年に，ラインラントの Bad Kreuznach（Mainz, Bingen 近郊）で生まれた。イエナ大学とハレ大学で法律学を学び，ライヒ帝室裁判所などに勤めた。1749年に，プロイセンの宮廷裁判所に勤めた。1751年に，大法官の Samuel Freiherr von Cocceji から，Oppeln の参事局（Regierungsrat）に招かれた。そして，参事官（Direktor），ブレスラウの上級局の長官となった（Präsident der Oberamtsregierung）。1768年に，全シレジアの上級局の長官，すなわちシレジアの司法大臣となった。1779年に，前記のアーノルト事件の経過で，フリードリヒ二世（大王）によって，大法官の Fürst が免職になったことから，その後任に任じられた。

大法官になってから，スアレツとともに，プロイセンの司法の包括的な改革に着手した。改革では，ベルリンの司法階級との対立が生じた。シレジアにいた時期から，司法改革につき国王の諮問をうけており，またそれゆえ国王は，大法官の Fürst を無視しえたのである。彼は，王の改革を実現するために，慎重な改正を計画し精力的に遂行する体制を整えた。そして，大法官，司法大臣となった後は，その実施が行われたのである。

⑵　1780年4月14日の王令で，全法律，とくに訴訟法の改革が命じられた。その遂行の過程で，カルマーは，フリードリヒ法典（Corpus Juris Fridericianum，これは，じきに一般裁判所法＝Allgemeinen Gerichtsordnung によって置

第1篇　立法と法実務家の役割　　139

き換えられた）の共同作業者になるとともに，1794年の ALR を起草した。この時期は，すでに，Friedrich Wilhelm 二世（1744-97年，位1786-97年）の代となっていた。ALR は，BGB の発効まで，その後100年以上も，プロイセンの基本法となったのである。カルマーは，みずからもその一部を起草しただけではなく，王の計画に従い，反対論からの擁護活動を行った。

　かつてベルリンの通り（Siegesallee）には，彫刻家の Adolf Brütt によって，カルマーの胸像がおかれていた（Denkmalgruppe 29）。1900年に除幕式が行われた当時，Friedrich Wilhelm 二世の像の傍らに位置していた。しかし，胸像の頭がなくなり，2009年からは，Spandau の内城に他の像とともに保管されている[14]。

　3　スアレツ（Carl Gottlieb Svarez（Schwartz），1746. 2. 27-1798. 5. 14）
　⑴　スアレツは，プロイセンの法律家であり，司法改革者，立法者である。1746年に，下シレジアの Schweidnitz で生まれた。父は，弁護士であり，市参事会員であった。その姓は，もともと Schwartz であり，スペイン風の修飾を加えたものである（H.Thieme）。したがって，16世紀の著名な神学者，国際法学者のスアレス（Francisco Suarez, 1548-1617）と何からの関係があるわけではない。

　1762年に，フランクフルト・オーダー大学（Viadrina）で，法律学を学び，1766年に，シレジアのブレスラウで，司法修習生の試験に合格した。1771年から，そこで，役人として（Oberamtsregierungsrat），当時のシレジアの司法大臣であり，のちのプロイセンの大法官であるカルマー（Johann Heinrich von Carmer, 1720. 12. 29-1801. 5. 23）の秘書となった。そして，カルマーが大法官となることによって，スアレツも，ベルリンの司法省に移動したのである。

　こうして，スアレツは，プロイセンの立法作業に参画することになった。一般裁判所法が制定されることによって，あまり長くは適用されなかったフリードリヒ法典（Corpus Juris Fridericianum, 1781, 民訴法典である）とともに，プロイセン一般ラント法典（Das Allgemeine Landrecht für die Preußischen Staaten, 1794, ALR）を中心とする諸立法が対象となった。これらの作業には，おおむね10年を必要とした。フリードリヒ大王の晩年から開始されたことから，1794年に，法典が発効したときに，フリードリヒ・ウィルヘルム二

世（位1786-97年。大王の甥）の代となっていた。同王の指示によって，スアレツがおいた司法に対する王権の制限条項は，再度削除された。

スアレツの活動は，立法にとどまらない。彼は，王太子への講義で，のちのフリードリヒ・ウィルヘルム三世を教育し，著名な「法律に関する講義」(Unterricht für das Volk über die Gesetze, 1793) によって，プロイセンの国民にも，法の意義について論じたのである。「プロイセンの司法改革に関する文通」(Briefwechsel über die gegenwärtige Justiz-Reform in den Preußischen Staaten) も同様の意図の下に執筆された。これらの創作によって，彼は同時代の法律家の中で，自然法の時代の最大の立法者となったのである。

スアレツは，Johanna Dorothea Arndt (1755-1827) と結婚したが，子どもはできなかった。ALR の成立から数年後の1798年に，ベルリンで死亡した[15]。

(2) ALR の危険負担規定は，パンデクテン法学では，ゲルマン法起原説がとられているが（ドイツ民法典の理由書もこれによる），実際には自然法に由来することは，彼の明示するところである。

スアレツによる買主負担主義への批判はかなり痛烈であり，それが「不自然でかつ本質（Principia）に反し，多くの制限，例外と複雑な規定をもたらしている」という (Svarez, Amtliche Vorträge bei der Schlußrevision des Allgemeinen Landrechts, Kamzptischen Jahrbuch, XXXXI(1833), S. 16f.)。普通法，その基礎たるローマ法の規定の複雑さは，法源の諸規定から明らかであろう[16]。

注目するべきことに，ゲルマニステンの一部は，ALR のゲルマン法起源説を唱えるが，ALR が自然法的基礎によっていたことを知ってもいたのである (Stobbe, Zur Geschichte des deutschen Vertragsrecht, 1855., S. 281. もっとも，シュトッベ自身の立論は正確であり，解釈学をまじえることなく，またゲルマン法起源説を唱えてもいない)。ALR の19世紀の注釈者についても同じことがいえる。ゲルマン法起原説は，もっと後代のゲルマニステンやドイツ民法典の理由書による虚像である[17]。

4　一般ラント法の成立

(1) まず，1792年に，Allgemeines Gesetzbuch für die Preußischen Staaten (AGB) が成立した。しかし，フランス革命の結果，プロイセンの保守的な

支配層が，法の自由主義的傾向に反感を示したことから，さらなる改正が行われた。多くの自由かつ理性法的な規定が削除されたり制限され，ようやく1794年に，Allgemeines Landrecht für die Preußischen Staaten（ALR）として発効した。名称の変更は，法が，まったく新規な立法の産物ではなく，伝統的なラント法の継続であることを意味していた。ALR には，啓蒙専制君主の国家観が反映され，君主の権力の制約は，憲法的なものではなく，自制のみが考えられるにすぎない。こうした傾向は，ALR の修正によって増大し，貴族の権利も保持された。土地所有にも，封建的な遺制が残存し，その後の経済的な発展の阻害要因となった。

　(2)　もっとも，ALR は，それまで普通法として補充的に適用されていたローマ法やザクセン法の適用を排した。従来の普通法は，地域の法がないときには，（広く）補充的に適用された。中世の条例理論では，国内で包括的に適用される法の統一は考えられておらず，たんに，固有の法のない領域でだけ，法の統一が行われるにすぎない。近代法は，国家による法の独占を特徴としている。ただし，1815年のウィーン会議でプロイセン領となったライン（左岸）地域では，ALR は適用されず，従来のライン・フランス法が適用された。ライン・フランス法は，法の下の平等や，所有権・契約の自由など自由主義的な市民観に立脚し，ライン沿岸地域の市民は，保守的な ALR の適用を望まなかったからである。しかし，近代法の性格から，1900年の BGB の発効によって，ライン法や ALR の適用は排除されることとなった[18]。

第3章　自然法的法典のパンデクテン化と実務家

1　序

　ALR は，全民法の領域に加えて，国家法，教会法，警察法，刑法などを含み，封建法，共同体法などを残存させている。また，全条文は，1万9000条にもなる。これは，法の解釈のよちをなくすために，可能性のあるすべての場合を規定しようとしたからである。しかし，逆に，規定の間の抵触を生じ，解釈上の困難を多数生じた。これらの雑多な規定を近代的な体系にもとづいて整理することが必要となった。フランス民法典や ABGB などに比較すると二流と評されるこの立法の改革作業は，19世紀を通じて，おもに実務家によって行われた（2以下参照）[19]。しかも，それには自然法的法典のパン

デクテン化という困難な作業が伴ったのである。もっとも，パンデクテン化の作業は，意識的に行われたというよりは，新しい法体系（歴史法学による19世紀の民法体系）への法典の適合が逐次的に行われた結果というべきであろう。

　また，封建的な規定が多数残存していたものの，ALR によって初めて，農民の解放や経済的な自由が促進された。さらに，刑法上の近代的な原則，法律なくして刑罰なし（nullum crimen sine lege）の原則や，国家による市民の権利の侵害の禁止などが，導入された。

2　ボルネマン（Friedrich Wilhelm Ludwig Bornemann, 1798. 3. 28–1864. 1. 28）

　（1）ボルネマンは，1798年に，ベルリンで生まれた。父は，プロイセンの国営抽選局長（Staatslotterie）で，かつ低地ドイツ語の詩人でもあった Wilhelm Jakob Bornemann（1766–1851）であった。ボルネマンは，1815年のナポレオンに対する解放戦争に義勇兵として参加し，その後，ベルリン大学で法律学を学んだ。

　第一次国家試験の後，1818年に，父に従ってロンドンにいった。そこで，父は，ロスチャイルド銀行との（ナポレオン戦争による）国家債務の決算を行った。1年後，ボルネマンは，プロイセンの司法研修に入った。1823年に，宮廷裁判所の試補（Kammergerichtsassessor）となり，その資格のまま，1825年から，シュテッティンの高裁に移り，1827年には，グライフスヴァルト高裁で裁判官となった。グライフスヴァルト大学から，公務のかたわらに行った法学上の論文により名誉博士号をうけ，ハビリタチオンを取得した。

　そして，1827年から31年まで，グライフスヴァルト大学で，私講師として，プロイセン一般ラント法の講義を行った。1831年に，ベルリンの宮廷裁判所の裁判官となった（Kammergerichtsrat）。1837年から，財務省の上申官（vortragender Rat）となった。1842年に，枢密院の委員，「真正」の枢密顧問官（Wirklicher Geheimer Oberjustizrat），1844年に司法省の局長となった。1846年まで，立法委員会（Gesetz Kommission）のメンバーとなった。さらに，国王フリードリヒ・ウィルヘルム四世（1795–1861年，位1840から）は，彼を，新たな高等租税裁判所（Oberzensurgericht）の長官とした。ここで，彼は，租税の規定の緩和を試みた。1844年，彼は，司法省の参事官（Direktor）と

第1篇　立法と法実務家の役割　　　143

なり，新法，とくに民事訴訟法の準備作業に参画した。

　1848年の革命時に，彼は，カンプハウゼン（Camphausen, 1803-1890）の自由主義的な三月政府（3月から7月までの改革派政権）の司法大臣となった。司法改革によって，彼は，もっとも人気のある大臣となった。1848年7月に，旧勢力の復古とカンプハウゼンの退陣により，ボルネマンも政府を去った。その後，死ぬまで，ベルリンの上級裁判所（Obertribunal，これは，実質的なプロイセンの最高裁である）の第2代長官となった。また，彼は，1848年の8月から，プロイセンの国民議会の議員となった。Harkort（1793-1880）の政党（おおむね中道右派）の指導者の1人となった。

　同年，彼は，普通ドイツ手形法の草案の起草作業に加わった。1849年から，プロイセンのラント議会の第一院の議員であり，そこで，リベラル派に属した。1860年から，彼は，国王の助言者（Kronsyndikus）であり，1年後には，上院の議員となった。1860年代の始め，ドイツ商法典の起草作業にも加わっている。1864年に，ベルリンで亡くなった[20]。1859年に，ベルリン大学でハビリタチオン（40号）を取得した Wilhelm Bornemann は，その姻戚と思われる。

　(2)　ボルネマンは，一般ラント法典として編纂されたプロイセン法を，新たに普通法の概念によって体系化した最初の注釈者となった。今日でも，ALR の注釈書として学術的意義を有するのは，Systematische Darstellung des preußischen Zivilrechts mit Benutzung der Materialien des Allgemeinen Landrechts（1834-39 in 6 Bänden；2. Aufl. 1842-45）である。1842/45年に再版されている。ただし，まだ制定時の自然法的な解釈を残しており，19世紀の中葉以降，ALR にパンデクテン解釈が採用されるに従い，しだいに実務的には用いられなくなった。Koch や Förster の注釈書に，取って代わられたのである。

　実務家としては，業績が多い。

　Von Rechtsgeschäften überhaupt und von Verträgen insbesondere nach Preußischen Rechte: Für angehende Praktiker, 1825 (2. Aufl., 1833).

　Rechtsfälle und Rechtsbestimmungen aus den Acten des Königl. Oberappellations- und Höchsten Gerichts zu Greifswald, 1832.

　Erörterungen im Gebiete des Preußischen Rechts, 1855.

　Die Rechtsentwickelung in Deutschland und deren Zukunft, 1856.

3 コッホ（Christian Friedrich Koch, 1798. 2. 9–1872. 1. 21）

（1）コッホは，1798年，西ポンメルンの Mohrin で生まれ，父（Christian Friedrich）は，貧困な家庭の，無産の日雇い労働者であった。母は，Marie Elisabeth（geb. Manteuffel）である。母は，寡婦になった後，再婚したのである。コッホの生涯は，同じく苦学したイギリスの物理学者ファラデー（1791–1867）の生涯とほぼ同時期である。

コッホの経歴は，中産階級が多い法律家の生涯の中では異例に属する。そのキャリアは，法律家の社会的上昇の顕著なモデルである。上述のファラデーが，印刷所の徒弟から王立協会会員になったのと同様，当時としてはまれな例であり，上流階級の出自のボルネマンとは対照的な境遇である。ドイツの社会では，国民学校（Volksschule，小学校である）のあと，中流以上の家庭の子がギムナジウムから大学を目ざすのに対し，それ以下の家庭では，実務学校（Realschule）を経て職につくことが，20世紀の半ばまでは通常であった。年少時からの経歴の選択と階級の固定は，20世紀半ばに，ギムナジウムとそれ以外の学校を融合した総合学校（Gesamtschule）ができるまで続いた。19世紀の階級の固定性は今日の比ではない[21]。

もっとも，ドイツの法律家は，積極的に貴族となることを求めたわけではないから，枢密顧問官や von の称号をえて，官僚となることに甘んじただけで，フランスの法服貴族のように，旧制度的な特権階級を形成することはなかった（フランスのパルルマンの王権への反抗に類するものはなく，せいぜいがアーノルト事件である）。これには，法曹の依拠するべき王権そのものがラントの弱小政権にとどまったことも，寄与している。貴族といっても，たかがしれているからである。

コッホの年少時の教育は，学校によるものではなく，両親の鳥小屋や草地の家畜（ヤギ）のそばで独学したにとどまる。本や，紙と鉛筆すらなく，筆記のためのスレート板と白墨を用いたにすぎない。当初，仕立屋で修行をし，そのかたわら，市裁判官のもとで写字生として働いた。ここで，初めて法律事務に接したのである。法律事務所の使い走りから社会的上昇をした例としては，イギリスの小説家ディケンズがいるが（1812–1870），その生涯の時期もコッホの生涯とかなり重なっている。西欧では，能力と機会さえあれば，ときには社会的上昇が可能な時代となったのである。

（2）母の女友だちの仲介で，西ポンメルンの Soldin 高裁の官房書記の下

第1篇　立法と法実務家の役割　　145

で職をえた。さらに，財政的に厳しかったが，オーデル河畔の Reppen の婚姻裁判所の裁判所書記として，あまり経済的に恵まれない職についた。しかし，ここでの経験は，知識をえて高い地位を求めることには役立った。1821年に，ベルリンで，Augusta と結婚した。妻は，慈善病院の医師（Rudorf David Jonas Hollatz, † 1808）の娘で，妻の先祖には，ルター派の教義学者 David Hollaz（† 1713）がいる。結婚した後，安定した地位を目ざして，1823年に，大学入学資格をえた。そして，1825年まで，ベルリン大学でサヴィニーのもとで学び，また，Biener, Schmalz, Lancizolle, Hollweg, Klenze などの講義を聴いた。その後，研修生（Auscultator）となり，6 週間後に，修習生（Referender）となり（当時は，三段階の法曹養成制度であった），1826年に，占有に関する最初の論文を書いた（Versuch einer systematischen Darstellung der Lehre vom Besitz nach preußischem Recht im Vergleich mit dem gemeinem Recht）。

　国家試験に合格し試補（Assessor）となってから，ケルンとアーヘン（プロイセン領ラインラント）で，フランス法を学んだ。1829年に，Marienwerder の高裁判事，1832年に，Kulm のラント裁判所の部長，1833年に，Glogau の裁判官，1835年に，ブレスラウ高裁で裁判官となった。1840年に，ハレのラント裁判所の部長，1841年に，Neiße（侯国裁判所）で部長となった。1848年に，改革派政権の司法大臣から手続法の改革を委ねられた。奇しくも，同じくプロイセン法に造詣の深いボルネマンであった。コッホとボルネマンに関わりがあったのは，この時期だけである。しかし，大臣の交代の激しいことから（その後，Märker, Kisker, Rintelenn など），その成果はほとんど考慮されることはなかった。1852年に，今日では詳細が不明な懲戒手続をうけた。政治的には48年革命後の反動期であった。その出自による差別もあった。1854年に，56歳で，シレジアの Neiße に所有する騎士領の農場（Rittergut Blumenthal）に引退し，1872年に，Neiße で亡くなった。子どもはなく，30万マルク以上の財産の大部分は，遺言によって，故郷の Mohrin 市に，貧困家庭の子どものための教育施設の設立のために寄贈された。その施設前には，彼の記念碑があった[22]。

　(3)　コッホは，19世紀におけるプロイセン民法学のもっとも重要な著作者となった。Das Recht der Forderungen nach gemeinem und nach preußischen Rechte mit Rücksicht auf neuere Gesetzgebungen, 3 Bde., 1836

/40/43；2.Aufl.1858/59.

　また，Allgemeines Landrecht für die Preußischen Staaten, 1852/63もある。同書は，死後も改定され続け，Försterによる8版が1884年に出ている。こちらは，条文つきのコンメンタールであり，実務家向けものであり，ドイツ民法典の成立まで参照された（Allgemeines Landrecht für die Preußischen Staaten : unter Andeutung der obsoleten oder aufgehobenen Vorschriften und Einschaltung der jüngeren noch geltenden Bestimmungen / herausgegeben mit Kommentar in Anmerkungen von C.F. Koch ; nach des Verfassers Tode bearbeitet von Franz Förster … [et al.]）。

　また，普通ドイツ商法典に関する著述もある（Allgemeines Deutsches Handelsgesetzbuch / herausgegeben mit Kommentar in Anmerkungen von C.F. Koch, 2., verm. und verb. Ausg. – Berlin : J. Guttentag, 1868）。

　以下の業績がある。

　Anleitung zum Referieren und zum Aufsetzen der Erkenntnisse bei preußischen Gerichtshöfen, 1832.

　Die Lehre vom Besitz nach preußischem Recht, 1839.

　やや毛色の変わったものでは，Die Juden im preußischen Staate, 1833がある。これは，プロイセンにおけるユダヤ人の法的地位に関する論文で，解放令の出た1812年の前後による相違と，地域ごとの相違を検討している。

　ちなみに，著名な細菌学者のコッホ（Robert Koch, 1843-1910）との関係はない。

　4　フェルスター（Franz August Alexander Förster, 1819. 7. 7-1878. 8. 8）
　(1)　フェルスターは，1819年，シレジアのブレスラウで生まれた。父は，ブレスラウ大学のローマ法の正教授であった（Dr. August Wilhelm F.）。父は，1812年5月23日，論文（De origine donationis ante nuptias）で，博士となった。父は，1813年から14年，ナポレオンに対する解放戦争に参加し，1816年に，私講師となり，講義がたくみであった。1817年に員外教授，1820年に，正教授となった。Bonorum possessio liberorum contra tabulas parentum, 1823で著名である。しかし，この父は，1826年に，亡くなった。フェルスターは，まだ7歳であった。母親のLouise Ernestine（geb. Petiskus）は，やもめとなった兄弟の傍にいるためにNeißeに引っ越したので，フェルスター

第1篇　立法と法実務家の役割　　　147

も，そこのギムナジウムに入り，その後，またブレスラウに戻った。

フェルスターは，1839年に，ブレスラウ大学に入学した。法律学のほかに，歴史と哲学を学んだ。歴史的な研究の基礎を積むこととし，第2学期に，ザクセン・シュピーゲルの債権法に関するアカデミックな懸賞論文を書いた。1841年秋に，入賞しまた奨学金をえて，次の3学期をベルリン大学で過ごし，Gneist, Homeyer, Frhr. v. Richthofen, Savigny, Stahl などの講義を聞いた。とくに，サヴィニーのローマ法の講義には感銘をうけた。また，Jacob と Wilhelm Grimm および Lachmann のゲルマン法の講義を聴いた。

1843年3月に，ブレスラウ大学に戻り，博士の試験をうけ，父と同日，5月23日に，学位をえた (De creditoris pigneraticii praestationibus e praeceptis juris Germanici, 1843)。2年後，ドイツ語の論文，De creditoris pigneraticii praestationibus e praeceptis juris Germanici, 1843を書いた。1843年，研修生 (Auscultator) となり，司法研修を行い，1846年，レフェレンダー試験に合格した。この時期には，Die Unabsetzbarkeit der Richter und die Gesetze vom 29. März 1844 (Schles. Provinzial-Blätter, 1845, Bd. 122, S. 253 ff., 377 ff. ほかの論文がある。

1847年には，ブレスラウ大学で私講師となった。しかし，1850年までに，フェルスターは，アカデミックな道を断念し，1849年には，新たな組織である Löwenberg の郡裁判所 (Kreisgericht) の裁判官となった。実務に転向した心境の変化は，部分的には時代的なものであったが (1848年が，メッテルニヒの倒れた三月革命である)，もう1つは，1849年に，ブレスラウ大学のゲルマン法の教授 Ernst Theodor Gaupp (ADB. VIII, 425 ff.) の娘，Clara Gaupp と恋仲になり，司法勤務によって安定した生活を望んだからでもあった。学生の聴講料に依存する私講師の生活は，不安定であったからである。人材の確保に，生活の安定が不可欠なことの一証左となっている。

1856年に，Rothenburg (Oberlausitz) の郡裁判所の部長に移動となった (Abtheilungsdirigent)。1857年に，最初の大部の著作を出した (Klage und Einrede nach preußischem Recht)。この本は，プロイセン法の私法と訴訟法の中間領域を学問的に扱い，普通法の学説と実務を関連づけた著作として注目された。1858年には，小都市の Rothenburg から，グライフスヴァルトの高裁判事に移動となった。高裁で普通法に携わり，実務家や大学の教師とも交わった。

148 第2部 プロイセンの実務家とライヒ大審院

1858年に，また大学においてハビリタチオンを取得し，プロイセン私法，国法，民訴法の講義を行った。実務に転向しても，学究的な傾向は抜けなかったようである。

(2) しかし，1861年，こうしたアカデミックな講義をやめた。当時の法学研究の不振から，期待した結果をえられなかったからであった。小都市であるグライフスヴァルト大学の法学部の学生は，15人以下であった。講義には，聴講者のいないこともあった。員外教授職を求めることは考えられなかった。大学裁判官（Universitätsrichter）の職をえることにも失敗した。1859年からは，古い持病が再発した。

そこで，フェルスターは，文筆活動を考え，1858年に，Einiges zur Lehre von der Rechtskraft (Gruchot's Beiträge II, 343 ff.) を公刊した。また，1860年に，長く考えていた計画に従い，詳細なプロイセン私法の本を書くことを始めた。この成果は，彼をプロイセン法の注釈者として著名にした。こうして「普通ドイツ法の基礎の上の現代普通プロイセン私法の理論と実務」(Theorie und Praxis des heutigen gemeinen preußischen Privatrechts auf der Grundlage des gemeinen deutschen Rechts, Berlin 1865-1868) の最初の3巻は，グライフスヴァルトで執筆された。第4巻は1873年に公刊された。1869年から，第2版を出し (2. Aufl., 1869/73)，最後の第3版まで，自分で改定作業を行い，この本は生涯の著作 (Lebenswerk) となったのである (1873-74年)。

第4版から以降は，Max Ernst Eccius の改定によっている（4版が1880年から，7版が1896年から。Preussisches Privatrecht auf der Grundlage des Werkes von Franz Foerster bearb. von M. E. Eccius, 4 Bde., 6. Aufl., 1892/93; 7.Aufl.,1896/97)。この本は最初から注目され，多くの書評が行われた (Franklin, Krit. Vierteljahrsschr. VI, 148 ff.; Göppert, ebd. VIII, 524 ff.; Gruchot, Beiträgen VIII, 475 ff.)。実務では，BGB の制定まで利用された。

1873年からは，プロイセン法の注釈書であるコッホの Commentars zum Allgemeinen Landrecht の5版〜7版の共同改定者にもなっている。

(3) また，1870年からは，司法省の試験委員会(Justiz-Prüfungscommission) にも属した（前から州の第一次法律試験の委員会のメンバーであった）。枢密顧問官 (Geheimen Ober-Justizrath) の肩書をうけた。

フェルスターは，北ドイツ連邦の連邦参議院で，統一司法改革のためにラ

イヒ司法法（Reichsjustizgesetze）が計画されたおりには、その草案の作成に参加した。その具体的作業の大部分は、ライヒ政府からプロイセンの司法大臣のレオンハルト（Leonhardt）に委ねられ、1870/71年、フェルスターは、その制定委員会に属した。その結果は、レオンハルトによって民事訴訟法の「北ドイツ草案」としてまとめられ、議会の審議にかけられたのである。また、1871年には、司法省の委員会でまとめた草案が、刑事訴訟法草案として審議にかけられた。さらに、1870–73年には、のちに破産法（Reichs-Concursord-nung, 1877）となる共同債務法（Gemeinschuld-Ordnung）や、裁判所構成法の（Gerichtsverfassungs-Gesetzes）の草案作成にも参加した。

1874年に、フェルスターは、司法省での職を辞し、文化省に移った。ここでは、ビスマルクが行ったカトリック弾圧に端を発する文化闘争（Cultur-kamp）に関する五月法（Maigesetze）の起草にあたった。その主軸は、聖職者の養成と任免に関する政府の介入権である。ファルクの説教法草案（Unter-richtsgesetz-Entwurfs）にも従事したことから、司法業務に復帰することを希望しながら、かなわなかった。1877年に予定されたプロテスタントの上級教会顧問（evangelischer Ober-Kirchenrath）の長への就任直前に、倒れたのである。1878年にかかった肺病の再発、持病のほか、腎臓変性（Nierenentar-tung）によって、フェルスターは、1878年8月8日、60歳で亡くなった。1娘、3息子がいた。長男のReinhart Försterは、のちに、Hammの高裁裁判官となった[23]。

5　レーバイン（Karl Adalbert Hugo Rehbein, 1833. 12. 19–1907. 10. 7）
レーバインも、実務家である。彼は、1833年に、ベルリンで生まれた。ドイツ民法典制定の第二委員会の委員アヒレス（Alexander Gorg Achilles, 1833. 3. 6 –1900. 10. 21）と同年の生まれである。1863年に、区裁判官となり、1871年に、検察官となった。1878年に、高裁事（Apellationsgerichtsrat）となった。1879年のライヒ司法法の発効時に、ベルリン高裁判事（Kammergerichtsrat）となり、ついで司法試験委員会（Justizprüfuntskommission）に移った。1884年に、ライヒ大審院判事となり、第4刑事部、ついで第2刑事部に配属された。ALRに造詣が深く、1895年に、ライプチッヒ大学から名誉博士号を授与された。1889年に、第1民事部に移った。1907年10月1日に引退し年金生活に入った。退職後すぐ1907年10月5日に、心臓麻痺で亡くなった[24]。

Otto Reincke とともに書いた ALR のテキストで著名である。Allgemeines Landrecht für die Preußischen Staaten: nebst den ergänzenden und abändernden Bestimmungen der Reichs- und Landesgesetzgebung, 5 Aufl., 1881-1894.

ほかに，普通手形法やプロイセン上級裁判所判決，民法に関するテキストがある。

Allgemeine Deutsche Wechselordnung mit Kommentar in Anmerkungen und einer Darstellung des Wechselprozesses; 7 Aufl., 1879-1904; (8. Aufl. 1908 von Richard Mansfeld).

Die Entscheidungen des vormaligen Preussischen Ober-Tribunals auf den Gebieten des Civilrechts, 1884-1895.

Das Bürgerliche Gesetzbuch mit Erläuterungen für das Studium und die Praxis

Band 1: Allgemeiner Teil, 1899.

Band 2: Recht der Schuldverhältnisse. Allg. Bestimmungen.§§ 241-432, 1903.

6 ライネケ (Otto Ludwig Karl Reineke, 1830. 10. 3 -1906. 1 . 13)

(1) ライネケは，1830年に，ブランデンブルク北部の Bad Wilsnack(Prignitz 郡)で生まれた。1853年に任官し，1861年に区裁判官となったが，1864年に，ブランデンブルク南部の Spremberg (Spree-Neiß 郡)で，弁護士と公証人になった。1874年に，ふたたびプロイセンの郡裁判官 (Kreisrichter) となり，1876年に，上席の郡裁判官 (Kreisgerichtsrat) となった。1879年に，上級裁判所裁判官となった。1879年にライヒ司法法の発効時に，ベルリンに戻り，ラント裁判所の部長となった。1886年に，ライヒ大審院判事となり，第4民事部に配属された。1902年に引退し，1906年に，ライプチッヒで亡くなった。歴史家であり政治家 (DVP) の Hermann Reincke-Bloch (1867. 8. 15-1929. 1 . 1) の伯父にあたる[25]。

上記の Hugo Rehbein との共著である ALR のテキストで著名である。Allgemeines Landrecht für die Preußischen Staaten: nebst den ergänzenden und abändernden Bestimmungen der Reichs- und Landesgesetzgebung, 5 Aufl., 1881-1894.

第1篇　立法と法実務家の役割　　　　151

ほかに，民事訴訟法や憲法に関する著作がある。

Die Deutsche Zivilprozeßordnung, Berlin, 5 Aufl. 1885-1904.

Die Verfassung des Deutschen Reichs nebst Ausführungsgesetzen, Berlin 1906.

Zur Frage der Statthaftigkeit des Handelsbetriebes durch Minderjährige, im Geltungsbereich des Allgemeinen Landrechts, Beiträge zur Erläuterung des deutschen Rechts, Jahrg. 19 (1875), S. 209.

Zu den §§ 154-156 I. 11 A. L.-R., betreffend Gewährleistung bei völliger Entwährung der Kaufsache, Beiträge zur Erläuterung des deutschen Rechts, Jahrg. 20 (1876), S. 186.

Betrachtungen über Entstehung und Rechtsstellung des Deutschen Reichsfiskus, Beiträge zur Erläuterung des deutschen Rechts, Jahrg. 23 (1879), S. 481.

(2)　同名の Walter Reinecke（Lex Cossissoria（Inaugural-Dissertation zur Erlangung der Doctorwürde bei der Juristischen Fakultät der Universität Leipzig），1902の著者）がおり，その親は，商人の Carl Louis Reinecke である。年代的には，孫ぐらい相当するが，関係は明確ではない。ちなみに，ボン，ミュンヘン，シュトラスブルクの各大学で学んだことから，学問上の教授は，ミュンヘンでは，Bechmann, Brentano, Grueber, Sicherer, Ullmann であり，シュトラスブルクでは，Laband, Lenel, Mayer, Wlassak であり，ボンでは，Baron, Bergbohm, Cosack, Crome, Krüger, Seuffert, Zitelmann であった。

第4章　むすび

1　自然法的法典のパンデクテン解釈

　プロイセンにおける ALR と同様の変化が，オーストリアにもみられる。オーストリアでも，自然法思想の影響のもとに，1811年に，一般民法典（ABGB）が成立した。2011年は，その記念すべき200周年にあたった。1794年のプロイセン一般ラント法典（ALR）やコード・シヴィル（1804年）につぐ近代自然法思想による法典編纂の産物である。オーストリア法では，ツァ

イラー (Franz Anton Felix Edler von Zeiller, 1751. 1. 14–1828. 8. 23) の功績が大きい。しかし，ALR や ABGB の法典は，ドイツ地域の全体をカバーするものではなく，その他の諸ラントには，多数の個別の立法と普通法の適用が残されていたのである。その後，19世紀に，ドイツでは，新たにパンデクテン法学が興隆をきわめ，それは自然法的な法典であるはずの ALR,ABGB にも影響した。ここに，自然法的法典のパンデクテン解釈が行われるようになった。法解釈の基礎はまだローマ法にあったのである[26]。ALR のパンデクテン解釈は，上述のとおりである。

　ちなみに，こうした経過からみれば，ALR や ABGB の文献を検討する場合には，その変遷をみる必要があり，適当にテキストを選択するべきではない。また，実務や理論のいずれに属するかにも注意する必要があり，手あたりしだいに引用することには，あまり意味がない。解釈には，歴史的な変遷が反映されているのであり（およそ100年の変化がある），その背景に着目しなければ正確な位置づけはできないのである。

　2　1916年の ABGB の改正
　パンデクテン法学の体系は，一面では，1900年のドイツ民法典によって結実したが，オーストリアでは，ABGB の1916年改正によって実現した[27]。ALR とは異なり，ABGB は，20世紀になっても生き延びたことから，法典内部の矛盾は大きかった。改正は，パンデクテン法学の成果の大胆な採用であり，それには，とくにウンガー (Josef Unger, 1828. 7. 2–1913. 5. 2) の功績が大きかったのである。本篇では，立ち入りえない[28]。

　しかし，改正法のできた前々年は，第一次世界大戦の勃発時であり，改正された ABGB は，より新たな変革の時代を迎えた。そして，ABGB は，第一次世界大戦後，ハプスブルク帝国の解体によって，いちじるしくその適用領域を縮小した。内容的にも，おおむねドイツ民法学の影響のもとにあったといえる。ただし，公法においては，戦後も，ケルゼンの影響は大きく，イデオロギーを排する純粋法学の手法が，圧倒的であった[29]。

(1)　拙稿「ドイツ民法典と法実務家」一橋法学12巻2号4頁。
(2)　同論文（前注(1)）9頁。
(3)　著名なロマニステンとゲルマニステンの対立については，いちいち立ち入る必要は

第1篇　立法と法実務家の役割　　　153

ないであろう。ローマ法に対するカノン法の優越の問題については，拙稿「私法にお
けるカノン法の適用」利息制限法と公序良俗（1999年）18頁以下参照。

⑷　2013年は，エールリッヒの法社会学の基礎理論の発刊から100年目であるが，当時
の直接の問題は，チェルノヴィッツ（今日のルーマニアとウクライナである）への
ABGBの適用であった。Vgl. Röhl und Machura, 100 Jahre Rechtssoziologie: Eugen
Ehrlichs Rechtspluralismus heute, JZ 2013, 1117.

⑸　条例理論については，Wieacker, Privatrechtsgeschichte der Neuzeit, 1967, S. 138
ff.（鈴木禄弥訳・近世私法史・1961年）131頁。

⑹　たとえば，初期のその実現者としてツァシウスがいる。勝田有恒「ウールリッヒ・
ツァジウス」近世・近代ヨーロッパの法学者たち（勝田有恒・山内進編・2008年）65
頁，同「フライブルクのツァジウス」一論48巻4号，拙稿「ツァシウスとフライブル
ク市法の改革」大学と法曹養成制度（2001年）275頁。Eisenhart, Zasius, Ulrich, ADB
44（1898），S. 708.

⑺　二段階法曹養成制度については，拙著・司法の現代化と民法（2004年）405頁。
　　サヴィニーは，パンデクテン法学の素材をローマ法に求め，司法大臣として大学にお
　　ける法学教育の主軸を普通法とし，ALRにはおかなかったからである。彼にとって，
　　法の学問化とは，ローマ法の体系化にほかならない。他方で，彼は，民法典論争では，
　　ALRの優秀性を強調し，コードシヴィルを劣位にあるものとした（この主張は，今
　　日の一般的評価とは逆である）。ALRの優秀性の強調は，フランス民法典流の立法を
　　阻止するための方便にすぎなかったのである。

⑻　前掲論文（前注⑴）12頁。

⑼　大法官のコクツェーイについては，Döhring, Cocceji, Samuel Freiherr von, NDB
3（1957），S. 301f.；Stintzing, Cocceji, Samuel von, ADB 4（1876），S. 373. 父であ
る法学者のCocceji, Heinrich von（1644. 3. 24–1917. 8. 18）については，Döhring,
Cocceji, Heinrich von, Freiherr von, NDB 3（1957），S. 300；Stintzing, Cocceji,
Heinrich von, ADB 4（1876），S. 372.

⑽　拙稿「収益の減収と賃料・小作料の減免請求権（remissio mercedis）」反対給付論
の展開（1996年）239頁，244頁注8参照。Luig, Das Privatrecht im „Allgemeinen
Landrecht für die preußischen Staaten“ von 1794, AcP 194（1994），521ff.（S. 535
–537），S. 536；vgl.Dilcher, Die Theorie der Leistungsstörungen bei Glossatoren,
Kommentatoren und Kanonisten, 1960, S. 199f.
　　永小作人（Erbpächter）と貢納支払人（Erbzinsmann）の概念の区別は，「粉屋の
　　アーノルト事件」（Müller-Arnold-Affäre, Kammergericht, ca. 1780）において，土
　　地支配者に対する粉屋の訴の構成上，大きな意味をもつものであった。すなわち，粉
　　屋の減免請求権は，永小作人の場合には認められるのに対して，貢納支払人では認め
　　られないからである。アーノルトは，上流にできたこの養漁場のために水が乏しくなっ
　　たから水車小屋の使用料を払わないとしたが，アーノルトのようなErbpächterは，
　　Erbzinをおっており，そのような減免の権利をもたないのである。
　　すなわち，これは，減免請求権が，物権的関係においても認められるか，というこ

とに関連する問題である。私見によれば，借主が「債権者」の場合には，反対給付の減免が行為基礎の喪失を理由として比較的肯定しやすいのに反して，借主が「物権者」の場合には（たとえば，地上権者。その極限としては，借主自身が所有者的地位を取得した場合である。この場合には，貸主はたんなる貢納の受領者となる。賃貸借の場合でも，その物権化したさいには，類似の関係が生じる），自分の物に対する損害はみずから負担しなければならないとして，減免は否定されやすくなり，解決は，各借主のもつ歴史的な地位にまで帰せられるのである。小野「収益の減収と賃料・小作料の減免請求権」【反対給付論】244頁注8。

　同事件のもつ政治的，公法的な意義については，立ち入りえない。同事件について，簡単に，Haft, Aus der Waagschale der Justitia, S. 47ff.

⑾ 歴史上の著名人であるフリードリヒ大王については，文献はいとまがない。いちいち引用しえないが，たとえば，Stolberg-Wernigerode, Friedrich II. der Große, NDB 5 (1961), S. 545ff.; Ranke, Friedrich II., ADB 7 (1878), S. 656ff. 飯塚信雄・フリードリヒ大王（1993年）。屋敷二郎・紀律と啓蒙：フリードリヒ大王の啓蒙絶対主義（1999年），ランケ・フリードリッヒ大王（1942年，溝辺龍雄訳）など。なお，2012年は，フリードリヒ大王の生誕300年のため，種々の催しが行われた。

⑿ Rethwisch, Zedlitz, Karl Abraham, ADB 44 (1898), S. 744. カント・純粋理性批判（篠田秀雄訳・上・1961年）11頁参照。

⒀ Wieacker, a.a.O., S. 329ff.（鈴木訳・412頁）。

　本篇では，クライン（Ernst Ferdinand Klein, 1744. 9. 3 –1810. 3. 18）には立ち入らない。同人は，ブレスラウで生まれ，父は商人であった。ハレ大学で法律学を学び，ブレスラウで弁護士となった。1781年に，ALR の共同編集者となった。1786年からベルリン宮廷裁判所の判事，1791年には，ハレ大学の教授となった。1800年に，プロイセンの上級裁判所の判事，立法委員会の委員となった。今日では，プロイセンの立法，とくに刑法に関与したことで知られている。刑罰と保安処分の分離を初めて規定した。啓蒙主義的な一般予防と，警察国家的な特別予防を折衷した点に特徴がある。

　多くの著作がある。刑法だけでなく，民法上の著作もある。Vermischte Abhandlungen über Gegenstände der Gesetzgebung und Rechtspflege, 1779f.; Annalen der Gesetzgebung und Rechtsgelehrsamkeit, 1788–1809, Neud.1819; Schreiben an Garve über die Zwangs- und Gewissenspflichten, 1789; Freiheit und Eigentum, 1790; Auszug aus dem allgemeinen Gesetzbuche für die preußischen Staaten, 1792f.; Rechte des Hausstandes, 1793; Grundsätze des gemeinen deutschen und preußischen peinlichen Rechts, 1796, 2. A. 1799; Sammlung merkwürdiger Rechtssprüche der Juristen-Fakultät zu Halle, 1796f.; Grundsätze der natürlichen Rechtswissenschaft nebst einer Geschichte derselben, 1797; System des preußischen Zivilrechts, 1801（没後2. A. 1830）; Über außerordentliche Strafen, 1805; Über die gesetzliche und richterliche Begünstigung des Bauernstandes, 1808; Gedanken von der öffentlichen Verhandlung der Rechtshändel（没後 hrsg.

第1篇　立法と法実務家の役割　　155

v. Böhmer G. W.) 1825).

Teichmann, Klein, Ernst Ferdinand, ADB 16(1882), S. 88ff.; Kleinheyer, Klein, Ernst Ferdinand, NDB 11 (1977), S. 734ff.; Kleinheyer und Schröder, Deutsche und Europäische Juristen aus neunzehnten Jahrhunderten, 4.Aufl., 1996, S. 489. 小林考輔監訳・ドイツ法学者事典 (1983年) 154頁 (根森健)。

⑭　カルマーについては，Döhring, Carmer, Johann Heinrich Casimir von, Freiherr von, Graf von, NDB 3 (1957), S. 150; Eberty, Felix, Carmer, Johann Heinrich Casimir, ADB 4 (1876), S. 1. プロイセンの司法改革について，拙著・専門家の責任と権能 (2000年) 187頁参照。

⑮　スアレツについては，一般的な説明としては，Wieacker, a.a.O., S. 329 (鈴木訳・412頁)。Wessely, Svarez, Karl Gottlieb, ADB 37(1894), S. 247; Stölzel, Carl Gottlieb Svarez, 1885; vgl.Ausgewählte Literaturnachweise aus dem Bestand der Akademiebibliothek. Karl Gottlieb Svarez, Jurist Schriften von und über Svarez, Übersicht der Berlin-Brandenburgischen Akademie der Wissenschaften, 2002. また, Svarez, ib. (Kamzptzschen Jahrbuch, XXXXI), S. 1ff.(ein biographisches Fragment).

Svarez, Amtliche Vorträge bei der Schlußrevision des Allgemeinen Landrechts, Kamzptischen Jahrbuch, XXXXI (1833), S. 16f. (所有者主義について), S. 1ff. (人物について (ein biographisches Fragment))。

⑯　拙著・危険負担の研究 (1995年) 279頁 (1章1節(3)に引用のもの) 参照。

⑰　Koch, Recht der Forderungen nach gemeinen und preussischen Recht, II, 1858, I 11 §95 Anm. 60, 61 (S. 621f.)。なお，拙著 (前注⑯) 319頁，323頁。

⑱　ライン・フランス法の適用については，拙著・専門家の責任と権能 (2000年) 190頁。

⑲　ALR の一般的性格については，Wieacker, a.a.O., S. 327f. (鈴木訳・410頁)。

プロイセン法の稚拙は，解釈のよちを制限する過剰で矛盾する規定の存在と，残されている封建的規定と自然法との不整合など複数の理由によるが，昨今の日本の債権法改定論議にも，複雑な規定，唐突なアメリカ法の導入と独善的な関係論，両者の不整合という特徴がある。実務を無視した拙速な立法作業は，将来に大きな禍根を残すことになろう。

⑳　Göppert, Bornemann, Friedrich Wilhelm Ludwig, ADB 3 (1876) S. 173f.; Herdepe, Die preußische Verfassungsfrage 1848, 2003 (1998年 の Dortmund Diss. である), S. 179ff.; Friedberg, Zum Gedächtnis an F. W. L. Bornemann, 1864. Schleyer, Friedrich Wilhelm Bornemann (1798-1864), 2006.

㉑ドイツの教育制度については，簡単に，拙著・司法の現代化と民法 (2004年) 396頁および402頁注1参照。

なお，初期のプロイセン法の注釈者には，ほかにも，Johan August Ludwig Fürstenthal, um 1800-？ (Königsberg 高裁判事) や Eccius, 1835-1918 (後述) もいる (いずれも実務家である)。前者には，Das preußische Civil-Recht, nach Anleitung und der Titelfolge des allgemeinen Landrechts, mit Berücksichtigung der neueren Gesetze, der Doctrin, der Praxis und des Römischen Rechts, Königsberg, 1842/1844（Neud. 1970）のほか，

Sammlung aller noch gültigen, in dem Allgemeinen Landrecht, der Gesetzsammlung, den v.Kamptzischen Jahrbüchern und Annalen, der Raabeschen Sammlung und den Amtblätern sämmtlicher Königl.Regierungnen seit ihrer Begründung bis Ende 1838 enthaltenen, das Kirchen- und Schulwesen betreffenden Gesetze, Rescripte und Verfügungen, 1838.

Corpus juris academicum systematice redactum, oder Chrestomathie aller in dem Lehrbuche des Civil-Rechts, 1829などの業績がある。多数になるので，そのほかは省略する。プロイセン法の解説が多いが，Corpus iuris civilis, 1828f.；Corpus iuris academicum systematice redactum, 1829などもある。ALR の解説は，Königsberg で出版され，その時の Fürstenthal の肩書は，OLG 判事であり，1844年の Heft. 3, 4は，高裁長官の Zander に献呈されている。

エッキウス（Max Ernst Eccius, 1835. 3. 21–1918. 4. 20）は，フランクフルト（Oder)で生まれ，ボン，ベルリン，ハイデルベルクの各大学で法律学を学んだ。1855年に，国家試験に合格し，ベルリンの郡裁判所，フランクフルト（Oder）で，修習生，1860年に，グライフスヴァルトで試補となった。1863年に，郡裁判所判事となり，同年，グライフスヴァルト大学の員外教授，1877年に，ライヒ司法部の補助官となった。1878年に，プロイセン司法省で，枢密顧問官，上申官。1905年に，司法試験委員会の長となった。業績として，Erörterungen aus dem Gebiete des Vormundschaftsrechts 1876；Förster, Theorie und Praxis des heutigen gemeinen preußischen Privatrechts を改定した（4. A., 1880；7. A. 1896）がある。

⑵ Stintzing und Landsberg, Geschichte der dt. Rechtswissenschaft, III/2, 1910, S. 610ff.；Teichmann, Koch, Christian Friedrich, ADB Bd 16, S. 368ff.；Rückert, Koch, Christian Friedrich, NDB Bd 12, 1980, S. 257ff.；Kleinheyer und J. Schröder, Koch, Christian Friedrich, a.a.O.（前注⒀），S. 490.

ちなみに，1879年のライヒ大審院長の年俸が，2万5000マルク，裁判官のそれは1万3000マルクである。ラントの高裁判事のそれは，7000〜8000マルク程度であった。Vgl.Lobe, 50 Jahre Reichsgericht, 1929, S, 8f.

⑵ Meyer, Foerster, Franz, ADB, 48(1904), S. 661ff.；Rassow, Gruchots Beiträgen Bd.22, S. XV ff.；Stinzing und Landsberg, Geschichte der deutschen Rechtswissenschaft, III 2 (Noten), S. 388f.

なお，文化闘争のさいに，ビルマルク側の理論的支柱となったのは，ユダヤ系の法史・カノン法学者のフリードベルクであった（Emil Albert Friedberg, 1837. 12. 22–1910. 9 . 7)。

⑵ Bolze, Reichsgerichtsrat Dr. Hugo Rehbein†, DJZ 12 (1907), S. 1128；Lobe, 50 Jahre Reichsgericht am 1. Oktober 1929, 1929, S. 357.

⑵ Hugo Rehbein, Otto Reincke †, DJZ 11(1906), S. 181；Lobe, a.a.O.（前注⑵），S. 359.

第1篇　立法と法実務家の役割

なお，パンデクテン法学者で，ALR の講義をしたのは，Mühlenbruch である。ALR の知識は，司法研修で必要となることから，非公式には大学でも講義されていたからである。

　一見異なると思われているアメリカ法には，しばしばドイツ法に類似したところがあるが，現在でもアメリカの（一流の）ロースクールが，コモンローの体系を講義し，各州法の講義をしないのと同様に，プロイセンでも，大学では普通法の講義が行われ，州法に相当する ALR は，もっぱら実務研修で教えられたのである。

(26)　拙稿「ビドリンスキー（Franz Bydlinski, 1931.11.20-2011.2.7）とオーストリア民法学の発展」国際商事39巻10号1438頁。簡単には，拙著（前注(16)）・序説9頁参照。ONO, Das japanische Recht und der Code civil als Modell der Rechtsvergleichung, Hitotsubashi Journal of Law and Politics, Vol.34（2006），pp.15.

　オーストリア法の変遷は，法典と法学のそごの典型例であり，理論的継受は，同じドイツ語の使用地域であったことから，ごく容易だったのである。学問的な影響の大きさは，わがくにの比ではあるまい。同様のことは，ドイツ語使用圏のスイスにも当てはまる（別稿にゆずる）。

(27)　Vgl. Bericht der Kommission für Justizgegenstände über die Gesetzesvorlage, betreffend die Änderung und Ergänzung einiger Bestimmungen des allgemeinen bürgerlichen Gesetzbuches, 1912.

　ちなみに，フランス民法においても，19世紀には，当初の自然法思想が衰退し，普通法的な原則が復活した例がみられる。たとえば，危険負担である。起草者は自然法的な所有者主義によったのに対し，19世紀の前半には，ローマ法的な債権者主義が復活したのである。わが民法の起草者（とくに梅）が債権者主義によったのは，そのためである。拙著（前注(16)）・326頁，452頁注(18)，(19)参照。

(28)　ウンガーについては立ち入らない。拙稿「法学上の発見と民法」一橋法学11巻3号41頁参照。ちなみに，自然法的法典のパンデクテン的な再構成という意味では，わが民法典も共通している。ただ，その時期が民法典制定から大正初期までに集中しているのが特徴である。理念の転換という意味では，いわゆる学説継受を超えるものをもっている。

(29)　その方法論を私法の方法論にも応用したのが，ビドリンスキーであった。前掲論文（前注(26)）1438頁。

プロイセンにおける法典編纂と法典の解釈

(生年)

自然法の系譜

1632　Pufendorf

↓

1644　H.Cocceji

親子

1679　S.Cocceji大法官

1712　　　↓　　　　　　　　フリードリヒ二世・大王

1720　Carmer　大法官　　　　（大王の治世）

1740　　　↓　　　　　　　1740－86

1744　　　Klein

1746　　　Svarez

　　　　　　　　　　　　司法改革

1772　　　　（Thibaut）

1779　　　　　　　アーノルト事件　　　　　Savigny

1786

1794　ALRの成立

1798　　　Bornemann　　Koch

自然法解釈

um 1800　Fürstenthal

歴史法学

1814　　　　　　　　　　　　　　　「立法と法学」

1819　　　　　　　Förster

ALR のパンデクテン解釈

1830　　　　　　　　　　Reincke

1833　　　　　　　　　　Rehbein

1835　　　　　　Eccius

第2篇　プロイセン上級裁判所

第1章　はじめに

⑴　プロイセン上級裁判所 (Preußisches Obertribunal) は，1782年から1879年まで存在したプロイセン国家の最高裁である。ドイツの最上級裁判所としては，ビスマルク帝国のライヒ大審院，その前身であるライヒ上級商事裁判所，さらにその前身の，北ドイツ連邦の連邦上級商事裁判所が著名であるが，オーストリアを除くと，最大の領邦であったプロイセンの最上級裁判所であったプロイセン上級裁判所の存在は無視しえない。

また，ライヒ大審院の前身であるライヒ上級商事裁判所は，民事・商事の最高裁判所であったが，刑事事件を対象としていなかった。そこで，刑事の領域では，ライヒ大審院の実質上の前身は，プロイセン上級裁判所であったともいえる。

さらに，後述のように，人的な関連からすると，現在のBGHの前身であるライヒ大審院にとっては，ライヒ上級商事裁判所と並んで重要な人的な源となっており，たんなる一領邦の最高裁と位置づける以上の意味を有している。統一ドイツは，プロイセンのヘゲモニーの下にあったからである。

最上級裁判所の変遷

1867年，北ドイツ連邦	1871年，ドイツ帝国（ビスマルク帝国）
連邦上級商事裁判所 プロイセン上級裁判所	→ライヒ上級商事裁判所　→ライヒ大審院　（RG） ──────────────→

⑵　プロイセン上級裁判所の前身も，必ずしも一元的ではなく，1703年から1748年まで存在したベルリンの上級控訴裁判所 (Oberappellationsgericht in Berlin) や宮廷裁判所，プロイセン各地の上級控訴裁判所などがある。後述するような歴史的経緯から，その出自は複雑である。

本篇は，この裁判所に関連する人物とその業績を中心に，ドイツの最高裁の歴史の一部を検討するものである[1]。各裁判所の最高裁としての機能に注目するのは，最上級審が判例の統一という重要な機能を果たし，法の発展にも大きな役割を果たすからである。そして，プロイセンが最大の領邦・ラントであったことから，その最高裁は，実質的に統一後のドイツの最上級審の前身（の1つ）となったのである。ライヒ大審院（Reichsgericht）の前身は，決してライヒ上級商事裁判所（Reichsoberhandelsgericht）だけではないといえる。

ドイツは，その統一が1871年まで遅れたことから，統一的な最高裁が整備されたのは，統一後，ようやく1879年のライヒ大審院の設立時であった。それ以前は，裁判権は，必ずしも連邦＝ライヒに統一されず，各ラントが独自の管轄権を行使していた（商事裁判権のみは，連邦およびライヒ上級商事裁判所）。ラントごとに固有の最高裁を有し，かつその形態がライヒの国制とともに変遷したことから，すこぶる複雑であり理解しにくい。しかし，現在の連邦裁判所（BGH）を理解するためにも，ライヒ大審院以前の司法のあり方を検討しておくことが必要であろう（後述第2章，第3章）。本稿では，最大のラントであったプロイセンを中心に，その他のラントの最高裁についても若干ふれる（後述第5章）[2]。ライヒ大審院そのものには立ち入らない。

なお，付随して，大陸型の最高裁判所を支える司法機関，司法省の変遷についてもふれる。プロイセンでは，沿革から，裁判所だけではなく，司法省や検察のあり方も複雑である。あわせて検討することが，裁判所の機能を理解する上でも有益であろう（第4章）。

第2章　沿　革

1　宮廷裁判所（Kammergericht）と不上訴特権

(1)　宮廷裁判所は，現在のベルリン高裁の別称でもある。ベルリン高裁は，現在の裁判組織の下では，連邦各地の24か所に存在するラント高裁（OLG, Oberlandesgericht）の1つにすぎない（ビスマルク帝国の時代には，最大29高裁があった）。しかし，その歴史的な沿革から，このように呼ばれるのである。その前史は，かなり複雑であり，諸侯（のち国王）[3]の宮廷裁判所の出自から，場合によっては最高裁の役割をも果たしたのである。

第2篇　プロイセン上級裁判所　　　　161

　宮廷裁判所の設立は，15世紀に遡り，ブランデンブルク選帝侯（Kurfürst）
の創設した宮廷裁判所が起原である。すなわち，1468年に，ブランデンブル
ク選帝侯フリードリヒ二世が自分の宮廷に上級裁判所として創設し（Colle-
gienhaus an der Brüderstraße in Cölln），1735年まで存続したものである。
　大空位時代（1256–1273年）をへて，皇帝カール4世（1316–78，位1355–78）
によって，金印勅書（Die Goldene Bulle von 1356）が発布されて以来，選帝
侯国は，一般的に不上訴特権（Ius de non appellando）を獲得した（個別に
は，それ以前に獲得していて，たんに確認したにとどまる場合もある）。種々の
帝国高権の選帝侯への移譲の一環であり，選帝侯は，ライヒの帝室裁判所
（Reichskammergericht）の上告受理権をみずから行使する必要を生じた。ブ
ランデンブルクでは，宮廷裁判所が，そのための裁判所となった。やがて君
主がみずから判決することがなくなったことから，その所在地は，しだいに
宮廷とは独立して置かれるようになり，1735年に，新たな建物が建設された
（Kollegienhaus in der Lindenstraße）。
　しかし，宮廷裁判所は，ブランデンブルク（選帝侯国）の最高裁にすぎな
いことから，プロイセンが勢力を拡大するに従って，各地域を統合する最高
裁が必要となった。各地域は，しばしばそれぞれの最高裁を付属したままプ
ロイセン国家に併合されたからである。これらは，各法域に存在した上級裁
判所であり，その結果，それらを統合するプロイセン全体の上級裁判所が必
要となったのである（プロイセン上級控訴裁判所）。その結果，宮廷裁判所は，
しだいに最上級審としての機能を喪失した。さらに下って1879年にライヒ司
法法の下で，ライヒ大審院の上告への管轄権が確立すると，ベルリンの高裁
（Oberlandesgericht）と位置づけられたのである[4]。現在は，その歴史的名称
のほかは，他の高裁と異ならない。
　(2)　ラントの不上訴特権に伴って，各ラントに設立された最高裁は，プロ
イセンでは，上級控訴裁判所であるが，バイエルンでは，1620年に不上訴特
権を獲得すると，1625年に，破毀院（Revisorium）が設立され，これが，1809
年に，ミュンヘンの上級控訴裁判所となった。のちのバイエルン最高裁の前
身でもある。また，1711年には，ブラウンシュヴァイク（Braunschweig-
Lüneburg）の選帝侯国にも，Celle 上級控訴裁判所が設立された。ヘッセン
（Hessen-Kassel）侯国も，1730年から，カッセルに，上級控訴裁判所を有し
た。ヴュルテンベルク公国にも，上級控訴裁判所が設立された。バーデン公

国から選帝侯国となった1803年に，マンハイムにも，上級裁判所（Oberhof-gericht）が設立された。ザクセン選帝侯国（のち王国）には，ドレスデンに上級控訴裁判所があった。もっとも，ライヒ帝室裁判所とライヒ宮廷裁判所の判例は，緩やかな形で，これらの上級控訴裁判所にも影響を与えたから，普通法の下で，とくに私法の領域において，まったく裁判例が分裂したことにはならない。とくに私法は，学識法の下で統一が維持された。アメリカの私法が，必ずしも州法ごとに完全に分裂しているわけではないのと同様である。

　(3)　1806年に，神聖ローマ帝国が解体したことから，「選帝侯」（Kurfürst）は意味を失い，たんなる称号となった。そして，帝国はなくなっても，選帝侯は残ったのである。ウィーン会議後に成立したドイツ連邦（1815年）は，別の基準をたてた。連邦の中央権力の欠如から，神聖ローマ帝国の域内には，原則として「王国」をおかないとの原則がくずれ（プロイセンはブランデンブルクでは選帝侯国にすぎない。前注(3)のように，王国の称号は神聖ローマ帝国の域外の東プロイセンに付与された。ベーメン＝ボヘミアのみ，12世紀から王国。1310年に，ルクセンブルク家領となったことから，神聖ローマ皇帝カール4世は，1356年の黄金勅書において，ボヘミア王を選帝侯の1人としたのである。16世紀からはハプスブルク家領である。ザクセン・シュピーゲルでは，選挙権はない。法文3.57.2），公国や大公国はおおむね「王国」に昇進したからである（バーデン，ヴュルテンベルク，バイエルン，ザクセンなど）。新たな基準では，連邦構成諸国が，裁判手続上，独自に自国内に第3審を保障することとしたのである。その結果，30万人以上の住民のあるラントは独立して，また，それ以下のラントは共同して，上級控訴裁判所を設立することが必要となった(5)。プロイセンは，前述した上級裁判所を種々の地域に設置し，ハノーバー王国では，Celle の上級控訴裁判所がこれにあたり，ヴュルテンベルクでも上級裁判所（Obertribunal Stuttbgart）ができ，バーデンやヘッセンの上級控訴裁判所も存続した。バイエルンも，従来の破毀院を，ミュンヘンの上級控訴裁判所とした（Oberappellationsgerichts, 1809)(6)。

　2　枢密上級裁判所（Geheimes Obertribunal）

　(1)　プロイセン枢密上級裁判所は，ベルリンの上級控訴裁判所を解消して(1703-1748年)，1782年に創設された。上級控訴裁判所は，プロイセンの不上

訴特権の下で創設された裁判所である。ただし，変遷がある。上級控訴裁判所は，設立当時の全プロイセンを管轄していたが（ブランデンブルクと狭義のプロイセン，すなわち，神聖ローマ帝国外の東西のプロイセン地域である），19世紀までにプロイセンが拡張したことから，場所的には，カバーできないところが生じた。その場合に，当然に，従来の上級控訴裁判所の管轄区域が拡大したわけではない。国制上，各地域の上級控訴裁判所（やその領域）が不上訴特権を伴ったまま統合される場合もあったからである。

(2)　そこで，新たに取得した地域には，それぞれの上級控訴裁判所ないし破毀院が必要となった。1819年のプロイセンでは，プロイセン法（ALR）地域と普通法地域，フランス法地域の区別があった。そして，取得された地域の特性から，4つの最高裁が生じたのである。フランス法地域は，ライン左岸とウェストファリアであり，1819年から，ここを管轄するライン破毀裁判所があった（Rheinischer Revisions- und Kassationshof）。北ポメラニアには，1815年から，グライフスヴァルトに，普通法による破毀裁判所があった（もとスウェーデン・ポメラニア法地域)[7]。ポーゼンには，1817年から，上級控訴裁判所があった（シレジアの地域）。ベルリンの破毀裁判所は，ラインラントの普通法地域をも対象としていた。上級控訴裁判所には位置づけられないが，（ベルリンの）宮廷裁判所とフランクフルトのラント裁判所も，1803年から1826年（部分的には1830年代も）には，一部の上告事件を扱った。1834年に，ポーゼンの破毀部は廃止された。

　プロイセン国家は，ラントの集合体であったから，必ずしも域内の判例を統一する必要はなかったのである。この点は，現在の国民国家の最高裁が，法の統一をも重要な機能としているのとは異なる。1843年に，3つの破毀裁判所は，そのままの形で上級裁判所に統合され，司法省の下におかれたのである。それについては，以下の経過がある。

3　上級裁判所（Obertribunal）

(1)　1848年の3月革命後，プロイセンの国民議会は，従来の諸・最高裁の統合を求めた。ライン地域の反対はあったが，1849年に，上級裁判所は，上級控訴裁判所などによる他の破毀裁判所の機能を代替した。1850年のプロイセン憲法上も，統一が必要であった。そこで，1852年に，全プロイセンにつき，1つの最高裁が設立されたのである。第2審として，高裁（Oberlandesgericht）と，一部には，控訴裁判所（Appellationsgericht）の名称で高裁が整備された。後者はおもに，プロイセンに併合された地域に従来存在した上級控訴裁判所の沿革をひくものである。1853年には，プロイセン枢密上級裁判所も，プロイセン上級裁判所と改称された[8]。ヴュルテンベルクに残されていたホーエンツォーレルンの地域（プロイセンの飛び地。王家の故地でもある）にも，同裁判所の管轄権が拡大された[9]。

（2）　さらに，1866年と1867年に，デンマークやオーストリアとの戦争の結果，中部ドイツ諸国が併合されたことから，シュレスヴィッヒ・ホルシュタイン，ハノーバーその他を管轄する新たな最高裁がハンブルクに創設された（Obertribunal für Revisionen, Oberappellationsgericht zu Berlin）。1874年に，これらの裁判所も，統合された。

（3）　1869年に，ライプチッヒに，北ドイツ連邦の連邦上級商事裁判所が設立された。その結果，プロイセン上級裁判所は，商事事件について上級管轄権を失った。しかし，1871年のライヒ刑法は，1851年のプロイセン刑法を基礎としたことから，統一後にも，プロイセン上級裁判所の判決の意義は大きく，1879年に，ライヒ大審院が設立されるまで，他の連邦構成諸邦・ラントも，上級裁判所の判例に依拠したのである。

1879年に，ライヒ大審院が設立されたことから，プロイセン上級裁判所はその使命を終えた。他のラントの上級裁判所がラント高裁になったのとは異なり，引退した19人を除いて，プロイセン上級裁判所の裁判官のうち24人は，ライヒ大審院の裁判官となった（Bähr, Dähnhardt, Forcade, Friderich, Graevenitz, Hennecke, Hartmann, Kirchhoff, Lesser, Meyer, Peterßen, Plathner, Rappold, Rassow, Rottels, Schwarb, Schlomka, Schüler, Specht, Stechow, Thewalt, Welst, Werner, Wulfert）[10]。ライヒ大審院は，形式的には，ライヒ上級商事裁判所を継承するが，実質的には，プロイセン上級裁判所をも継承しているのである。

第3章　上級裁判所の人と業績

1　上級裁判所の概要

　プロイセンは，最大の領邦国家であったことから，プロイセン上級裁判所の陣容も大きい（解消時の裁判官の定員は44人）。1879年に創設されたライヒ

大審院は，当初68人の裁判官を擁していたから，そのほぼ37％をプロイセン上級裁判所から移動した裁判官が占めたことになる。ライヒ上級商事裁判所からライヒ大審院に移動した裁判官は，19人だけであったから（Boisselier, Buff, Dreyer, Fleishauer, Gallenkamp, Hahn, Hambrook, Hoffmann, F.M., Hullmann, Krüger, Langerhans, Maßmann, Meibom, Puchelt, Vangerow, Wernz, Wiener, Wittmaack），むしろこれよりも少ない（26.5％）。新規の任命者の中では（ライヒ上級商事裁判所からの移動者を除くと），プロイセン上級裁判所から移動組は，ほぼ半分にもなるのである。

立法部と比較すると，連邦参議院における各ラントの票数の合計は58票，プロイセンの票数は17票であったから，プロイセンの占める割合は29％となる。プロイセンのヘゲモニーは，立法部よりも，司法部にいっそう強かったともいえるのである。

出身別のプロイセンのヘゲモニー

	他のラント	プロイセン	前身から	
Bundesrat	41	17	--	票数58
RG	25*2	24*1	19	人数68

＊1　（上級裁判所の出身者のみ）
＊2　プロイセンの他の裁判所も含む

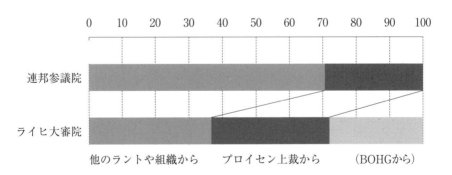

なお，プロイセンでは，ベルリンの宮廷裁判所（Kammergericht）の裁判官からライン大審院の裁判官になった者もいるから（たとえば，1884年の例であるが，ALRの注釈者であるRehbein），プロイセンの司法関係者の占める

比率は，実際にはもっと高くなろう。さらに，ライヒ上級商事裁判所の裁判官にも，プロイセン出身者はいるのである。

プロイセン上級裁判所の裁判官も多数にのぼることから，以下で言及するのは，ごく一部の著名人のみである。裁判官の多くが，ライヒ大審院に移動したことから，重複する者については，ライヒ大審院の裁判官に関する別稿でもふれている（商論83巻4号119頁）。

上級裁判所の裁判官として活躍した人物のうち，ALR の起草者スアレツ（Carl Gottlieb Svarez (Schwartz), 1746. 2. 27–1798. 5. 14, 在任1787–1798）とその解釈者ボルネマン（Friedrich Wilhelm Ludwig Bornemann, 1798. 3. 28–1864. 1. 28, 在任1848–1864）については，ALR との関係で言及したことがあり（一橋法学13巻3号3頁，11頁，15頁），Georg Friedrich Puchta (1844–1846) については，19世紀の大学との関係で言及した（同13巻1号1頁，48頁）。彼らについては，立ち入らない。第4代のライヒ大審院長 Seckendorf（1844–1932）の父も上級裁判所裁判官であった。本稿では，裁判官の Wegnern, Waldeck, Reichensperger, Schelling と，学者で裁判官を兼任した Eichhorn, Homeyer, Heffter について述べるにとどめる。

2　各　論

(1)　ヴェッグネルン（Carl von Wegnern, 1777. 8. 3–1854. 11. 7），（長官 1832–1849）

ヴェッグネルンは，1854年にケーニヒスベルクで生まれた。ザクセンの Osterweddingen から発祥し16世紀にケーニヒスベルクに移住した家系であった。父は，プロイセンの軍人 Georg Friedrich von Wegnern(1729–1793) であった。母は，Albertine Wilhelmine (geb. von Syburg, 1740–1790)。1791年に，ケーニヒスベルク大学で法律学を学び，学位をえて，1796年に，東プロイセンの試補，1797年に，Insterburg の宮廷裁判所の裁判官，1804年に，政府参事官，1807年に，プロイセンの Eylau の区裁判所の裁判官となった。この間，1802年に，Emilie (geb. Hedwig Gräfin zu Eulenburg, 1780–1853) と結婚した。その後，Marienwerder の高裁の部長，1816年に，宮廷裁判所の副長官となった。Marienwerder の高裁の副長官となり，1819年に，ケーニヒスベルクの高裁の副長官，長官となった。1832年にプロイセン上級裁判所の長官となった[11]。

(2) ヴァルデック (Benedikt Waldeck, 1802. 7 . 31-1870. 5 . 12), (在任　1844
　　-1849)

　ヴァルデックは，1802年に，ミュンスターで生まれた。父は，自然法，刑
法の教授であった。1817年に，アビトゥーアを取得して，ミュンスター大学
とゲッチンゲン大学で，法律学を学んだ。Jakob Grimm に学び，その民話
の収集作業にも協力した。詩人のハイネ (Heinrich Heine, 1797-1856) とも知
り合った (学生団体の Corps Westphalia)。学位をえたが，Karl Friedrich
Eichhorn の影響をうけ，歴史法学派に接近した。当初，研究を望んだが，
のちに司法の道を志し，1822年に，ミュンスターで研修生，1824年に修習生
となり，1828年に，試補となった。Halberstadt や Paderborn の裁判所に勤
務し，Julia (geb.Langen, 1809-1890) と結婚した。1834年に，Vlotho のラン
ト裁判所の部長，1836年に，Hamm の高裁の裁判官となった。1844年に，
ベルリンに転勤し，プロイセンの上級裁判所の裁判官となった。

　1848年の革命時までは政治的ではなかったが，同年，プロイセンの下院の
議員に選ばれた。立憲君主制を目ざす会派に属した。憲法の制定や司法，農
地制度，軍事の改革を求めた。立憲的な君主制を目ざしたのである(demokra-
tische Monarchie)。その経歴から，必ずしも民主的な性向ではなかったが，
リベラル派の主導者となった。カンプハウゼンの3月政府で，左右のキャス
ティングボードをにぎる重要な位置を取得した。1848年5月のカンプハウゼ
ンの憲法草案には，王権の制限が不十分で，市民の権利の保護も十分ではな
いとして反対した。しかし，反革命による復古の結果，逮捕され懲戒手続を
うけた。その後の反動期には引退したが，1860年代には復帰し，ライヒ議会
では進歩党に属し，ビスマルクと対峙し，憲法に行政権の制限をおくよう求
めた。1870年に，ベルリンで亡くなった。大衆に人気があり，1万人もの民
衆が葬儀に集まった[12]。

(3) ライヘンスペルガー (Peter Reichensperger, 1810. 5 . 28-1892.12.31)，
　　(在任　1858-1879)

　ライヘンスペルガーは，1810年にコブレンツで生まれた。1829年から，ボ
ン大学とハイデルベルク大学で法律学，官房学を学んだ。卒業後，トリアー
で兵役に服した。その後，トリアーで，司法研修を行った。1837年に，Anna
Maria (geb.Weckbecker) と結婚した。妻の父 Franz Georg Severus Weck-

becker は，モーゼルの王と呼ばれる資産家であった。彼は，コブレンツの
ラント裁判所の裁判官となり，1850年には，ケルン高裁の裁判官となった。
1858年に，プロイセンの上級裁判所の判事となった。この間に，法律上，政
治上の著述を著した。

政治家としては，国権主義的であったが，必ずしも一辺倒ではなく，ライ
ン地域の法律家としては，ライン・フランス法の精神に親近感を示し，経済
的自由主義を支持した。

1848年革命を立憲主義の問題ととらえたが，その成果には懐疑的であった。
1848年に，プロイセンの議会議員となった。憲法委員会のメンバーとなり，
草案に影響を与えた。王権の強化を望んだが，立憲主義の枠内にとどまり，
国王も憲法に拘束されるものとの立場であった。1849年に，プロイセンのラ
ント議会の第二院に選出され，そこでは，おおむね中間派に属した。1869年
に中央党が結成され（同党の議員の多数はカトリック），同党の下で議席をえ
た（ライン・カトリック）。ビスマルクに対する文化闘争の時には，憲法の自
由主義的部分を援用して，反カトリックの動きに対抗しようとした。ビスマ
ルクの社会政策には賛成した。1865年に，ローマ法王から，グレゴリウス勲
章を授与された。1892年に，ベルリンで亡くなった。

その著作において，ライン法の優越性を支持し，プロイセン全域への適用
が望ましいとしている[13]。Öffentlichkeit, Mündlichkeit, Schwurgerichte,
1842.

農業問題に関する著述もある。Die Agrarfrage aus dem Gesichtspunkte
der Nationalökonomie, der Politik und des Rechts, 1847.

⑷　シェリング（Hermann von Schelling, 1824. 4. 19–1908. 11. 15），（在任
　　1874–1875）

シェリングは，ドイツ観念論とロマン主義で著名な哲学者 Friedrich Wil-
helm Joseph von Schelling（1775–1854，実存主義の先駆ともいわれる）と，
後妻の Pauline（geb. Gotter, 1786–1854）の間の子である。1824年に，エルラ
ンゲンで生まれ，1857年に，Leonie Freiin（geb. Billing von Treuburg, 1838
–1877. プロイセンの侍従，枢密顧問官 Gustav Billing von Treuburg の娘であっ
た）と結婚した。この前妻の死後，1882年に，Margarete（geb. Wilckens, 1840
–1897）と結婚した（枢密財務官 Friedrich Wilckens の娘）。

第2篇　プロイセン上級裁判所　　　169

1842年に，ミュンヘン大学で古文献学で学位をえたが，その後，法律学を学び，1849年に，プロイセンで実務研修に入った。Hechingen で検察官となり，1861年には，ベルリンの都市裁判所，Glogau の控訴裁判所で働いた。その後，1866年に，司法部に移り，上申官，枢密顧問官となった。1874年に，Halberstadt の控訴裁判所長官となった。

父は，1812年にバイエルンの貴族となったが，彼は，1857年にプロイセンの貴族となった。1874年に，プロイセンの上級裁判所の副長官となった。1876年には，プロイセン司法省の次官となった。1877年には，懲戒裁判所の長官となり，1879年には，ライヒ司法部の部長となった（Friedberg の後をついで，第二代。ライヒ司法部長は，以後，順に Friedberg, Schelling, Öhlschläger, Bosse, Hanauer, Nieberding, Lisco）。1889年には，プロイセンの司法大臣となった。この地位のまま BGB の編纂作業にも従事した（今日では，この事業との関係で知られている）。ちなみに，このキャリアからみると，当時はまだライヒ司法部長（のちのライヒ司法大臣に相当）よりも，プロイセンの司法大臣の方が格上であったといえる。発足したばかりのライヒ司法部はまだ弱小官庁にすぎなかったからである。この関係が完全に逆転するのは，第一次世界大戦後のライヒ司法省の発足まで待たねばならない。1894年に，職を辞し，哲学と翻訳に係わった（オデッセイの翻訳）。1899年に，プロイセン上院の議員となり，王室法律顧問をした[14]。1908年に，ベルリンで亡くなった。

(5)　アイヒホルン（Karl Friedrich Eichhorn, 1781. 11. 20–1854. 7 . 4 ），（在任　1834–1847）

アイヒホルンは，1781年，イエナで生まれた。父は，Johann Gottfried, 母は，Luise（1789–1860）であった。1788年に，家族とともにゲッチンゲンに転居し，ゲッチンゲン大学で法律学と歴史を学んだ。学位をえた後（De differentia inter austraegas et arbitros compromissarios, Diss. Göttingen, 1801），Wetzlar, Regensburg, ウィーンなどに旅行し，ライヒの実務と手続を学んだ。1803年に，ゲッチンゲン大学でハビリタチオンを取得し，1804年に，語学大学で陪席（私講師）の職をえた。1805年に，フランクフルト（オーダー）大学の員外教授となり，Deutsche Staats- und Rechtsgeschichte, 1808を著した。1811年に，サヴィニーからベルリン大学に招聘された。1813年，ナポレオンからの解放戦争に志願した。1816年に，ゲッチンゲン大学に，ドイツ

法とカノン法の正教授として招聘された。1819年のベルリン大学からの招聘は断った。戦時にうけた病気から健康を損ない，1824年に休暇をえて(チュービンゲンで静養)，1829年には病気から定年退職をした。1832年に，またベルリン大学から招聘された。1834年からは，おもに枢密上級裁判所の判事として実務に携わった。1847年に，また病気になり，チュービンゲンに戻った。1854年に，ケルンで亡くなった。

　ゲルマニステンのアイヒホルンは，「ドイツ法史の父」といわれる。啓蒙の時代からの影響をうけたが，1808年の最初の著作から，従来の実務的なドイツ法を歴史的に扱った。サヴィニーとともに，歴史法学の一員であり，そのゲルマン法の枝の部分を構成したのである。同時に，プロテスタントの立場から，現行の教会法に詳しかった。Grundsätze des Kirchenrechts der Katholischen und Evangelischen Religionspartei in Deutschland, 1831/33 は，長く大きな影響を与えた。法史家としての意義は，ライヒや国制の歴史を私法史と結合したドイツ法史を展開したことにある。Einleitung in das deutsche Privatrecht (1824) は，5版を重ねた[15]。

　ほかにも，Ueber d. techn. Ausdrücke, mit welchen im 13. Jh. d. versch. Classen d. Freien bezeichnet wurden, 1840; Ueber d. Kurverein, 1844; Briefe v. K. F. E., hrsg. v. H. Loersch, 1881. などがある。

(6)　ホーマイヤー (Carl Gustav Homeyer, 1795. 8. 13–1874. 10. 20)，(在任 1845–1867)

　ホーマイヤーは，1795年に，北ドイツの Wolgast で生まれた(Vorpommern-Greifswald)。1806年，フランス軍がポメラニアを占領した時期に，家族は，スウェーデンに移住し，その後グライフスヴァルトに戻り，そこの学校とベルリンのギムナジウムに通った。1813年に，ベルリン大学に入り，Savigny, Eichhorn, Göschen などから法律学を学んだ。ゲッチンゲン大学，ハイデルベルク大学で学んだ後，1821年にベルリン大学に戻り，ポメラニア法の歴史に関する論文で学位とハビリタチオンをえて (Historiae juris pomeranici capita quaedam, 74頁，学位記番号8)，同年，私講師となった。1823年に，Pauline (geb.Stenzler, 1805–？) と結婚した。

　1824年に，員外教授，1827年に，正教授となった。1845年に，プロイセン上級裁判所で高裁枢密判事となり，1867年まで兼任した。1854年には，国務

顧問官，王室顧問官となり，第1院（上院）の議員となった。1872年にベルリン大学を退職した。1874年に，ベルリンで亡くなった。

研究の中心は，ゲルマニストとしての中世法であり，ザクセンの法書であるザクセンシュピーゲルの出版により，ゲルマン法のテキスト批判を行った。また，その他の中世の法書や手稿本をも公刊した。法書の相互関係を検討し，ザクセン・シュピーゲルがシュワーベン・シュピーゲルに優先することを主張した（Die Stellung des Sachsenspiegels zum Schwabenspiegel, 1853; Die Stellung des Sachsenspiegels zur Parentelenordnung, 1860)[16]。

(7) ヘッフター（August Wilhelm Heffter, 1796. 4. 30–1880. 1. 5），（在任 1846–1868）

ヘッフターは，1796年に，ザクセン・アンハルト（Wittenberg）の Schweinitz で生まれた。父は，租税官 Johann Christian Heffter（1746–1839），兄（Moritz Wilhelm Heffter, 1792–1873）は，のちに Havel の貴族学校の教授となった。ヘッフターは，1813年に，ヴィッテンベルク大学に入学した。解放戦争中，市が戦場になったことから，同年，ライプチッヒ大学に移り，法律学を学んだ。1815年，ベルリン大学に移り，1816年に，ベルリンの宮廷裁判所で，第一次国家試験に合格し，ブランデンブルクの Jüterbog で修習生となった。1817年に第二次国家試験に，1820年に第三次国家試験に合格し，新設のケルン控訴裁判所で試補となった。

デュッセルドルフの高裁裁判官となったが，アテネの裁判所法（Athenäische Gerichtsverfassung, 1822）の論文を書いたことから，1823年に，ボン大学に招聘された。ここで，ガイウス協会を設立した（著作 Institutionen des Gaius, 1830 がある）。1830年に，ハレ大学，1833年に，ベルリン大学に招聘され，語学大学でも正教授となった。のち，1836／37年に学長，1846年から1868年，上級裁判所の判事となり，王室顧問官，プロイセンの上院の議員となった。1880年，ベルリンで亡くなった[17]。

ローマ法のほか，訴訟法や国際法の業績がある。

Institutionen des römischen und deutschen Zivilprozesses, 1825, 2. Aufl., 1843.

Zivilprozeß im Gebiet des allgemeinen Landrechts für die preußischen Staaten, 1856.

172 第2部 プロイセンの実務家とライヒ大審院

Beiträge zum deutschen Staats- und Fürstenrecht, 1829.

Lehrbuch des gemeinen deutschen Kriminalrechts, 1833.

Die Erbfolgerechte der Mantelkinder, 1836.

Der gegenwärtige Grenzstreit zwischen Staat und Kirche, 1839.

Das europäische Völkerrecht der Gegenwart, 1844.(7. Ausl.von Geffcken, 1881).

第4章　プロイセン司法省と司法大臣

1　司法大臣と大法官

(1)　プロイセン上級裁判所などの司法行政を担うのは，プロイセン司法大臣であるが，プロイセンの司法大臣の制度は，かなり変遷をたどっている。法制の改革による内部的なものと，プロイセン国家の発展により外部的に（新たな獲得地に）必要となったものとがある。法制の改革では，大法官制や2人大臣制がとられたり，沿革的には，プロイセン国家が，神聖ローマ帝国の域外で，東プロイセンを軸に王号が付与された経緯から（前注(3)参照），東プロイセンやシレジアに独自の司法大臣がおかれ，国家全体の司法大臣との関係が複雑になっている。この場合の東プロイセンやシレジアは，プロイセン国家内の州（Provinz）の意味であるが，独立したラントの沿革から独自の制度を保持したのである。現在でも，連邦と州の司法の（内部的な）管轄の相違から，連邦司法大臣と州の司法大臣がいるが，これとは異なる。かつての地域の独自の司法大臣は，国家全体の司法大臣といわば同格である。沿革上，（東）プロイセンやシレジアは，ブランデンブルク（プロイセン国家はその発展形態）と同格だからである。

　近代的な大臣制は，フリードリヒ・ウィルヘルム一世（兵隊王，1688-1740，位1713-40）の時期からである。1723年ごろ，当初5人の大臣が，特定の職掌と地域により任命された。ただし，沿革的に，司法関係の一元化が行われていたわけではなく，複数の大臣が関与し，重要事項は，共同決定された（Kollegialprinzip）。おもな職務は，人的・物的な司法組織の管理のほか，裁判官の任免や法曹養成，登記業務，さらには，王の諮問に応えたり，立法の準備をすることであった。この制度が，1737年まで続いた。この時期の司法大臣では，Christoph von Katsch（1665〜1729）が著名である[18]。

第2篇　プロイセン上級裁判所　　　173

　(2)　兵隊王の子であるフリードリヒ二世（大王，1712-86，位1740-86）の下
では，ALRのような組織的な立法作業が行われた。この作業は，1747年に，
新設された大法官（Großkanzler）によることが多かったが（CoccejiやCarmer），
従来の司法大臣の職も存続した[19]。大法官と司法大臣は混在しており，わか
りにくい。たとえば，大法官Jarrigesの下には，4人の大臣がいたことが
ある。大法官は必ずしも必置の職ではなく，わが封建法でいえば，大老と老
中のような関係である（太政大臣も同じで，いわゆる則闕の官である。和田秀松・
官職要解（1983年）52頁，332頁）。また，大法官は，ときに首相の機能をも果
たした。

　そして，広義の司法大臣は，民事・刑事の司法行政のほかに，軍司法や地
方の警察や司法の監督も行い，1762年から19世紀初頭まで，教育や教会の監
督も行った（Zedlitzから，Carmer, Wöllner, Massowの時期）。わがくにでも，
江藤新平の失脚前の司法省は，旧刑部省のほか，民部省や教部省の一部，の
ちの内務省をも包含する広範な職制をカバーしていた（江戸時代の奉行の発
想である）。大法官の混在するシステムの時代は，おおむね1737年から1817
年までである。著名な「粉屋のアーノルト事件」（Müller-Arnold-Affäre, Kam-
mergericht）はこの間に，おおむね1780年ごろのことである[20]。以下の一覧
は，必ずしも網羅的なものではない。

Samuel von Cocceji　1737～1739および1741～1746は，司法大臣
　　　　　　　　　　　1747～1755は，大法官
Levin Friedrich Christoph August von Bismarck　1746～1764
Philipp Joseph von Jariges　　　　　　　　　　　1755～1770　大法官
Ernst Friedemann von Münchhausen　　　　　　　1763～1764　司法大臣
Carl Joseph Maximilian von Fürst u. Kupferberg　1763～1770　複数地域
　の司法担当大臣で，1763～1770は，大法官
Karl Abraham von Zedlitz　1770～1789　刑事担当大臣
　　　　　　　　　　　　　　1771～1788　刑事・宗務担当大臣
Ernst Friedemann von Münchhausen　1771　司法大臣
Johann Heinrich von Carmer　1780～1794　大法官
Eberhard Friedrich von der Reck　1784～1807
Johann Christoph von Wöllner　　　　　1788～1798　宗務担当大臣

174   第2部 プロイセンの実務家とライヒ大審院

Heinrich Julius von Goldbeck　　　　1789～1795
　　　　　　　　　　　　　　　　1795に大法官
Albrecht Heinrich von Arnim auf Kröchlendorff u.Woddow　1798～1802
Julius Eberhard Wilhelm Ernst von Massow　　　　　1798　宗務
担当大臣
Carl Friedrich von Beyme　　　　　1808～1810　大法官
Friedrich Leopold von Kircheisen　1810～1817

　2　19世紀の司法大臣
　(1)　1808年から1817年に改革によって，大法官や宗務領域が分離され，固有の司法大臣の制度に純化されたが，1817年には，司法行政担当の大臣と立法担当の大臣が分離された。2人大臣制ともいえる。1817年から1848年の間であり，この分離の制度は，サヴィニーが立法担当大臣になったことで著名になっている[21]。また，その前任のKamptzは，立法雑誌(Kamptzische Jahr-bücher)で著名である[22]。理念的には，ルーティンな仕事である司法行政の雑務を切り離すことによって，ナポレオン戦争後に重要な課題となった新立法や制度の構築に専念させることにあった。これは，国民国家の形成期であったからである。したがって，制度改革が一段落するまでの過渡的な形態ともいえた(以下の司法関係の大臣のうち，比較的著名な者をイタリックで示している)。

Friedrich Leopold von Kircheisen　1817～1825　司法大臣
Carl Friedrich von Beyme　　　　　1817～1819　立法大臣
Heinrich von Danckelmann　　　　 1825～1830　司法大臣
Heinrich Gottlob von Mühler　　　　1832～1844　司法大臣
Karl Albert Christoph Heinrich von Kamptz　1832～1842　立法大臣
Friedrich Carl von Savigny　　　　1842～1848　立法大臣　サヴィニー
Alexander von Uhden　　　　　　　1844～1848　司法大臣

　(2)　1848年ごろに，立法補助と司法行政を統合し，現在のような組織となった。第二次世界大戦によりライヒ内のプロイセン国家が崩壊するまで続いた。ウィーン体制を最終的に崩壊させた1848年（三月革命）から第二次世界大戦終結の1945年の時期である。この中では，ALRの注釈者のBornemannと，

ZPO の立法や1879年の司法法の担当者 Leonhardt が著名である。ドイツ統一後の司法大臣 Friedberg, Schelling は，もとライヒ司法部長（のちのライヒ司法大臣に相当）であった（前述(4)参照）。当時は，弱体官庁にすぎなかったライヒ司法部長よりも，プロイセンの司法大臣の方が格上であった証左である。統一当時のプロイセンのヘゲモニーを反映するものである。また，Schelling の前々職は，プロイセン上級裁判所の副長官であり，その経歴からは，裁判所に対する司法行政の優位もみられる。彼らは，BGB の編纂事業に関わったことでも著名である[23]。

　もっとも，1879年以降は，ライヒ大審院の成立に伴い，プロイセン上級裁判所が解消され，最上級裁判所の司法行政に対する実質的権限が失われた（連邦制であることから，高裁以下の司法行政は残る）。ライヒ大審院の司法行政は，ライヒ司法部が担当したからである。また，統一からしばらくの期間はプロイセンのヘゲモニーの下で，重要法案は，ライヒではなく，プロイセンの関連官庁によって起案されたが，ライヒの中央組織が整備されるに従い，立法への関与も，しだいに失われたからである（ラントの固有事項への限定）。

　ラントからライヒへの重心の移動は，およそ Max von Beseler(1841-1921) の在任の時期である。もっとも，ビスマルク憲法による一強多弱の連邦制の下では，プロイセン司法省のもっていた権威は，現在の各州の司法省とは比較にならない強力なものであった。かつてのプロイセン国家は，ライヒ内のいわば一国家（ラント）であり，その下に州（プロビンツ＝Provinz）があった。現在の州（ラント）の権限は，おそらくこのプロビンツ程度であろう。これに対し，ヘッセンやバイエルンは，かつてのラントの領域がそのまま現在の州（ラント）となっている。なお，Max von Beseler は，著名なゲルマニストのベーゼラー（Georg Beseler, 1809. 11. 2 -1888. 8. 28）の子である[24]。

Friedrich Wilhelm Ludwig Bornemann	1848. 03～1848. 06	ボルネマン
Karl Anton Maercker（Maerker）	1848. 06～1848. 09	
Gustav Wilhelm Kisker	1848. 09～1848. 11	
Wilhelm Rintelen	1848. 11～1849. 04	
Ludwig Simons	1849. 04～1860. 12	
August von Bernuth	1860～1862	
Leopold zur Lippe-Biesterfeld-Weißenfeld	1862～1867	

Gerhard Adolph Wilhelm Leonhardt	1867〜1879	ZPO の立法作業，レオンハルト
Heinrich von Friedberg	1879〜1889	ライヒ司法部長（1876〜1879）
Hermann von Schelling	1889〜1894	ライヒ司法部長（1879〜1889）
Karl Heinrich Schönstedt	1894〜1905	
Max von Beseler	1905〜1917	ベーゼラー
Peter Spahn	1917〜1918	Kurt Rosenfeld と共同
Kurt Rosenfeld	1918〜1919	
Wolfgang Heine	1918〜1919	Kurt Rosenfeld と共同
Hugo am Zehnhoff	1919〜1927	（ワイマール共和国の時代）
Hermann Schmidt	1927〜1932	
Heinrich Hölscher	1932〜1933	（Reichskommissar 第1党ナチス）
Hanns Kerrl	1933〜1934	
Franz Gürtner	1934〜1935	

3 地域司法大臣

18世紀末まで，各地域ごとに司法大臣（Provinzialminister od. Kanzler）がいたことでも，官制は複雑になっている（現在も，州の司法大臣はいるが，この場合の州は，ラント＝Land であり，その下の Provinz ではない）。プロイセン国家の司法大臣のほかに，プロイセン州（東プロイセン，Provinz）の司法大臣もいた。上級裁判所の場合と同じく，行政組織を備えたままの領邦がプロイセン国家に統合された場合があるからである。この地域司法大臣になった者の中には，Cocceji や Carmer のような国王の寵臣がおり，のちにプロイセン国家の司法大臣になった例もあることから，地域大臣といっても，必ずしも軽視することはできない。

新たに取得された土地や遠隔地には，大臣に包括的・強力な支配権が付与

されることが多く，中央の官庁の大臣よりも独自性が強かったのである。現在のような連邦（Bund）と州（Land）の司法大臣の関係ではなく，地域司法大臣といっても，中央の司法大臣とおおむね同格である。また，司法大臣といっても，限定的な司法のみではなく，行政権をもつ奉行・総督に近い。法や制度の改革は周辺部から試験的に行われることもあり，先導的な意味をもつことも少なくない[25]。ただし，その全容は必ずしも明確ではない。任命される目的と場所は，必ずしも確定していない。

(1) プロイセン地域（Provinz である東西のプロイセン）

Friedrich Alexander von Korff	1766
Karl（Carl）Wilhelm von Schrötter（Schröter）	1784
Karl（Carl）Friedrich Ludwig Albrecht（Albert）	Graf Finck von Finckenstein 1785
Karl Gustav von Goßler　1869〜1885	

(2) シレジア地域（オーストリア継承戦争から七年戦争の間1740〜1763に帰属）

Samuel von Cocceji	1741〜1743	のち大法官
Georg Dietloff von Arnim	1743〜1748	
Adolph Albrecht von Danckelman	1780〜1795	
Johann Heinrich von Carmer	1768〜1780	のち大法官

4　カンプッツ（Karl Albert Christoph Heinrich von Kamptz, 1769. 9. 16-1849. 11. 3）と，レオンハルト（Gerhard Adolf Wilhelm Leonhardt, 1815. 6. 6-1880. 5. 7）

(1) プロイセン司法大臣には，ALR や BGB の制定との関係で著名な者も多いが，それらは別個に扱い，本稿では，カンプッツとレオンハルトのみを扱う。

カンプッツは，1769年に，北ドイツの Schwerin で生まれた。父 Albrecht von Kamptz（1741-1816）は，のちに Mecklenburg-Strelitz で大臣となった。母は，Louise Friederike Amalie（geb. von Dorne）であった。1787年から，故郷の Bützow（Rostock の近郊，Mecklenburg-Vorpommern）の大学（のちに

178 第2部 プロイセンの実務家とライヒ大審院

廃止）と Göttingen 大学で，法律学を学んだ。論文（Observationes quaedam de legum retraetandarum studio nostris temporibus haud inopportuno）により，大学から賞をうけた。国家試験に合格した後，司法官試補となり，1793年，Neustrelitz で，学事委員会や枢密顧問会議の参与員となった。1798年に，Güstrow のラント裁判所の裁判官となった。その後，1802年に，Hedwig Susanna Luzia（geb. von Bülow）と結婚し，また，スウェーデン・ポンメルンの裁判官（Wismarer Tribunal）となり，1804年に，ブランデンブルク地区選出（つまりプロイセン王の推薦）のライヒ帝室裁判所（Wetzlar）の裁判官補助となり，1805年に，裁判官となった。1806年に，神聖ローマ帝国が解体したことから，ライヒ帝室裁判所の最後の裁判官となった。

　その後，南ドイツのバーデン王国のシュトットガルトのヴュルテンベルクの最高裁（Württembergisches Oberstes Justizkollegium）の副長官となった。1809年に退りぞき，Neustrelitz に帰った。その後，プロイセン王妃 Luise の侍従となり，1811年に，ベルリンの宮廷裁判所の裁判官となった。1825年に，司法省部長（Ersten Direktors im Justizministerium），1832年に，真正の枢密顧問官，司法大臣となった。1848年にすべての公職を退いた。裁判官職に就いてから50年目であった。1849年に，ベルリンで亡くなった。種々の勲章をえたほか，ベルリン大学，グライフスヴァルト大学の名誉博士号をうけている[26]。

　(2)　レオンハルトは，1815年に，ハノーバー王国（1814年までは選帝侯国）の首都ハノーバーで生まれた。レオンハルトの父 Johan Heinrich は，郡収税吏（Kreissteuereinnehmer in Neuhaus）であった。母は，Anna Georgine Caroline（geb. Kramer）。彼は，ハノーバーの神学校で学んだ後，1834年，ゲッチンゲン大学とベルリン大学で法律学を学び，1837年に，ゲッチンゲン大学で学位をえた（優等 Auszeichnung の成績）。同年，第一次国家試験に合格，ハノーバーの都市裁判所で研修を行い，1842年に，第二次国家試験に合格した。同年から，ハノーバーで弁護士となった。1848年に，ハノーバーの司法省で，研究員となった（1852年に，司法顧問官，1853年に，上級司法顧問官）。1863年には，次官（Generalsekretär）となった。当時の司法大臣は，Ludwig Windthorst であったが，1865年に，その後継として，みずからが司法大臣となった。1849年から53年の間，ハノーバーの民訴法や刑訴法，裁判所構成法，弁護士法，公証人法などの制定を行い，フランス法にならい，口頭

主義や公開主義を軸とする自由主義的な訴訟手続を導入した。その直後，1866
年に，プロイセンとオーストリアの戦争との関係から，ハノーバー王国は，
プロイセンに併合された。ドイツ連邦の参与として，普通民訴法典（Allge-
meinen Zivilprozeßordnung für die deutschen Staaten, 1862/66）の制定に力
があった。

併合後は，プロイセンの官吏として，Celle の上級控訴裁判所の副長官と
なり（同裁判所はハノーバー王国からプロイセンの Provinz の裁判所となった），
ついで，ベルリンの上級裁判所の長官，1867年に，プロイセンの司法大臣と
なった。その下で，強制競売法，不動産法，婚姻法，後見法の制定が行われ
た。北ドイツ連邦の立法では，1869年の連邦上級商事裁判所の設立法にも関
与した。さらに，ドイツ統一後の法律の整備につくし，ライヒの立法では，
裁判所構成法，民訴法，刑訴法，弁護士法，破産法などの制定に関与した。
とりわけ1877年の民訴法の制定には力があったものとされる。小国であるハ
ノーバーでの立法体験が役に立ったのである。上院の議員と国王の顧問にも
なった。1874年には，BGB 制定の第一委員会に属し，民法の統一にも関与
した。裁判所構成法の発効した1879年に，病気のため引退し，1880年に，ハ
ノーバーで亡くなった[27]。

ハノーバーの裁判官では，10歳ほど若いプランク（Gottlieb Karl Georg
Planck, 1824. 6. 24-1910. 5. 20）が同様の経歴をもっており，ハノーバーの併
合後に，プロイセンやライヒの立法，とくに BGB の制定に関与している[28]。

(3) 民法学者のレオンハルト（Franz Leonhard, 1870. 9. 1 -1950. 7. 20)
は，その姻戚である。彼は，1870年にフランクフルト（オーダー）で生まれ
た。マールブルク大学とケーニヒスベルク大学で法律学を学び，1896年に，
ゲッチンゲン大学で私講師，1898年に，マールブルク大学の員外教授，1899
年に，正教授となった。1914年に兵役に服し，負傷した。1935年に定年。1900
年の民法典（BGB）の債権法について，最初の包括的かつ体系的なテキスト
を著した。

Allgemeines Schuldrecht des BGB, (Systematisches Handbuch der deu-
tschen Rechtswissenschaft), 1929. Besonderes Schuldrecht des BGB, (Sys-
tematisches Handbuch der deutschen Rechtswissenschaft), 1931. で著名であ
る。相続法では，Erbrecht. -2.Aufl., 1912がある。

個別の研究では，Vetretung beim Fahrniserwerb, 1899; Die Aufrechnung,

1896; Die Haftung des Verkäufers für sein Verschulden beim Ver-
tragsschlusse, 1896; Die Wahl bei der Wahlschuld, 1899; Die Beweis-
last, 1904; Verschulden beim Vertragsschlusse, 1910; Erfüllungsort
und Schuldort, 1907; Fahrlässigkeit und Unfähigkeit (Leonhard u. Ennec-
cerus) 1913; Auslegung und Auslegungsnormen, 1917; Testamentser-
richtung und Erbrecht, 1914. などがある。研究の中心は，債権法であった。
民法全体では，Bürgerliches Recht, 4. neubearb. Aufl., 1948があり，死亡
の直前まで改定されていた。1950年に亡くなった。戦争をはさんで1920年か
ら1950年ぐらいまでが活躍時期であった。

第5章　むすび

1　その他のラントの最高裁

（1）バイエルンでは，プロイセン上級裁判所に対応するものとしては，バ
イエルンの上級裁判所とバイエルン最高裁があり，ヴュルテンベルクにも，
シュトットガルトに上級控訴裁判所と上級裁判所があった。バイエルン最高
裁については言及したことがあるので[29]，後者についてのみふれる。すなわ
ち，1460年に，バーデンとヴュルテンベルクの条約により，宮廷裁判所が設
立された（Württembergisches Hofgericht）。これは，ラントの君主に属人的
に付属する裁判所であり，固定的な存在ではなく，1514年に，初めてシュトッ
トガルトにおかれることになったのである。

　ナポレオン戦争中の1803年，ヴュルテンベルクが選帝侯国となると
（Reichsdeputationshauptschluss），ライヒ帝室裁判所への上訴が行われない不
上訴特権を獲得した。そこで，上告審を備えることが必要となったことから，
従来の宮廷裁判所を，上級控訴裁判所（Oberappellationstribunal）とするこ
とにしたのである。1806年に，ヴュルテンベルクが王国となると，この裁判
所は，王国の最高裁となった。

　1817年の司法改革時に，裁判所は，上級裁判所（Obertribunal）と改称さ
れた。また，ヴュルテンベルクの領域には，ホーエンツォレルン侯国が入り
組んでいることから（Fürstentümer Hohenzollern-Hechingen und Hohenzollern
-Sigmaringen），条約によって，この裁判所は，これらについても管轄権を有
してきたが，この侯国は，プロイセンのホーエンツォレルン家の所領である

ことから，1850年には，プロイセンの管轄権下に統合された（前掲第2章3（1）参照）。

1879年に，ライヒ司法法が発効し，ライヒの上級裁判権は，ライヒ大審院に一元化された。従来の各ラントの上告審は，上告に関する管轄権を失い，高等裁判所となった（Oberlandesgericht）[30]。

ただし，第二次世界大戦末期に，ライヒ大審院が解体し，占領区域（おもにフランス地区）と従来の高裁の管轄地域が異なることから，戦後，新しい管轄区域を定めることが必要となった。そこで，北部には，カールスルーエに，北ヴュルテンベルクと北バーデンのために控訴裁判所が設立され，南ヴュルテンベルクと南バーデンには，シュトットガルトに控訴裁判所が設立されたのである[31]。

（2）ヴィスマール侯国裁判所（Wismarer Tribunal）は，以下の変遷をたどっている。

Der Fürstenhof in Wismar, 1653–1802

Das Meyerfeldtsche Palais in Stralsund, 1802–1803

Das Greifswalder Rathaus, 1803–1813（Oberappellationsgericht Greifswald）

1648年のウェストファリア条約により，おもにポメラニアを占めるヴィスマール侯国は，スウェーデン領とされた。また，同条約は，各ラントの不上訴特権を承認したから，この地域にも上級控訴裁判所が必要となった。そこで，1653年に設立されたのが，ヴィスマール侯国裁判所である。もっとも，その場所にあったのは，1802年までであり，1802年から1803年には，シュトラールズンド，1803年から1813年には，グライフスヴァルトにおかれた。のちのグライフスヴァルトの上級控訴裁判所の原型である。

各ラントにおかれた上級控訴裁判所は，ライヒ帝室裁判所をモデルとしたから，1656年に David Mevius の起草した裁判所規則（Tribunalsordnung）によるところが大きい。ライヒ宮廷裁判所やスウェーデンの宮廷裁判所の規則も参照された。スウェーデン領といっても，ライヒの封土としての性格は残存したから（スウェーデン王が侯となるだけであるから，裁判所などは存続するのである），従来の法制度の多くは残された。すなわち，ライヒの立法や訴訟法，普通法の適用である。ヴィスマールの都市法は，1266年からリュー

ライヒ大審院(1879年)までの上級裁判所

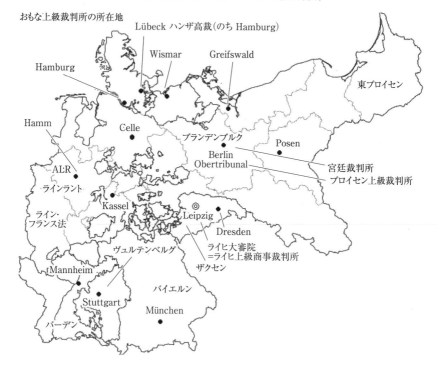

ベック法の領域であった。30年戦争による疲弊のため、6人の裁判官がそろったのは、ようやく1665年であった。1688年に2人が追加され、その後、長官と副長官は別わくとなった。

北方戦争によるスウェーデンの敗北により、多くの領土は、デンマークなどに割譲され、1720年までには、スウェーデン領の大半は放棄された。そこで、1721年に、スウェーデンとポメラニアのラント政府と都市ヴィスマールは、裁判所を縮小した（4裁判官）。

1803年に、スウェーデンが、ヴィスマールをメクレンブルクに質入れしたことから、裁判所も、シュトラールズンドに移転され（Das Meyerfeldtsche Palais in Stralsund）、ついで、グライフスヴァルトに移転された（Das Greifswalder Rathaus）。1807年に、ナポレオン軍がポメラニアを占領したことから、裁判所は、フランス皇帝裁判所（Kaiserlich Französisches Obertribunal）と改称されたが、陣容は変わらず、Johann Jakob von Mühlenfelsが長官

第2篇 プロイセン上級裁判所 183

となった。1810年から1813年の間、またスウェーデンに帰属し（1810年、フランス系のベルナドット王家）、その間、スウェーデンとポメラニアの司法改革の結果、裁判所は、グライフスヴァルト上級控訴裁判所となった。ウィーン体制の下でプロイセンに組み込まれたが、ポメラニアとシュトラールズンドの伝統的な法的関係は、プロイセンに移転後も、1870年代の司法改革まで続いたのである[32]。

2 上級裁判所と現在の高裁（OLG）

OLG（高裁）は、全国24か所に存在する。このOLGとLG（ラント裁判所）は、州（ラント）に属し、連邦の裁判所ではない。形式的には、1877年1月27日の裁判所構成法（1879年10月1日施行）によって設立されたが、その起原は、1871年の統一前の分裂時代に遡り、諸邦（ラント）の君主の裁判所にあり、高い権威をもっている。前述のようにベルリンの高裁は、プロイセン王国のもとの宮廷裁判所がもとになっており、現在でも、宮廷裁判所（Kammergericht）と呼ばれている。また、ハンブルクの高裁は、ハンザ都市高裁（Hanseatisches OLG）と呼ばれている。ザクセン州のOLGが、ライヒ大審院のあったライプチッヒではなく、州都のドレスデンにおかれているのも、旧ザクセン王国の、1835年の王立上級控訴裁判所に起原があるからである。

もちろん、戦後の変更もあり、ザールは、戦前ケルンのOLGに属したが、ザールラントが、1956年のザール条約（Saarvertrag）まで独立の自治地域となったおりに、独立のOLGが設立されたのである。チュービンゲン（現在シュトットガルトの支部）、フライブルク（現在カールスルーエの支部）、アウグスブルク（現在ミュンヘンの支部）、カッセル、ダルムシュタット（現在ともにフランクフルトの支部）、コブレンツ、ブレーメンのOLGも戦後のものであり、これは、占領地域とOLGの領域の離齬から、はみだした地域に新たなOLGを創設したためである。シュレスヴィッヒのOLGは、キールのものが移転した。戦後、OLGの数が増加したのは、こうした歴史的経緯による。占領解消後に、もとのOLGの支部に格下げになったものもある（上述のかっこ内のもの）[33]。

OLGは、ラント裁判所と連邦裁判所の間に位置しており、家族事件と少年事件については、区裁判所と連邦〔通常〕裁判所の間にあり（労働事件でもこれに近い）、また、刑事事件では、連邦〔通常〕裁判所の下級裁判所となっ

ている[34]。労働事件でも、Arbeitsgericht は、区裁判所相当であり、二審は、Landesarbeitsgericht というが、三審は、連邦労働裁判所である。

　こうして、OLG は、連邦〔通常〕裁判所の下部組織という性格の反面、各州の最高裁としての地位をなお有しており、その権威は基本的には高い（とくに沿革的に古い OLG）。たとえば、修習生の採用の実務にあたるのが、各州の司法省と OLG であるなど、人事に関する OLG の権限は、日本の高裁とは比べようのないほど強い。地域の実情にそくした対応の可能性、地方分権の一側面、あるいは官僚主義の排除などでも、参考とするべき点は多い[35]。

3　ライヒ大審院と連邦裁判所

　(1)　戦前のライヒ大審院の後継は、戦後の連邦裁判所（BGH）である。しかし、この大陸型の最上級裁判所は、必ずしも唯一の存在ではない。アメリカの最高裁やそれをモデルとするわが最高裁が、三権の一角をなす司法のトップを象徴するのに対し、わが戦前の大審院やライヒ大審院・連邦裁判所（BGH）は、民事・刑事の最高裁判所であるのにとどまる。

　ドイツには、現在、最高裁としての地位を有する連邦の裁判所が多数存在する。連邦憲法裁判所のほか、連邦行政裁判所、連邦財務裁判所、連邦労働裁判所、連邦社会裁判所などであり、これらは、BGH と同格であり、その全体が抽象的な「最高裁」（Oberste Gerichte）を形成しているのである（基本法95条1項、文言上憲法裁判所は含まれない）。ライヒ大審院の時代にも、その中の特別部としてライヒ労働裁判所が設置され、また独立の組織として、ライヒ行政裁判所が設置された。しかし、憲法裁判所は設置されず、財務裁判所や社会裁判所も存在しなかった。司法権は、かなり限定的であったといってよい。

　司法権限の分裂は、現在でも継続しているといってよい。連邦裁判所（BGH）と連邦憲法裁判所は、南ドイツのバーデン・ヴュルテンベルク州のカールスルーエにあり、連邦財務裁判所も、南ドイツのバイエルン州のミュンヘンにある。連邦労働裁判所は、カッセルにある。そして、連邦行政裁判所は、ザクセンのライプチッヒのもとのライヒ大審院の建物にあり、連邦社会裁判所は、エルフルトである。後二者は、再統一のおりに、ベルリンとカッセルから移動したのである[36]。

　最上級審には、判例の統一という機能がある。そこで、これらの連邦裁判

所の意見を統一するために，全連邦裁判所の共通部がある（Gemeinsamer Senat der obersten Gerichthöfe des Bundes）。共通部には，固有の建物も組織もなく，必要に応じて各連邦裁判所の代表によって組織される。実際に組織されることは多くはなく，若干の例があるにとどまる。共通部は，民事の大法廷・刑事の大法廷（Großer Senat für Zivilsachen, Großer Senat für Strafsachen），民事・刑事の統一連合部（Vereinigte Große Senate）が，連邦裁判所内部の組織であるのとは異なる。

　この共通部の制度は，基本法95条3項で，判例の統一のために予定され，1968年の基本法改正で定められた（G. 1968. 6. 18, BGBl.I, S. 657）。このための特別法としては，Gesetz zur Wahrung der Einheitlichkeit der Rechtsprechung der obersten Gerichtshöfe des Bundes（ReprEinhG）がある（G. 1968. 6. 19, BGBl.I, S. 661）。共通部は，各連邦裁判所の長官，場合により裁判長や他の裁判官から成る。共通部の裁判長は，参加しない連邦裁判所の最年長の長官が成る。ただし，1968年以来，ごくまれにしか行われたことはない[37]。

　(2)　民事・刑事の事件については，OLG が二審となり，上告審が連邦裁判所（BGH）となるが，他の上告審では，必ずしも同じ構造とはなっていない。労働裁判所では，二審がラント労働裁判所であり，一審は労働裁判所である。社会裁判所も同様である。行政裁判所では，行政裁判所ないし控訴行政裁判所が二審，行政裁判所が一審で，財務裁判所では，三審制はとられていない。これは，財務事件が限定されることによる。終審は連邦財務裁判所である。連邦懲戒裁判所（Bundesdisziplinargericht, Frankfurt）と軍務裁判所（Truppendienstgericht）も終審は，連邦行政裁判所となる。特許事件では，連邦特許裁判所（Bundespatentgericht, München）が初審で，終審は連邦裁判所（BGH）となり，二審制となっている[38]。

　(3)　オーストリアでは，1749年に，マリア・テレジア（位1740–1780）によって，最高司法院（Obersten Justizstelle）が設立された。オーストリアは，神聖ローマ帝国外に広範な領土をもっていたから，これらを統合する裁判所が必要だったからである。その後，変遷し，ドイツ連邦の時代の1848年に，最高裁が設立された。ドイツの国制上は，プロイセンなどの上級裁判所と同じ位置づけであるが，オーストリアは，ドイツ統一に加わらなかったから，この最高裁は現在まで存続している[39]。

⑴ ドイツの最高裁については，拙稿「ドイツの連邦裁判所の過去と現在」民法の体系と変動（2012年）394頁以下，「ドイツ民法典と法実務家」一橋法学12巻 3 号61頁参照（61頁以下に，簡単にプロイセン上級裁判所にもふれた）。

⑵ ライヒ大審院は，わが旧大審院のモデルの 1 つでもあることから，検討に値しよう。歴代のライヒ大審院長については，拙稿「立法と法実務家の意義」商論83巻 4 号119頁。また，わがくにでも，江戸時代の裁判制度は，幕府法のほかに各藩の法体系があったことから，きわめて複雑であり，それとの比較からも，裁判制度の統一がむずかしいことは，容易に理解できよう。

⑶ ブランデンブルク選帝侯が皇帝からプロイセンの王号を認可されたのは，1701年であり，選帝侯のフリードリヒ 3 世（在位1688-1713）がスペイン継承戦争でオーストリア・ハプスブルク家を支持する見返りであった。ケーニヒスベルクで，プロイセン王フリードリヒ 1 世となった。狭義のプロイセン（東プロイセン）は，神聖ローマ帝国の域外にあったから，プロイセン侯は帝国＝ライヒから独立した存在であり，皇帝の下になかったからである。

⑷ Kammergericht の沿革については，簡単に，一橋法学12巻 3 号72頁。Fischer, Zur Geschichte der höchstrichterlichen Rechtsprechung in Deutschland, JZ 2010, S. 1077, S. 1079. Kammergericht の著名判決としては，フリードリヒ大王時の「粉屋のアーノルト（Müller-Arnold）」事件がある。拙稿・一橋法学13巻 3 号908頁およびその注10参照。

プロイセン上級裁判所については，Sonnenschmidt, Das königlichen Ober-Tribunals zu Berlin, 1879。1702年の不上訴特権の時を直接の起原とする。

⑸ ハンザ諸都市は，人口を合計しても30万人に満たなかったが，例外として独自のハンザ上級控訴裁判所の設置が認められた。一橋法学12巻 2 号24頁以下，Polgar, Das Oberappellationsgericht der vier freien Städte Deutschlands (1820-1879) und seine Richterpersönlichkeiten, 2006.

なお，ザクセン・シュピーゲルについては，久保正幡・石川武・直居淳訳・ザクセン・シュピーゲル・ラント法（1977年）304頁参照。

⑹ これは，のちにバイエルン最高裁となった。以上の沿革について，Fischer, a.a.O. （前注⑷）のほか，Peter Jessen, Der Einfluss von Reichshofrat und Reichskammergericht auf die Entstehung und Entwicklung des Oberappellationsgerichts Celle unter besonderer Berücksichtigung des Kampfes um das kurhannoversche Privilegium De Non Appellando Illimitatum, 1986. (Untersuchungen zur deutschen Staats- und Rechtsgeschichte NF 27)；Pierer und Löbe (hrsg.), Universal-Lexikon der Gegenwart und Vergangenheit. 4. Aufl. Bd. 12, 1861, S. 174 (Oberappellations- gericht).

⑺ グライフスヴァルトの上級控訴裁判所については，第 5 章でふれる。

プロイセンには，上告審として，破毀院も存在したことがあるが，これが現在のような上告と破毀の意味で理解できるかには疑問がある。上告審は，原判決取消後，事実審理が不要であれば，みずから裁判することができるが，破毀裁判所では，原判決

取消後には裁判の可能性がなく，原審に差し戻される。

　また，上告裁判所の重要な機能として，法解釈の統一，すなわち，判例の統一があるが，この点に関するフランス法的な破毀院の役割は，やや異なる。フランス革命時の古い自然法学者の理論によれば，裁判官は法の口にすぎず，法律の文言に厳格に拘束されたのである。これは，革命による立法が侵害されること（とくにフランスで貴族階級の裁判官によって）の不信にもとづいていた。当初，破毀院は，立法機関の一部であり，法律に忠実な解釈を管理したのである。裁判所による解釈が禁じられたことから，破毀は，法統一の職務を担う必要はなかったのである。

　1804年のフランス民法典は，自由な法解釈を認めた（4条）。この時から，法統一の必要性が生じ，破毀院は，司法機関となり，裁判の正当性をも審理することになったのである。プロイセン法は，1833年に，フランスの破毀をモデルに，無効抗告という形で上訴が導入され，その後の上告（Revision）制度につながっている。ツィクリカス「比較法からみた破毀と上告」（本間靖規訳）龍法31巻3号630頁，645頁。

　プロイセンや他のラントに存在した破毀院がいずれの性格を有したかは，なお明確ではない。

(8)　上級裁判所について，拙稿・一橋法学12巻3号69頁。Fischer, a.a.O.（前注(4)），S. 1078.

(9)　ヴュルテンベルクの上級控訴裁判所についても，後でふれる（第5章参照）。

(10)　Lobe, S. 340ff., S. 348ff. ライヒ大審院判事となったのは，ライヒ上級商事裁判所判事が横滑りしたほか，プロイセン上級裁判所判事と各地の上級控訴裁判所の判事であった。

　なお，2002年に，ネーレ（Monika Nöhre, 1950. 8. 25–）が，ベルリン高裁の長官となった。ネーレは，1950年にハンブルクで生まれ，ハンブルク大学で法律学を学んだ。国家試験に合格し，司法研修をし，1977年から，5年間，弁護士をした。1982年に，ハンブルク州の司法省に勤め，1992年に，ハンブルクのハンザ高裁の裁判官となった。1994年に，司法省の総務部長となり，ハンブルク，シュレスヴィッヒ・ホルシュタイン，ブレーメンの共通試験委員会の参与，1992/94年には，その試験委員会の委員長ともなった。2000年に，高裁の副長官となり，ハンブルク州の司法試験委員会の長となり，2002年に，ベルリンの宮廷裁判所の長官となった。同時に，民事11部の裁判長でもある。既婚で子どもが1人いる（https://www.berlin.de/sen/justiz/gerichte/kg/ueber-uns/index.html 副所長は，Heike Forkel である）。

(11)　Gothaisches Genealogisches Taschenbuch der Adeligen Häuser, Alter Adel und Briefadel, 1928, S. 706.

(12)　Stern, Waldeck, Benedikt, ADB 40（1896），S. 668ff.

(13)　Hehl, Reichensperger, Peter Franz, NDB 21（2003），S. 310f.

(14)　Spenkuch, Schelling, Hermann von, NDB 22（2005），S. 657ff.; Personalien（Schelling），DJZ 1908, Sp.1327; Jakobs und Schubert, Die Beratung des BGB, 1978, S. 71f.（S. 69ff. Kurzbiographien der Verfasser des BGB, v.Jahnel）.

(15)　Bader, Eichhorn, Karl Friedrich, NDB 4（1959），S. 378f.; Frensdorff, Eichhorn,

Karl Friedrich, ADB 6 (1877), S. 728; Stintzing-Landsberg, Geschichte der deut-
schen Rechtswissenschaft, III, 2, 1870, S. 253f.

(16) Frensdorff, Homeyer, Carl Gustav, ADB 13 (1881), S. 44ff.; Schubart-Fikent-
scher, Homeyer, Carl Gustav, NDB 9 (1972), S. 589f.

(17) L., Heffter, August Wilhelm, ADB 11 (1880), S. 250ff.; Ogris, Heffter, August
Wilhelm, NDB 8 (1969), S. 202f.

(18) 最初のプロイセン司法大臣である Christoph von Katsch (1665〜1729) につい
ては，Brocke, Bernhard vom, Katsch, Christoph, NDB 11 (1977), S. 326f.; Isaac-
sohn, Siegfried, Katsch, Christoph von, ADB 15 (1882), S. 453f.

(19) Cocceji や Carmer については，一般的な歴史書のほか，拙稿「立法と法実務家の
役割-ALR の変遷」一橋法学13巻 3 号 3 頁，7 頁参照。また，司法大臣と宗務大臣の
職もしばしば混在している。比較では，フランスでも，民法典の起草者の 1 人 Bigot
de Preameneu や Portalis は，宗務大臣となっている。

(20) アーノルト事件についても，同 8 頁，その注(10)参照。

(21) サヴィニーについては，拙稿「19世紀の大学と法学者(1)」一橋法学13巻 1 号39頁参
照。本稿では立ち入らない。

(22) Karl Albert Christoph Heinrich von Kamptz については，Baumgart, Kamptz,
Karl von, NDB 11 (1977), S. 95f.; Wippermann, Kamptz, Karl Christoph Albert
Heinrich von, ADB 15 (1882), S. 66f. なお，この雑誌は，Svarez の ALR の起草理
由書で著名である（Svarez, Amtliche Vorträge bei der Schlussrevision des Allge-
meinen Landrechts, Kamzptischen Jahrbuch, XXXXI (1833), S. 16f.)。

(23) Friedbelg, Schelling と BGB の編纂事業については，Jakobs und Schubert, Die
Berathung des BGB, 1978, S. 37, S. 51, S. 71. ほかの立法担当者についても詳しい。
また，Bornemann については，前掲論文（前注(8)）15頁。

　　なお，プロイセン司法省は，1871年のドイツ統一後，ライヒ司法部とは密接な関係
をもったから，両者間の人事交流も盛んである。これにつき，vgl. Kuhn, Deutsche
Justizminister 1877-1977, 1977.

(24) Max von Beseler (1841-1921) は，著名なゲルマニストの Georg Beseler の子で
あり，法学者である Gerhard von Beseler (1878-1947) の父である。ベーゼラーの
親子・孫の 3 代については，別に検討する予定である。

(25) 前注(8)参照。たとえば，シレジアの司法大臣であったコクツェーイやカルマーが，
のちに大法官となった例である。プロイセン以外でも，オーストリアで，新たな併合
地のガリシアが ABGB の前身の西ガリシア法典の試行領域になった例がある。

　　なお，プロイセンに新たに併合された時には，Land の扱いでも，時間を経て一体
化すると，しだいに Provinz の扱いとなった。シレジアの司法大臣が別格であったの
は，当初，ラントの性格が残されていたからである。

(26) 前注(22)のほか，Christoph Albrecht と Karl Gustav Immanuel von Kamptz につ
いて，Carl Gustav Immanuel von Kamptz, Die Familie von Kamptz, 1871, S. 325
ff.

第2篇　プロイセン上級裁判所　　189

⑵⑺　Wippermann, Leonhardt, Gerhard Adolf Wilhelm, ADB 18（1883）, S. 301ff.；
　　Schubert, Leonhardt, Adolf, NDB 14（1985）, S. 253f.

⑵⑻　プランクについては，拙稿・一橋法学12巻2号39頁参照。

⑵⑼　バイエルン最高裁については，別稿で扱う（判時2265号3頁以下）。

⑶⓪　ヴュルテンベルクの最高裁の変遷について，後述第5章参照。

⑶⑴　占領時の状況について，一橋法学12巻3号94頁参照。

⑶⑵　Jörn, Lübecker Oberhof, Reichskammergericht, Reichshofrat und Wismarer
　　Tribunal, Forschungsstand und Perspektiven weiterer Arbeit zur letztinstanzli-
　　chen Rechtsprechung im südlichen Ostseeraum（Das Gedächtnis der Hansestadt
　　Lübeck）2005, S. 371ff.；ders. Die Verlegung des Wismarer Tribunals nach Pom-
　　mern zu Beginn des 19. Jahrhunderts, 2004, S. 93ff.；Wartenberg, Archivführer
　　zur Geschichte Pommerns bis 1945, 2008, S. 67ff.（Justiz）.

⑶⑶　拙稿・前掲書（前注⑴）406頁以下参照。

⑶⑷　区裁判所の家族部（夫婦）と少年部（親子），後見部，相続部は，それぞれ，家庭
　　裁判所（Familiengericht），少年裁判所（Jugendgericht），遺産裁判所（Nachlassgericht），
　　後見裁判所（Vormundschaftsgericht）と呼ばれるが，独立した組織でなく，略称で
　　ある。これに対し，労働裁判所は，戦後に独立の組織となった。連邦労働裁判所も，
　　ライヒ大審院の一部であった戦前（ライヒ労働裁判所）とは異なり，独立の組織となっ
　　た。

⑶⑸　拙著・大学と法曹養成制度（2001年）【大学】201頁参照。

⑶⑹　拙稿「ドイツ再統一と連邦裁判所の再配置」司法の現代化と民法（2004年）414頁。

⑶⑺　たとえば，Beschluss des Gemeinsamen Senats vom 5. 4. 2000, GmS-OGB 1/98；
　　Beschluss des Gemeinsamen Senats vom 27. 4. 1993, GmS-OGB 1/92.

⑶⑻　Vgl. Übersicht über den Gerichtsaufbau in der Bundesrepublik Deutschland
　　（http：//www.bmjv.de/DE/Service/GerichtsStAFinder/_node.html；jsessionid＝
　　438713F5601C84F3C0947FAAA8405F85.1 _cid289）. 区裁判所については，前掲（前
　　注⑴の体系と変動）416頁注19参照。

⑶⑼　拙稿・一橋法学12巻3号81頁参照。

ドイツの裁判所の構造 (注(38)参照)

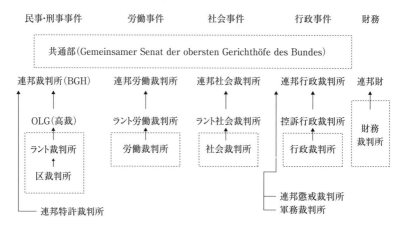

第2篇　プロイセン上級裁判所

プロイセン上級裁判所 (Preußisches Obertribunal)

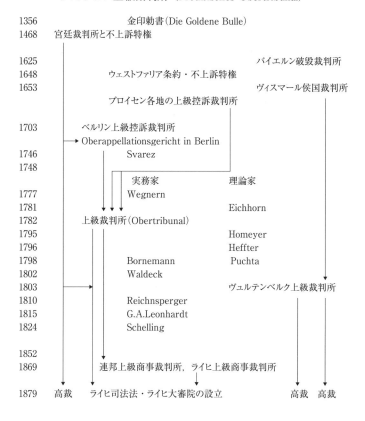

第3篇　立法と法実務家の意義
—— ライヒ大審院と実務家 ——

第1章　はじめに

1　法実務家の役割

1900年のドイツ民法典の制定にあたり，法実務家の影響が大きかったことは，かねて指摘されるとおりである。ドイツ民法典制定の第一委員会において，法実務家の占める割合は高く，立法の補助にあたったのも，多くはライヒ司法部に所属する裁判官たちであった[1]。もっとも，一般には，完成した第一草案へのヴィントシャイトの影響から，法理論家の影響が圧倒的であったとされている。そして，第一草案は，揶揄的に小ヴィントシャイトともいわれている[2]。

こうした実務家の司法制度に対する影響は強く，その後ビスマルク帝国において，ライヒの司法制度が完備するに従い，いっそう増大した。立法作業の中心を占めた法実務家は，しだいにライヒの司法行政とライヒ大審院などの最上級裁判所に地位を占めていった。ドイツの連邦制の下では，プロイセンなどのラントからライヒへの権力の移譲のプロセスでもある。本篇は，この法実務家の影響をライヒ司法部とのちのライヒ司法省，および最高裁にあたるライヒ大審院の人と業績を検討することにより考察しようとするものである。同時に，わが大審院や立法の性格をも明確化できよう。

法制史家のヴィアッカーによれば，「ただ1人の重要な人物が1の鋳型にあてはめて法典を作成した場合にはじめて，異常に立派な法典が成立する」。「偉大な諸法律のもつ壮大さとスタイルの純粋さとは，ある個人の考え方・意志の仕事・もろもろの力から，生ずるもの」である。その例として，ツァシウスのフライブルク都市法，スアレツのプロイセン・ラント法（ALR），ナポレオンの民法典，フーバーのスイス民法典などが指摘されている[3]。

ドイツ民法典については，唯一の卓越した立法者がいなかったことの悪影響が，のちのちまで感知される。同じくヴィアッカーによれば，立法という

第3篇　立法と法実務家の意義　　193

うんざりする作業に関与し，「委員会の仕事を好んで引き受けるのは，胸底
から直接に思想を出してくるような頭脳の持主ではなく」「即事的な労働者」
であったからである[4]。ドイツ民法典の編纂に携わったのも，こうした法実
務家であった。彼らはいわゆる優等生ではあったが，必ずしも卓越した思想
家ではなかったからである。

2　ライヒ大審院と連邦裁判所

　ライヒ大審院は，戦後の連邦裁判所（BGH）の前身にあたる裁判所である。
わがくにの大審院と最高裁の関係ともいえるが，やや異なる。わがくにでは，
占領下に設立された最高裁は，アメリカ型の最高裁判所のシステムによって
おり，文字通り三権の一角である司法のトップをなしている。最高裁は，違
憲立法審査権や行政裁判権，司法行政権をも有し，行政とも形式上は対等の
立場にある（政治的・実質的には劣位）。しかし，旧大審院は，違憲立法審査
権や行政裁判権，司法行政権を有せず，形式上も司法省の下に位置づけられ
ていたのである[5]。

　こうした大陸型の大審院の地位は，現在のドイツの連邦裁判所にも共通す
る。司法行政権は連邦司法省が有し，憲法裁判権は，連邦憲法裁判所の専権
事項とされている。したがって，連邦裁判所の前身にあたるライヒ大審院の
地位も，それほど高いわけではない。わが旧大審院が，司法省の高級官僚（実
質的には検事職の司法官僚である）の監督に服したのと同じく，ライヒ大審院
も，ライヒ司法省の高官（裁判官職）の出世の一ルートだったのである。ち
なみに，院長を除けば，必ずしも人生の最終ポストとはいえない。

　なお，現在のわが最高裁のシステムの下でも，別の形で，司法行政の優位
という同様の事態が生じている。わがくにでは，司法行政権が最高裁に移動
したことから，最高裁の事務総局の力が増し，最高裁（ひいては裁判所全体
も）が司法行政に携わる高官（いわゆる裁判をしない裁判官職）の独壇場となっ
ている[6]。

3　司法の官僚化

　(1)　こうした限定を伴うものの，ライヒ大審院とくにその長たる大審院長
の地位は，わが旧大審院長のそれに比して高い。それというのも，わが旧大
審院長の地位は，ほとんど司法行政のルートに組み込まれ，在任期間もきわ

194 第2部 プロイセンの実務家とライヒ大審院

めて短期であったが，これに対し，ライヒ大審院の長官の在任期間は，かな
り長く，人生の最後の職となることが多かったからである。わがくにに例の
あるように，司法大臣になるためのワンステップとなったことはない。在任
期間が10年以上にもなる例が多く，最初のSimsonは12年，最後のBumke
は16年にもなる。そこで，司法権は限定されていたものの，長官の権威はか
なり高かった。在任期間2年内外の者が2人いるが，それは死亡したからで
ある（3代のGutbrodと5代のDelbrück)[7]。66年間に7人という数字は，日
本の大審院長が71年間に22人にもなるのとは，かなり異なる。

　ライヒ大審院長は，初代のシムソンのほかは，すべてライヒ司法部（のち
のライヒ司法省）の高官がなっている。以下第3章では，まず，大審院長に
ついて検討し，さらに，ライヒ司法部の部長（のちの司法大臣）を検討しよ
う。

　(2)　ライヒ大審院の前身は，北ドイツ連邦の連邦上級商事裁判所にまで遡
り，その設置は1869年であった。それが，1871年のドイツ帝国（ビスマルク
帝国）に承継され，ライヒ上級商事裁判所となり，1879年には，ライヒ大審
院となった。ライヒの裁判権が，民事および刑事の全訴訟事件に拡大された
ことにもとづくものである。上級商事裁判所の全期間を通じて，その長官は，
パーペ（Heinrich Eduard von Pape, 1816. 9. 13-1888. 9. 10）であった。ライ
ヒ大審院の設立は，裁判所構成法（Gerichtsverfassungsgesetz, 1877. 1. 27,
発効は1879. 10. 1）によるものである。

　歴代のライヒ大審院の長官の在任期間は，以下のとおりであった[8]。

　1　Eduard von Simson（1810-1899）は，1879. 10. 1～1891. 2. 1で，
　　在任期間は12年。

　2　Otto von Oehlschläger（1831-1904）は，1891. 2. 1～1903. 11. 1で
　　12年。

　3　Karl Gutbrod（1844-1905）は，1903. 11. 1～1905. 4. 17で，1年半で
　　あった。

　4　Rudolf Freiherr von Seckendorff（1844-1932）は，1905. 6. 18～1920.
　　1. 1で15年。

　5　Heinrich Delbrück（1855-1922）は，1920. 1. 1～1922. 7. 3で，2
　　年半。

　6　Walter Simons（1861-1937）は，1922. 10. 16～1929. 4. 1で，7年。

第3篇　立法と法実務家の意義　　　195

7　Erwin Bumke（1874-1945）は，1929.4.1〜1945.4.20で，16年。

⑶　日本の裁判所構成法は，1890年（明23）に，上のドイツの裁判所構成法をモデルに成立した。お雇い外国人 Otto Rudolff（Otto Rudorff, 1845.12.9-1922.11.22）によるものである。ルドルフに関しては，お雇い外国人に関する別稿による。そして，日本の大審院長の在任期間は，以下のとおりであった[9]。

1	玉乃世履	1875年（明8年）5・12	（事務取扱）
2	玉乃世履	1878年（明11年）9・13	長州（岩国），1886自殺
		（1879・10・25〜1881・7・27司法大輔）	
3	岸良兼養	1879年（明12年）10・25	薩摩
4	玉乃世履	1881年（明14年）7・27	
5	尾崎忠治	1886年（明19年）8・12	土佐
6	西成度	1890年（明23年）8・21	
7	南部甕男	1891年（明24年）4・8	土佐
8	児島惟謙	1891年（明24年）5・6	宇和島
9	名村泰蔵	1892年（明25年）8・24	長崎
10	三好退蔵	1893年（明26年）3・3	
11	南部甕男	1896年（明29年）10・7	土佐
12	横田国臣	1906年（明39年）7・3	
13	富谷鉌太郎	1921年（大10年）6・13	司法省法学校
14	平沼騏一郎	1921年（大10年）10・5	
15	横田秀雄	1923年（大12年）9・6	
16	牧野菊之助	1927年（昭2年）8・19	
17	和仁貞吉	1931年（昭6年）12・21	
18	林頼三郎	1935年（昭10年）5・13	
19	池田寅二郎	1936年（昭11年）3・13	
20	泉二新熊	1939年（昭14年）2・15	
21	長島毅	1941年（昭16年）1・31	
22	霜山精一	1944年（昭19年）9・15	
23	細野長良	1946年（昭21年）2・8	

第2章　大審院，ライヒ大審院

1　日本の大審院長

(1)　初代の大審院長の玉乃世履は，再任期間を通算すると10年近くの在任になるが，尾崎忠治は4年，大津事件で著名な児島惟謙は1年（1891年の大津事件の翌年，大審院判事の花札事件で辞職），三好退蔵は3年にすぎない。幕末の志士出身の南部甕男は10年近い。このころまでは，志士や藩閥などの出身者が多く，いわば政治任用の時代である。もっとも志士でも枢要な者は維新後にむしろ行政に携わったから，司法や立法院である元老院は，いわば論功行賞のための閑職と扱われた。また，玉乃世履，尾崎忠治，南部甕男，児島惟謙，名村泰蔵，三好退蔵などは，司法官の経験が長く，司法省経験者でもある。横田国臣は，在任が15年になるが，おもな経歴は司法官，検事総長などであり，この時期がいわば大審院人事の転機といえる。横田は，1898年は，志士出身の北畠治房（大阪控訴院長），春木義彰（検事総長）などの老朽司法官の大量免官を断行したが（清浦奎吾司法大臣の下で司法次官となり，曾禰荒助司法大臣の下でも継続），1921年に，原敬内閣による裁判官の定年制導入によりみずからも退職をよぎなくされた。

(2)　その後の大審院長の在任期間は短く，あまり個性的な者はいない。官僚化ともいえる。順送り・短期の者を除くと，横田秀雄は，4年，池田寅二郎は，3年で比較的長い。平沼騏一郎は，検事（1910年の大逆事件の求刑），検事総長，首相（1939年1月，独ソ不可侵条約をうけ，在職8カ月で，欧洲の情勢は複雑怪奇として辞職）の経験者でA級戦犯でもあるが，大審院長としての在任期間は2年にすぎず，検事総長（1912年）と司法大臣（1923年）の間の中継ぎの職であったにすぎない。林頼三郎は，検事と学者，泉二新熊は，司法省と学者，霜山精一も司法省経験者である。

最後の大審院長である細野長良や富谷鉷太郎は，裁判官のみの経歴である。富谷の任命は原内閣によるが，在任は4カ月にすぎず，細野も，敗戦後の大審院の解体が目前という特殊な事情があった。

(3)　戦前の司法行政権は，司法省にあったから，司法省がおおむね検事職の下にあったように，大審院も検事職の下にあった。そこで，大審院長は司法省の高官，とくに検事職の者から多く選任されたのである。戦後の裁判所

行政は，最高裁に移されたことから，法務省が検事職の下にある点は変わらないが，裁判所行政は，最高裁の長官，事務総局の下にある。ただし，最高裁判事，とくにその長官が事務総局経験者から選任されるのは，官僚化の再現である[10]。

日本の大審院では，上述の平沼の経歴が示すように，司法大臣が大審院長よりも格上であるが，戦前のドイツの場合には，司法部長から大審院長となることもあるから（Oehlschläger，もっとも，当時のライヒ司法部は弱小官庁であった），必ずしも一面的に司法大臣優位というわけではない。こうした多少のずれはみられるが，ともに官僚主義の典型例である。

2　ライヒ司法部とライヒ大審院

(1)　1871年のドイツ帝国の憲法（ビスマルク憲法）には，ライヒについては内閣も各省大臣に関する規定もなく（基本的には，首脳部 IV. Präsidium に関する規定があるだけであり，この規定は，皇帝と首相の権能のみに関係する。11条～19条），ライヒの司法的機能としては，立法への補助とライヒの法律の執行だけであり，裁判所の司法行政も，ライヒ上級商事裁判所とライヒ直轄のエルザス・ロートリンゲンや海外領に及ぶだけであった。

そこで，当初は固有の司法省もなく，官庁としては，ライヒ首相の管轄する官房下の官庁（Kanzleramt）があるだけであった。帝国・連邦といっても，北ドイツ連邦（1867年）と大差はなかったのである。官房下の司法部門の官庁が，ライヒ司法部（Reichsjustizamt）であり，人員もわずかであった（1875年–76年，暫定的な長は R. Delbrück，同人は，のちの大審院長の H. Delbrück とは異なる）。そして，法案は，プロイセンの各省が起案し，ライヒ官房に送られたが，最終的な責任は，プロイセン政府がおった。ライヒによる中央集権ではなく，プロイセンによるラントのヘゲモニーの形態である。裁判所の運営と執行は，各ラントの司法省と裁判所の下にあった[11]。ちなみに，現在でも，高裁（OLG）と地裁（ラント裁判所）以下の裁判所は，基本的に州（ラント）の管轄である。

ライヒ司法部には，当初，裁判所の運営にあたるほどの人員や能力もなく，立法の補助を主とする機関にすぎなかった（のちのワイマール共和国下のライヒ司法省の原型）。そして，1870年代末には，新たな連邦法の起草作業，たとえば民訴法や刑訴法の完成に伴い，組織としての存続は，危機に陥った。し

かも，社会性の強い立法作業はプロイセンの各省が独占し，立法補助機関としての活動も制約されていたことから，民法典編纂事業に関与することにより，延命（あるいは組織の拡大）を図ったのである[12]。

（2）ライヒ司法部の部長は，Friedberg, Schelling, Öhlschläger, Bosse, Hanauer, Nieberding, Lisco であり，このうち，最初の Friedberg は，プロテスタントに改宗した元ユダヤ教徒であった[13]。なお，ライヒ司法部は，のちのライヒ司法省と区別されずに記載されることも多い。ライヒ司法省と同視する場合には，その長官はたんなる部長ではなく，大臣並みということになるが，厳密には，首相付属の官房下の司法部門の長官である。第一次世界大戦末期に部長となった Krause を除くと，わずか7人であるから，この点でも，ライヒ大審院長と同じく，かなり長い在任期間であった点が，わがくにの場合とは異なる。

ちなみに，わがくにの太政官制下の司法卿は，4人（1872年-1885年，江藤新平，大木喬任，田中不二麿，大木の再任，山田顕義で，このうち大木はほぼ10年，山田は2年であるが，山田は大木の下で5年ほど次官相当の大輔の地位にあった）であるが，内閣制度下の司法大臣（現憲法の前）は，46人（1885年-1946年）にもなる。比較のため，第一次世界大戦時1918年の原敬までだけで数えても22人になる。

ライヒ司法部は，ライヒ議会と連邦参議院の立法を補助するものとされた。ライヒ上級商事裁判所（のちライヒ大審院），ライヒ上級検事局，帝室特許庁を管轄した。ビスマルク帝国は連邦国家であったから，その他の下級裁判所や州の司法省は，各ラントの管轄であった。ライヒの権限は，かなり限定されていたが，それでも日本とは異なり検事局をも監督したのである（裁判所に各検事局が附置）。

（3）ドイツ統一後，副首相格の Rudolph von Delbrück が，ライヒ司法部の構想をたて，1874/75年に，ライヒ議会と連邦参議院により承認された。1876年に，独立の官庁として計画され，独立したのは，1877年である。当初は，ごく少人数の人員しかなく，部長（Direktor）のほか，4人の審議官（Rat）と，2人の補助者，4人の書記，会計官，記録係がいるだけであった。その他の人員は，臨時的に事務次官の裁量によった。最初の部長は，Heinrich Friedberg であり，プロイセン司法省の元次官であった。人員は，プロイセンのほか，バイエルン，ザクセン，ヴュルテンベルクなどの司法省から，司

第3篇　立法と法実務家の意義　　199

法行政に詳しいおもに裁判官職の者が集められた。

　もっとも，各ラントには司法省があり，連邦参議院はラントの代表からなるから，ライヒ司法部は，つねにラントの司法行政と緊張関係にあった。同様の関係は，ライヒ財務部（Reichsfinanzverwaltung）にもみられる。司法部の最初の任務は，ライヒ司法法の制定であり，その次は，民法と商法であった。

　最後の部長は，Paul von Krause であり，1919年までであり，その後は，ワイマール共和国の時代となり，ライヒ司法省に衣替えしたのである。Otto Landsberg（1869–1957）は，シャイデマン（Philipp Scheidemann, 1865–1939）内閣（1918，ワイマール共和国初代内閣）の司法大臣となった。

　ライヒ司法部の部長は，以下の通りであった[14]。

1	Heinrich Friedberg	(1813–1895)	1876. 12. 21–1879. 10. 30
2	Hermann von Schelling	(1824–1908)	1879. 11. 19–1889. 1. 31
3	Otto von Oehlschläger	(1831–1904)	1889. 2. 19–1891. 2. 2 のちライヒ大審院長
4	Robert Bosse	(1832–1901)	1891. 2. 2–1892. 3. 24
5	Eduard Hanauer	(1829–1893)	1892. 4. 2–1893. 4. 30
6	Rudolf Arnold Nieberding	(1838–1912)	1893. 7. 11–1909. 10. 25
7	Hermann Lisco	(1850–1923)	1909. 10. 25–1917. 8. 5
8	Paul von Krause	(1852–1923)	1917. 8. 7–1919. 2. 13

　(4)　R.Delbrück は，ライヒ司法部の創設と関連するが，ほぼ同時代に4人の同名の著名人がいる。

　①　Heinrich Delbrück は，のちにライヒ大審院長となった（後述）。② Rudolpf von Delbrück, 1817. 4. 16–1903. 2. 1 は，プロイセンの政治家であり，ライヒ司法部の実質的な創設者である。ほかに，③ Berthold Delbrück, 1817. 9. 28–1868. 5. 17は，裁判官であり，④ Clemens von Delbrück, 1856. 1. 19–1921. 12. 17も政治家である。

　本文に登場した②は，おもに商務省関係の官僚であり，関税政策などにかかわった。北ドイツ連邦の成立後は，連邦首相府（1871年からはライヒ首相府）の長となり，諸ラントの行政を統合する政策に係わり，実質的には副首相（Vizekanzler）格であった。1869年には，プロイセンの大臣をも兼任している。営業法（Gewerbeordnung, 1869），度量衡の統一，貨幣の統一などにも

功績があった。プロイセンの財務大臣の Otto von Camphausen とも親しかったが，しだいに首相のビスマルクが内政をもみずから掌握しようとしたことから，1876年に辞任した。ライヒ首相府は，多数の官庁に分割された。1878年から81年には，ライヒ議会議員であり，ビスマルクの保護関税政策に反対した[15]。

　③はマグデブルクで生まれ，ゲッチンゲン，ベルリン，ハレの各大学で学んだ。1841年に，リューゲン島の Bergen 区裁判所判事，1859年に，グライフスヴァルトの上級裁判所判事などを歴任した。従来の私法には，ローマ的要素やドイツ的要素だけをみる欠陥があり，これらのほか，グロサトーレン，後期グロサトーレン，注釈の時代の実務家などを複合した生きた関連性（lebendige Zusammenhange）が必要であり，ローマ法をドイツに活かすための変形が必要とする。プロイセンの裁判官にみられたゲルマン法との協調思想がみられる（ALR の注釈者にもみられた）。以下の業績がある。

Die Uebernahme fremder Schulden nach gemeinem und preußischem Recht, 1853. これによって，グライフスヴァルト大学から，名誉博士をうけた[16]。

　著作 Dingliche Klage des deutschen Rechts, 1857がある。

　同年生まれのヴィントシャイト（Windscheid, 1817. 6 . 26-1892. 10. 26)による追悼文がある。Windscheid, Zur Erinnerung an B. Delbrück (Krit. Vierteljahrschr. für Gesetzgebung und Rechtswissenschaft, Bd. 10).

　④は，1892年に，ダンチヒの政府委員，1896年に，同地の市長，1902年に西プロイセンの州首相，1905年には，プロイセンの商務大臣となった。鉱山管理や社会政策に係わり，とくに国家の社会政策を推進した。1909年には，ライヒの内務次官，1914年には，プロイセンの外務副大臣となった。1911年の，ライヒ保険法（Reichsversicherungsordnung）の成立にも功績があった。第一次世界大戦中は，1916年までドイツの戦時経済の組織化に勤めた。1918年の革命後は，ドイツ国民人民党に属した[17]。

　なお，Ernst Delbrück (1858-1933) は，日本のお雇い外国人として，独逸学協会学校で教え，のちライヒ統計局長官となった。②の縁戚である。彼については，お雇い外国人に関する別稿で扱う。

第3章　ライヒ大審院長 ── 人と業績 ──

1　ライヒ大審院長

　以下では，ライヒ大審院長と，ライヒ司法部長のうち，Friedberg, Nieberding, Landsberg など，大審院長とならなかった者を検討する。もっとも，その後，プロイセンの司法大臣やライヒの司法大臣となったり，晩年まで部長をする場合もあるから，必ずしもライヒ大審院長の職がとくに重い意味をもっていたわけでもない。これは，現在でも同じで，連邦司法省の司法行政権をうける連邦裁判所（BGH）の長官の地位が，連邦司法大臣よりも高いかには疑問もある。大陸型の大審院は，アメリカの最高裁判所のような高い地位を占めているわけではないのである[18]。

　ライヒ大審院の高い意味づけは，それが神聖ローマ帝国の帝室裁判所をモデルとしているという沿革のみにあり，実質的には，司法省と同格かそれ以下ともいえる。官僚国家であるプロイセンでは，プロイセン上級裁判所（最高裁に相当。Preussisches Tribunal）は，プロイセン司法省の下に位置づけられていたからである。ちなみに，わが旧大審院も，行政権の優越の体制の中で，司法省の下に位置づけられていた（戦後の三権分立の体制下の最高裁は，位置づけが異なるはずであるが，運用や意識には，なお行政権の優越がみられる）。

(1)　シムソンとブムケ

　初代のライヒ大審院長のシムソンと，最後の院長ブムケについては，かつて検討したことがあるので繰り返さないが，この二者の性格はまったく異なる。前者は，ユダヤ系政治家として著名であり，後者は，ナチス的傾向をもった者であり，ユダヤ系法学者や法曹を弾圧したからである。シムソンは経歴の大半が政治家であり，ブムケは司法省の高官の経歴が長いが，後半生は政治家に近いことから，本稿では立ち入らない[19]。

　なお，以下の大審院長の特徴をひと言で述べると，ドイツ民法典制定にかかわったエールシュレーガーとゼッケンドルフが帝政時代の大半を占め（グートブロードは短期のみ），H・デルブリュックも短期であったから，ワイマール共和国下のおもな大審院長はシモンズのみとなり，最後の大審院長ブムケには，ナチスの忠実な追随者との特徴がある。

(2) エールシュレーガー (Otto von Oehlschläger, 1831. 5. 16-1904. 1. 14)

エールシュレーガーは，1831年，東プロイセンの Gut Heiligenwald で生まれた。ゲルマニストのシュトッペ (Otto Stobbe, 1831. 6. 28-1887. 5. 19) と同年の生まれである。父親はプロイセンの役人 Karl Oehlschläger (1801-1855) であった。

1850年から，ケーニヒスベルク大学で学び，ケーニヒスベルクの学生団体 (Stifter des Corps Baltia) に属した。1858年に，司法官試補となり，Schwetz (西プロイセン) と Löbau (ザクセン) で裁判官職についた。1864年に，Marienwerder の検察官となった。1861年に，Marie Mellenthin と結婚し，息子は，のちに小説家となった (Hans von Oehlschläger, 1862-？)。

1870年から，ケーニヒスベルク市裁判所と郡裁判所の裁判官となった。1874年に，プロイセン司法省で上申官 (Vortragender Rat) となった。プロイセンの森林・狩猟法に詳しく，これらに関する著作の共同執筆者となった(1878/80)。

1879年に，軍法会議の陪席判事 (Generalauditeur) となり，軍刑事訴訟法の改革の作業に携わった。1884年には，プロイセンの上院の議員となった。1884年に，宮廷裁判所 (ベルリン高裁) の長官，1885年には，プロイセンの国務会議 (Staatsrat) のメンバー，王室法律顧問 (Kronsyndikus) となった。

1888年に，フリードリヒ3世によって，プロイセンの貴族の称号をうけ，1889年には，ライヒ司法部 (Reichsjustizamt) の部長となり，1890年に設けられた BGB 制定の第二委員会では，委員長となった。1891年には，シムソンのあとをついで，第2代のライヒ大審院長となった。ライヒ司法部の部長もしくは高官から，ライヒ大審院長となる慣習は彼に発する (ライヒ司法部の部長の転出先は，ライヒ大審院長のほか，第2代部長のシェリングのように，プロイセン司法省であることもある。当時は，まだプロイセン司法省の方が格上だったからである)。ライヒ司法部の理事の後任は，Gutbrod であった。1894年には，ケーニヒスベルク大学から，名誉博士号をうけた。目の病気のために，1903年に，勤続50年の祝日の後，辞職した。1904年に，ベルリンの Charlottenburg で亡くなった。

1886年から，ベルリン自由協会 (Gesetzlose Gesellschaft zu Berlin) の会員。真正の枢密顧問官，プロイセンの王冠勲章，赤鷲勲章，黒鷲勲章などの授与をうけた[20]。

第3篇　立法と法実務家の意義　　　　　　203

(3)　グートブロード（Karl Konrad Gutbrod, 1844. 3 . 10–1905. 4 . 17）

　グートブロードは，1844年に，バーデン王国のシュトットガルトで生まれた。1876年に，ヴュルテンベルクの区裁判官となり，1877年には，ライヒ司法部で参事官となった。1880年には，上申官と顧問官となった。Oehlschläger の後をついで，1891年に，ライヒ司法部の理事となった。ちょうどドイツ民法典と商法典の制定の時期であり，その編纂事業に携わった。チュービンゲン大学から，名誉博士の称号をうけた。1895年に，連邦参議院で，プロイセンの代表議員となった。1902年に，真正の枢密顧問官の称号をうけた。1903年11月 1 日に，ライヒ大審院長となり，在任中に，ライプチッヒで亡くなった。肺炎であった。短期で亡くなったため，当時懸案となっていたライヒ大審院の負担軽減と実務への接近という課題の解決は達せられなかった。リッペの継承権係争も，次代のゼッケンドルフの時代に解決された（ゼッケンドルフの項目参照）。

　ライヒ司法部の理事の後任は，真正の上級政府顧問官の Hoffmann であった。この Hoffmann は，フランクフルト（マイン）の生まれで，父の医療顧問官 Heinrich Hoffmann は，Struwwelpeter（「もじゃもじゃ頭」）の著者であった。この本は，子ども向け童話の絵本として今日なお著名である。ホフマンは，フランクフルトとカッセルで裁判官をしたのち，1885年から補助裁判官の身分でライヒ司法部で勤務した。新商法と有限責任会社法の制定に係わった[21]。

(4)　ゼッケンドルフ（Daniel August Hubert Rudolf Freiherr von Seckendorff, 1844. 11. 22–1932. 9 . 23）

　ゼッケンドルフは，1844年，ケルンで生まれた。父親は，ライヒ大審院付の上級検事(Oberreichsanwalt am Reichsgericht)の August Heinrich von Seckendorff，母親は，Maria Eleonore（geb. Laura, 1813–1902）であった。1856年に，父親がプロイセンの上級裁判所に移動したのに従ってベルリンに引っ越した。1862年に，アビトゥーアをえて，ベルリン大学とハイデルベルク大学で，法律学を学んだ。兵役を経て，1865年に，ベルリン高裁の管轄区で修習生となった。最初，Duisburg の区裁判所，1872年には，メッツのラント裁判所の検事となった（エルザス・ロートリンゲンはライヒの直轄地であった）。

　1879年から1899年まで，20年にわたりライヒ司法部に勤め，ここで，のち

にライヒ大審院長となったエールシュレーガーやグートブロードと同僚となった。彼の在任期の前半は、ビスマルクのライヒ首相の在任期の後半にあたる（1862年プロイセン首相、1871年から1890年までライヒ首相）。プロテスタントの多いプロイセン上層部では異例なことに、彼はカトリックであったが、昇進を重ねた。この間、2回、ハーグの国際私法会議に、ドイツの代表として派遣された。また、1898年の民事訴訟改革の事業や、著作権法や訴訟法、国際私法などの改正に係わった。特許庁でも、恒常的に作業をした。

1899年から、プロイセンの国務省の次官（Unterstaatssekretär）となり、おもにライヒ法とプロイセン法の立法を担当した。さらに、ライプチッヒの懲戒裁判所（Disziplinarhof in Leipzig）のメンバーともなり、1905年からは、グートブロードの後任としてライヒ大審院長となった。彼の在任期間の間に任命された大審院判事の多くは、保守派（national-konservativ）であった。

1905年に、ライヒ大審院の4部と7部は、ゼッケンドルフを裁判長として、侯国リッペの継承権係争について、侯爵レオポルド4世に有利な決定をした。Lippe-Biesterfeld の系統の同等性と Lippe-Detmold のラント法（1896年10月）による継承権の承認、ザクセン王 Albert von Sachsen の下での仲裁裁判所の判決などが考慮された[22]。また、1908年に、弁護士名誉（懲戒）裁判所の判決には、ライヒ大審院長として係わり、弁護士の Karl Liebknecht（1871. 8.13-1919. 1.15）から、国家反逆罪を理由として弁護士資格を剥奪した（同人は、1919年のスパルタクス団蜂起で著名）。ゼッケンドルフが院長の間に出されたライヒ大審院の判決は、第一次世界大戦の時期を挟むことから、労働法や刑法で、政治的に影響力の大きいものが多かった。また、その解釈態度は、なんらかの意味で法律の文言と目的に合致する限りでの法の態度を肯定する柔軟なものであり、その在任期間中には、積極的契約侵害や契約締結上の過失の理論が確立された。1918年の革命後、ライヒ大審院長の職を辞したが、1920年1月まで在職。

1907年に、ライプチッヒ大学から、名誉博士号を授与され、ライプチッヒ市からは、1916年に、名誉市民の称号を授与された。1920年に名誉職を含むすべての職を辞し、1932年に、ライプチッヒで亡くなった。88歳であった[23]。

(5) デルブリュック（Heinrich Delbrück, 1855. 7.16-1922. 7. 3）

デルブリュックは、1855年に、ベルリンで生まれた。父（Adelbert Delbrück,

第3篇　立法と法実務家の意義　　　205

1822-1890）は，ドイツ銀行の創業者の1人である。シュトラスブルク大学とベルリン大学で法律学を学び，1882年に，修習生となり，1882/83年，ロンドンのドイツ領事館に勤務した。

1883年に，Kyritz で区裁判官となり，1888年に，Lüneburg でラント裁判官，1891年に，ベルリンで，ラント裁判官となった。1898年に，ベルリンの宮廷裁判所裁判官となった。その後は，司法行政の道を歩み，1899年に，ライヒ司法部の顧問官と上申官となった。出版法（Verlagsrecht）や著作権法の制定，民訴法の改正に関わった。

建築家の Martin Gropius の娘 Elisabeth（1863-1910）と結婚したが，死別し，1911年に，姉の Bertha（1854-1941）と再婚した。

1913年に，ライヒ司法部の理事となり，1917年に，次官（Unterstaatssekretär）となった。1920年1月1日に，ライヒ大審院長となったが，じきに重い病気になり，在任中の1922年に，シュレスヴィッヒ・ホルシュタインの Toestorf で亡くなった[24]。

⑹　シモンズ（Walter Simons, 1861. 9. 24-1937. 7. 14）

シモンズは，1861年に，ラインラントの Elberfeld で生まれた。1685年にラインラントに移住したユグノーの家系であった。父親 Ludwig(Louis)（1831-1905)は，絹織物工場主で，商工会議所の会頭をも勤めた。母親 Helene(1842-1916）は，ゾーリンゲンの商人の家系であった。Elberfeld（Abitur 1879）のギムナジウムを卒業後，1882年まで，シュトラスブルク，ボン，ライプチッヒの各大学で，法律学のほか経済学，哲学，歴史を学んだ。シュトラスブルクでは，ゾーム（Rudolf Sohm, 1841-1917）から学び，その教会法理論に影響をうけた。1882年には，国家一次試験に合格し，1882年に，Colmar で修習生となり，兵役にも服した。1893年に，国家二次試験に合格し，ボンとゾーリンゲンで補助裁判官となった。1893年に Velbert（Rheinland）の区裁判官。1897年には，チューリンゲンのラント裁判官となった。1905年には，キール高裁の裁判官となったが，同年，ライヒ司法部に移り，1907年に，改組されたライヒ司法省で，政府の枢密顧問官となった。同時に，国際法に関する上申官となったことから，多くの国際会議に参加することになった。1911年に，外務省の法律顧問となり，1918年には，ロシアとの休戦協定ブレスト・リトフスク条約の締結に係わった。1918年に，首相府で，国際法の顧問となった。

206 第2部 プロイセンの実務家とライヒ大審院

1918年の国家改造計画にも関与した。1918年に，外務省の理事となり，条約問題に携わった。

1919年に，ベルサイユに派遣されたドイツ平和外交団の全権委任（Generalkomissar der deutschen Friedensdelegation in Versailles）となったが，条約を拒否し辞任し，1920年に，RDI の社長となった。1920/21年には，外務大臣となり，ここでもロンドン最後通牒（Londoner Ultimatum）に抗議して辞任。1922-1929には，ライヒ大審院長，ライヒ国家裁判所長官となった。

1925年には，ワイマール共和国初代大統領のエーベルト（Friedrich Ebert, 1871-1925. 2 . 28，在任は1919-25）の死亡後，ヒンデンブルク（Paul von Beneckendorff/Hindenburg, 1847-1934，在任は1925. 5 . 12-1934）の就任前まで，大審院長として，ライヒ大統領代理（geschäftsführender Reichspräsident）となった。裁判官の共和国裁判官連盟への加入に反対し，SPD，とくにラートブルフ（1878-1949）と対立した。1925年にライプチッヒで講演し，ライヒ行政裁判所の独立に反対した。ライヒ経済裁判所からのカルテル裁判所の独立にも反対した。1928年には，大統領のヒンデンブルクと対立し，じきに職を辞した。1927年に，ライプチッヒ大学から，名誉教授号をうけた。キール，ボン，コロンビア，ニューヨーク大学の名誉教授号をもうけた。1925-1936年には，プロテスタント教会会議（Evangelisch-Sozialen Kongresses）の指導者となり，全キリスト教運動（ökumenische Bewegung）を擁護した。

1929年に引退し，1937年に，ポツダム近郊の Neubabelsberg で亡くなった。プロテスタントであった。その息子に，Hans Simons（アメリカの連絡将校として，戦後のドイツ基本法の制定に寄与した），娘に Tula Simons（国法学者の Ernst Rudolf Huber と結婚した）がいる[25]。

政治家としての経歴が長いわりには，多くの著作があり，以下の著作は一部である。

La conception du Droit international privé d'après la doctrine et la pratique en Allemagne, 1928.

Religion und Recht, 1936.

以下の2著は，法律というよりも，キリスト教関係である。

Kirchenvolk und Staatsvolk, 1937.

Christentum und Verbrechen. Vortrag gehalten auf der Weltkonferenz für Praktisches Christentum zu Stockholm am 22. 8 . 1925, 1925.

第3篇　立法と法実務家の意義　　　　　　　207

2　ライヒ司法部長

　以下の3名は，ライヒ大審院長にはならなかったが，司法部または司法省の高官である。ただし，ランズベルクは，ワイマール共和国の司法部長かつ司法大臣であり，前任者とはまったく経歴は異なる。どちらかというと，民間畑の経験が長い。同じユダヤ系でも，フリードベルクが，典型的なプロイセンの高官・官僚であるのに比すると，SPD の政治家と位置づけられる。

(1)　フリードベルク (Heinrich von Friedberg, 1813. 1 . 27–1895. 6 . 2)

　フリードベルクは，1813年，西プロイセンの Märkisch Friedland で，ユダヤ系の家系に生まれた。父 Israel Abraham（のち August に改名, 1780–1822）は，金融業者で商人でもあった。母は，Emma Dann (1782–1860)。1833年から，ベルリン大学で，サヴィニーなどから法律学を学び，1841年に，ベルリン高裁で修習生となった。1845年，上級検閲裁判所の検事補助となり，このころから，F. W. L. Bornemann のいるプロイセンの司法行政省で，補助者となった。1848年から，ベルリン高裁の検事となった。

　1845/48年の時期（1848年は，3月革命）は，プロイセンの司法改革の時期でもあった。司法行政大臣の Uhden の下で，プロイセンに口頭の予審手続を導入する改正に携わった。リベラルな立場から，検事が，警察を含めすべての法律違反を調べ，被告人を免責する権能を主張した（法の番人 Gesetzeswächter としての検察官）。しかし，草案には，進歩的な部分はあまり採用されず，立法大臣は，サヴィニーに代わり，サヴィニーも，彼の作業の多くを承認しなかった。

　1850年から，グライフスヴァルト高裁で，上級検事となった。その時期には，私講師として大学で講義もした。1854年に，ベルリンに戻ってから，司法省で，枢密顧問官となった。1868年に，北ドイツ連邦の刑法の起草に携わった。同法は，1870年に発効し，翌年，ドイツ統一がなると，ライヒ刑法となった。軍事刑法の起草にも関与した。

　1870年に，司法試験委員会の長となり，1872年に，真正の枢密顧問官，プロイセン上院の議員となった。1873年に，プロイセン司法省の次官となり，刑事訴訟法の起草をした。1875年に，王室法律顧問，1876年には，新たなライヒ司法部の部長となった。1879年には，Adolph Leonhardt の後を継いで，プロイセンの司法大臣となった（1889年まで）。ライヒ司法法の導入後のこの

208   第2部 プロイセンの実務家とライヒ大審院

時期に，プロイセンの裁判所の大臣として対応した。1895年，ベルリンで亡くなった。プロイセンの貴族に列せられた[26]。

(2) ニーベルディング（Arnold Nieberding, 1838. 5. 4 -1912. 10. 10）

ニーベルディングは，1838年に，西プロイセンの Konitz で生まれた。父は，ギムナジウムの校長 Karl Nieberding（1805-1892）であった。Recklinghausen で育ち，1856年に，そこでアビトゥーアをえて，イエナ，ブレスラウ，ハイデルベルク，ベルリンの各大学で法律学を学んだ。1863年に，国家試験に合格し修習生となった後，ブレスラウで役人となり，1866年にプロイセン商務省に勤めた。1866年に，水法のテキストを著した。Th. Ph. Berger の筆名で，1872年には，1869年のライヒ営業法（Reichsgewerbeordnung）のコンメンタールをも著した。

1872年に，ライヒ首相府に移動し，1875年に上申官となった。1889年からは，司法部付となり，1893年に，真正の枢密顧問官，ライヒ司法部の部長となった。退職する1909年まで16年間，ここにとどまった。その間，1874年には民法典の第二草案の起草に関係したが，内容に影響を与えることはなかった。民法典の発効した1900年1月1日に，DJZ は，Pape, Planck, Künzel とともに，彼の肖像画を掲載した。1900年後は，刑法と刑訴法の改正，商法の改正に係わった。刑法や刑訴法の改正では，保守的学派とリベラルな学派の対立する学説や学問と実務の妥協に力があったとされる。1912年に，ベルリンで亡くなった。ルター派のプロテスタントであった[27]。

以下の著作がある。

Wasserrecht und Wasserpolizei im Preußischen Staate. Korn, Breslau, 1866; 2. Aufl. 1889, herausgegeben von Felix Frank.

Deutsche Reichs-Gewerbe-Ordnung. Gegeben Berlin, den 21. Juni 1869. Nebst den vom Bundesrath beschlossenen Ausführungs-Bestimmungen. Text-Ausgabe mit Anmerkungen und Sachregister, Guttentag, Berlin 1872（ペンネーム Th. Ph. Berger で公刊）

(3) ランズベルク（Otto Landsberg, 1869. 12. 4 -1957. 12. 9 ）

ランズベルクは，1869年に，上シレジアの Rybnik で，ユダヤ系の家系に生まれた。父は，医療顧問官で，母は，Ilse Landsberg-Christiansen。1887

年に，ポーゼン州の Ostrowo でアビトゥーアをえて，ベルリン大学で法律学を学んだ。ユダヤ系の学生は，多数の大学を遍歴するよりも，ベルリン大学やボン大学に留まることが多く，彼もそうであった。1890年に，第一次国家試験に合格し，Gostyn, Ostrowo, Posen などで修習し，1895年に第二次国家試験に合格した。1895年に，マグデブルクで弁護士となった。1907年，ライヒ議会議員選挙に出て落選したが，1912年の選挙では，当選した（SPD）。第一次世界大戦では，国民主義的であり，戦時公債（Kriegskredite）に賛成したが，ライヒ議会の憲法委員会では，内政の民主化，選挙法の改正を主張した。

　1918年の革命では，SPD の代表となり，プロイセンの臨時政府の人民委員（Volkskommissar）となり，比例代表制，女性の参政権，プロイセンの行政の民主化を主張した。1919年には，ライヒ司法部の次官，シャイデマン内閣の司法大臣となった。1919年のパリ講和会議では，ドイツ代表団の一員となったが，条約への署名を拒み，大臣をも辞任した。政府に復帰することはなかったが，1920年から23年には，ベルギー大使となった。1919/20年には，ワイマールの国民会議の議員，1924年に，ベルリンで弁護士となった。1925年には，名誉毀損事件(Dolchstosslegende)で，大統領の Friedrich Ebert(1871–1925, 在任1919–1925)を弁護した。1924年から1933年には，ライヒ議会で SPD の議員であった。1933年に，ナチスの政権獲得後は，オランダに亡命した。第二次世界大戦中も，高齢のためオランダで難を免れた。戦後もオランダに留まり，1957年にオランダの Baarn（ユトレヒト）で亡くなった。

　著名なボンの法史学者のランズベルク（Ernst Landsberg, 1860. 10. 12–1927. 9. 29）とは直接の関係はない[28]。

3　戦後の地区最高裁と連邦裁判所（BGH）

⑴　ライヒ大審院の解体

　第三帝国の崩壊により，1945年に，ライヒ大審院は解体した。その結果，訴訟の途中で最終審の判決が出ない場合が多数生じた。最後の院長ブムケは，ライプチッヒへのアメリカ軍の進駐前に自殺した。そして，占領地の調整によって，ザクセンが東ドイツに組み込まれたことから，1945年8月25日以降，裁判官の3分の1以上の37人の裁判官は，ソ連の秘密情報機関（NKWD）により逮捕され，裁判なしにライプチッヒの裁判所牢に収容された。さらに，

裁判官らは，その後，Nr. 1 Mühlberg/Elbe の特別収容所に，1948年から
は，Nr. 2 Buchenwald の特別収容所に移された。1950年から55年に釈放さ
れたときには，収容されたライヒ大審院の裁判官は，4人しか生き残ってい
なかった。その他は，餓死したか病死したのである[29]。

(2)　E・ヴォルフ（Ernst Wolff, 1877. 11. 20–1959. 1. 11）と地区最高裁
(a)　ライヒ大審院の終焉によって，4つの占領地域間の法の分裂
（Rechtszersplitterung）が生じた。1946年11月の末に，イギリス区域の司法
中央部長，前のハンブルク高裁長官 Wilhelm Kisselbach（1867–1960）は，
統一的なドイツの上告裁判所の必要性を訴え，ソ連地区の司法中央部長，前
ライヒ司法大臣の Eugen Schiffer（1860–1954）も，中央裁判所の設置を考
えた。さらに，地区ごとに部をもつライヒ大審院の計画もあった。しかし，
東西の対立から，これらのプランは否定されたのである。また，アメリカや
フランスの地区は，歴史的に南ドイツ内での完結性が高かったことから，ラ
ントを超えた全地域の司法の統一の必要性は，あまり高くなかった。
　しかし，北西ドイツを中心としたイギリス地区は，もとのプロイセンの領
域であり，分裂の伝統は比較的早くに収束した歴史があることから，全地域
に共通の統一司法の必要があった。こうして，イギリス地区に，統一的な上
訴裁判所が必要となったことから，1947年10月には，イギリス地区の最高裁
（Der Oberste Gerichtshof für die Britische Zone）の設立の立法が行われ，1948
年4月には活動を開始した。裁判管轄と手続法に関しては，ライヒ大審院の
それが参考とされた。当初は，民事と刑事の1部ずつから出発し，各部に，
ライヒ大審院でも1923年以来普通であった各5人の裁判官がおかれることと
なった。しかし，人員の欠乏から，最初は3人のみであった。
(b)　地区最高裁の長官には，かつてのベルリンの弁護士会の会長 Ernst
Wolff が任命された。彼は，ユダヤ系の亡命法学者（民法，国際私法）の M.
ヴォルフ（Martin Wolff, 1872. 9. 26–1953. 7. 20）の姻戚であり，最初のライ
ヒ大審院長の Simson の孫でもある。これによって，両裁判所の継続性が強
調されている。裁判所は，大学都市のケルンにおかれた。この裁判所は，1949
年に，補助裁判官を入れることによって，さらに2つの部が追加された。そ
の活動は，ドイツ連邦共和国の成立（1949年）後は，連邦裁判所の一部とし
て存続した。地区最高裁は，1950年9月30日の，連邦裁判所（BGH）の開設

第3篇　立法と法実務家の意義　　　211

まで継続した。連邦裁判所の開設後，その訴訟記録は移管され，連邦裁判所はただちに仕事を開始できたのである[30]。

　E. Wolff の父は，医師であり，母は，Simson の娘であった。1895年から，ベルリン大学とローザンヌ大学で法律学を学び，1891年に，第一次国家試験に合格し，修習生となった。1899年に，博士の学位をえた（Die Haftung des Ratgebers, 57頁。審査員は，Pernice, Hübler, Brunner の各教授で，成績は優等（magna cum laude）であった。記番号411）。兵役後，1904年に，第二次国家試験に合格した。1914年に勃発した第一次世界大戦でも，兵役に服し負傷した。戦後，1919年に，ベルリンで弁護士となった。1929年に，ベルリン弁護士会の会長となった。多くの修習生の教育にもあたった。その中には，Walter Hallstein, Hans-Joachim von Merkatz, Ulrich Scheuner, Walter Strauß などがいた。1933年のナチスの政権獲得後，弁護士会長を辞し，ドイツ法曹会議（DJT）の解散を宣言した。祖父母の時期からプロテスタントであったが，ユダヤ系のため弁護士職をも免じられた。1938年に，イギリスに亡命した。1947年に帰国し，1949年に，占領軍から，イギリス地区の最高裁の長官に任命され，1950年の連邦裁判所の設立まで裁判官を務めた。1950年に，ケルン大学で講義をし，大学は，彼に名誉教授号を与えた。1949年のドイツ法曹会議の再開に尽くした。1959年に，チュービンゲンで亡くなった[31]。

(3)　ヴァインカウフ（Weinkauff, 1894-1981）

　戦後の連邦裁判所については，初代長官のヴァインカウフのみを扱う。ヴァインカウフは，1894年に，ファルツの Trippstadt で生まれた。Speyer のギムナジウムを出て，ミュンヘン，ハイデルベルク，ヴュルツブルク，パリの各大学で，法律学を学んだ。1920年に，第一次国家試験に合格し，裁判所試補となった。1924年に，ミュンヘンのラント裁判所で検察官となった。その後，ミュンヘンの労働裁判所で，区裁判官となった。1928年には，パリでフランス法を学んだ。

　1930年に，Berchtesgaden の区裁判所で，上席区裁判官，1932年に，ミュンヘンのラント裁判所で部長，1935年に，ライヒ大審院で補助裁判官となり，1937年に，ライヒ大審院の裁判官となった。1938年に，ナチス時代の勲章（Treudienst-Ehrenzeichen）をうけた。

　戦後，アメリカの収容所に入れられ，解放後，バンベルクのラント裁判所

の所長代理をし，1949年には，同地の高裁長官となった。1950年に，最初の連邦裁判所（BGH）長官となった。1951年に，ハイデルベルク大学から名誉博士をうけた。1952年のドイツ法曹大会では，講演をしている（vgl.Klang, Berliner Kundgebung 1952 des Deutschen Juristentages, JBl 1953, 10）。

　1960年に，引退した後，多くの著作を著した。連邦共和国の功労勲章をうけた（Großes Bundesverdienstkreuz mit Stern und Schulterband）。1981年に，ハイデルベルクで亡くなった。著作では，Die deutsche Justiz und der Nationalsozialismus が著名である。法実証主義（Gesetz ist Gesetz）が，ナチスに対して無力であったとし，宗教的な自然法の感情を吐露している。自然法思想は，BGH の判決にも少なからず影響している。自然法や抵抗権の側面からの著述が多い[32]。

　Das Naturrecht in evangelischer Sicht, in : Werner Maihofer（hrsg.）, Naturrecht oder Rechtspositivismus?, 1962, S. 211 ff.

　Richtertum und Rechtsfindung in Deutschland, 1952.

　Die Militäropposition gegen Hitler und das Widerstandsrecht, in Europäische Publikation（hrsg.）, Vollmacht des Gewissens. Probleme des militärischen Widerstandes gegen Hitler, Bd. 1, 1960, S. 152 ff.

　Das Naturrecht und die Große Justizreform. Gedanken über die Grundfragen der Rechtsprechung, in Frankfurter Rundschau vom 6. April 1960.

　Über das Widerstandsrecht. Vortrag, gehalten vor der juristischen Studiengesellschaft in Karlsruhe, Karlsruhe 1956.

　Die deutsche Justiz und der Nationalsozialismus, 1968.

　ほかに，フランスの司法改革に関する論文がある。

　Die Französische Justizreform von 1926-1929, JR 1929, 221 ff.

第4章　むすび

1　ドイツ民法典草案批判

　ドイツ民法典への批判，とくにその第一草案への批判は著名である。ギールケは，草案が生きたドイツ私法を無視していることと，草案の個人主義を批判した。これにより，草案のローマ法的要素は後退し，一定のドイツ法の

影響力を維持させたのである。また，A・メンガーは，草案の時代遅れなこと，すなわち，経済的な個人主義を指摘した。これらの批判の結果，直接占有の強化，加工者の所有権取得の強化，賃貸借法と雇用法における社会法的保護規定が行われた（売買は賃貸借を破らないこと，および使用者の安全配慮義務など）。民法典は，社会法的要求を満たすには十分ではなかったが，若干の意見のくみ上げが行われたのである[33]。法典審議にあたった法実務家たちは，当初パンデクテン法学の手のひらで法技術の整備にのみ終始したが，社会的要求に部分的に応える程度の柔軟性は有した。こうした意見の採用にあたっては，法実務家の官房学的配慮があったものと考えられる。

ほかに，ドイツ民法典については，専門性を重視するあまりに，用語の難解なことが指摘され[34]，また近時，女性の地位との関係でも批判のあったことが指摘されている。前者は多少改善され，ラテン語の法律用語が相当箇所にわたりドイツ語に置き換えられるなどの改善もみられたが，パンデクテンの体系や女性問題については，本質的にはいずれも，凡庸な法技術者である法実務家の手にはおえない部分であり，実質的な修正は行われなかったのである[35]。

2　A・メンガー

第一草案批判を主導したギールケ（Otto Friedrich von Gierke, 1841. 1 . 11
-1921. 10. 10）とメンガーのうち，ギールケは，ゲルマン法学者としてあまりに著名であることから，本稿では立ち入らない。本稿では，メンガーについてふれるにとどめる。その経歴は，従来の法学者のわくをはみ出るものである[36]。

アントン・メンガー（Anton Menger, 1841. 9 . 12-1906. 2 . 6 ）は，1841年に，オーストリア帝国の辺境ガリツィアの Maniów で生まれた。その兄は，政治家（Max Menger, 1838-1911）と経済学者（Carl Menger, 後注[39]）である。父（Anton M. v. Wolfensgrün）は，Alt-Sandez の弁護士であり，1848年に亡くなった。

クラコウでアビトゥーアを取得し，1860年に，クラコウ大学に入り，1860年の冬学期からウィーン大学で学び，1865年に学位を取得した。1875年まで弁護士をし，1872年に民訴法で教授資格・ハビリタチオンを取得し（Die Zulässigkeit neuen thatsächlichen Vorbringens in den höheren Instanzen, Eine civilprocessualische Abhandlung, 1873)，私講師となった。1874年に員外教授，1877年に正教授となった（民訴法）。1895/96年には，学長となった。学長就任演説では，法律学の社会的責任を論じた(Die sozialen Aufgaben der Rechtswissenschaft,（Antrittsrede bei Übernahme des Rektorates der Universität Wien), 1896（2. Aufl., 1905))。

　メンガーの理論は，19世紀後半の社会の変化を反映したものであり，自由放任の時代への疑問を含むものであった。社会的正義を追求したが，マルクスとは異なり，法理論的問題から出発するものであったことから，法曹社会主義といわれる。社会主義の法学的研究により，労働収益権や生存権，労働権の理論を立てた[37]。

　メンガーは，自然法的な法原則や基礎づけ（所有権の絶対性）を否定したが，一方的に歴史法学派に与するのではなく，法の適用につき，社会的な力関係との一致を求めた。ドイツ民法第一草案に対する批判として著名な論文は，草案のもつ自由放任主義的性格を批判したものであり，民法典の修正に一定の役割を果たした（Das Bürgerliche Recht und die besitzlosen Volksklassen, Eine Kritik des Entwurfs eines Bürgerlichen Gesetzbuches für das Deutsche Reich, 1890)。

　メンガーは，大量の社会主義的な文献を収集した。パリ，ロンドン，ベルリンなどに文献の収集のための旅行もし，ウィーンにおけるその蔵書は世界的なものとなった。1920年代の初め，その社会学的な私的蔵書は，労働者のための研究図書館となった。のちに，社会主義に関する1万6000冊の蔵書はウィーン大学に寄贈されたが，第二次世界大戦のさいに失われた。

　法曹社会主義(Juristen-Sozialismus, Die Neue Zeit, 2, Jg. 1887; abgedr. MEW 21, 491 ff.) は，エンゲルス（1820–1895）とカウツキー（1854–1938）が，メンガーを批判するさいに用いた用語である。メンガーは，マルクスの資本論やその構想に反対し，法理論的に基礎づけようとし，剰余価値論は，マルクス以前に，別の意味であってもすでにあったとしたのである。

　メンガーは，1897年に，宮廷顧問官（Hofrat）となった（もっとも，この称号は内容的にはほとんど無意味である）。定年後，健康を害し，しばしばアルプスの南で過ごし，1906年に，ローマで亡くなった。1919年に，ウィーンのFloridsdorf（21. Bezirk）の道路が，彼にちなんでMengergasseと命名された[38]。

以下の業績がある。

Das Recht auf den vollen Arbeitsertrag in geschichtlicher Darstellung, 1886.

Gutachten über die Vorschläge zur Errichtung einer eidgenössischen Hochschule für Rechts-und Staatswissenschaft. Zürich, 1889.

Neue Staatslehre. 1903.

Neue Sittenlehre. 1905.

著名な経済学者であるカール・メンガーは，彼の兄である[39]。

3　立法における法実務家の成果

ドイツ民法典編纂への司法部の影響は多々あるので，いちいち立ち入ることはできない。第一草案批判に応じて変更された点について，若干のものにだけふれる。もっとも著名な第一草案との変更点は，「売買は賃貸借を破る」を修正したことであるが（566条），雇用に関する保護義務が明示され（618条），また，受領遅滞による障害（615条），労働者の一身的事由による障害で対価支払義務が肯定された（616条）[40]。危険責任は，1871年の損害責任法（Haftpflichtgesetz）が定めていたが，危険責任原理が比較的広く肯定された[41]。

247条では，年利6分以上の消費貸借で，告知権が肯定された（247条）[42]。

343条では，裁判官による違約金の引下げ権能が肯定された[43]。スイス債務法163条3項も同様であり，わが420条1項後段とは異なる。

530条では，忘恩行為による贈与の取消が肯定された[44]。

おおむね小市民的な保護法理が採用されているのは，司法部の実務家の立場を強く反映したものであろう。また，一般的傾向として，第一草案の失敗にかんがみて，秘密主義から公開主義に転換し，広く世論を喚起する方針がとられたことが注目に値いする[45]。しかし，わが民法典の制定にあたっては，第一草案をおもに参照したことから，これらの経験はほとんど生かされることはなかった[46]。

⑴　拙稿「ドイツ民法典と法実務家⑴」（一橋法学12巻2号6頁）参照。

　　なお，以下で用いる「ライヒ」は，「帝国」と訳される場合もあるが，ワイマール共和国もライヒを称したから，必ずしも正確ではない。帝政は，ビスマルク帝国までとみるべきである。

中世ヨーロッパの法観念によれば，ライヒは，世界帝国としてのローマ帝国の承継国家を意味している。カール大帝の戴冠（800年）は西ローマ帝国の再建であり，オットー大帝の戴冠による神聖ローマ帝国（962年）はその承継を意味した。さらに，1871年のドイツ統一後は，ビスマルク帝国が「ライヒ」を称したのである。ただし，言葉のインフレは，ライヒにもあてはまり，1806年の神聖ローマ帝国の解体後は，オーストリアも帝国を称し，東ローマ帝国の承継を自認するロシアも帝国を称し，ナポレオンも帝国を称した。ヨーロッパに属さない中国やオスマン・トルコも帝国で表示される。イギリスはヨーロッパでは王国にすぎないが，植民地インドの支配者としては帝国である。これに対し，ライヒを構成する諸邦は，「ラント」である。現在では，「連邦」と「州」の関係となる。拙稿・一橋法学11巻1号34頁参照。そして，中世では，定冠詞だけで「帝国」とだけいえばそれは「神聖ローマ帝国」を意味した。啓蒙思想家のヴォルテール（1649-1778）は，神聖ローマ帝国は，神聖でもローマでも帝国（ライヒ）でもないとして，その実質性を嘲笑したが，反面，その形式的・外交上の優越にも言及している。ヴォルテール・ルイ14世の世紀（丸山熊雄訳・1・1958年）15頁，107頁。同14頁には，ルイ14世前のヨーロッパ諸国の概要がある。

(2) ヴィアッカー・近世私法史（1961年，鈴木禄弥訳）560頁以下参照。原著は，Wieacker, Privatrechtsgeschichte der Neuzeit, 1967, S. 469ff. ツヴァイゲルト・ケッツ・比較法原論（上・大木雅夫訳）268頁（1971年版の翻訳）。Zweigert-Kötz, Einführung in die Rechtsvergleichung, 3. Aufl., 1996, S. 140.

(3) ヴィアッカー・前掲書573頁。なお，司法省の高官は，ほどんどが裁判官と司法行政のみを経験するが，リューガー（Konrad Wilhelm von Rüger, 1837. 10. 26-1916. 2. 20）のように，かなり弁護士の経験がある場合もある。Vgl. Horst Jakobs, Werner Schubert, Materialien zur Entstehungsgeschichte des BGB : Einf., Biographien, Materialien, 1978, S. 84. 英米のような法曹一元制度をとらないドイツの事例では，まれである。ドイツの法曹一元は，法曹養成までであり，キャリアの一元化まではしていないからである。

(4) ヴィアッカー・前掲書574頁。同書によれば，ヴィントシャイトでさえも，立法には義務感からやむをえず関与し，イェーリングは，ひらめきのある気性と独創性をもっていたために近づかなかったし，ギールケは，第一草案に対する批判によって初めて一般に知られるようになったのである。そして，批判者を立法事業に近づけることは，官僚には歓迎されなかったのである。その逆に，古くは，Goldschmidt や Gneist のような御用学者の例がある。

(5) 行政裁判権は行政裁判所の，また司法行政は司法省の権限であった。旧裁判所構成法によれば，司法大臣の監督権限は，裁判所一般に及んだが，大審院長のそれは，大審院のみを対象としている。検事総長が，その検事局のみならず下級検事局をも監督したのとは異なる。ドイツと似ているようではあるが，明治維新後，わがくには連邦国家ではないので，ここで大審院が下級裁判所を監督しないのはおかしいのである（連邦制の下では，下級審であるラント裁判所はラントの固有の権限に属する）。現在の最高裁は，下級裁判所のすべてを管轄している（もっとも，立法論的には，より高裁

の権限を拡大するべき問題が残されている)。

「第135条　司法行政監督権ノ施行ハ左ノ規程ニ依ル

第1　司法大臣ハ各裁判所及各検事局ヲ監督ス

第2　大審院長ハ大審院ヲ監督ス

第3　控訴院長ハ其ノ控訴院及其ノ管轄区域内ノ下級裁判所ヲ監督ス

第4　地方裁判所長ハ其ノ裁判所若ハ其ノ支部及其ノ管轄区域内ノ区裁判所ヲ監督ス

第5　区裁判所ノ一人ノ判事若ハ監督判事ハ其ノ裁判所所属ノ書記及執達吏ヲ監督ス

第6　検事総長ハ其ノ検事局及下級検事局ヲ監督ス

第7　検事長ハ其ノ検事局及其ノ局ノ附置セラレタル控訴院管轄区域内ノ検事局ヲ監
　　督ス

第8　検事正ハ其ノ検事局及其ノ局ノ附置セラレタル地方裁判所管轄区域内ノ検事局
　　ヲ監督ス」

　　拙稿「キルヒマン (Julius Hermann von Kirchmann, 1802. 11. 5 –1884. 10. 20)
と法律学の無価値性」民事法情報284号27頁参照。第2部4篇所収。

(6)　ドイツの連邦裁判所について，拙稿「連邦裁判所の過去と現在」法の支配155号21
頁，拙著・民法の体系と変動 (2012年) 394頁所収。また，日本の裁判官の昇進のヒ
エラルキーが，相撲の番付のように決まっていることについては，瀬木比呂志・絶望
の裁判所 (2014年) 85頁参照。

　　検察官でも同様である。一例として，検事総長経験者であるエリートのコースは，
そのまま役所の昇進の階段である。その昇進のルートは，以下のようになる。横浜地
検検事，東京地検特捜検事，<u>法務省刑事局付検事，法務省参事官，刑事課長，総務課
長，人事課長，会計課長</u>，東京地検次席検事，最高検検事，<u>刑事局長，事務次官</u>，最
高検次長検事，東京高検検事長，検事総長。伊藤栄樹・検事総長の回想 (1992年)　9
頁参照。下線は法務省の人事で，それ以外は検察官の昇進ルートである。

(7)　アメリカの最高裁長官の在任期間は，さらに長い。1953年からわずかに，4人のみ
である。しばしば15年以上になる。藤倉皓一郎「アメリカ最高裁の動向」法の支配153
号5頁参照。その権威の高さは，わが最高裁やドイツの連邦裁判所長官の比ではない。

(8)　Lobe, 50 Jahre Reichsgericht am 1. Oktober 1929, 1929, S. 338. 上級商事裁判所
長官のパーペについては，一橋法学12巻2号36頁参照。

　　さらに，大陸型の最上級裁判所に特徴的なことは，大審院が唯一の最高の裁判所で
はないことである。これと同列の憲法裁判所，行政裁判所などが存在し，司法の最高
権威は分裂している。ドイツでは，さらに，労働裁判所，社会裁判所，財務裁判所も
存在している。

(9)　裁判所百年史 (最高裁事務総局編，1990年) 535頁以下参照。なお，明治時代の大
審院長は，司法大臣の監督の下にあったから，その地位は，俸給にも反映されている。
司法省高等官任命及俸給令によれば，大臣は年俸6000円であるが，判事検事俸給令に
よると，大審院長は，年俸5000円である。明治宝鑑 (1892年，復刻1970年) 1989頁，
2010頁参照。また，玉乃世履の経歴では，大審院長ー司法大輔ー大審院長となってい
るから，大審院長は，司法次官相当の大輔と同格である。

218 第2部　プロイセンの実務家とライヒ大審院

(10)　最高裁の長官は，1980年代以降，全員が事務総局系の裁判官出身で，9人中4人が
　　事務総長経験者である（瀬木・前掲書（前注(6)）86頁）。つまり，日本のキャリアシ
　　ステムは，支配権が司法省から最高裁長官，最高裁事務総局に替わっただけで，戦前
　　のシステムと本質的に変化していない（同96頁）。なお，戦前の事件については，野
　　村二郎・日本の裁判史を読む事典（2004年）285頁以下など参照。また，個人につい
　　て比較的広く網羅しているものとしては，大植四郎編・明治過去帳，大正過去帳(1946
　　年）がある。

(11)　このライヒ司法部の成立と組織の詳細について，平田公夫「帝国司法庁（Reichs-
　　justizamt）とドイツ民法典」岡山大学法学会雑誌47巻2号，51巻2号，4号。(1)132
　　頁以下が詳しい。また，Kuhn，（後注(14)）をも参照。

(12)　平田・前掲論文（前注(11)）(1)141頁，(3)837頁。立法や民法編纂事業が，組織の延命
　　や拡大の手段となることは，現在のわが民法の改定論議にもあてはまる。つとに加藤
　　雅信教授が指摘されるところである（加藤雅信・民法（債権法）改正（2011年）165
　　頁参照）。比較法的に優れたものとならないことは避けられない。

(13)　Vgl. Jakobs und Schubert, a.a.O., S. 50ff., S. 54ff., S. 318ff. 後述の日本の司法卿
　　については, ONO, Comparative Law and the Japanese Civil of Japan(1), Hitotsuba-
　　shi Jounal of Law and Politics, Vol. 24, p. 27, p. 36（1996）.

(14)　Kuhn, Deutsche Justizminister. 1877-1977, 1977.

(15)　Heffter, Delbrück, Martin Friedrich Rudolph von, NDB 3（1957）, S. 579f.；
　　Kuhn, a.a.O.（前注(14)）, S. 9f.

(16)　Frensdorff, Delbrück, E. L. Berthold, ADB 5（1877）, S. 35.

(17)　Ritter, Delbrück, Clemens Gottlieb Ernst von, NDB 3（1957）, S. 575f.

(18)　ライヒ大審院がかかわった歴史上もっとも著名な事件は，1933年2月のライヒ議会
　　放火事件であるが，実行犯とされたLubbe（遡及法により死刑）以外は無罪となっ
　　た。これとライヒ大審院解体時を舞台とした小説（Loest, Reichsgericht, 2001）があ
　　る。作者は東ドイツ出身の作家である。

(19)　シムソンについては，拙稿・一橋法学11巻3号44頁。ブムケについては，同12巻1
　　号60頁参照。現在のカールスルーエの連邦裁判所（BGH）は，ライヒ大審院の後継
　　であることから，そのホールには，歴代のライヒ大審院長の画像が掲げられているが,
　　ナチスの信奉者としてブムケだけは除外されている。

(20)　Kuhn, a.a.O.（前注(14)）, S. 42f.; Koch, Reichsgerichtspräsident Otto von Oehlschläger.
　　Deutsche Corpszeitung, 46. Jg. Nr. 9, 1929, S. 272f.；Veränderungen im
　　Reichsjustizdienste（Oehlschläger）, DJZ 1903, 492. Jakobs und Schubert（前注(3)）,
　　Biographien にも記述がある（S. 104f.）. DJZ 1930, sp. 84（引退の記事）。

(21)　Veränderungen im Reichsjustizdienste（Karl Gutbrod）, DJZ 1903（a.a.O.）, S.
　　492f. なお，この時期のプロイセンの司法大臣は，70歳の Schönstedt であり，司法
　　職についてから50周年であった(DJZ 1903, S. 47)。Vgl.Nachruf bzgl. Karl Gutbrod,
　　DJZ 1905, S. 442f.；Lobe, Senatspräsident am Reichsgericht i. R., a.a.O.（前注(8)）,
　　Fünfzig Jahre Reichsgericht, 1929, S. 339.

(22) Schiedsspruch des Reichsgerichts vom 25. Oktober 1905 im Lippischen Thronfolgestreit, DJZ 1906, S. 61f.

(23) Henne, Seckendorff, Rudolf Freiherr von, NDB 24 (2010), S. 121f.; Ernennung von Rudolf von Seckendorff zum Reichsgerichtspräsidenten, DJZ 1905, S. 537; Nachruf bzgl. Freiherrn von Seckendorff, DJZ 1932, S. 1276; Lobe, a.a.O. (前注(8)), S. 80, S. 339.

(24) Kotowski, Delbrück, Heinrich, NDB Bd 3 (1957), S. 578f.; Nachruf bzgl. Heinrich Delbrück, DJZ 1922. S. 498f. Lobe, a.a.O. (前注(8)), S. 339.

(25) Martin Otto, Simons, Walter, NDB 24 (2010), S. 441f.; Gründer, Walter Simons als Staatsmann, Jurist und Kirchenpolitiker, 1975; Professorenkatalog Leipzig.

(26) Döhring, Friedberg, Heinrich von. NDB Bd. 5 (1961), S. 444f.; Kuhn, (前注(14)), S. 38f.

　裁判官の負担の軽減のために，ライヒ大審院裁判例の検索の便宜をはかる作業の1つとして，Nachschlagwerk des Reichsgerichts zum BGB (nach 1900) と，Sammlung sämtlicher Erkenntnisse des Reichsgerichts in Zivilsachen が作成された。前者は，民法関係の判例の要旨集であり，後者は，事実関係を重視している。ライヒ大審院とライヒ司法大臣にだけ配布された（限定10部）。その作業は，1944年まで行われ，戦後は，Lindenmaier und Möhring により継続された（Nachschlagwerk des Bundesgerichtshofs）。戦後，1993年に，Schubert und Glöckner により復刻されている。包括的な上告制限が行われたのは，戦後である。

(27) Vortmann, Nieberding, Arnold, NDB 19 (1999), S. 214; Kuhn, a.a.O. (前注(14)), S. 48f.; Sohm & Adolf Wach, Arnold Nieberding, DJZ 14 (1909), S. 1345ff.

(28) Abmeier, Landsberg, Otto, NDB 13 (1982), S. 514f.; Dilcher, Landsberg, Ernst, NDB 13 (1982), S. 511f.; Kuhn, (前注(14)), S. 54f.

(29) Buschmann, 100 Jahre Gründungstag des Reichsgerichts, NJW 1979, S. 1966; Kelmmer, Das Reichsgericht in Leipzig, DRiZ 1993, S. 26; Vgl. Schäfer, Das große Sterben im Reichsgericht, DRiZ 1957, 249; Fischer, Zur Geschichte der höchstrichterlichen Rechtsprechung in Deutschland, JZ 2010, S. 1077.

(30) Fischer. a.a.O. (前注(29)), S. 1086.

(31) Helmut Heinrichs, Harald Franzki, Klaus Schmalz, Michael Stolleis (hrsg.), Deutsche Juristen jüdischer Herkunft, 1993; Göppinger, Juristen jüdischer Abstammung im Dritten Reich, 2. Aufl., 1990; Gesamtliste der Dissertationen 1810 -1990 (1899).

(32) Dreier (hrsg.), Recht und Justiz im Dritten Reich, 1989; Kaul, Geschichte des Reichsgerichts. 1933-1945, Bd. 4, 1971; Müller, Furchtbare Juristen, 1987; Schorn, Der Richter im Dritten Reich, 1959.

(33) ヴィアッカー・前掲書（前注(2)）568頁。ツヴァイゲルト・ケッツ・前掲書（前注(2)）268頁。Zweigert-Kötz, a.a.O., S. 140.

(34) Lobe, Was verlangen wir von einem bürgerlichen Gesetzbuch? Ein Wort an

220 第2部 プロイセンの実務家とライヒ大審院

den Reichstag, 1896, S. 42ff. ドイツ民法典において，パンデクテンの時代にあった
ラテン語の法律用語がドイツ語に転換されたのは，ドイツ語協会などの主張をいれた
ものである。たとえば，相殺が，Compensation から，Aufrechnung になった例があ
る。

(35) Hattenhauer, Das BGB in der Zeitung, in Festschrift für Walther Hadding
zum 70. Geburtstag am 8. Mai 2004, 2004, S. 57ff.

(36) ヴィアッカー・前掲書（前注(2)）542頁。

(37) 同・前掲書（前注(2)）546頁。

(38) Müller, Menger, Anton, NDB 17 (1994), S. 71f.; Hörner, Menger (von Wolfens-
grün) Anton, Österreichisches Biographisches Lexikon 1815-1950 (ÖBL), Bd 6,
1975, S. 220f.

(39) 経済学者のカール・メンガー（Carl Menger, 1840. 2. 23-1921. 2. 27）は，アン
トン・メンガーの兄である。1840年に，オーストリア領ガリツィアの Neu-Sandez で
生まれた。ウィーン大学（1859/60）とプラハ大学（1860/63）で法律学を学び，当初
新聞社に勤め，Lemberg とウィーンで経済ジャーナリストとなった。1867年に，ク
ラカウ大学で法学の学位をえたが，同年から経済学の研究に入った。1871年に，Grund-
sätzen der Volkswirtschaftslehre を公刊し，1872年に，ウィーン大学の国法学者シュ
タインの下で，ハビリタチオンを取得した（Grundsätzen der Volkswirthschaftslehre,
1923）。1873年に，ウィーン大学の員外教授，1879年に，正教授となった（33歳であっ
た）。この間，カールスルーエ，バーゼル，チューリヒなどの大学の招聘を断った。

1876年から78年，皇太子ルドルフ（1858-1889. 1889年に自殺。Claude Anet の小
説「うたかたの恋」Mayerling で著名である）の教師をした。1900年には宮中顧問官
となり，オーストリア貴族院議員となった。オーストリア学派の先駆者であり，価値
学説，価格理論でも著名である。ワルラスやジェヴォンズとともに限界効用学説を唱
えた。1883年に，Untersuchungen über die Methode der Sozialwissenschaften und
der politischen Ökonomie insbesondere を公刊し，オーストリア学派の立場を確立
し，ドイツ経済学の正統派である歴史学派を批判した。1884年，Irrtümer des Historis-
mus in der deutschen Nationalökonomie を公刊した。経済学の方法論に関する論争
（Methodenstreit）が行われた。

1892年から，金本位制への移行を準備するためのオーストリアの通貨改革委員会
（Währungs-Enquête-Kommission）に参加し，のちその長に任命された。貨幣に関す
る「資本の理論」（Zur Theorie des Kapitals, 1888年），「貨幣論」（Money 1892年）
は，貨幣改革に関連する論文である。1903年，研究に専念するために教授職を辞し，
1921年に，ウィーンで死亡した。

Hermine Andermann（非公式の伴侶 Lebensgefährtin）との間に，1902年に生ま
れた息子のカール・メンガー（Karl Menger）がおり，後に著名な数学者になった。
メンガーの蔵書のうち約2万冊（1万9100冊。ほかに，アメリカのデューク大学にも
若干がある）は第一次世界大戦後，東京商科大学によって購入され，一橋大学の「メ
ンガー文庫」として保管されている（メンガー文庫目録II（1955年）序参照）。Vgl.

第3篇　立法と法実務家の意義　　　221

Streissler, Menger, Carl, NDB 17（1994）, S. 72f.; Schumpeter, Ten Great Econo-mists, From Marx to Keynes, 1952, S. 80ff.（シュムペーター，中山伊知郎，東畑精一監修・十大経済学者，1952年，119頁，安井琢磨訳），ガルブレイス・経済学の歴史（鈴木哲太郎訳・1988年）155頁。

　奇しくも，同じ民法草案批判のギールケの蔵書も，日本で，一橋大学の「ギールケ文庫」として保管されている。文庫の代金は，当時の金額で2万2486円であった。ほぼ同時期に取得されたメンガー文庫は，3万ドル，円換算で7万1391円であった（ドル建てで取引されたのは，オーストリアでも第一次世界大戦後インフレがいちじるしかったからである）。「ギールケ文庫入手のいきさつ」（孫田秀春）一橋大学附属図書館史（1975）153頁参照。

⑷　おもに雇用に関する615条，616条の制定過程については，拙稿・危険負担の研究（1995年）161頁以下参照。平田・⑤⑶832頁。

　これらの保護法規的規定は，必ずしも現代的な20世紀的な社会国家的見地からではなく，むしろ19世紀的な官房学的見地の産物である。これに対し，わが民法の起草者は，より自由主義的であったが，帝国議会では，これを制限する場合もあった（たとえば，流質の禁止は，第9帝国議会で追加）。利息制限法も廃止されなかった。法ドグマよりも，法実務家の観点が優先したのである。ただし，これらも官房学的見地と位置づけられる（小作や賃貸借，雇用に関する保護的規定には消極的であったからである）。

　賃貸借に関してのみ建物保護法（1909年）と借地法，借家法（1921年）が制定され，労働関係に関しては，工場法のみが，1911年に公布，1916年から施行された。後者も，軍事的見地や労働力確保という国家的・産業政策的な結果であった。1938年に，農地調整法は，農地賃借権の対抗力および農地賃貸借の解約・更新拒絶の制限に関する特則をおいた（8条，9条）。これも戦争遂行目的の立法といえる。結局，農地関係の近代化は，戦後の農地改革にもちこされた。

　これに対し，戦後の民法解釈学は，ほぼ一貫して20世紀的な社会国家的見地を追求してきたが，20世紀の末に新自由主義的見地が提唱され，時代錯誤な民法改定論議につながっている。拙著・民法の体系と変動（2012年）160頁参照。

⑷　平田・前掲論文（前注⑾）⑶833頁。もっとも，危険責任の法理は，むしろ民法典に先がけるものである。危険責任法（Haftpflichtgesetz, 1871. 6. 7; RGBl. 1871, S. 207））は，鉄道，電気，ガス，蒸気，鉱山，工場などの企業の危険に対し，無過失責任を定めたものである。対象法益は，生命，身体と財産権である。制限額の定めがあり，現在では，身体の毀損と死亡では，60万ユーロ，年金の場合には，年3万6000ユーロ，財産侵害では，30万ユーロである。

　また，労働保護規定に関しては，ビスマルクの社会政策が動機となっているが，私法の中にまで進出することはまれであり，まだ家父長的・官憲国家的な保護思想が動機となっていた。ツヴァイゲルト・ケッツ・前掲書（前注⑵）271頁。Zweigert-Kötz, a.a.O., S. 142.

⑷　拙稿「消費者消費貸借と貸金業法」契約における方式と自由（2008年）260頁以下。

平田・前掲論文（前注(11)）(3)834頁。

(43)　わが420条1項後段に対する批判は，古くからのものである。スイス法の立場は比較的早い（1911年。スイス債務法163条1項は，契約罰（損害賠償額の予定）の合意を自由とするが，同2項は，違法，反良俗的な契約に付加されたり，債務者の帰責事由なく不能になった場合には請求できないとし，同3項は，裁判官による裁量的な引下げを定めている）。1881年の旧法182条の時からすでに裁判官による引下げを定めていた。旧182条「契約罰は，当事者が任意の額で定めることができる。ただし，裁判官は，過剰な契約罰を裁量によって引き下げることができる」。

　　早くに我妻栄・民法講義Ⅳ（1964年）132頁は，420条につき「契約自由の原則を過重するもの」とし，公序良俗による制限を述べる。なお, 拙著・利息制限の理論（2010年）391頁参照。平田・前掲論文（前注(11)）(3)834頁。

(44)　平田・前掲論文（前注(11)）(3)835頁。もっとも，この点は，市民法的次元のものにすぎないから，社会法や社会福祉法的なものとはいえないであろう。

(45)　わが民法の起草者の1人である穂積陳重は，封建法と近代法の相違につき，封建法の秘密主義を述べているが，少なくとも制定過程においては，ドイツの第一草案ですら秘密主義がとられていたのである。Vgl. ONO, Comparative Law and the Civil Code of Japan(2), Hitotsubashi Journal of Law and Politics, 25（1997）, pp. 29, p. 33. わが封建法は，法令の成立後も秘密主義を特徴とする。

(46)　法典調査会は，学者，裁判官，司法および行政の高官からなり，一時的に，若干の民間委員が存在したにとどまる。民間の意見聴取もごく限定的なものにすぎなかった。前注(45)で指摘したような前近代的な意識が強かったのである。

第3篇　立法と法実務家の意義　　　　　　　　223

ライヒ大審院長と司法部長

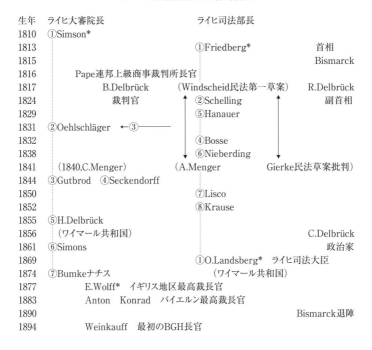

生年	ライヒ大審院長	ライヒ司法部長	
1810	①Simson*		
1813		①Friedberg*	首相
1815			Bismarck
1816	Pape連邦上級商事裁判所長官		
1817	B.Delbrück	（Windscheid民法第一草案）	R.Delbrück
1824	裁判官	②Schelling	副首相
1829		⑤Hanauer	
1831	②Oehlschläger ←③――		
1832		④Bosse	
1838		⑥Nieberding	
1841	（1840,C.Menger）	（A.Menger	Gierke民法草案批判）
1844	③Gutbrod　④Seckendorff		
1850		⑦Lisco	
1852		⑧Krause	
1855	⑤H.Delbrück		
1856	（ワイマール共和国）		C.Delbrück
1861	⑥Simons		政治家
1869		①O.Landsberg*	ライヒ司法大臣
1874	⑦Bumkeナチス	（ワイマール共和国）	
1877	E.Wolff*　イギリス地区最高裁長官		
1883	Anton　Konrad　バイエルン最高裁長官		
1890			Bismarck退陣
1894	Weinkauff　最初のBGH長官		

第4篇 キルヒマン (Julius Hermann von Kirchmann, 1802. 11. 5 -1884. 10. 20) と法律学の無価値性

1 今日，キルヒマンは，その著作「法律学の学問としての無価値性」(Die Werthlosigkeit der Jurisprudenz als Wissenschaft) によって知られている[1]。その著作は，特異なタイトルによって，当時の社会に衝撃を与え，その後も繰り返し引用されている。彼の生誕から，2002年で200年となる。

彼は，ザクセン選帝侯国の陸軍少佐である Eberhard August von Kirchmann とその妻 Wilhelmine Berger の息子として，1802年に，ザクセン・アンハルトの Merseburg の近郊の Schafstädt で生まれた。ちょうどナポレオン戦争の時期であった（同年6月にナポレオンが第一統領に就任，1804年にフランス民法典が公布された）。ギムナジウムを卒業後，ライプチッヒ大学で法律を学び，のちに，ハレ大学に転じた。

卒業後，1829年にプロイセン領ザクセン (Provinz Sachsen，ウィーン会議で，ザクセンの北半分がプロイセンに割譲された) のハレで，司法修習生となった。4年後に，彼は，ハレで刑事裁判官 (Criminalrichter) となり，1834年に，そこで，Henriette Butte と結婚した。2人の娘が生まれ，その1人ルイーゼは，作曲家の Ludwig Hartmann (1836-1910) の妻となった。

キルヒマンは，1835年に，ザクセン・アンハルトの Querfurt のラント裁判所の部長 (Landgerichtsdirektor) となり，4年後，同じ地位のままザクセンの Torgau に転勤した。ここで，ザクセンの登記簿の改善に関与し，1844年には，赤わし勲章 (Roter Adlerorden) を授与された。1845年に，彼は，ベルリンの一級検事 (Erster Staatsanwalt)[2]に昇格し，この職に2年間とどまった (1846年に，Leitende Staatsanwalt)。

1846年に，プロイセンの民事訴訟法に関する著述を著し (Das preussische Civil-Prozess-Gesetz vom 21. Juli 1846)，1847年に，ベルリンの法曹協会 (die juristische Gesellschaft zu Berlin) において，上述の「法律学の学問としての無価値性」(Die Werthlosigkeit der Jurisprudenz als Wissenschaft) の講演を行った。この講演は，彼のキャリアに悪い影響を与え，彼は，翌年，シレジア南部の Ratibor のラント高裁の副所長 (Vizepräsident) に左遷された (weg-

befördert)。この高裁は，のちの1877年11月に，積極的契約侵害論で名高い
シュタウプ（Samuel Hermann Staub, 1856. 3. 21-1904. 9. 2）が，修習生に
なったところでもある。さらに，1866年には，ベルリンの労働協会において，
「自然における共同主義」（Communismus in der Natur）の講演を行った。こ
の講演の内容は，共産主義ではなかったが，またもや衝撃的なタイトル（an-
stößiger Vortrag）によって当局の忌避にふれた。1867年，懲戒裁判所
（Disziplinargerightshof）によって政治観を理由に解任され，年金受給権（Pen-
sionansprüche）も剥奪された。

　キルヒマンは，政治的にも積極的であった。プロイセンの国民議会
（Preußische Nationalversammlung）において，最初，左派に近く，のちに，
Johann Karl Rodbertus 議員の指導する中道左派に属した。反動の時代の末
期（1848年に，三月革命でメッテルニヒが失脚）からその後しばらくの期間中
には，彼は，進歩党（Fortschrittspartei）に属した。まず，1861年から1870
年まで，プロイセンの衆議院（Preußischen Abgeordnetenhaus）において，
この政党を代表した。また，彼は，1867年から1877年，帝国議会（Reichstag）
の議員でもあった（1867年の北ドイツ連邦とその発展である1871年のドイツ帝国）。
そこで，彼は，1869年から1870年の間，北ドイツ連邦の普通刑法典の制定に
たずさわった。

　著名な2著のほかに，以下の著作がある。

Erläuterungen zum Zivilprozessgesetze vom 21. Juni 1846, 1847.

Das preußische Zivilprozessgesetz 1847.

Strafgesetzbuch für den norddeutschen Bund 1870.

Strafgesetzbuch für das deutsche Reich 1871.

　キルヒマン自身はプロテスタントであったが，カトリック教会の抵抗運動
である文化闘争（Kulturkampf）に賛同した。これと，彼の帝国議会での闘
争が過激となったことから，1877年には議席を失った。彼は，一定の額以下
の所得の私人は，人頭税を含むすべての税（sämtliche Steuern）を免除され
るべきことを主張した。

　1846年から，キルヒマンは，ベルリンの哲学協会（Die philosophische Ge-
sellschaft）の会長となった。その関係で，彼は，多くの同時代人と親交を結
んだ。とくに，哲学者の Adolf Lasson（1832. 3. 12-1917. 12. 19）と Eduard

von Hartmann（1842. 2 . 23-1906. 6 . 5），政治家の Franz Wilhelm Ziegler（1803. 2 . 3 -1876. 10. 1，プロイセン下院議員，ライヒ議員），音楽家の Richard Wagner（1813. 5 . 22-1883. 2 . 13）などと，多くの書簡を交換した。そこで，今日，キルヒマンの名は，とくに哲学の文献と結合している。

キルヒマンは，年金受給権を失ったが，投機の才にめぐまれ，9 万ターラーの寄附を集め（1871年に統一されたドイツ帝国の 1 金マルクは，それ以前のドイツ連邦の基準通貨である銀ターラー Vereinsthaler の 3 分の 1 であった。高裁の一般の裁判官の年俸が6000マルクほどの時代である），それによって，1867年に，古典哲学文献シリーズ（Klassische Philosophische Literatur）を創刊して，哲学に貢献することになった。1911年から，このシリーズは，ライプチッヒの Felix Meiner 書店によって継続出版されている。キルヒマンの名前で図書館の目録を検索すると，多数の哲学上の著作がヒットするのは，このシリーズのためである。彼自身に多数の哲学上の著作があるというのは，誤解である[3]。前述の民訴法の著作のほか，法哲学上の著述 1 点がある（Die Grundbegriffe des Rechts und der Moral, 1873）。キルヒマンは，1884年10月20日に，ベルリンで82歳で死亡した。

2　「法律学の学問としての無価値性」は，その書名からあまりにも有名であり（とくに，*Ein Wort* des Gesetzgebers und ganze Bibliotheken werden zu Makulatur の部分），くどく言及する必要はないであろう。もっとも，有名なわりにはあまり読まれていないことも，この種の文献の特徴でもある。

キルヒマンによれば，法律学を学問として把握するには，法を体系化することが必要であるが，その対象として，自然的な法（das natürliche Recht）を，民族が感じ生きているごとくに，把握する必要がある。しかし，法律学は，自然科学とは異なり，この対象に無関心である。

対象である自然的な法がつねに変化しているために，法史の重荷・バラスト（der Ballast der Rechtsgeschichte）が，その正確な把握を妨げてしまうのである。法律家は，古い概念に固執することによって自然的な発展を妨げている。法律学では，新しいものを古いカテゴリーに混在させることがある。言語学にも似た面があるが，言語学の対象では，古文書によって対象がよく保存され，比較することができることから，法律学よりも有利な立場にある。また，誰でも，感情的・直感的な法に関する意見がある。この先入観（Vor-

第4篇　キルヒマン（Julius Hermann von Kirchmann, 1802. 11. 5 -1884. 10. 20）と法律学の無価値性　**227**

eingenommenheit）のゆえに，法律家は，真実を求めるのではなく，実定法のみに固執しようとするのである。

実定法も，必ずしも十分なものではない。それは，法と学問の間にあって，両者にとって有害なものとなりうる。他の学問とは異なり，あやしげな実定法が，自然的な法を誤らせるのである。発展する自然的な法とは異なり，実定法は，固定することによって虚偽のものとなる。また，抽象的であり，裁判官の裁量が生じ，それを最後に決定するものは，恣意にすぎない（時効期間や成年年齢など）。

サヴィニー（Friedrich Carl von Savigny, 1779-1861）の言のごとく，現在が立法に適さないというだけではなく，いかなる時も立法には適していないのであり，実定法の鋳型に流し込むことが法律学の使命ではない。実定法が優秀であれば，法律学そのものであるが，自然の法が発展すれば，実定法は古くなり，法律学が勝利をえる。そこで，法律学は，わずかの間だけ自然の法を対象とするが，大部分は，実定法の欠陥を対象とすることになる。こうした実定法によって自然的な法が害されるように，実定法が法律学に対して及ぼす害悪はより大となる。法律家は，実定法にかかわることによって，朽ちた木を食む虫になり，偶然なものを対象とすることから，自分も偶然の存在となる。こうして，改正のための立法者の3語によって，すべての図書は反故となるのである（drei berichtigende Worte des Gesetzgebers, und ganze Bibliotheken werden zu Makulatur）。

キルヒマンが有用性をみいださなかったのは，当時の法律学である。19世紀は，自然科学の発展が著しく，社会科学にも，しばしば進化論などの応用が主張された。しかし，概念法学であった当時の法律学は，あまりに立法者や解釈者の価値判断に従属したものであった。その反面において，自然の技術とは異なり，民衆の福祉（zum Wohle des Volkes）と結合していなかった。これは，政治から分離された法律学の弱点である。こうして，彼は，必然的に政治に熱心になった。キルヒマンのいう自然的な法は，その名称からは，歴史法学批判であるが，一面では，普遍の自然法というより，法の発展を前提とする歴史法学の概念に近い。その限りでは，19世紀の正統な道をはずれていたわけではなかったが，キルヒマンにおいては，対象としての自然的な法と，主体としての法律家や法律学は別物であり，前者に理想がおかれるのに反し，後者には，自然的な法をねじまげ，古い法を混在させたり，たんに

228 第2部 プロイセンの実務家とライヒ大審院

実定法にこじつけたりするものという否定的契機が付与されている。正当な歴史法学とは異なり，学問としての法律学は，対象を認識するものとはされていないのである（正統派によれば，現在認識できないのは，未成熟であるためにすぎない）⑷。そして，法の実現を政治に委ねたところに悲劇があった。

論争ののち，彼は，解任され哲学に転じたのである。法学も政治も，必ずしも彼を容れるところとはならなかった。しかし，キルヒマンの講演は，法の一面を言い当てたものとして，今日まで法律学の記念碑的な作品となっている。

なお，対象としての法を自然的にとらえるキルヒマンの自然的法は，歴史法学に由来する（民族精神）。歴史法学の民族精神がしだいに心理的なものに後退したのに対し，立法者の意思の主体性，形成を重視するのが，ラーレンツ（Karl Larenz, 1903. 4. 23-1993. 1. 24）である。ラーレンツの講演に，Über die Unentbehrlichkeit der Jurisprudenz als Wissenschaft, 1966がある。この講演は，当時ほぼ100年を経ていたキルヒマンの講演と同様に，ベルリン法曹協会（Berliner Juristischen Gesellschaft）で行われた。法律学を学問として有価値なものとし，その名のとおり，キルヒマンの無価値論に対抗するものである。歴史法学は，対象としての法の優越を認め，法の規範性を重視する。発展した段階の法学は，それを認識することが可能とするのに対し，これとは逆に，立法の主体性を認めるのである。法の（規範主義に対する）決定主義に近く，法は主権者の決定とみる。法の根拠は，事実的な政治的決定であり，キルヒマンとは異なり，その正当性への信奉が基礎となっている。これはラーレンツの戦前の著作に遡る⑸。

3　キルヒマンについて興味深いのは，その講演のみではなく，その経歴にもある。そこから，プロイセン国家の一側面を明らかにすることができるからである。官憲国家であったプロイセンの国家体制は，行政権の優越を特徴とし，それは，のちのドイツ帝国（1871年）の体制にも影響を与えている。ラント裁判所の部長よりも，一級検事（Erster Staatsanwalt）が上位であり，ラント高裁の副所長（Vizepräsidenten des Oberlandesgerichts）への移転は降格とされる。

早くに国民国家の成立したイギリスやフランスでは，自立的な職能団体として，自由業的な弁護士の地位が確立し，その地位も高かった。しかし，プ

ロイセンは国民国家としては小さく，一ラントとしては大きすぎた。プロイセンは，ドイツの一部にすぎず，他面では，ドイツ外の領域をも有していたのである（東プロイセン地域そのものが神聖ローマ帝国の外にあり，それが王国成立の契機となった）。ラントの集合体として，その統一は，この人工国家（とくにその軍事力と官僚制）に依存していた。国民が国家を作ったのではなく，国家が国民を作ったのである。そこで，啓蒙主義のもとでも（フリードリヒ二世＝大王は，在位1740–86年），官僚たる法曹は王権に依存し，行政や検察の地位が高く，裁判所の地位は相対的に低かった（たとえば，1778年の粉屋のアーノルト事件，Müller-Arnold-Affäre にみられるように，国王には裁判官への不信があった）[6]。自由業も冷遇され，弁護士や公証人の権能も，できるかぎり行政や裁判所が吸収しようとしたのである。そこで，プロイセンでは，ローマ法的な弁護士は廃止され補助参事（beamteter Assistenzrat），ついで司法委員（Justizkommissar）の制度が創設された。また，独立した公証人（Nurnotar）も廃止され，公証人弁護士（Anwaltsnotar）の制度が創設され，後者は，現在のドイツ法のもとでも一部の地域で存続しているのである[7]。

　わがくにでも，古くに，太政官制のもとで，大審院は，司法省内に設置された（1875年）。そして，旧裁判所構成法のもとでも，司法行政権や人事権は，司法大臣にあるものとされ，裁判所を監督したのは司法大臣であった（後掲の1890年の旧裁判所構成法参照）。大審院長は大審院を監督するにとどまったのである（同法135条）。また，管轄権についても，大審院は，民事および刑事事件の終審裁判所であったが，行政事件の管轄権を持たず，違憲立法審査権や裁判所の内部規律に関する規則制定権をももたなかった。

　現在でも，ドイツの連邦〔通常〕裁判所や連邦行政裁判所が，連邦司法大臣の司法行政のもとにおかれるのは，これに近い[8]。ドイツの連邦財務裁判所は，従前その司法行政は，連邦財務省の所管のもとにあったが，1970年からは司法省の所管のもとにおかれている。身びいき（Hausgerichtsbarkeit）を防止するためである。しかし，連邦労働裁判所と連邦社会裁判所の司法行政の担当は，現在でも連邦労働社会省である。三権分立といっても，大陸型のそれは，行政権の優越の形態である。

旧裁判所構成法
「第135条　司法行政監督権ノ施行ハ左ノ規程ニ依ル

第1　司法大臣ハ各裁判所及各検事局ヲ監督ス

第2　大審院長ハ大審院ヲ監督ス

第3　控訴院長ハ其ノ控訴院及其ノ管轄区域内ノ下級裁判所ヲ監督ス

第4　地方裁判所長ハ其ノ裁判所若ハ其ノ支部及其ノ管轄区域内ノ区裁判所ヲ監督ス

第5　区裁判所ノ一人ノ判事若ハ監督判事ハ其ノ裁判所所属ノ書記及執達吏ヲ監督ス

第6　検事総長ハ其ノ検事局及下級検事局ヲ監督ス

第7　検事長ハ其ノ検事局及其ノ局ノ附置セラレタル控訴院管轄区域内ノ検事局ヲ監督ス

第8　検事正ハ其ノ検事局及其ノ局ノ附置セラレタル地方裁判所管轄区域内ノ検事局ヲ監督ス」

　戦前の法の下では，検事総長が下級検事局を監督し，控訴院長が管轄内の下級裁判所を監督するにもかかわらず，大審院長には，控訴院や下級裁判所を監督する権限がなかったのである。戦前の大審院判事は50人以上もいたから，その地位はそう高くはなく，おそらく全国に9人いた控訴院長や高等法院長の地位の方が高かったであろう（札幌，仙台，東京，大阪，名古屋，広島，長崎，京城，台北。高松は戦後の設置である）。現在，裁判官枠の最高裁判事が，おおむね高裁長官（より高位の格の事務総長を除き）の経験者からなるのとは異なる。

　また，かつて，わがくにでは，司法大臣を輩出したのは，裁判官ではなく，おもに検察官の出身者であったから，実質的に，司法行政は司法省中枢を占める検察の手にあったといってよい。司法省の裁判所に対する優越は，検察の裁判所に対する優越をも意味していた。

　戦後は，新憲法による三権分立の確立によって，検察の裁判所に対する優越は解消されたが，法務省に対する検察の優越は残されている（裁判所との関係はいわば逆転したから，かなり複雑な関係が生じた）。現在でも，法務省の官僚のトップは検察であり，法務事務次官の地位は決して高いものではない。検事総長経験者であるエリートのコースは，そのまま役所の昇進の階段である。その昇進のルートは，以下のようになる[9]。

　横浜地検検事，東京地検特捜検事，<u>法務省刑事局付検事，法務省参事官，</u>

刑事課長，総務課長，人事課長，会計課長，東京地検次席検事，最高検検事，刑事局長，事務次官，最高検次長検事，東京高検検事長，検事総長[10]。

　他の省庁では，事務官のトップは，事務次官であり，内局の庁の長官はその下ランクであるが，法務省・検察では，検察庁のトップが最高ランクであり，事務次官は，検察庁の次長検事の下に位置づけられるにすぎない。

　プロイセンのような官憲国家においては，こうした経歴に，さらに裁判所や内務官僚と警察の昇進のルートが複雑に絡まるのである。

(1) キルヒマンについての文献は多く，その著作も復刻されている。Meyer-Tscheppe, Kirchmann, Die Wertlosigkeit der Jurisprudenz als Wissenschaft, mit einem Nachwort, 1988 ; Sternberg, Kirchmann und seine Kritik der Rechtswissenschaft, 1908 ; Bast, Julius hermnann von Kirchmann 1802-1884, 1993 ; Julius Hermann von Kirchmann, Streitbare Juristen 1988, 44 （Wiethölter Rudolf）; Kleinheyer und Schröder, Deutsche und Europäische Juristen aus neun Jahrhunderten, 1996, S. 489 ; ADB 51, 167ff., NDB 11, 654f. など。

　　邦語のものでは，喜多了祐「キルヒマン『学としての法学の無価値性』」（1950年）商学討究1巻1号86頁。田村五郎「法律学無価値論」（キルヒマン・ラドブルッフ・カントロヴィチ概念法学への挑戦・1958年）。

(2) 一級検事という名称は今日では用いられない。ちなみに，現在のラント（州）の検察の指揮系統は，トップの司法大臣から順に，Justizminister, Generalstaatsanwalt, Leitende Oberstaatsanwalt, Oberstaatsanwalt, Staatsanwalt als Gruppenleiter であり，この最後のものが，かつての Erster Staatsanwalt にあたる）。つまり一級検事は，検事のキャリアの中では決して高い地位ではなく，むしろ初等検事ともいえる。

(3) そこで，以下のものなど若干の著作は，必ずしも彼自身のものかどうか，また，関与の程度は明確ではない。Erläuterungen zu Benedict von Spinozas theologisch-politischer Abhandlung, 1871.

(4) また，自然法論によれば，法は理性法と伝統的な普通法に分けられ，前者を認識するには人の理性に価値がおかれる。理性的な学問としての法には優先性が付与され，対象としての法も，理性の産物としての地位が付与される。もっとも，理性的でない法学，たとえば，注釈学派のそれは否定される。キルヒマンの学問としての法学への態度は，これに近いものであり，自然法論と歴史法学の独自の混合の産物といえる。

(5) Larenz, Rechts- und Staatsphilosophie der Gegenwart, 1. Aufl. 1931 ; 2. Aufl., 1935）。この第二版には，カール・ラレンツ・現代ドイツ法哲學（大西芳雄＝伊藤満訳）1942年の翻訳がある。2版は，哲学研究報告の叢書に掲載された初版を，加筆の上単行本に改めたものであり，妻に献呈されている。

(6) これにつき，拙著・反対給付論の展開（1996年）244頁。この粉屋のアーノルト事件を契機として，ALR の法典編纂事業が進展したことは知られている。法典編纂に

消極的であった大法官（Großkanzler）の Fürst が，フリードリヒ大王（1712年-86年，位1740年-86年）によって罷免され，積極派のカルマー Carmer が後任となったのである。

(7)　拙稿「公証人と公証人弁護士」公証138号 3 頁参照（専門家の責任と権能（2000年）187頁にも所収）。

(8)　拙稿「連邦裁判所の過去と現在」法の支配155号21頁参照。

(9)　伊藤栄樹・検事総長の回想（1992年）9 頁参照。いうまでもなく，他の省であれば，事務方のトップは，事務次官である。

(10)　このうち，後 3 つが，認証官である。

　　なお，戦後は，大審院が廃止され，最高裁判所が設置されたことから，こうした検察の優位は解消され，また，法務省にも，検察官だけではなく，裁判官が出向するようになり，検察による人事の独占もなくなった。しかし，検事・判事の人事交流が裁判の公正を害するとして批判された。1974年からは，刑事分野でも交流が行われ，刑事事件担当の裁判官と，捜査・公判担当の検察官が入替わり行われてきた（おもに東京地裁と東京地検の間）。また，国が被告となる訟務検事になる裁判官もある。これらは，刑事事件や行政事件で，裁判の公平を害する可能性がある。そこで，2012年 4月25日，法務省は，検事・判事の人事交流を廃止すると発表した。

第5篇 パーラント（Otto Palandt, 1877. 5 . 1 -1951. 12. 3 ）と法曹養成,民法コンメンタール(Kurzkommentar)

1 人と業績

　パーラントは，1877年に，エルベ河口の Stade （ハンブルクの西，今日ではほとんどハンブルクの郊外か衛星都市といえる）で生まれた。両親は，聾唖学校の教師の Ernst (1848–1918) とその妻の Caroline (1854–1934, geb. Schneider. Hildesheim の評議員，名誉市民 Friedrich Wilhelm Schwemann の私生児)であった。

　ハノーバーの南30km の小都市 Hildesheim で初等学校にいき，1896年に，大学入学資格試験・アビトゥーアをへたのち，パーラントは，ミュンヘン（1学期），ライプチッヒ（2学期），ゲッチンゲン（7学期）の各大学で法律学を学んだ。1899年に，彼は，ツェレ（ハノーバーの北東30km ほど）において，第一次国家試験をうけ，優秀（gut）の成績を修めた（ちなみに，ドイツの国家試験の成績は，上から順に，①sehr gut，②gut，③voll-befriedigend，④befriedigend，⑤ausreichend，⑥bestanden nicht=mangelhaft であり，現在では，①と②の占める割合は，それぞれ0.1〜0.2%と2〜3％程度である）。同年，彼は，ハルツの Zellerfeld において，司法研修に入った（Gerichtsassesor）。1年間，兵役に服した。

　1902年に，パーラントは，博士論文なしに，ハイデルベルク大学で学位(Doktor jura) を取得した（成績は，cum laude）。当時は，それが可能であった。日本のお雇い外国人で，のちにライヒ首相となったミハエリス（Max Georg Michaelis, 1857. 9 . 8 -1936. 7 . 24)の例もある。彼も，1884年にゲッチンゲン大学で，口述試験のみで学位をえて（イェーリングが法学部長であった），1885年から1889年，独逸学協会学校で教えたのである（お雇い外国人は別稿で扱う）。

　1904年に，彼は，ツェレ高裁において，第2次国家試験をうけ，ここでもgut の成績を修めた。1905年に，Hildesheim ほかの区裁判所の試補，Verden の区裁判所の裁判官となった。1906年から，東部のポーゼンの Znin 区裁判所で，補助裁判官に（Hilfsrichter，1か月後に，Amtsrichter），ポーゼンの高

裁でも働いた。1912年に，ニーダーザクセンのカッセル地裁で裁判官となった。

第一次世界大戦（1914-19年）で召集され，占領地のワルシャワにおかれた上級帝室裁判所（Kaiserliches Obergericht）の裁判官となり，1916年には，ポーゼンの高裁の裁判官となり，同年，ベルリン高裁に移った。1919年に，彼は，カッセルの高裁で裁判官となった。1920年から1924年の間，彼は，財務省との抗争に巻き込まれ（ポーランド国債のマルクへの換金の問題），部長に昇進することができなかった。1926年に，Celle高裁の部長となることにも失敗した。

2 法曹養成へのかかわり

1914年以前から，彼は，司法修習生の教育の問題に関わり，プロイセンの司法試験庁の（Justizprüfungsamts Preußens）メンバーとなった。彼は，早くにナチスの影響をうけ，ナチスが政権を掌握した1933年の5月1日には，党に加入した。その積極性と，ナチスの司法大臣のケール（Hanns Kerrl）とその次官のRoland Freislerによるプロイセンの司法行政の改革によって，その地位は，急速に上昇した。

1934年に，法曹養成はライヒの管轄となり，同年に，彼は，Roland Freisler（1893-1945，ナチス時代の政治犯や刑事司法の最高裁である民族裁判所Volksgerichtshofの長官。1945年に，自分が長官をしていた民族裁判所への爆撃により死亡）から，ライヒ司法試験委員会（Reichsprüfungsamt）の委員長に任じられ，またライヒ司法省の養成部門の責任者となった。これにより，第三帝国でもっとも影響力のある法律家の1人となったのである。関係する立法にも強い影響を与えた。ナチスのドイツ法アカデミー会員，ナチス法曹連盟の会員でもあった。なお，司法機関の国家試験（Staatsprüfung）は，もともと独立の各ラントによって行われ（たとえば，プロイセンなど），現在でも各州によって行われる（内容的な同質性は担保されているが，連邦の固有の事業ではない）。1942年に退職し，戦後は1948年まで追放され，1949年から，ハンブルク大学で講師をした。

彼は，法曹養成の責任者として，法曹養成の現場にナチスの世界観をもたらした。彼の主導のもとで，プロイセンとライヒの法曹養成は，ナチスのイデオロギーに染め上げられた。彼の世界観は，司法大臣のケールのいう，ナ

チス的な思想の鍛錬のための修習生の労働共同体や民族協同体の精神とも一致した。また，1939年に，彼は，Gustav Wilke（1889-1938）の後任として，BGB コンメンタールにも携わっている（後述 3 参照）。

パーラントは，ライヒの法曹養成法のコンメンタールも書いており，そこには彼の思想が反映されている。1935年に，第 1 次国家試験に必要な知識につき述べた部分に，ナチス的な世界観が見出される。それによれば，「とくに，ナチズムとその世界観への真剣な関与や，血統，人種，民族（Blut und Boden, von Rasse und Volkstum）への見解が必要である。口述試験では，新しい国家の民族的な基礎，歴史，世界観が，法学的知識のほかに，ふさわしい課題となる」とする。

ナチスへの傾斜とともに，司法職における女性の役割についてのパーラントの見解についてもふれておく必要がある。彼が委員長をしている間に，1934年 7 月22日，新たな法曹養成法が公布され，その少しあと，1934年12月20日には，弁護士法の改正も行われた。同法では，国家の男性性（Männlichkeit des Staates）という神聖な原則への侵害として，女性は弁護士となれないこととなった。パーラントは，新法の制定のおり，法を守ることは，男の仕事（Sache des Mannes）であるとしている。これは，ヒトラーの，女性は家庭へという思想と合致していた。ナチス期の法曹養成の改革に（人種主義，不平等），パーラントは，大きく影響したのである。

ちなみに，女性に法律職につく道が開けたのは，ワイマール期の1919年であった（この年から司法修習が可能となった。「法曹養成制度と世紀の転換点の大学」（契約における方式と自由）第 3 部 2 篇 2 章 3 参照）。1922年の 7 月11日法（RGBl. 1922, 573）が，裁判官職と弁護士職につくことを可能とした。これによる，ドイツで最初の女性の弁護士は，1922年に，バイエルンで弁護士になった Maria Otto（1892. 8. 6-1977. 12. 20）であった。最初の女性法律家の Emilie Kempin-Spyri（1853. 3. 18-1901. 4. 12）は，スイスで学位をうけ，教授資格もえたが，弁護士にはなれなかったのである。ドイツの司法における男女同権は，12年ほどで中断することになった。

パーラントは，戦後の1951年に，ハンブルクで亡くなった。ルター派のプロテスタントであった。今年（2011年）は，その死後60年にあたる。芸術家の Ralf Palandt（1965. 10. 1-）は，このオットー・パーラントの曾孫である[1]。

236　第2部　プロイセンの実務家とライヒ大審院

3　パーラント・BGB コンメンタール

パーラントは，現在では，ベック社の BGB コンメンタールによって知られている。むしろ，パーラントは人名というよりも，同コンメンタールの別名となっている。彼は，10版までは，このコンメンタールの共同編著者であった。もっとも，自分ではほとんど書かなかったし，パーラントが創設者だったわけでもなかったのである。

最初の編者は，Gustav Wilke であったが，彼は，初版が出るまえに，1938年5月17日に，ウィーンの近郊（Erlaa）で，自動車事故のために死亡した。ベック書店は，1933年に，ユダヤ人の書店主 Otto Liebmann から，簡約コンメンタール（Kurz-Kommentar）のシリーズの版権を買っており（ZPO, 1924；UWG, 1929；HGB, 1932など），商業的理由から，パーラントの名声と編集者としての価値が活用されたのである。パーラントは，当時もっとも著名な法律家の1人だったからである。企画は，司法省の次官（Staatessekretär）Franz Schlegelberger の支持によるものであった。ちなみに，著名な法律雑誌である DJZ（Deutsche Juristenzeitung, 現在では，JZ）も，この時に，ベックの手に入った。もともとは，ユダヤ系法学者である Laband と Staub が，1886年に創刊したものである。

パーラントは，同コンメンタールでも，最初の10版までのはしがきと序において，自分のナチス的な見解を述べている。もっとも，彼が加わったことで，他の編者，たとえば，Bernhard Danckelmann（1895–1986）の活動にあまり影響を与えてはいない。そして，このことによって，戦後も生き延びることになった（はしがき以外にナチス的なところが少ない）。パーラントは，はしがき（Vorwort）と序（Einleitung）しか書かなかったからである（もっとも，18頁もある）。しかし，この作業によって，戦後も，このコンメンタールは，パーラントを編者として著名にしているのである。初版5000部は，数日で売り切れたといわれる（2194頁，27マルクであった）。2000年ごろの印刷数は，平均してその10倍といわれ，ドイツの書籍としては，現在でも破格の部数を重ねている。

民法の全領域を1冊におさめたコンメンタールとして，法律家のみならず，学生にも利用されている。1990年に，コンメンタールの50周年を記念した記念式では，パーラントを知らざる者は，民法を知るものではない（Wer den Palandt nicht kennt, kennt nicht das BGB）といわれている（Rainer Wörlen）。

第5篇　パーラント(Otto Palandt, 1877. 5. 1 -1951. 12. 3) と法曹養成, 民法コンメンタール(Kurzkommentar)　237

これが, 注釈学派の Accursius (ca. 1183-ca 1263) のもじりであり (「(Accursius の) 注釈をもたない者は, 法廷に入るべからず」), この種の式の献辞であることを割り引いても, その影響力には否定できないものがある。1938年の初版から, ほぼ毎年改訂され (1949年から。また, 債務法改定のあった2001/02年に2度改定された), 情報の新鮮なことも人気の1つである。ただし, 頁数の圧縮のため, 略語が多用されている点はわかりにくい。

2011年には, 71版が出ている。執筆者には, 学者のほか, かなりの実務家が入っている。現在の編者は, 以下の者である。Dr. Peter Bassenge, Vors. Richter am LG Lübeck a. D., Prof. Dr. Dr. h. c. Gerd Brudermüller, Vors. Richter am OLG Karlsruhe, Prof. Dr. Uwe Diederichsen, Göttingen, Dr. Jürgen Ellenberger, Richter am BGH, Dr. Christian Grüneberg, Richter am BGH, Hartwig Sprau, Vizepräsident des BayObLG a. D., Prof. Dr. Karsten Thorn, LL. M., Hamburg, Walter Weidenkaff, Vors. Richter am OLG München, und Dr. Dietmar Weidlich, Notar in Roth. おおむね学者と裁判官が半々である。70版から, Diemar Weidlich が加わった。

なお, 2017年 (2016年11月) 版は, 76版となっている。

4　シュタウディンガー・コンメンタール

比較までに, シュタウディンガー (Julius von Staudinger, 1836. 1. 28-1902. 2. 1) とそのコンメンタールについてふれる。後者は, ドイツ民法分野で最大のコンメンタールである。ハンディなコンメンタールであるパーラントとは対照的である。

シュタウディンガーは, 1836年に, バイエルンの Schwabach (ニュルンベルク近郊) で生まれた。父 Karl Friedrich も, 裁判官であった。プロテスタントであった。1859年に, 国家試験に合格し, 1860年から, バイエルンの司法省に勤務した。1862年に, Johanna Sophie (geb. Heerwagen) と結婚した。1875年から1884年, 病気のためしばしば休職したが, 1884年に, 高裁判事, 1885年に, バイエルンの王室から勲章をうけた。1888年からミュンヘン高裁の部長判事となり, 1894年に引退した。1900年に, バイエルン王国の枢密顧問官の称号をうけたが, 1902年にミュンヘンで亡くなった。

バイエルンの立法に関する解説を多く書いているが, ドイツ統一後は, ラ

イヒ法の著述もしている。

Lebensversicherungsvertrag, 1858.

Das Strafgesetzbuch für das Königreich Bayern, 1862.

Das Gesetz vom 10. November 1861 die Einführung des Strafgesetzbuches und Polizeistrafgesetzbuches für das Königreich Bayern betreffend, 1862.

Überschau der auf das bayrische Strafgesetzbuch und Polizeistrafgesetzbuch nebst dem Einführungsgesetze vom 10. November 1861 bezüglichen seither erschienenen Verordnungen Ministerialentschließungen wichtigeren Erkenntnisse und Abhandlungen, 1865.

Die Einführung norddeutscher Justizgesetze als Reichsgesetze in Bayern, 1871.

Das Strafgesetzbuch für das deutsche Reich, 1872.

　今日では，シュタウディンガーは，民法の大コンメンタールの創始者として知られている。このコンメンタールは，6巻本として，最初に1898年から1903年にかけて出版された（Kommentar zum Bürgerlichen Gesetzbuche für das Deutsche Reich nebst Einführungsgesetz. 6 Bände. J. Schweitzer Verlag. München）。つまり，シュタウディンガーの晩年の著作であり，彼はその完成をみなかったのである。その出版は，ドイツ民法典の発効する2年前に計画・開始され，発効後まもなく完結した。

　その後，多くのコンメンタールが出されたが，規模において，ドイツ民法典の最大規模のコンメンタールとして今日まで継続している。多数の改訂協力者をえて，しだいに拡張され，現在のものは，全83巻，5万8000頁にもなる（拡張の経過については省略）。冊数が多いので，版数の計算は，かなり複雑である。巻数が増加したために，たとえば，一部の巻でまだ12版が刊行中であるのに，他の巻では，すでに13版が刊行されるといったことが生じたからである。12版は，1973年に開始され，ようやく1999年に完結した(44巻，3万7000頁)。そこで，13版以降は，シリーズの全体が版を改めるのではなく，各巻ごとに新版が出されることとなっている。単行本としての独自性が強くなり，シリーズ全体としての統一性は失われつつある。

　シュタウディンガーには，官吏向けの講義録（Vorträge aus dem Gebiete

des Bürgerlichen Gesetzbuchs für Verwaltungsbeamte. J. Schweitzer Verlag. München 1900）のほか，以下の刑法の業績がある。前者は，バイエルン王国の刑法典に関するものであり，後者は，1871年に成立したドイツ帝国の刑法典に関するものである[2]。

Das Gesetz vom 10. November 1861, die Einführung des Strafgesetzbuches und Polizeistrafgesetzbuches für das Königreich Bayern betreffend, 1862.

Das Strafgesetzbuch für das Deutsche Reich nach den Gesetzen vom 15. Mai 1871 u. 26. Febr. 1876, 1876.

Strafprozessordnung für das Deutsche Reich vom 1. Februar 1877, 1877.

さらに，法律扶助に関するラント間の協定に関するものがある。Sammlung von Staatsverträgen des Deutschen Reichs über Gegenstände der Rechtspflege, 1882.

[1]　Thier, Palandt, Otto, NDB 20 (2001), S. 9 f.; Slapnicar, Der Wilke, der später Palandt hieß, NJW 2000, S. 1692; Wrobel, Otto Palandt zum Gedächtnis 1. 5. 1877–3. 12. 1951, Kritische Justiz 1982, S. 1ff.; Verlag C. H. Beck, Juristen im Portrait, 1988, S. 232f. 追悼文 Nachruf が，NJW 1951, 953 (Danckelmann) にある。

　　また，Trier 大学のサイトに (Rechtshistorischer Podcast, http://www-neu.uni-trier.de/index.ph4p?id=1623)，Palandt についての講演のオーディオデータ (Audiodatei) がある (MP 3 形式で，22分12秒)。

　　さらに，U. Wesel und H. D. Beck, 250 Jahre rechtswissenschaftlicher Verlag C. H. Beck 1763–2013, 2013は，ベックの250年史であり，本稿との関係では，以下の部分がある。S. 131 (Der Erwerb des Verlags von Otto Liebmann) および S. 166 (Palandt, Bürgerliches Gesetzbuch).

[2]　Rabel, Ges.Auf.I, S. 293. に Staudinger Kommentar についての，Rezension がある。また，Fischer, Staudinger, Julius Friedrich Heinrich Wilhelm, NDB 25 (2011), S. 87ff.

　　BGB コンメンタールの中にも，その由来や沿革についての簡単な説明がある。

　　Vgl.Staudinger BGB Einleitung zum §§241 ff; §§ 241–243 (Einleitung zum Schuldrecht, Treu und Glauben), 2005のカバー横に沿革の記述がある。

　　G. ヴィルケ (Gustav Wilke, 1889. 12. 26–1938. 5. 17) は，1889年に，ライプチッヒで生まれ，1913年に，ライプチッヒ大学で法律学の学位をえた (Bedingte Wechselverbindlichkeiten, 1913)。その後，経済学の勉学を継続し，1921年に，グライフ

240 第2部 プロイセンの実務家とライヒ大審院

スヴァルト大学で，その学位もえた（Die Entwicklung der Theorie des staatlichen Steuersystems in der deutschen Finanzwissenschaft des 19. Jahrhunderts, 1921）。プロイセンで司法職につき，ベルリンの宮廷裁判所の裁判官をした後，1935年に，ライヒ司法省の顧問官となった。ナチスの司法相の Franz Schlegelberger の参与でもあった。1938年に，職務上の旅行で Schlegelberger とともに，オーストリアにいき，帰途，ウィーン近郊の Erlaa で，交通事故のために亡くなった。同乗した Schlegelberger は，脛骨と複数の肋骨を折った。ヴィルケの後継の参与は，グラム（Hans Gramm, 1906. 5. 3 -1967. 9. 10) であった。

　パーラントの民法コンメンタール（ベック社）の当初の編者の予定でもあった。初版が1939年で予定されていたところ，彼が1938年に亡くなったことから，編者の変更が行われたのである。Vgl. Juristen im Portrait, 1988, S. 231 ; 250 Jahre rechtswissenschaftlicher Verlag C. H. Beck, 2013.

第5篇 パーラント(Otto Palandt, 1877. 5. 1-1951. 12. 3)と法曹養成,民法コンメンタール(Kurzkommentar) 241

本篇の人物に関係する年譜 (Kirchmann, Staub も加える)

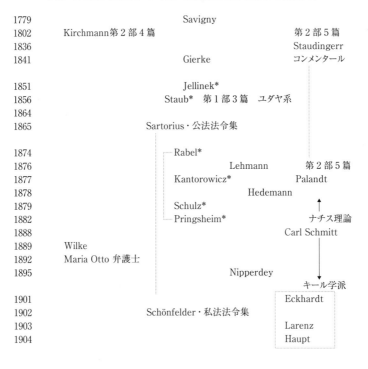

第3部　ドイツの司法とオーストリアの司法

第1篇　ドイツの連邦裁判所（BGH）と連邦司法
── 人と業績 ──

第1章　はじめに

　（1）　ドイツの連邦裁判所（BGH）は，ライヒ大審院（RG）の後継である。ともに，民事・刑事の最上級裁判所として，多くの著名判決を通じて解釈論に影響を与えてきた。民事に限定しても，1900年の民法典の施行後，20世紀を通じて多くの社会の変化に対応してきた。たとえば，古くは，積極的契約侵害や行為基礎論を肯定した RGZ 66, 289（1907年6月9日判決），RGZ 107, 78（1923年11月28日判決），契約締結上の過失の理論を肯定した RGZ 97, 336（1920年1月3日判決）などがある。

　また，戦後には，市営駐車場の利用に関する事実的契約関係論を肯定した BGHZ 21, 319（1956年7月14日判決），一般的人格権の侵害に対し金銭賠償を認めた BGHZ 26, 349（1958年2月14日判決），損害賠償の範囲に関する相当因果関係説を確認した BGHZ 3, 261（1951年10月23日判決）などがある。治療行為における医者の説明義務についてふれた BGHZ 29, 46（1958年12月9日判決）は，その後のインフォームド・コンセントに関する一連の判決の先駆となった。これらの判決の一部は，その後の立法にも採用された。たとえば，2001年の債務法現代化法による新たな義務違反概念の採用や社会的接触論，行為基礎論の採用である（280条，324条，311条，313条）。医療契約の明文規定が民法におかれたのは，2013年のことである（630a条以下）。

　大陸法においても，判例のもつ重要性は大きい。とくに，歴史法学の産物であるドイツ民法は，理念的にも普遍的な法典を目ざすものではないことから，時宜に応じた補充を必要とする。そして，これらの裁判例が，日本にも解釈論を通じて多くの影響を与えていることは，これらの用語の親近性からもあらためて説明するまでもない。無意識のまま，外国法由来の概念を用いていることや，さらに，直接には採用されない場合でも，わが理論の深化に寄与していることもある。

こうした画期的な判決が多数生じてきたことやそれによる法の発展を理解するには，連邦裁判所やライヒ大審院の構造や沿革，司法行政との関係などを見直し，ドイツの司法の全体像を把握することが有用である。本篇は，とくにドイツの連邦裁判所と連邦司法省を動かした長官や大臣の事跡を通して制度の概観をえることを目的としている。比較すると，同じく連邦の裁判官，長官といっても，アメリカ最高裁のそれは話題性もあり，かなり知られている。古くはマーシャルやホームズ，近時では，ワーレン，バーガー，レーンキストなど，憲法や他の実定法のテキストにも多数登場する。ドイツの裁判官は，個人としては地味であることが多いが，歴史は著名な者だけが作るのではなく，社会を支える多数の者の産物である。個人プレーに頼らないですむことは，ある意味では幸いなことであろう。

(2) ドイツの最高裁のあり方は，わが最高裁判所とはかなり異なる。たしかに，連邦〔通常〕裁判所（BGH）は存在するが，これは，わが旧大審院に近く，現在の最高裁判所とは性質を異にする。戦後のわが最高裁判所のモデルは，アメリカ最高裁にあるからである。

BGH を理解するには，わが旧大審院がもっともわかりやすい。わが旧大審院は，ドイツの旧ライヒ大審院をモデルとした組織だったからである。すなわち，民事・刑事の管轄権を有するものの，旧司法省の司法行政権を前提に，限定的な司法権を有するにすぎなかったのである。違憲立法審査権のみならず，行政裁判権をももたなかった。これに対し，アメリカの最高裁は，違憲立法審査権や広範な司法行政権をも有する組織であり，文字通り三権の一角をなす司法のトップとしての地位を占めている[1]。最高裁の管轄外の行政裁判所のような特別裁判所も存在しない。

(3) ドイツには，BGH のほかにも，最高裁としての地位を有する連邦の裁判所が多数存在する。連邦憲法裁判所のほか，連邦行政裁判所，連邦財務裁判所，連邦労働裁判所，連邦社会裁判所などであり，これらは，BGH と同格であり，その全体が抽象的な「最高裁」（Oberste Gerichte）を形成しているのである（基本法95条1項，文言上，憲法裁判所は含まれず，その位置づけが問題とされる）。ライヒ大審院の時代には，その中の特別部としてライヒ労働裁判所が設置され，また独立の組織として，ライヒ行政裁判所が設置された。しかし，憲法裁判所は設置されず，財務裁判所や社会裁判所も存在しなかった。司法権は，かなり限定的であったといってよい。現在では，これら

第1篇　ドイツの連邦裁判所（BGH）と連邦司法　　247

の連邦の裁判所に属する裁判官は，400人以上にもなる（以下，普通名詞としての連邦裁判所と区別する必要があるときには，BGHもしくはその括弧書きを用いる）。

　(4)　歴史的には，もっと複雑である。1879年に，ライヒ大審院が設置されるまで，ライヒ＝連邦の司法権はもっと限定されていたのである。最終の裁判所として，ライヒ上級商事裁判所（ROHG, Reichoberhandelsgericht）は存在したが，その管轄権は基本的に商事事件のみであり，民事は債権法に限定され，刑事は包含されなかった。これは，ROHGが，1867年の北ドイツ連邦の連邦上級商事裁判所を承継したからである。その前の1815年のドイツ連邦では，上告裁判所は設置すらされなかった。ドイツ連邦は，国家というよりは，諸ラント（邦）の同盟に近かったからである。

　ドイツにおける最高裁の欠落は，中世の神聖ローマ帝国の名目化に由来する。神聖ローマ帝国の中央・皇帝権力は弱く，諸ラントは，政治的・経済的な自律とともに，神聖ローマ帝国の最高裁であるライヒ帝室裁判所への不上訴特権を獲得し，これは1648年のウエストファリア条約（30年戦争の終結条約）でも確認されたからである[2]。

　各ラントが不上訴特権を享受することは，必ずしも裁判が従来のラントの第二審のみで終了したことを意味しない。各ラントはみずから第三審を設けたのである。1815年のドイツ連邦の規約も，第三審の設置を各ラントに義務づけた。これによって，たとえば，プロイセンの上級裁判所（Obertribunal）やハンザ4都市に共通のハンザ上級裁判所が設置された。現在の高裁（OLG）の多くは，こうした各ラントの上級裁判所にその起源をもち，きわめて権威の高い沿革を有している。この場合の権威は，たんに国家の最終審であるという手続的地位によるだけではなく（統一は未達成であったが，大国であるプロイセンの上級裁判所はこれによる），学問的・実務的能力の高さ（ハンザ上級裁判所）にもよるところが大きい。これらの上級裁判所の多くは，1879年のライヒ司法法の施行により，ラントの高等裁判所（OLG）に改組されたが，例外もある。なかんづくバイエルン最高裁のように，ごく最近まで残されたものもある。こうした連邦制から生じる特別構造も，一元的な裁判所の構成と比べると，ドイツの裁判所組織をかなりわかりにくくしている。なおOLG以下の下級裁判所は，連邦ではなく，州の機関となる（後述第4章1(2)参照）。

　(5)　ラントの上級裁判所のうち，プロイセンの上級裁判所やハンザ高裁に

ついては簡単に検討したことがあるので⁽³⁾，本篇では省略し，バイエルン最高裁（Das Bayerische Oberste Landesgericht）のみを例にとろう。ライヒや連邦と州の関係を知るうえで，わかりやすい例となるからである。

　中世の神聖ローマ帝国の国制によれば，上訴の受理は，皇帝のライヒ高権の１つであるが，30年戦争（1618年～1648年）以降，各ラントは，不上訴特権（Privilegium de non appellando）を獲得した。たとえば，バイエルンにおいても，1620年に，時のバイエルン選帝侯（Herzog Wilhelm V）は，皇帝フェルディナンド二世から，神聖ローマ帝国の不上訴特権をえた。これにより，バイエルンは，最終裁判所としてのライヒ帝室裁判所（Reichskammergericht, 1495, Worms）の代わりに，1625年に，独自の上訴裁判所（Revisorium）を設立したのである（Kurfürst Maximilian I）。当時のバイエルンの人口は，およそ80万人であった。1648年のウェストファリア条約もこうした特権を確認した。ナポレオン戦争中の1806年に神聖ローマ帝国が解体したことから（同年，バイエルンは選帝侯国から王国に昇格），1809年に，この上訴裁判所は，ミュンヘンの上級控訴裁判所（Oberappellationsgericht）となった。また，1815年のドイツ連邦の規約においても，各ラントは，固有または共通の上訴裁判所をもつことになったことから，上訴裁判所の地位は存続した。この時期には，ほかにも，たとえば，プロイセンでは，上述の上級裁判所が設立されている⁽⁴⁾。

　1871年のビスマルク帝国の成立後，1879年の裁判所構成法によって，ライヒ大審院が設立されたことから，各ラントの上級裁判所は廃止されたが，バイエルンでは上訴事件は，バイエルン最高裁に移管された。バイエルン最高裁は，民事・刑事の事件について，憲法の留保条項（clausula bavarica）にもとづいてミュンヘンに設立された裁判所である（裁判所構成法施行法８条以下）。バイエルンはドイツ統一の最大の抵抗勢力であったことから，いくつかの留保特権を有している。その権限はしだいに縮小されたが，1900年に，ドイツ民法典が発効すると同時に，民事の上訴事件の多くがライヒ大審院に移管された後にも，一部の事件はその管轄として残された。裁判所構成法施行法には，その後の変更があるが，現在でも，こうした州の最高裁を設置する可能性は残されている。同法の形式は，複数の高裁（OLG）を有する州を対象とするから（バイエルンには，ミュンヘン，バンベルク，ニュルンベルグの３OLGがある），他の州でも設置の可能性はあるが（たとえば，ノルトライン・ヴェストファーレン州でも，ハム，デュッセルドルフ，ケルンの３OLGがある），

実質的には，バイエルン以外にこの権限を行使した例はない。今日では，その権限は必ずしも大きくはない。

裁判所構成法施行法 8 条「(1) 複数の高裁を有する州の立法によって，連邦裁判所（BGH）の管轄に属する民事の上告と異議の審理と判決を，州の最高裁に行わせることができる。

(2) 本条は，民事の係争事件で，判決に連邦法が関係するものには適用されない。ただし，州法に包含される法規範が問題となっているときには，この限りでない」。

（9 条は，これに対応する刑事事件の規定であり，刑事の高裁の管轄に属する事件を，州の最高裁に行わせることができるとする）。

ナチス政権下で，中央集権化の一環として，1935年に，バイエルン最高裁は廃止されたが，戦後の占領時の1948年に復活した。イギリス地区最高裁は，1947年10月に設立されており，アメリカ地区の大半を占めるバイエルンでは，その最高裁の復活は判例統一にも貢献したからである。BGH の設置は，連邦共和国成立（1949年）後の1950年10月 1 日であるから，これらよりも遅れている。バイエルン最高裁の設置によって，バイエルンでは，戦後長らく，民事・刑事の二重の裁判所の構造が継続することになったのである。いうまでもないが，バイエルンの最高裁は，ラントの最高裁であって，BGH のような連邦の最高裁ではない。

その後，州固有の民事立法の減少から，関係する民事事件の件数はいちじるしく減少し，刑事事件では，高裁事件の処理に係わってきたのである。もはや高裁以外の存在意義はまれである。そこで，2003年に，バイエルン州首相のシュトイバー（Stoiber）は，財政支出の削減からバイエルン最高裁を廃止し，その権能を州内 3 つの高裁に委ねるものとした。バイエルンの州議会もこれを承認し，2006年に改革が実現し，バイエルン最高裁は廃止されたのである。すでに裁判の係属している事件は，ミュンヘン，バンベルク，ニュルンベルクの既存の 3 高裁ごとに分割された。これによって，ようやく連邦の全州において，高裁の一元化が達成されたのである[5]。1625年の裁判所設置から数えると，381年目であった。

上級控訴裁判所（Oberappellationsgericht）時代の長官は，初代の Johann Kaspar Alois Graf von Larosée（1809. 1 . 1 –1823. 9 .16）から，11代の Lud-

250　　第3部　ドイツの司法とオーストリアの司法

wig Ritter von Neumayer（1868. 12. 16–1879. 9 . 30）までである。この Neu-
mayer は，裁判所構成法後のラント最高裁（Oberstes Landesgericht）の最
初の長官ともなった。通算すると，在任期間は，16年にもなる。ラント最高
裁の長官は，初代が Ludwig Ritter von Neumayer（1879. 10. 1 –1884. 9 . 39）
から，第 8 代の Gustav Müller（1929. 7 . 1 –1935. 3 . 31）までである。新た
に発足した戦後のバイエルン最高裁は，初代の Anton Konrad（1951. 1 . 1 –
1954. 3 . 3 ）から，最後の Hartwig Sprau（2005. 1 . 1 –2006. 6 . 30）までで，
全11代であった。

　初期の上級控訴裁判所（Oberappellationsgerichts, 1809）時代の時代の長官
は，以下のとおりである。ナポレオン戦争後のウィーン体制からおおむねド
イツ統一までの時期である。

① Johann Kaspar Alois Graf von Larosée　　1809. 9 . 1 –1823. 9 . 16
　　　　　　　　　　　　　　　　　　　　　ドイツ連邦
② Heinrich Alois Graf von Reigersberg（1770–1865）　　1809–1810
③ Karl Maria Rupert Graf von Arco　　　　　　　　1823–1832
④ Konstantin Ludwig Freiherr von Welden（1771–1842）1832–1837
⑤ August Graf von Rechberg und Rothenlöwen（1783–1846）　1837–1844
⑥ Carl Anselm Freiherr von Gumppenberg（1791–1863）　1844–1854
⑦ Friedrich Freiherr von Wulffen（1790–1858）　　　1855–1858
⑧ Karl Bartholomäus Ritter von Lehner（1786–1877）　1858–1866
⑨ Karl Joseph Freiherr von Kleinschrod（1797–1866）　1866–1866
⑩ Karl Friedrich Ritter von Heintz（1802–1868）　1866–1868
⑪ Ludwig Ritter von Neumayer（1810–1895）　1868. 12. 16–1879. 9 . 30
　　　　　　　　　　　　　　　　　　　　　ドイツ統一

　また，ラント最高裁（Bayerische Oberste Landesgericht, 1879）の時代の長
官は，以下のとおりであった。ライヒ司法法による裁判制度の確立の時期で
ある。

① Ludwig Ritter von Neumayer（1810–1895）　　1879. 10. 1 –1884. 9 . 30
② Karl Ritter von Schebler（1818–1891）　　　　1884–1891
③ Gottfried Ritter von Schmitt（1827–1908）　　1891–1899

第1篇　ドイツの連邦裁判所（BGH）と連邦司法　　　251

④　Wilhelm Ritter von Heller（1838–1909）　　　1899–1909

⑤　Heinrich Ritter von Thelemann（1851–1923）　1910–1912

⑥　Wilhelm Ritter von Haiß　（1852–1927）　　　1912–1919

⑦　Karl Ritter von Unzner（1865–1929）　　　　1919–1929

　　　　　　　　　　　　　　　　　　　　　　　ワイマール共和国

⑧　Gustav Müller（1871–1943）　　　　　　　　1929–1935

（1935　〜1949, 消滅。中央集権化）

　最後の時代のバイエルン最高裁（Bayerisches Oberstes Landesgericht）の
時代の長官在任期間は，以下のとおりであった。戦後の時期である（占領時
を除く）。

①　Anton Konrad（1883–1955）　　1951. 1. 1–1954. 3. 31

②　Franz Gipser（1890–1955）　　　1954–1955

③　Adolf Keltsch（1897–1975）　　　1956–1962

④　Walter Rösch（1903–1977）　　　1962–1968

⑤　Ludwig Schäfer（1912–2003）　　1968–1977

⑥　Wolfgang Schier（1918–）　　　　1977–1983

⑦　Walter Odersky（1931–）　　　　1983–1987

⑧　Gerhard Herbst（1928–）　　　　1988–1995

⑨　Horst Tilch（1935–2004）　　　　1995–2000

⑩　Peter Gummer（1940–）　　　　　2000–2004

⑪　Hartwig Sprau　　　　　　　　　2005. 1. 1–2006. 6. 30　廃止

第2章　連邦の類型と連邦裁判官

1　連邦裁判官

（1）　連邦裁判官は，ドイツ裁判官法19a条により任命された裁判官であり，
ラントの裁判官以外の裁判官である。連邦裁判官は，前述の連邦の最高裁の
裁判官（連邦裁判所，連邦行政裁判所，連邦財務裁判所，連邦労働裁判所，連邦
社会裁判所）と，その他の特別裁判所（連邦特許裁判所，南北の軍事裁判所な
ど）の裁判官であり，その地位は，基本法98条の規定にもとづいている。た
だし，基本法95条1項では，狭義の意味であり，連邦の諸最高裁の裁判官だ

けを指している。概念的には，憲法裁判所の裁判官は，すべて連邦裁判官のはずであるが，基本法94条1項では，連邦憲法裁判所は，連邦裁判官と他の構成員以外（Bundesrichtern und anderen Mitgliedern）からなるとしているから，基本法上は，憲法裁判所の裁判官は，必ずしも全員が連邦裁判官である必要はないことになる。

　BGHなどの連邦裁判官は，最高裁構成法125条1項により，連邦裁判官選定委員会（Bundesrichterwahlausschuss）によって選任される。委員会は，16のラントの司法大臣と連邦議会により選ばれた16人の者からなる。裁判官は，ドイツの国籍を有し，35歳に達していることが必要である（ドイツ裁判官法10条，裁判所構成法125条）。選定の提案は，連邦裁判官選定委員会のメンバーと連邦司法大臣により行われる。裁判官選定委員会は，秘密投票で，有効投票の多数で決する（ドイツ裁判官法12条）。選定後に，連邦大統領により任命される。任命された者につき人的，専門的な任命をするのは，それぞれの最高裁であり，長官の諮問委員会により行うが，裁判官選定委員会は，そこまで干渉することはできない[6]。

　(2)　連邦裁判官の給与は，連邦給与法による。2014年には，月額おおむね8250ユーロ，部長で9120ユーロ，長官で，1万1870ユーロである。連邦の最高裁以外の連邦裁判官は，ラントの裁判官に準じる。ドイツの裁判官の数は多いが，後述のアメリカの連邦裁判官ほど待遇はよくない。

　連邦裁判官の地位は，基本法とドイツ裁判官法により規定され，他の裁判官と同じく，基本法97条1項により独立性と年金の発生時までの終身制が保障されている（基本法97条2項2文）。BGHは，ドイツ裁判官法62条で懲戒手続の終審となり，連邦の雇用に関する特別部を有している。連邦裁判官には，同64条による懲戒，罰金または解職のみが行われる。

　定年は，67歳である（公務員法Bundesbeamtengesetz51条1項。ただし，憲法裁判所裁判官は，連邦憲法裁判所法4条3号により68歳である）。ライヒ大審院の判事には，当初定年がなく，たとえば，Christian David Rudolf Schlesinger（1831-1912）は，81歳まで勤めた[7]。ワイマール時代の1923年に，定年法ができて（Personalabbauverordnung），68歳となった。さらに，帝政期に任命された保守的な裁判官が多く，司法の危機を生じたことから，65歳に引下げられた。この間の事情は，ニューディール期のアメリカの最高裁と似ている。しかし，共和国時代に任命された25人の裁判官にも，労働者や被用

第1篇　ドイツの連邦裁判所（BGH）と連邦司法　　253

者階級の出身者は，ほとんどいなかった。

　最高裁に相当する連邦裁判所（BGH）の裁判官は，真紅の衣装をつけ，連邦憲法裁判所の裁判官は，緋色の衣装をつける。連邦裁判所（BGH）の法服は，ライヒ大審院の法服を受け継いでいる。他の連邦裁判官は，黒のローブである。憲法裁判所以外の連邦裁判所は上告審である[8]。連邦裁判官の数は，2008年には，憲法裁判所の裁判官16人を含んで，458人である[9]。

　2　アメリカの連邦裁判官と最高裁
　⑴　ひとしく「連邦」といっても，そのあり方は，国によってかなり異なる。比較のためにアメリカの連邦裁判官と最高裁をドイツのそれと比較しよう。

　連邦国家であるアメリカでも，合衆国憲法により設立された連邦裁判所がある。合衆国憲法Ⅲ条（The judicial Power）によれば，司法権は，合衆国最高裁とその下級審となる連邦の裁判所によって行使される（sec. 1）。下級裁判所は，13の高裁（Courts of appeals）と，94の連邦地区裁判所（District courts），国際取引裁判所（Court of International Trade）である。これらの裁判所の裁判官が，連邦裁判官（Federal judge）である。ただし，連邦裁判所がかかわるのは，連邦に関する事項だけであるから，州の権限に関する事項は，各州の裁判所により解決される。

　連邦の裁判官の数は，2009年に，最高裁で9人，高裁で179人，地区裁判所で677人，国際取引裁判所で9人の合計874人の裁判官である。この数には変遷があり，最高裁の裁判官は，現在9人であるが，高裁の裁判官は，1950年以来倍増し，地区裁判所の裁判官は3倍となった。最高裁判官の定数も，憲法には定められていないので，かなり変遷している。独立当初は，6人であったが，1807年に7人，1837年に9人，1863年に10人に増加した。しかし，1866年以降，減員が試みられ，1867年法は9人とした。1930年代のニューディール時にもかなりの議論があったが，現在も9人である。連邦裁判官は，大統領によって任命され，上院が承認する（憲法Ⅱ-2条）[10]。

　⑵　合衆国憲法Ⅲ条による裁判官にあっては，原則としてその任期は終身とされ，辞任するか死亡するまでである。重大な事由があるときには，議会の弾劾により罷免される（Impeachment）が，その他の方法で罷免できるかについては，争いがある。

合衆国憲法 III-1条は，連邦裁判官の任期中の俸給の削減を認めていない。2014年に，地区裁判所の裁判官の俸給は，年額19万9100ドル，高裁の場合は，21万1200ドル，最高裁で24万4400ドル（長官は25万5500ドル）である。2万ドル程度の付加的収入（各種の手当）が可能となっている[11]。

（3）　なお，合衆国憲法 III 条ではなく，I 条の立法権に由来する裁判所もあり，その裁判官も連邦裁判官といわれる（III 条外の裁判官，Non Article III judges）。各州の裁判所とは区別されるからである。合衆国憲法 I 条により議会により設立された裁判所には，破産裁判所（Bankruptcy courts），税務裁判所（Tax Court），国事裁判所（Court of Federal Claims）がある。これらの裁判所の裁判官は，終身でなく，一定の任期付で任命される。2012年の破産裁判所の裁判官は，350人で，任期は，14年である。弾劾裁判所の裁判官は，15人である[12]。

第3章　連邦〔通常〕裁判所長官（BGH 長官）

1　BGH 長官の概観

（1）　歴代の連邦〔通常〕裁判所（BGH）の長官の在任期間は，以下のとおりである。概して，ライヒ大審院長よりも短い。50歳後半から60歳で就任することが多い。政治任用や司法省高官のなることの多かったライヒ大審院長と異なり[13]，職業裁判官の任用が多くなり，ある意味では官僚化といえる。しかし，わがくにとは異なり，司法行政の経験の長い者ばかりではなく，また，政権交代や連邦参議院の関与があることから，顔ぶれは多彩である。選定が，前述の連邦裁判官選定委員会によってなされることから，手続は明確であり，長官の独断や密室（政治や事務局の主導）で決定されることはない。こうした透明性の結果，政治的事件に対しても正当性が付与される理由となっている[14]。

① Hermann Weinkauff（1894-1981）は，1950.10.1～1960.3.31で，10年。
② Bruno Heusinger（1900-1987）は，1960.4.1～1968.3.31で，8年。
③ Robert Fischer（1911-1983）は，1968.4.1～1977.9.30で，9年。
④ Gerd Pfeiffer（1919-2007）は，1977.10.1～1987.12.31で，10年。
⑤ Walter Odersky（1931-）は，1988.1.1～1996.7.31で，8年。
⑥ Karlmann Geiß（1935-）は，1996.8.1～2000.5.31で，4年。

第1篇　ドイツの連邦裁判所（BGH）と連邦司法　　255

⑦　Günter Hirsch (1943–) は，2000. 7. 15～2008. 1. 31で，8 年。

⑧　Klaus Tolksdorf (1948–) は，2008. 2. 1 ～2014. 1. 31で，6 年。

⑨　Bettina Limperg (1960–) は，2014. 7. 1 ～現在。

⑵　連邦裁判所（BGH）の裁判官は，多くの場合に40代でなり，長官とな
ることもあるが，その場合には，BGH（あるいはその他の連邦の裁判所）の裁
判官となってからかなりの年月を経る場合が多い（③18年，④11年，⑧16年）。
BGH の裁判官はかなり多数であるから，その地位はそう高いものではない。
任官からそう長くない時期につくこともある。この点では，戦前のわが大審
院でも同様であり，ひらの裁判官よりも，全国に 9 つあった控訴院長や高等
法院長の方が格上であった。わが大審院判事も50人近くもいたから，人事の
終点とするには適さなかったのである。同じことは，ドイツ連邦裁判所(BGH)
にもいえる。人数が多いことから，BGH の裁判官も，経歴の終点の地位と
は位置づけられていない。50代の中堅裁判官が多く，しばしば出される画期
的な判決の基礎となっている。戦前のライヒ大審院でも，裁判官の平均年齢
は，54歳程度であった。

　また，連邦の裁判所は，連邦〔通常〕裁判所（BGH）だけではなく，最上
級審だけでも，行政，社会，労働，財務の各裁判所があり，ほかに連邦憲法
裁判所もあり，連邦裁判官の数は，総計で400人ほどにもなる（2008年，458
人，ただし，連邦の下級裁判所を含む）。なお，2011年の全裁判官数は，連邦
とラントの合計で 1 万9953人（うち女性77人44）にもなる（日本は3000人程度
である）。高裁以下の裁判所は，ラントの裁判所である[15]。

　BGH でも長官人事は別格である。従来の 9 人の長官の経歴をみると，連
邦裁判所判事から昇格したよりも，いきなり連邦裁判所長官となった場合の
方が多く（①，②，⑤，⑥，⑦，⑨），その前職は，かなり多様である。州（ラ
ント）の通常裁判所のほか，ラントの国家（憲法）裁判所，ラントの司法省，
EU や国連の裁判所など多様な経歴の可能性があるからである。

　戦前のように経歴が司法行政だけに偏ること，とくに連邦（戦前はライヒ）
司法省の高官だけという例はない。司法の硬直化が，ナチスに忠実な多数の
司法官を生み出したことへの反省である。わがくにの最高裁の裁判官が（い
わゆる裁判官わく），裁判官職の終点と位置づけられ，司法行政，とくに事務
総局勤務の者だけが優遇されるのとは異なる[16]。また，長官就任後も，司法

行政や人事政治のみに専念するのではなく，裁判にも関与することが求められ，伝統的に，カルテルや特許の部に所属することが例となっている。本来の職務である裁判官としての関心とバランスを維持することが必要だからである。戦前のライヒ大審院では，懲戒裁判所に属する例が多かったが，人事問題から離れ，現実社会に関心をもつことが重要である。とくに特許は先端領域に係わることが多く，将来に責任をもつことにもなると考えられている。なお，BGH の部は，専門部を兼任し，専門化が図られている。

　長官になった歳は，①56歳，②60歳，③57歳，④58歳，⑤57歳，⑥61歳，⑦57歳，⑧60歳，⑨54歳であり，おおむね50代後半である。⑨は初の女性長官であり，50代前半となった。

　地域的な関係では，バイエルンの司法関係者が多く（①④⑤⑦），バーデン・ヴュルテンベルク（⑥⑨），ニーダーザクセン（②③），ノルトライン・ヴェストファーレン（⑧）となる（ただし，⑦の直前の職は，EU 裁判所である）。どちらかというと，バイエルン，バーデン・ヴュルテンベルクなど，南ドイツ優位である。この点も，北ドイツが圧倒的に優位であった旧ライヒ大審院とは異なる[17]。

2　連邦〔通常〕裁判所長官の人と業績

(1)　ヴァインカウフ

　初代のヴァインカウフ（Hermann, Weinkauff, 1894-1981, GND: 118911295）については検討したことがある。比較的著名でもあるので，本篇では立ち入らない[18]（211頁）。

　以下の者の特徴に簡単にふれると，①②は，ナチス時代を経たことから，その独立的な姿勢が評価された。③は，学者肌の経歴をもつ。④は，シュミット政権（SPD）に任命された長官であるが，BGH の動向に大きな変更はなかった。⑤⑥にも，かなり学問的な業績がある。⑤の長官の時代には，東西ドイツの再統一が行われた。⑦は，統一後，長官就任前に，東ドイツ地域で裁判官経験をしている。⑧は刑事専門家である。⑨は，BGH では，初の女性長官である。おおむね平均的な傾向がうかがわれるが，これは，上述（第2章1(1)）の選定委員会の選任を経て，透明性が確保されているからである。

　カールスルーエの連邦裁判所のホールには，ライヒ大審院以来の院長とBGH の長官の肖像画が飾られている。BGH は，ライヒ大審院の後継と位置

第1篇　ドイツの連邦裁判所（BGH）と連邦司法　　　257

づけられるからである。しかし，最後のライヒ大審院長であるブムケの肖像
画のみはない。彼は，ナチスの信奉者であり，初代の院長シムソンがユダヤ
系であったことを理由に，その肖像画をライプチッヒのライヒ大審院のホー
ルからはずさせた人物である。ブムケは，司法行政の上でも，数々のナチス
の手法をもちこんだ。そして，彼は，1945年，アメリカ軍のライプチッヒ侵
攻を前に自殺し，ライヒ大審院は解体した。実質的な「法治」国家への信奉
は，裁判官にとってとりわけ枢要な理念とされている。

　ちなみに，Bumke の写真は，Bundesarchiv, Bild 183−R19549にある（1933.
2.13の祝賀講演 Gedenkfeier zum 50. Todestag Richard Wagners in Leipzig で，
市長 Dr. Goerdeler 講演の写真の左端の人物）。

　Bild 183−2011−1107−505（1936.5.16のドイツ法曹大会の会場で，前列3人目
で，となりは，Hans Frank 大臣夫人である）。

　Bild 183−CD8903（1937.6.19のドイツ法アカデミーの会場で，ベルリン大学
の旧講堂である。前列左端。三人とんで，中央にいるのは，ポーランド総督となっ
た Frank である）。

　(2)　ホイジンガー（Bruno Heusinger, 1900.3.2−1987.8.3）
　ホイジンガーは，1900年に，ニーダーザクセン南部の Holzminden（ゲッ
チンゲンのやや北）で生まれた。彼の父 Ludwig は，ギムナジウムの教師で
あった。母の Charlotte は，Alten の貴族の家系であった。兄弟の Adolf は，
のちに1957年から連邦軍の総管理官となった。1911年に，父が Helmsted の
ギムナジウムの校長になって転勤したことから，ホイジンガーもそこで育っ
た。

　第一次世界大戦中の1917年に，彼は，繰り上げのアビトゥーアを取得して，
軍に志願した。戦後，歴史とゲルマニスティークを学び，1922年に，歴史学
で博士となった。その後ゲッチンゲン大学で法律学を学び，1922年に，博士
号をとった（Servitium regis in der deutschen Kaiserzeit, Untersuchungen über
die wirtschaftlichen Verhältnisse der deutschen Königtums, 900−1250, Diss.
Phil. Göttingen 1922）。1924年に，ブラウンシュヴァイクの高裁で第一次国
家試験に合格して，1927年に，同地で，試補となった。

　1929年に，ラント裁判官，1930年に，高裁裁判官となり，1929年には，ブ
ラウンシュヴァイクの高裁長官となった。長官となってから，Rieseberg の

殺人事件（司法大臣や地域の警察との衝突を生んだ）や，1933年の Bode の反乱予備事件などに関与した。1934年末には，ナチスと衝突して長官職を解任され部長に降格された。ヒトラーに宣誓することを拒んだからである。宣誓に赴いた時に，ナチスの役員はこれを認めず，入党も拒絶された。第二次世界大戦が開始すると兵役に服し，やがて予備役の少佐となった。

戦後，1948年から1955年，ブラウンシュヴァイクの高裁長官に復帰した。1955年からは，Celle の高裁長官，1957年には，ニーダーザクセンの国家裁判所（Staatsgerichtshof）の長官となった。1960年に，BGH の長官となった。カルテル部の部長となり，発効直後の不正競争防止法関係の裁判を主導した。1961年に，ニーダーザクセンの大功労章，1962年に，ゲッチンゲン大学から名誉博士号をうけた。

1968年に引退した。同年，連邦共和国の大功労章をうけた。1975年に，Rechtsfindung und Rechtsfortbildung im Spiegel richterlicher Erfahrung を著した。1987年に，Celle で亡くなった[19]。

(3) フィッシャー（Robert Fischer, 1911. 8 . 22–1983. 3 . 4 ）

フィッシャーは，1911年にヘッセンのギーセン（マールブルクとフランクフルト・マインの間）で生まれた。父の Albrecht は，ローマ法，民法，法哲学の教授であった。1932年から，チュービンゲン，ブレスラウ，イエナの各大学で法律学を学んだ。1935年に，民法学者の Alfred Hueck の下で学位をえた。司法研修と1938年の第二次国家試験のあと，ドイツ銀行の法律部門に勤めた。同じような経歴の者として，類型論で名高いケメラー（Ernst von Caemmerer, 1908. 1 . 17–1985. 6 . 23) がいる。ケメラーは，大学を出て国家試験合格後，1937年から，ドレスデン銀行の法律部門で専門職につき，1937年からは，ラーベルのいた比較法研究所に調査員としての地位をもえた。もっとも，ラーベルは，ナチスの迫害をうけて1938年に亡命した。

フィッシャーは，第二次世界大戦では，予備役将校であった。1945年に，裁判官となり，ラント裁判所の部長，ゲッチンゲンのラント裁判所の長官代理となったが，1950年に，BGH の裁判官となった。1962年に，ケルン大学の教授に招聘されたが，これを断り，BGH に残り，会社法に関する民事二部の裁判長となった。1963年に，部長となり，1968年に，長官となった。さらに，カルテルと弁護士部の裁判長ともなった。1977年に引退し，1983年に

第1篇　ドイツの連邦裁判所（BGH）と連邦司法　　　259

亡くなった。彼の任期中に，SPD 首班のブラント政権（1969から74年まで）が発足し，東方政策により，東西の融和が進展した。

　裁判官の職のかたわら，法律の研究をし，広い範囲で法律の論文を書いた。いくつかのコンメンタールにも関与している（Großkommentar zum Aktiengesetz, hrsg. Barz, Fischer, Klug, Mellerowicz, Meyer＝Landrut, Schilling W. Schmidt, 1957. 65；BGB-RGRK, hrsg. Fischer, Lüscher, Nastelski, Wilde, 1960；Fischer, Klein-Kommentar zum GmbH-Gesetz, 1962；Großkommentar zum HGB, hrsg. Brüggemann, Canaris, Fischer, Helm, Ratz, Schulze-Osterloh, Schilling, Ulmer, Würdinger, 1973など）。会社法，手形法を中心に，民法や刑法の論文もある[20]。

　以下の著作集がある。

Gesammelte Schriften - Grundfragen revisionsgerichtlicher Rechtsprechung und Beitritt zum Gesellschaftsrecht, 1985.

⑷　ファイファー（Gerd Pfeiffer, 1919. 12. 22–2007. 2. 1）

　ファイファーは，1919年，シレジアの Striegau で生まれた。第二次世界大戦に従軍し，数々の負傷をしたが，戦後の1945年からエルランゲン大学で法律学を学んだ。1948年に，学位をえた。第二次国家試験に合格した後，バイエルンで裁判官となった。1952年から58年，連邦憲法裁判所の学術補助員となった。その後，ミュンヘンのラント裁判所，高裁に勤めた。1966年に，BGH の裁判官となり，刑事第1部に配属され，1970年には，部長となった。1976年に，副長官，1977年に，長官となった。同時に，カルテル部の裁判長にもなった。SPD 政権下では，最初の BGH の長官となった。1979年に，ライヒ大審院設置の100周年祭を行った。1933年までの保守的な法伝統を肯定し，他方で，ナチス時代の法の運用を否定し，戦後の法の発展を評価した。1970年代後半には，ドイツ赤軍など過激派によるテロ事件が多発したことから，カールスルーエの BGH の建物の警備が強化された。自動小銃による門衛が登場したのは，このころである。1987年に引退した。

　刑法を専門として，これを応用する趣旨で，フライブルクで倫理委員会の座長をし，また1989年に行われた司法とナチスに関する催しでは，学術的な顧問団の座長もした。カールスルーエ博物館の賛助財団の会長もしていた。司法取引（Kronzeugen）の制度に懐疑的で，内務大臣の Friedrich Zimmermann に反対した。ハーゲン大学の名誉教授号をうけ，バイエルンの功労章，連邦共和国の大功労章をうけた。オーストリアの名誉勲章もうけている。2007年に，カールスルーエで亡くなった[21]。

(5) オーダースキー（Walter Odersky, 1931. 7 . 17-）

オーダースキーは，1931年に，上シレジアの Neustadt で生まれた。父の Felix Odersky は，のちにラント裁判所の副所長となった。1945年まで，ブレスラウで，ギムナジウムに通った。第二次世界大戦後，シレジアからバイエルンに移り，Schwandorf でアビトゥーアを取得した。ミュンヘン大学とピサ大学で法律学を学んだ。1957年に，ミュンヘン大学で学位をえた（Die Einmanngesellschaft als atypische Gesellschaftsform, Ein Lösungsbeitrag zum Problem der Gleichstellung von Gesellschafter und Gesellschaft, Diss.）。

裁判所で，検察官と裁判官をした後，バイエルンの司法省で，大臣の参与となり，1971年からは，刑事部長となった。1983年に，バイエルンのラント裁判所の所長となり，1988年には，連邦裁判所長官となった。1989年，バイエルンの功労章をうけ，1992年，オーストリアの名誉勲章をもうけた。1996年に引退した。その在任期間中に，東西ドイツの再統一が行われた（1990年10月3日）。

司法の職務のかたわら，学問的研究をしたことから，ミュンヘン大学は，1974年に，民法，商法，経済法の名誉教授の称号を与えた。1996年に，連邦共和国の大功労章をうけた[22]。以下の業績がある。

Schmerzensgeld bei Tötung näher Angehöriger, 1989.

Die Rolle des Strafrechts bei der Bewältigung politischen Unrechts, 1992.

Die Menschenrechte : Herkunft, Geltung, Gefährdung, 1994.

Anwendung und Umsetzung des Rechts der Europäischen Gemeinschaften in den Mitgliedstaaten, 1998.

(6) ガイス（Karlmann Geiß, 1935. 5 . 31-）

ガイスは，1935年に，バーデン・ヴュルテンベルク東の Ellwangen で生まれ，ウルムでアビトーアを取得し，1954年からミュンヘンとチュービンゲン大学で法律学を学んだ。1963年に，第二次国家試験に合格し，1964年から

ウルムのラント裁判所の裁判官となった。1966年に，バーデン・ヴュルテンベルク司法省の参与，1976年に，ウルムのラント裁判所所長，1989年に，シュトットガルトの高裁長官となった。1996年に，第6代の連邦裁判所長官となり，2000年に引退した。1997年に，ウルム大学から名誉博士号をうけた。Biberach 大学の外部評議員となっている。連邦共和国の大功労章をうけ，ハイデルベルクのテクノロジー研究所の顧問，パヴィアのヨーロッパ私法アカデミーの会員などになっている[23]。

(7) ヒルシュ (Günter Erhard Hirsch, 1943. 1. 30-)

ヒルシュは，1943年に，バイエルンの Neuburg an der Donau（アウグスブルクの北）で生まれた。1964年から69年まで，エルランゲン大学で，法律学を学び，国家試験に合格した後，1973年まで，学術助手をし，同年，博士号をえて，バイエルンの司法研修に入った。裁判官と検事の職を経て，1984年に，バイエルンの司法省に移り，1989年に，課長となった。1992年に，ザクセンとの人事交流で，ドレスデンの区裁判所の所長とドレスデン高裁の長官をした。また，1993年には，ザクセンの憲法裁判所の長官となった。

1994年には，EU 裁判所の裁判官となり，2000年に，BGH の長官となった。2004年に，EU の最上級裁判所の長官の会議が結成されたおりに，その副会長となった。2008年に引退し，同年から，Wolfgang Römer 教授の後任として保険オンブズマン (Versicherungsombudsmann) の職にある。

2011年まで，国際サッカー連盟 FIFA の倫理委員会の委員をし，ザール大学の名誉教授号をうけた。実務家としては業績が多いが，立ち入らない（Festschrift の掲載で，9頁にもなる。対象は多彩で，刑法，医事法，公法，ヨーロッパ法，カルテル法などである)[24]。

(8) トルクスドルフ (Klaus Tolksdorf, 1948. 11. 14-)

トルクスドルフは，1948年に，ルール地方の Gelsenkirchen で生まれた。父 Herbert は，連邦警察庁の副長官であった。ミュンスターで育ち，父の任地のヴィースバーデンでアビトゥーアを取得した。ミュンスターの警察学校にいき，ノルトライン・ヴェストファーレン州で警察の職務についたが，ボン大学で法律学を学んだ。司法研修後，ボンやミュンスターのラント裁判所で裁判官となり，ハムの高裁の裁判官となった。その間，BGH や連邦憲

法裁判所の学術的補佐員となった。1988年に，リベラルな刑法学者の Gerald Grünwald の下で，学位をえた(Mitwirkungsverbot für den befangenen Staatsanwalt)。1992年に，BGH の裁判官となり，刑事第4部，1995年からは，刑事大法廷に属し，1997年には，部長となった。2001年に，刑事第3部の裁判長ともなった。ここでは，ハンブルクのテロ団体やマンネスマン事件(Mannesmann-Prozess) の審理を行った。

1994年から，ミュンスター大学で非常勤の講師をし，1999年に，ミュンスター大学の名誉教授号をうけた。2005年に，国連総会から，ユーゴスラビアに関する国連の国際刑事裁判所の裁判官に選任された（Ad-litem-Richter）。

2008年に，BGH の長官となった。長官は，法律上，大法廷と弁護士部の裁判長となる。また，慣習上，カルテル部の裁判長ともなった。2014年に，引退した。結婚して，3人の成人した子がいる[25]。

(9) リンペルグ (Bettina Limperg, 1960. 4 . 5 -)

2014年に任命されたばかりのリンペルグは，1960年に，ルール南の Wuppertal-Elberfeld で生まれた（ノルトライン・ヴェストファーレン州）。1979年に，Wuppertal で，アビトゥーアを取得して，フライブルク大学とチュービンゲン大学で法律学を学んだ。1989年に，シュトットガルトで検察官となった。ついで，シュトットガルトの区裁判所とラント裁判所で裁判官，1991年からは，他のラント裁判所の刑事裁判官となった。1994年に，連邦憲法裁判所に派遣され，Ernst-Wolfgang Böckenförde の調査官となった。おもにアジール法と国家教会法にかかわった。Böckenförde (hrsg.), Staatsrecht und Staatsrechtslehre im Dritten Reich, Heidelberg 1985の中に論文を書いている(Bettina Limperg: Personelle Veränderungen in der Staatsrechtslehre und ihre neue Situation nach der Machtergreifung)。結婚して，子どもが2人いる。

1996年には，シュトットガルトのラント裁判所の刑事部に戻り，1998年には部長となった。2001年に，シュトットガルト高裁に移った。2004年に，Waiblingen の区裁判所の部長，2009年に，シュトットガルトのラント裁判所の裁判長，副所長となった。2011年に，バーデン・ヴュルテンベルク州の司法省の部長となった。初の女性部長であった。政党に属さないが，2014年5月に，SPD の推薦で，裁判官選定委員会から連邦裁判所判事に選出され，メルケ

第1篇 ドイツの連邦裁判所（BGH）と連邦司法　　263

ル政権によって連邦裁判所長官に任命された。初の女性長官となった[26]。

第4章　むすび

1　連邦司法大臣

（1）　司法行政が司法省にあるドイツの制度の下では，裁判所と同時に司法省との関係を検討することも必要である。以下ではこれにふれる。とくに，ライヒ大審院の時代には，ライヒ司法部（のちの司法省の原型）の部長や高官が，ライヒ大審院長となる例が多く，両者の関係はより密接であった。ライヒ司法部の部長は，政治家ではなく，裁判官職の高官がなったからである。在任期間も長く，大審院長と同じく，その地位は安定していた。しかし，ワイマール共和国の時代には，ライヒ司法大臣は，内閣によって政治家が選任され，大審院長との官僚的な関係は切断された（後述2参照）。

　戦後の連邦司法大臣も，もっぱら政治家がなり，しかも多数である（在任期間も短期である）ことから，個別に検討することの意義は乏しい。1949年以降の連邦司法大臣は，現在の Maas まで，21人にもなる。連邦首相が，8人にすぎないことに対比すると，その実質的地位の軽さが目立つところである。ただし，近時は，女性大臣に比較的在任期間の長い者が多く，たとえば，Sabine Leutheusser-Schnarrenberger は，16代と20代（再任）の合計が9年に達し，18代の Herta Däubler-Gmelin は4年，19代の Brigitte Zypries も7年になる（なお，彼女はその在任中，連邦憲法裁判所裁判官への打診を断っている）。一つには，女性の候補者や適格者がまだ少なく，後任を見い出すことが困難だからである。したがって，法曹における女性割合がより増加すれば，従来のようにより短期化する可能性がある。

　司法大臣は，外務大臣と同様に，二大政党の CDU・CSU や SPD 単独の政権の時代のほかは，連立の小政党から，また大連立の時代には首相を出さない政党から出されことが多い。たとえば，ドイツ債務法現代化法の草案作成時の司法大臣 Kinkel（FDP）は，その後外務大臣となった。

　（2）　ドイツは連邦制をとっていることから，連邦の裁判所のほかに，各州の裁判所があり，上告事件では，一審，二審がこれにあたる。かつての領邦＝ラントの裁判所であり，ラント高裁（OLG），ラント地裁，ラント区裁がある。アメリカと異なり，連邦管轄事件が最初から，連邦地裁，連邦高裁に

かかるのではなく，一部を除き，民事，刑事の全事件は，まずこれらのラントの裁判所の管轄となる。連邦裁判所は，もっぱら，各州の高裁からの上告を受理して，判例を統一する機能を有している。これに対応して，各州もラントの司法省を有している。州司法省は，1871年の統一まで，各邦＝ラントの政府の一部だったのである。そこで，司法試験にあたる国家試験(Staatsexamination)でいう「国家」とは，ラントのことであり，連邦（かつてのライヒ）が直接行うわけではない。連邦は，その内容的なバランスと統一性をはかるだけである。人事などについても，各ラントの司法省と高裁は，日本とは比較にならない広範な自立性を有している。

(3) 連邦司法大臣が司法行政を所管する連邦裁判所は，連邦〔通常〕裁判所（BGH）のほか，連邦憲法裁判所，連邦行政裁判所である。連邦労働裁判所と連邦社会裁判所の司法行政をつかさどるのは，連邦労働大臣である。かつて，連邦財務裁判所を所管したのは，連邦財務大臣であったが，身びいきを防止する観点から，連邦司法大臣に移管された。司法行政の中立が重要だからである。

大陸型の最高裁でなく，アメリカやわがくにのような型の最高裁の下でも，司法行政の中立性の観点は重要である。わがくにでは，司法行政は，最高裁の下にあるが，実質的にはその事務総局にあり，また法務省との人事交流から行政との癒着が指摘される。さらに，裁判官の任命手続が不透明で，行政の影響が大きいといわれることは，司法への信頼を大きく損なうものである[27]。

2　ライヒ司法大臣と次官

(1) 序

戦後と同様に，1919年から1945年までのライヒ司法大臣にも，存在の軽さという傾向がみられた。ライヒ司法省は，ビスマルク帝国時代のライヒ司法部 (Reichsjustizamt) の後継であり，ワイマール共和国の時代を中心に，1945年まで存続した。戦後の1949年にドイツ連邦共和国が発足し，新たに連邦司法省が設立された。ライヒ司法省と連邦司法省の間には中断期間があるが，人的な継続性はあることから，ライヒ司法省の高官，とくにナチスに協力した高官の戦後行政への関与があり，近時その再検証の作業が行われつつある（後述４)[28]。

ワイマール共和国の不安定さを反映して，ライヒ司法大臣は，わずか26年

の間に22人にもなった[29]。個性的な者は少なく，学問的に言及するべき者もわずかである。初代のランズベルク，第6代と第8代のラートブルフと，長らく司法次官をしていたジョエル（Curt Joël）に言及すればたりよう。このうち，ランズベルクについてはふれたことがあるので[30]，本篇では，著名な法学者であるラートブルフとジョエルについてだけ簡単にふれよう。

　なお，ライヒ司法部でも，初代のフリードベルクがユダヤ系であり，ライヒ司法大臣初代のランズベルクもそうであった。ジョエルもそうであり，意外に時代の変革期とキーパーソンに，ユダヤ系やリベラルな者がおり，固い印象のある司法省の人事が，（非常時とはいえ）必ずしも一面的ではなく，かなり柔軟に行われていたことが特徴である。

ライヒ司法大臣

①	*Otto Landsberg*	SPD	1919. 2. 3 –1919. 6. 20	ワイマール共和国
②	Eugen Schiffer	DDP	1919. 10. 3 –1920. 3. 26	
③	Andreas Blunck	DDP	1920. 3. 27–1920. 6. 8	
④	Rudolf Heinze	DVP	1920. 6. 25–1921. 5. 4	（次官　Joël）
⑤	Eugen Schiffer	DDP	1921. 5. 10–1921. 10. 22	
⑥	*Gustav Radbruch*	SPD	1921. 10. 26–1922. 11. 14	ラートブルフ
⑦	Rudolf Heinze	DVP	1922. 11. 22–1923. 8. 12	
⑧	*Gustav Radbruch*	SPD	1923. 8. 13–1923. 11. 3	ラートブルフ
⑨	Erich Emminger	BVP	1923. 11. 30–1924. 4. 15	
⑩	*Curt Joël*　無所属		1924. 4. 15–1924. 12. 15	臨時　ジョエル
⑪	Josef Frenken	Zentrum	1925. 1. 15–1925. 11. 21	
⑫	Hans Luther　無所属		1925. 11. 21–1925. 12. 5	臨時
⑬	Wilhelm Marx	Zentrum	1926. 1. 20–1926. 5. 12	
⑭	Johannes Bell	Zentrum	1926. 5. 16–1926. 12. 17	
⑮	Oskar Hergt	DNVP	1927. 1. 29–1928. 6. 12	
⑯	Erich Koch-Weser	DDP	1928. 6. 28–1929. 4. 13	
⑰	Theodor von Guérard Zentrum		1929. 4. 13–1930. 5. 27	
⑱	Johann Viktor Bredt Wirtschaftspartei		1930. 5. 30–1930. 12. 5	
⑲	*Curt Joël*　無所属		1931. 10. 10–1932. 5. 30	ジョエル

⑳ Franz Gürtner　DNVP　　1932. 6 . 1 –1941. 1 .29
　　　　　　　　　　　　　1933ナチスの政権掌握

㉑ Franz Schlegelberger
　NSDAP　　　　　　　　1941. 1 .30–1942. 8 .19　臨時

㉒ Otto Georg Thierack
　NSDAP　　　　　　　　1942. 8 .20–1945. 5 .23

　(SPDは社会民主党，Zentrumは中央党，NSDAPはナチスであり，その他の政党は，おおむね中央党とナチスの間に位置する少数政党である。戦前には共産党の得票率はかなり高かったが，戦後は 5 ％条項に達せず，連邦議会に議席をえたことはない)。

(2)　ラートブルフ（Gustav Radbruch, 1878. 11. 21–1949. 11. 21）

　ラートブルフは，1878年に，リューベックで生まれた。13世紀まで遡ることが可能なニーダーザクセンの農民と商人の家系であった。父（Heinrich Georg Bernhard Radbruch, 1841–1922）は商人で，母はEmma（geb. Prahl, 1842–1916）であった。

　ミュンヘン，ライプチッヒ，ベルリンの各大学で法律学，経済学を学び，ライプチッヒではゾームの教会法やビンディグの刑法を，ベルリンでは，シュタムラーの法哲学を学び，F・リストの刑法のゼミナールに参加した。ここで，ユダヤ系法学者のカントロビッチ（Hermann Ullrich Kantorowicz, 1877. 11. 18–1940. 2 .12）と終生の友となった[31]。第一次国家試験に合格し，1901年に，リューベックで試補となり，1902年に，ベルリン大学の刑法学者F・リストの下で，因果関係に関する論文（Die Lehre von der adäquaten Verursachung）で博士号をうけた（学位番号434号。全84頁，成績は，magna cum laude。これは最上位の成績である）。1903年に，ハイデルベルク大学のKarl von Lilienthalの下で，教授資格・ハビリタチオンを取得し，私講師となった。1906年に，マンハイム商科大学で講師となり，1907年に結婚した（Lina, geb. Götz, 1 年で離婚）。

　1910年に，ハイデルベルク大学で，刑法，訴訟法，法哲学で員外教授となった。ここで，M. ウェーバーなどと親交を結び，新カント主義の影響をうけた。この年，法学入門を公刊，1914年に，ケーニヒスベルク大学の員外教授となり，法哲学入門（Einführung in die Rechtsphilosophie）を公刊した。1914

第1篇　ドイツの連邦裁判所（BGH）と連邦司法　　267

年に第一次世界大戦が勃発し，赤十字に志願し従軍した。1915年に，二回目の結婚をし（Lydia, geb. Schenk），応召し，1918年に帰還した。1919年に，キール大学の正教授となった。私講師から員外教授となるのに，7年，正教授となるのに，さらに9年かかっている。カントロビッチの場合と同様に，当時の法学界の保守的傾向を象徴するものである。

　1920年に，SPDからライヒ議会議員となった。1921年にライヒ司法大臣となった。1922年に，キール大学に復帰した。1923年に，再度，司法大臣となったが，わずか3か月で辞職した。彼の在任中，女性が裁判官職につくことが認められ，共和国保護法（Republikschutzgesetz）が制定された（外相 Walter Rathenau 暗殺を契機とするテロ防止法）。もっとも，ワイマール共和国は最大限の自由を保障し，ナチスはこれを利用してワイマール共和国を攻撃・破壊したのである。また，一般ドイツ刑法草案（Entwurf eines Allgemeinen Deutschen Strafgesetzbuchs, 1922），少年裁判所法ができた。しかし，刑法改正作業は完成せず，戦後にもちこされた。みずからの刑法理論では，応報刑（Vergeltungsstrafe）ではなく，教育刑（Besserungsstrafe）を基礎とし，死刑と懲役にも反対し，自由刑を理念とした。

　1924年に，再度キール大学に復帰した後，1926年に，ハイデルベルク大学教授となった。この時の弟子に，Anne-Eva Brauneck（1910. 12. 9 -2007. 3. 6）がおり，のちに，彼女はドイツで最初の刑法の女性教授となった[32]。法律分野では二番目であるが，連邦共和国（西ドイツ）では最初の女性教授である。

　ラートブルフは，1932年に，著書「法哲学（Rechtsphilosophie）」を公刊した。1933年に，ナチスが政権を掌握すると，キール大学のカントロビッチとともに教職を追放された。彼は最初の追放教授となり，カントロビッチは，最初のユダヤ系の追放教授となった。ナチスの時代には，沈黙と逼塞をよぎなくされ，おもに法史の研究をした(Paul Johann Anselm von Feuerbach, Ein Juristenleben, 1934)。1935年にオックスフォード大学に招かれ，36年に帰国したのを例外とする。この在外研究は，イギリス法の精神に関する著作をもたらした。他の出国は認められなかった。1939年に娘が事故死し，1942年には息子が戦死するなどの不幸もあった。1945年，敗戦により，ナチスの公職追放を解除され，ハイデルベルク大学に復帰し，学部長となった。この時期の著作に，Gesetzliches Unrecht und übergesetzliches Recht, SJZ 1946,

S. 105ff. がある。1949年に，ハイデルベルクで亡くなった。その家族の墓
は，Heidelberger Bergfriedhof（Waldabteilung B）にある[33]。

業績は多く，以下の著作集にまとめられている。いちいち立ち入らない。

Gesamtausgabe in 20 Bde.（hrsg. von Arthur Kaufmann）．その1は，Bd.
1：Rechtsphilosophie I，（bearb. Kaufmann），1987.

（3） 次官・ジョエル（Curt Joël, 1865. 1 . 18–1945. 4 . 15）

（a） ライヒ司法大臣の短い在任期間は，短命な大臣の多いわがくにと類似
しており，ワイマール共和国の当時の内閣の不安定と短命を反映している。
こうした短命大臣の下では，ライヒ司法省の権威も，ビスマルク帝国におけ
るライヒ司法部のもっていた高い権威とは比較のしようもない。むしろ，以
下の少数の司法次官（Unterstaatssekretär）によって司法行政の継続性が保
たれていたといえよう。とくに，ワイマール共和国の時代の次官の大半は，
Curt Joël であり，とりわけ彼の意義が大きい。もっとも，彼以後の1930年
代と40年代は，この次官の在任期間さえもが短期化している。ナチスは独裁
であったわりには，幹部間の権力闘争が激しかったからである（過激なナチ
スの Freisler が比較的長い）。

① Curt Joël　　　　　　　　1920–1931
② Franz Schlegelberger　　1931–1934　のちナチスのライヒ司法大臣
③ Roland Freisler　　　　　1934–1942　のちナチスの民族（人民）裁判所長官
④ Curt Rothenberger　　　1942–1943
⑤ Herbert Klemm　　　　　1944–1945

（b） ジョエルは，ワイマール共和国における影の司法大臣とでもいうべき
存在である。彼は，1865年に，シレジアの Greiffenberg で，ユダヤ系の家
庭に生まれた（宗旨はプロテスタント）。父 Hermann（1827–80）は，Greiffen-
berg の裁判官であり，のちに弁護士，公証人などをした。祖父は，国際的
な商人であった。母 Else（1843–90）の父も，大商人であった。ここに，か
つてのユダヤ人の職業選択先（金融業者や商人から専門職）の展開をみること
もできる。

ジョエルは，イエナ，フライブルク，ベルリンの各大学で法律学を学び，

第1篇　ドイツの連邦裁判所（BGH）と連邦司法　　　269

1888年に，第一次国家試験，1893年に，第二次国家試験に合格し，学位もえた。プロイセンで司法職につき，1899年から，検察官となり，ハノーバーとベルリンのラント裁判所，およびベルリン高裁付の検察で働いた。1906年から1908年の間は，ライプチッヒのライヒ弁護士会の補助委員となった。1908年に，ライヒ司法部で，上申官，枢密顧問官となり，1911年に，上級枢密顧問官となった（当時の部長は，Nieberding）。第一次世界大戦中は，参謀部で防諜将校となり，1915年からは，ベルギー総督府の課長となり，警察部での防諜活動もした。1917年に，ライヒ司法部で，局長となった。1918年からは，刑法改正作業に携わった（1908年に，予備草案の作成にも携わり，1911年から，刑法改正委員会にも属した）。

　1920年から，新設のライヒ司法省の次官となった。ワイマール共和国の時代には，司法行政のナンバー２として，実質的な司法行政の中心的存在となった。すなわち，11人のライヒ司法大臣と15内閣の下で，専門的観点からワイマール共和国に忠実に働いたのである。その大臣たちの中には，SPDから保守の大臣や首相も含まれていた[34]。

　第９代のライヒ司法大臣のErich Emmingerの辞任後，1924年４月から1925年１月まで，臨時に司法省の長となった（当時のWilhelm Marx内閣には属さない）。また，1931年10月（1930年12月５日から臨時代理）から1932年５月30日までライヒ司法大臣となった（Brüning内閣に入閣）。

　とくに政治勢力から求められた時以外には，補佐役に徹し，正面に出て権力を振るうことを求めなかった。1932年６月からの次期パーペン内閣（1932年６月から11月）の入閣を断った。これは，最後の非ナチス政権であったブリューニング内閣（1930年から32年）の下で，自分も法律に署名したナチスのSAやSSの禁止政策を，ナチスに協力したパーペンの下で変更したくなかったからであった（1933年１月には，ヒトラー内閣，同年３月に，ワイマール憲法を停止した，いわゆる授権法）。また，1924年以降みずからも主導した刑法改正作業も，1930年にライヒ議会が解散した後，挫折した。政府の職務をやめたのち，短期間政治に携わったが，政党には属さなかった。引退後，シレジアとベルリンに住み，例外的に迫害はうけなかった。1945年に，ベルリンで亡くなった[35]。

3 省庁再編と司法大臣

省庁再編の結果，2001年に新設された消費者保護，食料，農業省(Bundesminister für Verbraucherschutz, Ernährung und Landwirtschaft) の大臣は，Renate Künast(Grüne, 2005年まで)，ついで，Horst Seehofer(CSU, 2005–2008)，Ilse Aigner (CSU, 2008–2013) となったが，2013年には，司法省と消費者保護省が統合され，食料，農業省は分離された (Bundesminister der Justiz und für Verbraucherschutz)。現在の Heiko Maas (SPD, 2013–) は，司法・消費者保護相となっている[36]。

4 歴史的課題

(1) 裁判官・司法官と政治の関係については，戦前・戦後のナチスの影響の検討が課題とされている。近時，戦後の司法省や裁判所におけるナチスの影響をうけた司法官の見直しの動きが盛んである。第二次世界大戦前の動向についてはいうまでもないが，戦後も，必ずしも完全に戦前との断絶が行われたわけではない。その端緒については，すでに別稿で簡単にふれたことがある（一橋法学11巻3号746頁）。2012年1月11日，連邦司法省は，過去のナチス犯罪の再検討のための学術的な独立委員会を設立し，ポツダム大学の Manfred Görtemaker（現代史教授，近代ドイツ史の多くの著作があり，軍事史の専門家でもある）とマールブルク大学の Christoph Safferling（刑法・刑訴法，国際刑法，国際法教授，多くの学術的著作のほか，戦争犯罪訴訟，ニュルンベルク原則の研究でも知られる）に対し，ナチスの過去犯罪の再検討を委嘱した。彼らは，独立委員会において，とくに戦後の1950年代と60年代に連邦司法省の中で，人的，専門的，政治的なナチスとの継続性があったかについて歴史的な研究を行うこととされた[37]。

(2) 独立委員会は，前司法大臣の Leutheuser-Schnarrenberger (FDP) の下で設置されたが，現司法大臣の Maas (SPD) の下でも継続して作業が行われている。数回のシンポジウムが開催され，その成果も一部公刊されている[38]。

同様の作業は，かつて第12代司法大臣の Hans-Jochen Vogel (SPD) と第14代司法大臣の Hans Engelhard (FDP) の下でも行われたが，その成果は限定的であった。とりわけ，司法省高官であった Eduard Dreher や Franz Maßfeller はナチスの司法犯罪や血統保護法（いわゆるニュルンベルク法）な

どに加担しながら，戦後，刑法の改正や男女同権法の制定に影響を与えたといわれる。また，司法省と裁判所の人事交流が行われていることから，対象は司法省内部に限定されるものではない。1962年でも，連邦裁判所の裁判官の77％は，1945年以前から司法に関与していたのである[39]。

　刑事事件であるナチスのライヒ議会放火事件は，1933年2月であり（主犯のみ事後立法で死刑），民事事件でも，ドイツ民法138条（日本民法90条相当）の解釈にナチスの世界観をもちこんだRGZ, 150, 1（nationalsozialistische Weltanschauung）は，1936年3月13日の判決であり，再生ドイツにとっては，それほど過去のことではなかったのである[40]。こうした過去の検証は，将来にもつながる。すなわち，実験科学ではない法律学においては，狭い経験ではなく，歴史に学ぶことが将来を見通すために必要となるからである。

　その後，2016年には，独立委員会の成果として，Görtemaker, Safferling, Die Acte Rosenburg,. Das Bundesministerium der Justiz und die NS-Zeit, 2016が公刊されている。

5　旧東ドイツの司法大臣

　旧東ドイツ（DDR）の司法大臣は，以下の6人であった。立ち入る必要はないが，最高裁と司法省の関係は，帝政期のそれに近い。

　1989年5月に，ハンガリー，オーストリアの国境が開放され，同10月にホーネッカー政権（1971年から）が倒れ，同11月9日に，ベルリンの壁が崩壊した。1990年10月3日に，東ドイツに再建された5州が連邦共和国に加盟し，東西ドイツが再統一された。そこで，この転換期を除くと，東ドイツ時代の実質的な司法大臣は，4人である。1949年の建国からほぼ50年であった。司法大臣の在任期間という意味では長期といえる。とくに，同時代の西ドイツと比較すると長い。このように長い在任期間も，帝政期以来のことである。

　東ドイツは，社会主義統一党（SED＝Sozialistische Einheitspartei Deutschlands）を主導組織とする集中制国家（独裁）であったから，司法大臣も，SEDおよびその姉妹政党のLDPD（Die Liberal-Demokratische Partei Deutschlands）によって占められている。第2代のベンヤミン（Hilde Benjamin）は，初の女性司法大臣であったが，彼女の下で，必ずしも法の支配は行われなかった[41]。また，女性の司法大臣も彼女のみであった。

　①　Max Fechner　　　　　　　SED　　1949–1953

②	Hilde Benjamin	SED	1953-1967	
③	Kurt Wünsche	LDPD	1967-1972	
④	Hans-Joachim Heusinger	LDPD	1972-1990. 01	ベルリンの壁崩壊まで
⑤	Kurt Wünsche		1990. 01-1990. 08	再統一への動き
⑥	Manfred Walther		1990. 08-1990. 10	

(1) このような連邦裁判所の位置づけについて，拙稿・法の支配155号21頁参照。第3部2篇所収。

ドイツの裁判所構成法は，1877年に制定され（1879年施行），それをモデルとした日本の裁判所構成法は，Otto Rudolff や Techow の手により起草された（1890年＝明23年公布）。Rudolff は，プロイセンの実務家で，日本のお雇い外国人となった。Vgl. Meyer, Der Einfluß Deutschlands auf das japanische Recht, DJZ 1914, 1067, S. 1069. お雇い外国人である法律家については，別稿を予定している。

本文冒頭で指摘した諸判決のほか，売買契約の詐欺取消のさいに，実質的に有因的解決を肯定した RGZ 70, 55（1908年11月24日）も重要判決である。

(2) 旧ライヒ大審院やそれ以前の上級裁判所については，拙稿・一橋法学12巻3号61頁以下参照。

(3) プロイセンの上級裁判所については，同73頁，ハンザ高裁については，同70頁。諸邦の上級裁判所の一般的状況については，同70頁。第2部2篇および第1部1篇所収。

(4) Vgl. Fischer, Zur Geschichte der höchstrichterlichen Rechtsprechung in Deutschland, JZ 2010, 1077ff.; Demharter, 375 Jahre Bayerisches Oberstes Landesgericht, NJW 2000, S. 1154; vgl.Historisches Lexikon Bayerns（Bayerisches Oberstes Landesgericht）.

(5) Kruis, Das Bayerische Oberste Landesgericht und die föderale Gliederung der Rechtspflege, NJW 2004, S. 640; Hirsch, Die Auflösung des Bayerischen Obersten Landesgerichts, NJW 2006, S. 3255.

(6) 基本法95条2項参照。BMJ, Pressemitteilung: 22 neue Bundesrichterinnen und Bundesrichter gewählt, 23. 05. 2014.

例年，連邦裁判官選定委員会は，3月から5月にかけて，20〜30人ほどの連邦裁判官を選出している。

(7) Lobe, 50 Jahre Reichsgericht am 1. Oktober 1929, 1929, S. 350; GND 117326488.

(8) その結果，憲法裁判はしばしば政治事件化する。Hassemer, Politik aus Karlsruhe, JZ 2008, 1. 首都ベルリンや EU 本部のあるブリュッセルと同様に，憲法裁判所のあるカールスルーエでも，政治が問題とされることが多い。近時では，アフガニスタン

第1篇　ドイツの連邦裁判所（BGH）と連邦司法　　273

派兵の是非が問題とされた。

(9)　Statistisches Jahrbuch für Bundesrepublik Deutschland, 2011, S. 270〈Richter und Richterinnen im Bundes-und Landesdienst 2008〉。もっとも，下級審の連邦裁判所もあるから，上告審の連邦裁判官は，400人程度となる。後注(15)の統計の方法が変更になったことから，最新の数字は必ずしも明確ではない。

(10)　Federal Judgeships（http：//www.uscourts.gov/JudgesAndJudgeships/Federal-Judgeships.aspx）.

(11)　Judicial Salaries（http：//www.fjc.gov/history/home.nsf/page/judges_salaries.html）; Judicial Salaries Since 1968（http：//www.uscourts.gov/JudgesAndJudge-ships/JudicialCompensation/judicial-salaries-since-1968.aspx）.

(12)　Bankruptcy Judgeships（http：//www.fjc.gov/history/home.nsf/page/judges_bank.html）; Impeachments of Federal Judges（http：//www.fjc.gov/history/home.nsf/page/judges_impeachments.html）.

(13)　初代のライヒ大審院長シムソンや最後の院長のブムケについては，拙稿・一橋法学11巻3号44頁，12巻1号69頁参照。その他ライヒ大審院長については，別稿「立法と法実務家の意義－ライヒ大審院と実務家」商論83巻4号119頁にゆずる。第2部3篇所収。

(14)　ちなみに，アメリカの最高裁判事の任命手続も，上院の同意をえることから明確である。選挙による審判をうけない三権の1つのトップの裁判官には，十分な透明性が必要とされる。

(15)　Statistisches Jahrbuch für Bundesrepublik Deutschland, 2013, S. 298〈Personal der Rechtspflege〉.

(16)　官僚の地位が番付表のように細かに決まり（同じ官職間でも，東京，大阪と順位がつけられ），短期で移動と昇進を繰り返す形態は，戦前からであるが，沿革的には，たんに明治の官僚制だけではなく，江戸時代のプロモーションにまで遡ると思われる。

(17)　BGH長官の履歴については，以下の個別の文献のほか，連邦裁判所（BGH）のHPにかなり詳細な記載がある（http：//www.bundesgerichtshof.de/DE/BGH/Praesiden-ten/Praesidenten_node.html）。写真もある。

(18)　ヴァインカウフについては，前掲（前注(13)）商論83巻4号135頁参照。また，一橋法学12巻3号97頁参照。

(19)　Manfred Flotho, Bruno Heusinger - Ein Präsident im Konflikt zwischen Soli-darität und Gewissen, Rudolf Wassermann (hrsg.), Justiz im Wandel der Zeit, Festschrift des Oberlandesgerichts Braunschweig, Joh. Heinr. Meyer, 1989, S. 349ff.; Nirk, Dr. phil. Dr. jur. h. c. Bruno Heusinger †, NJW 1987, 2657.（死亡記事）. GND：118704362

(20)　Marcus Lutter u. a.（hrsg.）: Festschrift für Robert Fischer. Berlin 1979. GND：118533460

(21)　Klaus Tiedemann, Otto Friedrich Frhr. von Gamm, Peter Raisch, Strafrecht, Unternehmensrecht, Anwaltsrecht. Festschrift für Gerd Pfeiffer, Zum Abschied aus dem Amt als Präsident des Bundesgerichtshofes, 1988.

⑵ Odersky については，前注⒄のほかに，まとまった記事がない。http://www.bun-desgerichtshof.de/DE/BGH/Praesidenten/Odersky/odersky_node.html

⑵ Geiß についても同様である。http://www.bundesgerichtshof.de/DE/BGH/Praesidenten/Geiss/geiss_node.html

⑵ G. Müller, Osterloh, Stein (hrsg.), Festschrift für Günter Hirsch zum 65. Geburtstag, 2008.（連邦司法大臣の Zypries, Geleitwort がある）。

⑵ Tolksdorf と Limperg についても，おもに前注⒄による。http://www.bundesgerichtshof.de/DE/BGH/Praesidenten/Tolksdorf/tolksdorf_node.html および http://www.bundesgerichtshof.de/DE/BGH/Praesidenten/Limperg/limperg_node.html 参照。

⑵ 前注⒄参照。Vgl. Rede: Amtseinführung der Präsidentin des Bundesgerichtshofs, Frau Bettina Limperg（これは，連邦司法大臣の Heiko Maas による2014年10月2日の演説である。リンペルグへの就任祝賀演説である）。区裁判所，ラント裁判所，高裁でのすべての裁判歴とバーデン・ヴュルテンベルク州司法省での司法業績歴，区裁判所長，裁判所の副長官としてのリーダーシップと社会的資質を称賛するものである。初の女性 BGH 長官であること，5月の裁判官選定委員会で選任されたこと，および，前任のトルクスドルフの22年間の BGH への貢献を述べている。

⑵ 近時これを指摘するものでは，瀬木比呂志・絶望の裁判所（2014年）96頁，113頁，140頁。

　　なお，戦後の最高裁判所とは異なり，明治時代の大審院長は（旧憲法下），司法大臣の監督の下にあったから，その地位は，俸給にも反映されている。司法省高等官任命及俸給令によれば，大臣は年俸6000円であるが，判事検事俸給令によると，大審院長は，年俸5000円である。明治宝鑑（1892年，復刻1970年）1989頁，2010頁参照。

⑵ 連邦司法省による検証作業については，Görtemaker und Saffering (hrsg.), Die Rosenburg, Das Bundesministerium der Justiz und die NS-Vergangenheit-eine Bestandsaufnahme, 2013. 一橋法学12巻3号105頁およびその注⒆参照。Vgl. BMJ, Einsetzung einer unabhängigen wissenschaftlichen Kommission beim Bundesministerium der Justiz zur Aufarbeitung der NS-Vergangenheit, 11. 01. 2012.

⑵ Kuhn, Deutsche Justizminister 1877-1977, 1977（同書は，Vogel までの司法大臣について詳しい）。第21代のシュレゲルベルガーのように，ナチス政治家として個性的な者はいるが，本稿ではとりあげない。簡単な言及は，一橋法学12巻2号23頁（同人の，ナチス綱領による「民法典からの決別」が著名である）。

　　第2代のライヒ司法部長 Hermann Ludwig von Schelling (1824. 4. 19-1908. 11. 15) について若干補充しておくと，彼は，実存主義の先駆といわれる著名な哲学者のシェリング (Friedrich Wilhelm Joseph von Schelling, 1775-1854) の息子である。エルランゲンで生まれた。母は，Pauline (geb. Gotter)。ミュンヘン大学で古典学を学び，学位をえた。その後，法律学を学び，1849年に，プロイセンで司法職についた。検察官や裁判官を歴任し，1866年に，司法部に移り上申官となった。1874年に，Halber-

第1篇　ドイツの連邦裁判所（BGH）と連邦司法　　275

stadt の控訴裁判所長官，1874年に，プロイセンの上級裁判所（Obertribunal）の副長官となり，1876年に，司法部次官，1879年に，部長となった。1889年まで，その職にあり，同年，プロイセンの司法大臣となった（1894年まで）。この時期に，民法典の制定作業にかかわった。今日知られているのは，もっぱらこの関係である。1899年には，プロイセン上院の議員となった。退職の後は，文献学研究をして，1896年には，オデッセイの翻訳を出版した。1908年に，ベルリンで亡くなった。Personalien（Schelling），DJZ 1908, Sp. 1327 ; Spenkuch, Schelling, Ludwig Hermann von, NDB 22（2005），S. 657.

(30)　ランズベルクについては，ライヒ大審院長に関する別稿にゆずる（前注(13)，商論83巻4号133頁）。第2部3篇所収。208頁参照。

(31)　カントロビッチについては，ユダヤ系法学者に関する拙稿・一橋法学12巻1号56頁参照。【法学上の発見】157頁所収。

(32)　Anne-Eva Brauneck（1910. 12. 9 –2007. 3. 6）は，1910年にハンブルク生まれの刑法・刑事学の学者であり，2007年に Lich（ヘッセンのギーセン郡）で亡くなった。96歳であった。ハイデルベルク大学で学び，ラートブルフのゼミに属した。1936年に，ハンブルク大学の Rudolf Sieverts の下で学位をえた（Pestalozzis Stellung zu den Strafrechtsproblemen）。1937年に，第二次国家試験に合格したが，女性の司法職の道がとざされていたことから，警察関係の仕事につき，少年犯罪の問題を研究した。戦後，Sieverts の下で，1959年に，ハビリタチオンを取得した（Die Entwicklung jugendlicher Straftäter）。しかし，ハンブルク大学には，まだ刑事学の独立した講座はなかった（刑法および刑事補助学）。1965年に，ギーセン大学の「刑法および刑事学」の講座をうけもった（後に，「刑事学および刑事政策」に解消）。

　ドイツで最初の女性の法学教授は，1948年に，ハレ大学（DDR）の民法とドイツ法史の講座をもった Gertrud Schubart-Fikentscher であり，ブラウネックは，二番目となった。つまり，ドイツ連邦共和国（BRD）では最初ということである。

　上述の学位論文，ハビリタチオン論文のほか，Die Entwicklung jugendlicher Straftäter（1961）；Allgemeine Kriminologie（1970），Fühlen und Denke（1997）などがある。Vgl. Kreuzer, Zum Tod von Anne-Eva Brauneck, Monatsschrift für Kriminologie und Strafrechtsreform 90, 2007, S. 351f. ; Who's who im deutschen Recht, 2003, S. 77.

　彼女に対する90歳を記念する論文集（Fühlende und denkende Kriminalwissenschaften, Ehrengabe für Anne-Eva Brauneck/Arthur Kreuzer），1999がある。

(33)　ラートブルフは今日でも多くの人名辞典に必ず言及されている。著名人でもあり，本稿であまり立ち入る必要はあるまい。Spendel, Radbruch, Gustav Lambert, NDB 21（2003），S. 83ff. ; ders., Gustav Radbruch. Lebensbild eines Juristen, 1967 ; Stolleis（hrsg.），Juristen, ein biographisches Lexikon, 1995, S. 510f. ; E. Wolf, Grosse Rechtsdenker der deutschen Geistesgeschichte, 1963, S. 712ff. ; Kuhn, a.a. O.（前注(25)），S. 62f. また，ラードブルッフ・法学入門（尾高朝雄・碧海純一訳・1955年）289頁（ラードブルッフ略歴）。ラートブルフ著作集全10巻がある。

ラートブルフは，近時でも種々の観点から好んでとりあげられる。法哲学の観点のものが多い。Paulson, Ein ewiger Mythos: Gustav Radbruch als Rechtspositivist, JZ 2008, 105; Walter, Gustav Radbruch und die Kriminologie, JZ 2009, 429; Pfordter, Gustav Radbruch - Über den Charakter und das Bewahrenswerte seiner Rechtsphilosophie, JZ 2010, 1021など。Borowski und Paulson(hrsg.), Die Natur des Rechts bei Gustav Radbruch, 2015.

ラートブルフと同じ墓地には，ラートブルフの師であるF. リストの墓や，エンデマン，M. ウェーバーなどの墓もある。

⑶ 日本では，太政官制下の司法卿は，4 人（1872年-1885年，江藤新平，大木喬任，田中不二麿，大木の再任，山田顕義）であり，このうち大木はほぼ10年，山田は 2 年司法卿の職にあったが，山田が大木の下で 5 年ほど近く次官相当の大輔の地位にあったのが，ややジョエルの立場に似ている。在任期間の短期な大輔の中では比較的長い。なお，山田は，内閣制度下でも司法大臣を 5 年半ほどしている。商論83巻 4 号125頁参照。

⑶ Riese, Joël, Curt, NDB 10(1974), S. 456f; Godau-Schüttke, Rechtsverwalter des Reiches Staatssekretär Dr. Curt Joël（Rechtshistorische Reihe Bd. 12），1981; Kahl, Zum 65. G. des Staatssekr. Dr.Joël, DJZ 35, 1930, 148; Radbruch, Des Reichsjustizmin. Ruhm und Ende, SJZ 1948, Sp. 57 ff. 同論文のほかにも，ラートブルフの著作には，所々で彼への言及がある。

なお，ワイマール共和国の時代には，プロイス（Hugo Preuss, 1860. 10. 28-1925. 10. 9 ）も，内務省のユダヤ系次官としてワイマール憲法の起草に貢献したことで著名である（一橋法学14巻 1 号31頁参照）。

ジョエルがドイツ国内にとどまったのは，ランズベルクと同様に，保護対象のユダヤ人（Schutzjude）とされたからである。政府の高官経験者にだけ与えられた例外であった（ランズベルクは，オランダ）。

⑶ BMJ, Heiko Maas, Bundesminister der Justiz und für Verbraucherschutz(http://www.bmjv.de/DE/Ministerium/Hausleitung/Minister/_doc/_cv_doc.html?nn=1468748).

⑶ BMJ, a.a.O.(前注⒄, Einsetzung); Müller, R., Die kalte Verjährung, Frankfurter Allgemeine, 2012. 1 . 10 （http://www.faz.net/aktuell/politik/inland/justizministerium-und-die-ns-zeit-die-kalte-verjaehrung-11600448.html#Drucken).

サファーリング（Christoph Safferling, 1971.-）は，1971年に，Alzenau-Wasserlosで生まれ，ミュンヘン大学，ロンドン経済大学で法律学を学び，1999年に，ミュンヘン大学で学位をえた（Towards an international criminal procedure-how to reconcile continental and Anglo-American criminal procedure in an international procedural order from a human rights perspective, 1999）。2006年，ハビリタチオンを取得。2007年に，マールブルク大学教授，2015年，エルランゲン大学教授。専門は，刑法，刑訴法，国際刑法である。

Vorsatz und Schuld - Subjektive Täterelemente im deutschen und englischen

第1篇　ドイツの連邦裁判所（BGH）と連邦司法　　**277**

Strafrecht, 2007.

Die Rosenburg-Das Bundesministerium der Justiz und die NS-Vergangenheit hrsg. v. Görtemaker Manfred/Safferling Christoph, 2013.

Rössner Dieter/Safferling Christoph, 30 Probleme aus dem Strafprozessrecht 3. A., 2014.

⑶ Görtemaker und Safferling (hrsg.), a.a.O.（前注⑱）。

　すでに，8回シンポジウムが行われ，2017年のシンポジウムは，ライプチッヒの旧ライヒ大審院，現在の連邦行政裁判所の建物で行われた。歴史の再検証が主題であった（Public History-Programm）。独立委員会の長 Görtemaker のほか，司法次官 Christiane Wirtz や連邦行政裁判所長官の Klaus Rennert，元司法大臣の Jürgen Schmude，東ドイツの秘密警察 Stasi 調査官の Marianne Birthler などが参加し，とくに，ナチスに関連した法律家の従順性（Willfährigkeit），意識や精神に関する議論を行われた。Vgl. BMJ, Aus der Geschichte lernen 2017. 3. 16.

⑶ Ib.（前注㉟）。

⑷　ドイツ民法138条については，わが大審院判決への影響が著名である（大判昭9・5・1民集13巻875頁）。ただし，これはナチスとは無関係であり，「他人ノ窮迫軽率若ハ無経験ヲ利用シ著シク過当ナル利益ノ獲得ヲ目的トスル法律行為ハ善良ノ風俗ニ反スル事項ヲ目的トスルモノニシテ無効ナリト謂ハサルヘカラス」としたものである。文言上，ドイツ民法138条2項の暴利行為の規定の影響がみられる。拙著・利息制限の理論（2010年）203頁参照。もっとも，時期的には，1934年で，ナチスの政権掌握の翌年であり，対照性は興味深い。

⑷　ベンヤミンについては，女性法律家を扱う別稿にゆずる。とりあえず，Röwekamp, Juristinnen, Lexikon zu Leben und Werk, 2005, S. 28f.; Brentzel, Die Machtfrau, Hilde Benjamin 1902–1989,; Feth, Hilde Benjamin（1902–1989）, Neue Justiz, H. 2/2002, S. 64ff. また，Trier 大学のサイトに（Rechtshistorischer Podcast, http://www-neu.uni-trier.de/index.ph4p?id=1623），Benjamin についての講演のオーディオデータ（Audiodatei）がある（MP3形式で，19分40秒）。

　東ドイツ最高裁の長官は，初代が，Kurt Schumann（1949–1960）NDPD，2代が，Heinrich Toeplitz（1960–1986）CDU，3代が，Günter Sarge（1986–1989）SED である。副長官は，初代が，Hilde Benjamin（1949–1953）SED であり，1953年に，司法大臣となった。このプロモーションから，東ドイツでは，最高裁副長官よりも司法大臣が格上であったことが明らかである。

　東ドイツ最高裁
　長官
　　Kurt Schumann（1949–1960）　　NDPD
　　Heinrich Toeplitz（1960–1986）　CDU
　　Günter Sarge（1986–1989）　　　SED
　副長官

278　　　第3部　ドイツの司法とオーストリアの司法

Hilde Benjamin（1949–1953）　　SED　その後，司法大臣
Walter Ziegler（1953–1958）　　SED　刑事部長兼任
Gustav Jahn（1958–1962）
Walter Ziegler（1962–1977）　　SED
Günter Sarge（1977–1986）　　SED　その後，第3代長官

第1篇　ドイツの連邦裁判所（BGH）と連邦司法　　　279

連邦裁判所の長官，連邦司法大臣

1810　　Simson 最初のライヒ大審院長
1874　　Bumke 最後のライヒ大審院長（第7代）
1877　　E. Wolff イギリス地区最高裁長官（1948～1950）
1883　　Konrad 戦後のバイエルン最高裁長官（1951～1954）

連邦司法大臣（1949年以降）

年	連邦裁判所長官（BGH）	連邦司法大臣	
1884	連邦裁判所長官（BGH）	② Neumayer, FDP	
1888		④ Schäffer, CSU	
1894	① Weinkauff	⋮	
1897	⋮	① Dehler, FDP	
1898		⑦ Weber, CDU	
1899		⑨ Heinemann, SPD	
1900	② Heusinger	⋮	
1905	⋮	③ Merkatz, DP（Deutsche Partei）	
1911	③ Fischer	⋮	
1913		⑧ Jaeger, CSU	
1914		⑥ Bucher, FDP	
1919	④ Pfeiffer	⋮	
1920		⑤ Stammberger, FDP	
1926		⑫ Vogel, SPD	
1927		⑩ Ehmke, SPD　⑪ Jahn, SPD	
1931	⑤ Odersky	⋮	（在任中の重要事項）
1934	⋮	⑭ Engelhard, FDP	ベルリンの壁崩壊（1989. 11）
1935	⑥ Geiß	⋮	再統一（1990. 10. 3）
1936	⋮	⑬ Schmude SPD	
		⑮ Kinkel, FDP	債務法現代化草案（1992）外相
1941	⋮	⑰ Schmidt-Jorzig, FDP	
1943	⑦ Hirsch	⑱ Däubler-Gmelin, SPD	債務法現代化法（2002. 1）
1948	⑧ Tolksdorf	⋮	アフガニスタン紛争（2001. 9）
1951	⋮	⑯⑳ Leutheusser-Schnarrenberger	
1953	⋮	⑲ Zypries, SPD	イラク戦争（2003. 3）
1960	⑨ Limperg	⋮	
1966		㉑ Maas, SPD	

　なお，20代以降は，司法相は消費者保護相と兼任である（Bundesminister für Verbraucherschutz, Ernährung und Landwirtschaft→Bundesminister der Justiz und für Verbraucherschutz）
　ドイツの連邦首相は，初代のアデナウアー（Adenauer, 1876-1967, 在任1949～1963）から，現在のメルケル（Merkel, CDU, 1954～，在任2005～）まで8代であるが，司法大臣はたびたび変更している。

　　　　　① Adenauer, CDU（1876-1967, 在任1949～1963）
　　　　　② Erhard, CDU（1897-1977, 在任1963～1966）
　　　　　③ Kiesinger, CDU（1904-1988, 在任1966～1969）
　　　　　④ Brandt, SPD（1913-1992, 在任1969～1974）
　　　　　⑤ Schmidt, SPD（1918-, 在任1974～1982）
　　　　　⑥ Kohl, CDU（1930-, 在任1982～1998）
　　　　　⑦ Schröder, SPD（1944-, 在任1998～2005）
　　　　　⑧ Merkel, CDU（1954-, 在任2005～）

戦後の連邦司法大臣の一覧

① Thomas Dehler （1897-1967）　　　　　FDP　1949. 9 . 20-1953. 10. 20

② Fritz Neumayer （1884-1973）　　　　　FDP　1953-1956

③ Hans-Joachim von Merkatz （1905-1982）　FDP　1956-1957

④ Fritz Schäffer （1888-1967）　　　　　CSU　1957-1961

⑤ Wolfgang Stammberger （1920-1982）　　FDP　1961-1962

⑥ Ewald Bucher （1914-1991）　　　　　FDP　1962-1965

⑦ Karl Weber （1898-1985）　　　　　　CDU　1965-1965

⑧ Richard Jaeger （1913-1998）　　　　　CSU　1965-1966

⑨ Gustav Heinemann （1899-1976）　　　　SPD　1966-1969

⑩ Horst Ehmke （1927-）　　　　　　　SPD　1969-1969

⑪ Gerhard Jahn （1927-1998）　　　　　SPD　1969-1974

⑫ Hans-Jochen Vogel （1926-）　　　　　SPD　1974-1981

⑬ Jürgen Schmude （1936-）　　　　　　SPD　1981-1982

⑭ Hans A. Engelhard （1934-2008）　　　FDP　1982-1991

⑮ Klaus Kinkel （1936-）　　　　　　　FDP　1991-1992

⑯ Sabine Leutheusser-Schnarrenberger （1951-）　FDP　1992-1996

⑰ Edzard Schmidt-Jortzig （1941-）　　　FDP　1996-1998

⑱ Herta Däubler-Gmelin （1943-）　　　SPD　1998-2002

⑲ Brigitte Zypries （1953-）　　　　　　SPD　2002-2009

⑳ Sabine Leutheusser-Schnarrenberger （1951-）　FDP　2009-2013再任

　以下は，消費者保護相と兼任である（Bundesminister für Verbraucherschutz, Ernährung und Landwirtschaft→Bundesminister der Justiz und für Verbraucherschutz）

㉑ Heiko Maas （1966-）　SPD　2013. 12. 17-

第1篇　ドイツの連邦裁判所（BGH）と連邦司法　　281

日本の司法卿，司法大臣

1	江藤新平	1872. 5. 31（旧暦4. 25）-1873. 4. 19	佐賀
2	大木喬任	1873. 10. 25-1880. 2. 28	佐賀
3	田中不二麿	1880. 3. 15-1881. 10. 21	尾張
4	大木喬任	1881. 3. 15-1883. 10. 21	
5	山田顕義	1883. 12. 12-1885. 12. 22	長州

司法大臣

1	山田顕義	1885. 12. 22-1891. 6. 1	長州
	（臨時兼任　大木喬任　1890. 12. 25 - 1891. 2. 7）		
2	田中不二麿	1891. 6. 1-1892. 6. 23	尾張
3	河野敏鎌	1892. 6. 23-1892. 8. 8	土佐
4	山縣有朋	1892. 8. 8-1893. 3. 11	長州
5	芳川顯正	1893. 3. 16-1896. 9. 26	阿波
6	清浦奎吾	1896. 9. 26-1898. 1. 12	肥後
7	曾禰荒助	1898. 1. 12-1898. 6. 30	長州
8	大東義徹	1898. 6. 30-1898. 11. 8	彦根
9	清浦奎吾	1898. 11. 8-1900. 10. 19	
10	金子堅太郎	1900. 10. 19-1901. 6. 2	福岡
11	清浦奎吾	1901. 6. 2-1903. 9. 22	
12	波多野敬直	1903. 9. 22-1906. 1. 7	肥前

（以降は省略）

＊加太邦憲・自歴譜（1982年）184頁以下参照。

　第20代の尾崎行雄（相模，第2次大隈内閣，1914年）までは，ほぼ藩閥の関係者で占められている。
　初代から敗戦までのほぼ中間の原敬（総理と兼任，1918. 9. 29-1920. 5. 15）は，第22代であり，ここまでで約30年間であった。また，旧憲法下で最後の司法大臣の岩田宙造（1945. 8. 17-1946. 5. 22）は，第46代であり，初代からのほぼ60年間で，40人以上にもなった。個々の在任期間は，ごく短い。
　戦後も，法務総裁，法務大臣と名称は変更したが，木村篤太郎（1946. 5. 22-1947. 5. 23）から，金田勝年（2016. 8. 3～）まで，ほぼ70年間で100人ほどになり，とくに近時は，1月以下という例もあり，ますます短期化している。

第2篇　ドイツの連邦裁判所の発展と特質

第1章　はじめに

1　連邦裁判所

(1)　本篇は，ドイツの連邦裁判所を紹介しようとするものである。各国の最高裁には種々の形態があり，わがくにでも戦前の大審院と戦後の最高裁には相当の差がある。ドイツの連邦裁判所，とくに連邦〔通常〕裁判所（BGH）の前身であるライヒ大審院（ライヒ裁判所，ライヒスゲリヒト）は，わが大審院のモデルの1つともなっており，BGHを知ることは，わが旧大審院の理解を助けるものでもある。現在では，旧大審院ははるかに過去のものとなり，ときに現在の最高裁の理解と混同されることがある。そのような場合には，現在でもドイツの連邦裁判所はそうではないという説明が説得的なようである。

(2)　ドイツの連邦裁判所は，基本法（憲法）92条に従い，司法権を行使するための連邦の機関として設置されている。ドイツは，連邦国家のため，連邦と州（ラント）の権限の割り当てのため，基本法に予定されたものだけを連邦裁判所として設置することができる。以下に述べるように，統一的な組織とはされていないことから，必ずしも理解しやすいものではない。

連邦裁判所には，以下のものがある。著名なものでは，①連邦憲法裁判所（Bundesverfassungsgericht，カールスルーエ），民事および刑事の通常裁判所としては，②連邦〔通常〕裁判所（Bundesgerichtshof, BGH，カールスルーエ）があり，ほかに，③連邦行政裁判所（Bundesverwaltungsgericht, BVerwG，ライプチッヒ），④連邦労働裁判所（Bundesarbeitsgericht, BAG，エルフルト），⑤連邦社会裁判所（Bundessozialgericht, BSG，カッセル），⑥連邦財務裁判所（Bundesfinanzhof, BFH，ミュンヘン）がある。そして，これらがドイツの実質的な最高裁（連邦憲法裁判所以外は上告裁判所，Revisionsgericht）を構成している。判例の統一のためには，共通部（Gemeinsame Senat der obersten

第2篇　ドイツの連邦裁判所の発展と特質　　283

Gerichtshöfe des Bundes）の制度がある。ただし，基本法95条が予定する形式的な最高裁（das oberste Bundesgericht）は，設立されていない[1]。

　なお，以下では，連邦〔通常〕裁判所（Bundesgerichtshof, BGH）を，広義の連邦裁判所一般（①～⑥, Bundesgerichte）と区別するために，以下では，このようにかっこ書きを付して記すことにする。

　さらに，連邦裁判所は，憲法裁判所と上告裁判所だけではない。基本法に定めがある特別裁判所としては，軍事関係の軍刑事裁判所（Wehrstrafgericht, 基本法96条2項），連邦特許裁判所（Bundespatentgericht, 基本法96条1項），軍務裁判所（Truppendienstgerichte Nord in Münster und Süd in München, 基本法96条4項）がある。前二者は，連邦〔通常〕裁判所の，最後のものは，連邦行政裁判所の下級審となる。連邦裁判所で初審になるのは，これらだけである[2]。

　これに対し，州（ラント）の管轄に属する裁判所としては，下級裁判所である州（ラント）高等裁判所（OLG），州裁判所（LG），区裁判所（Amtgericht）がある。

　6つの連邦裁判所（①～⑥）は，最高裁として位置づけられるが，このように多数の裁判所があり，かつそれぞれが多数の裁判官を擁することから，2004年の連邦の裁判官総数は，464人にもなった（なお，ラントの裁判官総数は，1万9931人。うち女性は，6424人であった）[3]。〔2009年の連邦裁判官は，661人である〕

2　連邦裁判所の部

　①連邦憲法裁判所には，2つの部があり，各8人，すなわち16人が属している。1871年4月16日の統一時の（ビスマルク）憲法（Bismarcksche Reichsverfassung）は，憲法裁判所を予定せず，1919年8月11日のワイマール憲法（Weimarer Verfassung）は，制限的な憲法裁判所や行政裁判所を認めていたが（国家裁判所，Staatsgerichtshof），設立にはいたらなかった。戦後のボン基本法（1949年5月23日，Grundgesetz f.BRD）は，92条～94条において，本格的な憲法裁判所を予定し，これが1949年に設立されたのである。

　②1950年に設立された連邦〔通常〕裁判所は，民事・刑事の裁判を管轄する。後述するライヒ大審院の後身である。同裁判所には，民事が12部，刑事が5部あり，それぞれの部には，7～9人の裁判官が属していることから，

裁判官の合計は，合計130人近くにもなる[4]。それぞれの部は，特別部を兼任するか，特別部とならなくても主たる専門領域をもち（民事第1部・著作権と不正競争，第2部・会社法，第3部・国家賠償法，第4部・相続法，第5部・物権法，第6部・不法行為法，第7部・請負，第8部・売買と賃貸借法，第9部・弁護士・税理士の責任・倒産，第10部・特許・実用新案，第11部・銀行法，第12部・家族法と賃貸借など），専門化が図られている。わが最高裁においては，原則として機械的に順次3つの小法廷に事件が割り当てられるのとは異なる[5]。

　ただし，刑事部では，後述するOLGの地域的な管轄による分類が主となる（なお，第1部・軍警察事件，第3部・国家保護事件，第5部・税事件などの専門化もある）。判例の統一のために，民事連合部，刑事連合部(Großer Senat)の制度がある。これは，わが旧大審院の連合部と同じ方式である。民事刑事の統一大法廷（Vereinigte Große Senate）もある。

　③2002年に，ベルリンからライプチッヒに移転した連邦行政裁判所（1952年設立）には，14部があり，内訳は，10の再審部（Revisionssenate），1懲戒部（Diszplinarsenat），2軍務部（Wehrdienstsenate），1専門部（Fachsenat）である。ここでは，各部に属する裁判官は3〜6人であり，その合計は，60数人になる[6]。他の連邦裁判所と同様に，判例統一のために，連合部(Großer Senat)がある。

　連邦〔通常〕裁判所や連邦行政裁判所の司法行政の担当は，連邦司法省である。

　⑥連邦財務裁判所の組織も，③の連邦行政裁判所に近い。11部があり，法人税，相続税，所得税，勤労所得税などの訴訟を扱っている。連邦財務裁判所は，従前その司法行政は，連邦財務省の所管のもとにあったが，1970年からは連邦司法省の所管のもとにおかれている。身びいき(Hausgerichtsbarkeit)を防止するためである。

　④連邦労働裁判所と，⑤連邦社会裁判所の司法行政の担当は，連邦労働社会省（Bundesministerium für Arbeit und Soziales）である。連邦裁判所の再配置の結果，連邦労働裁判所は，1999年に，西ドイツ地域のカッセルから東ドイツ地域のエルフルトに移転した。10部があり，裁判官の総数は，30数人である。争議権，告知による解雇部，養老部，労働契約部，賃金支払部，損害賠償部などの部がある。

連邦社会裁判所は，14部あり，裁判長と2，3人の裁判官の構成であるから，ここの規模も，裁判官30〜40人の規模である。

3　ヨーロッパの裁判所

連邦裁判所自体の数が多いうえに（所属裁判官数も多く），ヨーロッパには，EUのヨーロッパ司法裁判所（Court of Justice of the European Communities），ヨーロッパ評議会（Council of Europe）のヨーロッパ人権裁判所（European Court of Human Rights），国連の機関である国際司法裁判所（International Court of Justice）などの国際機関の裁判所もあることから，上述の連邦裁判所が国内の最高裁であるからといって，そうステータスが高いということにはならない。アメリカの連邦最高裁が国内でもっている高い権威には遠く及ばないものであろう。

また，対象事項による管轄の狭さや行政の優越の観点からも，連邦〔通常〕裁判所は，わが旧大審院に近いということができる[7]。

第2章　戦前のライヒ大審院とその解体

1　日本の旧大審院との比較

冒頭でも示したように，わが旧大審院は，連邦〔通常〕裁判所の前身であるライヒ大審院（ライヒ裁判所，ライヒスゲリヒト）をモデルの1つとしていることから，連邦〔通常〕裁判所を理解するには，わが旧大審院を思い起こすことが有益である。また，逆に今日旧大審院を知るためにも，ドイツの説明がわかりやすいであろう。

古くに，太政官制のもとで，大審院は，司法省内に設置された（1875年）[8]。そして，旧裁判所構成法のもとでも，司法行政権や人事権は，司法大臣にあるものとされ，裁判所を監督したのは司法大臣であった（後掲の1890年の旧裁判所構成法参照）。大審院長は大審院を監督するにとどまったのである（同法135条）。また，管轄権についても，大審院は，民事および刑事事件の終審裁判所であったが，行政事件の管轄権をもたなかった。違憲立法審査権や裁判所の内部規律に関する規則制定権ももたなかった。ドイツの連邦〔通常〕裁判所が，連邦司法大臣の司法行政のもとにおかれるのは，これに近い。三権分立といっても，行政権の優越の形態である[9]。

旧裁判所構成法

「第135条　司法行政監督権ノ施行ハ左ノ規程ニ依ル

第一　司法大臣ハ各裁判所及各検事局ヲ監督ス

第二　大審院長ハ大審院ヲ監督ス

第三　控訴院長ハ其ノ控訴院及其ノ管轄区域内ノ下級裁判所ヲ監督ス

第四　地方裁判所長ハ其ノ裁判所若ハ其ノ支部及其ノ管轄区域内ノ区裁判
　　　所ヲ監督ス

第五　区裁判所ノ一人ノ判事若ハ監督判事ハ其ノ裁判所所属ノ書記及執達
　　　吏ヲ監督ス

第六　検事総長ハ其ノ検事局及下級検事局ヲ監督ス

第七　検事長ハ其ノ検事局及其ノ局ノ附置セラレタル控訴院管轄区域内ノ
　　　検事局ヲ監督ス

第八　検事正ハ其ノ検事局及其ノ局ノ附置セラレタル地方裁判所管轄区域
　　　内ノ検事局ヲ監督ス」

　検事総長が下級検事局を監督し，控訴院長が管轄内の下級裁判所を監督するにもかかわらず，大審院長には，控訴院や下級裁判所を監督する権限がなかったのである。

　また，かつて，わがくにでは，司法大臣を輩出したのは，裁判官ではなく，おもに検察官の出身者であったから，実質的に，司法行政は司法省中枢を占める検察の手にあったといってよい。司法省の裁判所に対する優越は，検察の裁判所に対する優越をも意味している。

　戦後は，新憲法による三権分立の確立によって，検察の裁判所に対する優越は解消されたが，法務省に対する検察の優越は残されている。現在でも，法務省のトップは検察であり，法務事務次官の地位は決して高いものではない。

　2　ライヒ大審院（Reichsgericht）

　(1)　ライヒ大審院は，1879年に，裁判所構成法（Gerichtsverfassungsgesetz, 1877. 1. 27，発効は1879. 10. 1）によって設立された。その所在地は，ザクセン州のライプチッヒであった。その所在地を決定するための連邦参議院の投票では，ベルリンが28票，ライプチッヒは30票を獲得し[10]，票差はわずかであった（連邦参議院における投票権は，プロイセンが17票で，バイエルンは6票，

第2篇　ドイツの連邦裁判所の発展と特質　　287

ザクセンとヴュルテンベルクがそれぞれ4票，バーデンとヘッセンがそれぞれ3票であり，合計は58票であった。1871年憲法6条参照)[11]。ライプチッヒは，かつてのドイツ連邦（Das deutscher Bund 1815-1866）の連邦上級商事裁判所（Bundesoberhandelsgericht）の所在地でもあり，そこでは，1861年の普通商法典（ADHGB）に関する訴訟を担当したのである。

　こうして，ライヒ大審院がライプチッヒに置かれたことは，統一のための妥協の産物といえる（明確な南ドイツとザクセンの票は，17票にすぎない）。ドイツは連邦国家であり，現在でも多くの政府機関はかなり分散している。この傾向は，戦後長らくベルリンが首都の地位を失っていたことからとくにいちじるしいのであるが，戦前にもみられなかったわけではない。その中でも，ライヒ大審院がライプチッヒに置かれたのは，統一の勢力であったプロイセンと抵抗勢力の1つであったザクセン・南ドイツとの融和の意味を有したのである[12]。

　ライヒ大審院は，通常裁判所であり，民事，刑事，商事，労働，国庫としての国家事項（Rechtshandlungen des Staates als Fiskus），国家責任（Staatshaftungsrecht）を扱った[13]。その長官，部長，裁判官は，連邦参議院の提案によって，皇帝が任命した。ライヒ大審院には，書記局（Gerichtsschreiberei），検事局（Oberreichsanwaltschaft als Staatsanwaltschaft）が付置されていた。ちなみに，わがくにでも，旧裁判所構成法のもとでは，検事局が各裁判所に付置されていた。

　戦後の連邦憲法裁判所や種々の連邦裁判所が存在しなかったことから（ライヒ財務裁判所は，第一次世界大戦中の1918年に創設され，ライヒ労働裁判所はワイマール時代の1926年に創設されたが，組織上はライヒ大審院の一部としてであった。ワイマール憲法108条参照。ライヒ行政裁判所は，ワイマール憲法107条で予定されていたが，設立されなかった），権限が制限されていたとはいえ，その権威は相対的に現在よりも高かったものと思われる。

　(2)　ライヒ大審院は，刑事事件および国家事項では保守的な立場をとっていたが，民事事件においては，かなり斬新な理論を展開した。すなわち，早くに，契約締結上の過失の理論を肯定し，これは，のちの2002年の債務法現代化法では，311条に明文化された。また，276条の解釈から積極的契約侵害の理論を展開し，債務法現代化法では，統一的な給付障害概念である義務違反（Pflichtverletzung）が採用され，280条の損害賠償や324条の契約解除権の

基礎となっている[14]。

また，第一次世界大戦とワイマール期の1914年から1923年には，いちじるしいインフレにさいして，行為基礎の喪失の理論が展開された。伝統的な金銭の名目主義（Mark-gleich-Mark-Grundsatz, Nennwertgrundsatz, Nominalismus）に対するものであり，インフレの時期に，経済的不能と契約の期待可能性（Zumutbarkeit）の概念によって，契約の改定と解除を正当化したのである。これも，債務法現代化法では，313条に明文化されたのである。

しかし，ナチスの権力掌握にあたっては，違法な暴力事件に対して正面から対抗することはなかった（1933年2月，ライヒ議会放火事件）。そして，1934年には，民族裁判所設置法（Gesetz zur Errichtung des Volksgerichtshofs）によって，国家反逆罪（Hoch- und Landesverratssachen）は，ライヒ大審院の管轄ではなくなったのである（この民族裁判所は，ベルリンの高裁＝Kammergericht におかれたが，これは，同高裁が，もともとプロイセン王国の最高裁であった宮廷裁判所であったからである）。民事の分野においても，1935年のいわゆるニュルンベルク法（人種差別法）の影響は大きく，人種理論から，非アーリア人の養育権の差別が行われ，1938年の家族法においては，特殊な婚姻取消事由ともされたのである。財産法においても，差別が行われた。

民事でのみ斬新な理論をも採用するという点は，わが大審院にも共通している。大審院も，民事事件においては，時代にあわせて解釈を修正していく態度をとったが，刑事・政治的な事件においては，捏造事件を否定することができなかった。たとえば，1910年から1911年の大逆事件である。こうした司法消極的・権力追随的な態度は，戦後の最高裁にも，受け継がれている。最高裁は，アメリカ型の強い権限をえたにもかかわらず，大審院的な司法消極主義に立脚しており，たとえば，尊属殺違憲判決は，かなり遅れて1973年であったし（最判昭48・4・4刑集27巻3号265頁。刑法200条の削除はようやく1995年），薬事法の薬局開設制限の違憲判決は，1975年（最判昭50・4・30民集29巻4号572頁）であった。議員定数配分訴訟では，選挙無効の判断を避け続けている。他方で，政治献金には積極的な判断を示し（最判昭45・6・24民集24巻6号625頁），かえってこれを助長する政治的な影響を与えた。大審院との機能上の違いを自覚する必要があろう。

(3) ライヒ大審院の長官の在任期間は，かなり長い。10年以上にもなる例が多く，最初の Simson は，12年，最後の Bumke は，16年にもなる。そこ

で，司法権は限定されていたものの，長官の権威はかなり高かったものと思われる。在任期間2年内外の者が2人いるが，それは死亡したからである（3代の Gutbrod と 5 代の Delbrück）[15]。

歴代のライヒ大審院の長官の在任期間は，以下のとおりであった。

1　Eduard von Simson（1810-1899）は，1879. 10. 1 〜1891. 2 . 1 で，在任期間は12年。

2　Otto von Oehlschläger（1831-1904）は，1891. 2 . 1 〜1903. 11. 1 で12年。

3　Karl Gutbrod（1844-1905）は，1903. 11. 1 〜1905. 4 .17で，1 年　半であった。

4　Rudolf Freiherr von Seckendorff（1844-1932）は，1905. 6 .18〜1920. 1 . 1 で15年。

5　Heinrich Delbrück（1855-1922）は，1920. 1 . 1 〜1922. 7 . 3 で，2 年半。

6　Walter Simons（1861-1937）は，1922. 10. 16〜1929. 4 . 1 で，7 年。

7　Erwin Bumke（1874-1945）は，1929. 4 . 1 〜1945. 4 .20で，16年。

3　ライヒ大審院の解体

ライヒ大審院は，第三帝国の崩壊とともに，1945年に連合軍によって解体された。その結果，訴訟の途中で最終審の判決が出ない場合が多数生じた。最後の裁判所長官 Bumke（1929-1945）は，ライプチッヒへのアメリカ軍の進駐前に自殺した。そして，占領地の調整によって，ザクセンが東ドイツに組み込まれたことから，1945年 8 月25日以降，裁判官の 3 分の 1 以上の37人の裁判官は，ソ連の秘密情報機関（NKWD）により逮捕され，裁判なしにライプチッヒの裁判所牢に収容された。さらに，裁判官は，その後，Nr. 1 Mühlberg/Elbe の特別収容所に，1948年からは，Nr. 2 Buchenwald の特別収容所に移された。1950年から55年に釈放されたときには，収容されたライヒ大審院の裁判官は，4 人しか生き残っていなかった。その他は，餓死したか病死したのである。その生き残りであるシェーファー（Schäfer, Reichsgerichtsrat, 1879-1958. 4 .28）は，のちに収容所時代の報告を書いた[16]。

戦後，旧ライヒ大審院の生き残りの裁判官は，1950年に連邦〔通常〕裁判所が設置されると，その裁判官となった。日本では，大審院判事が当然に最

高裁の裁判官になったわけではないから，こうした人的な意味での継続性は
ないといえる[17]。

第3章　連邦裁判所の再配置と管轄，刑事第5部の所在

1　連邦裁判所の再配置

　連邦憲法裁判所と連邦〔通常〕裁判所は，現在南ドイツのバーデン・ヴュ
ルテンベルク州のカールスルーエにあり[18]，1990年の再統一後の連邦裁判所
再配置の論議のおりに，ザクセン州はそのいずれかの移転を望んだが，機関
の移転は州のみならず連邦全体のバランスにとっても重要事項であり実現し
なかった。裁判官も社会基盤の遅れた東地区への移転を望まなかったのであ
る。しかし，連邦の上告裁判所の一角の東ドイツへの移転は，再統一
（Wiedervereinigung）の象徴として不可欠でもあったことから，連邦行政裁
判所が移転したのである。現在，連邦行政裁判所は，旧ライヒ大審院の建物
内にある。また，連邦労働裁判所も，1999年にヘッセン州カッセルから東ド
イツのチューリンゲン州のエルフルトに移転した。しかし，連邦財務裁判所
はバイエルン州のミュンヘン，連邦社会裁判所はヘッセン州のカッセルに残
された。

　もっとも，連邦〔通常〕裁判所刑事第5部（5. Strafsenat des Bundesgerichts-
hofes）のみは，現在ライプチッヒにある。通常裁判所の最上級審である連
邦〔通常〕裁判所は，南ドイツのカールスルーエにあるから，5つの刑事部
のうちの1つだけが，離れているのである。それは，もともと連邦行政裁判
所と同様に，ベルリンにあった。東西分裂の時代に，西ベルリンは，必ずし
も連邦共和国（いわゆる西ドイツ）と政治的に統合されていなかったことか
ら，カールスルーエ（西ドイツ）の連邦〔通常〕裁判所の刑事裁判権に服す
るとされなかったのである。第5部のみは，東ドイツ（DDR）への移送を否
定するために，特別区であったベルリンに特有な刑事の上告部と位置づけら
れた。東西の再統一後，連邦の諸機関の再配置のさいに，連邦行政裁判所と
ともに（2002年8月末），ベルリンから，もともと旧ライヒ大審院のあったラ
イプチッヒに移転したのである。

　なお，連邦議会と首相府のほか，政府機関の多くが，1999年にベルリンに
移転したから（大統領府は，再統一翌年の1991年に移転。これは再統一の象徴，

先駆けとされたからである），ベルリンにはもはや必要と考えられなかったのである。そして，ライプチッヒへの連邦裁判所の移転を求めるザクセン州の希望にも合致するものであった。

こうした沿革にもかかわらず，現在，第５部の管轄は，必ずしももとの東ドイツ地域だけを対象とするわけではない。西ドイツ地域のブレーメン，ハンブルク，ブラウンシュワイクと，東ドイツ地域のブランデンブルク，ベルリン，ドレスデンの高等裁判所からの上告事件を管轄している。この点から，第５部のみがライプチッヒにある必要性は乏しく，今日では，その配置の合理性に疑問もある。形式的には支部の扱いである。

2　連邦裁判所の管轄区域

1990年の東西の再統一に伴い，連邦〔通常〕裁判所の管轄地域も変更された。すなわち，連邦〔通常〕裁判所の刑事の管轄地域は，５つの部に割り当てられているが，もともと東ドイツ地域のみを対象としていた第５部は，ロシュトック OLG 管轄地域とナウムブルク OLG 管轄地域を，かつて第４部に属した西ドイツ地域のブレーメン OLG 管轄地域，ハンブルク OLG 管轄地域と交換し，またイエナ OLG 管轄地域を，かつて第２部に属した西ドイツ地域のブラウンシュワイク OLG 管轄地域と交換したのである。これによって，東地域には，第５部のほか，第２部と第４部もかかわるようになった。東西の統合政策の一部でもある。ちなみに，各部が特定の管轄地域を有するのは，ライヒ大審院以来の伝統である（たとえば，Kassel や Frankfurt (Main) のあるヘッセン州を管轄するのは，ライヒ大審院第３部であった）。

その結果，比較的まとまっているのは，第１部の管轄する南ドイツだけとなり，その他の各部の管轄地域は，かなりとびとびになり，わかりにくいものとなっている。以下は，1998年までの変更による割り当てである。

第１部　Bamberg, München, Nürnberg, Karlsruhe, Stuttgart　南ドイツ

第２部　Frankfurt am Main, Koblenz, Köln, *Jena*

第３部　Celle, Düsseldorf, Oldenburg, Schleswig

第４部　Hamm, Saarbrücken, Zweibrücken, *Naumburg, Rostock*

第５部　Brandenburg, Dresden, *Braunschweig, Hamburg, Bremen*　（旧東ドイツ）

刑事部の管轄の変更

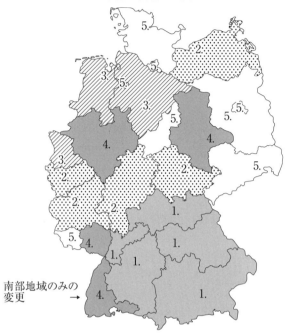

南部地域のみの
変更　→

　しかも，管轄区域は，これで固定したわけではなく，その後も数年ごとにしばしば変更されている。部ごとの負担を考慮しているからである。1998年に，ツェレ OLG 管轄地域（第5部から第3部に）とドレスデン OLG 管轄地域（第3部から第5部に）の管轄が交換された後も，2010年には，シュレスヴィッヒ OLG 管轄地域は，第3部から第5部に変更され，2012年には，ロシュトック OLG 管轄地域が，第4部から第3部に，ザールブリュッケン OLG 管轄地域が，第4部から第5部に変更された。

　さらに，OLG 管轄地域の変更にとどまらず，2014年には，カールスルーヘ OLG 管轄地域の南部のみが，第4部に変更されたのである。また，コブレンツ OLG 管轄地域は，第2部から第3部に変更された。そして，2015年には，ロシュトック OLG 管轄地域は，第3部から第2部に変更されたのである。ロシュトック OLG 管轄地域の変更は，3回目となる（上図参照）。今後の変更も予想される。

3 ラント高等裁判所 (Oberlandesgericht)

(1) OLG（高裁）は，全国24か所に存在する。このOLGとLG（ラント裁判所）は，州（ラント）に属し，連邦の裁判所ではない。同じく州の裁判所であるラント裁判所は，115か所，区裁判所は，639か所である（支部を除く）。

OLGは，形式的には，1877年1月27日の裁判所構成法（1879年10月1日施行）によって設立されたが，その起原は，1871年の統一前の分裂時代に遡り，諸邦（ラント）の君主の裁判所にあり，高い権威をもっている。諸邦は，1648年のウエストファリア条約以降，不上告特権（*ius de non appellando*, letztinstanzliche Entscheidungskompetenz）を有し，各ラントの最高裁だったものが多いからである。ラント高権のもとで，神聖ローマ帝国の最高裁である帝室裁判所（Reichskammergericht, 1495–1806, Frankfurt a.M.）のコントロールのもとにはなかったのである。その痕跡は現在でもみられる。すなわち，ベルリンの高裁は，旧プロイセン王国の王室裁判所が元になっており，現在でも，宮廷裁判所（Kammergericht）と呼ばれている。また，ハンブルクの高裁は，ハンザ都市高裁（Hanseatisches OLG）と呼ばれている。ザクセン州のOLGが，ライヒ大審院のあったライプチッヒではなく，州都のドレスデンにおかれているのも，旧ザクセン王国の，1835年の王立上級控訴裁判所（Königliche Oberappellationsgericht）に起原があるからである。

もちろん，戦後の変更もあり，ザールは，戦前ケルンのOLGに属したが，ザールラントが，1956年のザール条約（Saarvertrag）まで独立の自治地域となったおりに，独立のOLGが設立されたのである。チュービンゲン（現在シュトットガルトの支部），フライブルク（現在カールスルーエの支部），アウグスブルク（現在ミュンヘンの支部），カッセル，ダルムシュタット（現在ともにフランクフルトの支部），コブレンツ，ブレーメンのOLGも戦後のものであり，これは，占領地域とOLGの領域の離齬から，はみだした地域に新たなOLGを創設したためである。シュレスヴィッヒのOLGは，キールのものが移転した。戦後，OLGの数が増加したのは，こうした歴史的経緯による。占領解消後に，もとのOLGの支部に格下げになったものもある（上述のかっこ内のもの）。

もっとも，プロイセンやシレジアなどのオーデル河以東地域のOLGの数の分は，減少している。また，細分化の結果，必ずしも旧ラントの最高裁にあたらないOLGが出現したことで，地位の低下がみられないでもない。

(2) OLG は，ラント裁判所と連邦裁判所の間に位置しており，家族事件
と少年事件については，区裁判所と連邦〔通常〕裁判所の間にあり（労働事
件でもこれに近い），また，刑事事件では，連邦〔通常〕裁判所の下級裁判所
となっている[19]。労働事件でも，Arbeitsgericht は，区裁判所相当であり，
二審は，Landesarbeitsgericht というが，三審は，連邦労働裁判所である。

　こうして，OLG は，連邦〔通常〕裁判所の下部組織という性格の反面，各
州の最高裁としての地位をなお有しており（州内に複数ある場合には管轄区域
内で），その権威は基本的には高い（とくに沿革的に古い OLG）。たとえば，
修習生の採用の実務にあたるのが，各州の司法省と OLG であるなど，人事
に関する OLG の権限は，日本の高裁とは比べようのないほど強い。地域の
実情にそくした対応の可能性，地方分権の一側面，あるいは官僚主義の排除
などでも，参考とするべき点は多い[20]。

　全国24の OLG の中でも，ハム（Hamm）の OLG は最大規模であり，人口
900万人の領域をカバーし，刑事5部，民事48部を有する（そのうち，34部は
民事で，13部が家族部である）。全体で，裁判官が202人，その他の職員が333
人，316人の司法専門官がいる（2009年7月）。もとは，Jülich-Kleve-Berg 公
国の最高裁であり，1817年にプロイセンに併合された後は，Kleve の高裁で
あり，プロイセン領ラインラントの最高裁でもあった。現在，年間の新受件
数は，16万0572件，既済件数は16万4485件にもなる（2005年）[21]。

　ノルトライン・ヴェストファーレン州（ルール工業地帯を有する）には，全
部で3つの OLG があり，ハムのほかにデュッセルドルフとケルンの OLG
があり，それぞれ37と27の民事部を有する。大きな OLG としては，ほかに，
フランクフルト・アム・マインとミュンヘンの OLG は，それぞれ34と35の
民事部を有する規模である。フランクフルトには，かねてそれが帝国自由都
市であったことから，ハンザ都市であるリューベックをも含めた上級控訴裁
判所（Oberappellationsgericht）に従う控訴および刑事裁判所（Appellations-
und Kriminalgericht，6人の判事から成る）があり，1866年にプロイセンに併
合された後は，プロイセンの高裁（Appellationsgericht）があった（1878年後
は，ドイツの高裁，1933年に，ナチスにより長官の Bernhard Hempen, 1881. 1.
24-1945. 8.18は罷免された）。これが現在の OLG の起原となっている。民事
34部，刑事6部を有する。また，ミュンヘンは，旧バイエルン王国の首都で
あり，OLG はその最高裁だったのである（2006年まで，バイエルン最高裁も存

第2篇　ドイツの連邦裁判所の発展と特質

24　高裁 (Statistisches Bundesamt, 2005年)

所在地	州	人口 (×1000)	民事部数	新受件数	既済件数	BGHの管轄部
北ドイツ						
1) Schleswig	S-Hols.	2.833	16	43.922	45.200	⑤
2) Hamburg	Hamburg	1.744	14	47.138	48.486	⑤
3) Bremen	Bremen	663	12	12.827	13.216	⑤
4) Braunschweig	NiSach	1.392	11	20.232	21.268	⑤
5) Oldenburg	NiSach	2.475	15	34.175	35.243	③
6) Celle	NiSach	4.126	22	69.425	71.457	③
ライン沿岸						
7) Hamm	N-Westf	9.038	48	160.572	164.485	④
8) Düsseldorf	N-Westf	4.755	37	98.793	101.005	③
9) Köln	N-Westf	4.265	27	94.712	97.268	②
10) Frankfurt	Hessen	6.092	34	108.670	112.741	②
11) Koblenz	R-Pfalz	2.638	17	43.682	44.799	②
12) Zweibrücken	R-Pfalz	1.421	8	24.159	25.468	④
13) Saarbrücken	Saar	1.050	7	18.299	18.930	⑤
南ドイツ						
14) München	Bayern	6.968	35	105.491	108.003	①
15) Nürnberg	Bayern	3.057	17	40.954	41.822	①
16) Bamberg	Bayern	2.443	9	30.007	30.625	①
17) Stuttgart	Baden-W	6.198	24	78.900	81.447	①
18) Karlsruhe	Baden-W	4.538	22	64.967	66.834	①④
東ドイツ						
19) Berlin	Berlin	3.395	28	109.102	114.043	⑤
20) Brandenburg	Brandb.	2.559	18	41.544	44.405	⑤
21) Dresden	Sachsen	4.274	19	60.962	63.832	⑤
22) Naumburg	S-Anhalt	2.470	11	34.820	37.232	④
23) Jena	Thüring	2.335	8	32.135	34.510	②
24) Rostock	M-VorP	1.707	7	25.236	26.941	②

置)。民事35部，刑事7部を有する。前述したベルリンの宮廷裁判所 (Kammergericht) は，民事28部，刑事5部であり，これに次ぐ規模である。

　小さいほうでは，人口100万人の地域を管轄するザールブリュッケンのOLGは，民事7部，刑事2部を有するのみである。また，ツヴァイブリュッケンとイエナのOLGは民事8部，刑事3部であり，ロシュトックOLGも，民事7部，刑事3部である。詳細は，上記の表を参照されたい。また，OLGの支部はもっと小さく，たとえば，フランクフルトの支部であるカッセルやダルムシュタットでは，それぞれ民事6部 (家族部を含む)，5部 (刑事部は

296　　　　第3部　ドイツの司法とオーストリアの司法

ない）を有するのみである。

　（3）　上述のフランクフルト高裁長官のヘンペン（Bernhard Hempen）は，
1881年に，オランダとの国境近くの Meppen で生まれた。ユダヤ系の，商
事会社の支配人の息子で，カトリックに改宗していたが，1933年に，ナチス
の公務員職の回復法により，1930年に就任した職を罷免された。彼は，1903
年に第一次国家試験に合格し，1905年に，ロシュトック大学で学位をえて，
1909年に，第二次国家試験に合格し，試補となった。1913年に，ボーフム（ルー
ル）のラント裁判官，第一次世界大戦中は，兵役に服し，連隊長であった。
負傷し，予備役中尉となり，1920年に，Duisburg ラント地裁の判事，1921
年に，デュッセルドルフ高裁の判事，1925年に，プロイセン司法省で人事ほ
かを担当した。1930年に，フランクフルト（マイン）高裁の長官となった（前
任者は，Ernst Dronke）。ナチスの法律家連盟などに加入していたが，1933年
に，長官職を罷免され，ベルリンの高裁部長となった。その後，戦時までの
詳細は不明である。ソ連占領軍により逮捕され，ランズベルクの収容所
（Landsberg an der Warte）にいれられ，1945年に亡くなった（最近の著作，
Gruenewaldt, Die Richterschaft des Oberlandesgerichts Frankfurt am Main in
der Zeit des Nationalsozialismus, Die Personalpolitik und Personalentwicklung,
2015がある。S. 82ff.)。

　4　連邦裁判所長官
　歴代の連邦〔通常〕裁判所の長官の在任期間は，以下のとおりである。概
して，ライヒ大審院長官よりも短い。50歳後半から60歳で就任することが多
い。

　　1　Hermann Weinkauff(1894-1981)は，1950. 10. 1～1960. 3.31で，10年。
　　2　Bruno Heusinger (1900-1987) は，1960. 4. 1～1968. 3.31で， 8年。
　　3　Robert Fischer (1911-1983) は，1968. 4. 1～1977. 9.30で， 9年。
　　4　Gerd Pfeiffer (1919-2007) は，1977. 10. 1～1987. 12.31で，10年。
　　5　Walter Odersky (1931-) は，1988. 1. 1～1996. 7.31で， 8年。
　　6　Karlmann Geiß (1935-) は，1996. 8. 1～2000. 5.31で， 4年。
　　7　Günter Hirsch (1943-) は，2000. 7.15～2008. 1.31で， 8年。
　　8　Klaus Tolksdorf (1948-) は，2008. 2. 1～。

第4章　むすび── 連邦裁判所の現在 ──

1　連邦裁判所の現代化

2002年に再配置を終えた連邦裁判所の現在の課題は，その現代化であり，その1つが，男女格差の克服である。この点に関しては，やや対象を広げて司法の全体の状況，とくに連邦司法省から考察する。

司法関係の人事では，1992年5月，コール政権の連邦司法相に，Sabine Leutheusser-Schnarrenberger が就任した。これは，18年間外相をしたゲンシャーのあとをうけて，連立与党の一部であった FDP のキンケルが司法相から外相に就任したことによる。この長い結合姓の女性が，初の女性司法相であった。

もっとも，FDP と連立与党の CDU との見解の対立から，1994年12月14日，Leutheusser-Schnarrenberger は辞任した。後任には，同じ FDP の Edzard Schmidt-Jortzig が司法相となったことから，彼女の在任期間はそう長くはなかった。

この1990年代は，1990年の再統一をうけて，東ドイツ地域において，多数の所有権の返還請求事件が生じ，次々に新立法をするために多忙な時期であった。1992年に最終報告書の出たドイツ民法債務法の現代化法も，その後，ほぼ10年間たなざらしにされることとなった。他方で，再統一を契機として，東西の登記簿の統一を目ざしたその電子化事業が進展した[22]。

その後，1998年10月に成立した SPD 首班のシュレーダー政権の司法相には，Herta Däubler-Gmelin が就任した。二代目の女性司法相である。債務法現代化法は，この時期に成立し，新債法は，2002年1月1日から施行された。しかし，Däubler-Gmelin が，2003年3月のイラク戦争にさいし，アメリカ・ブッシュ政権を批判したことから，2002年10月の第2次シュレーダー政権では，司法相は交替した。三代目の女性司法相は，Brigitte Zypries である[23]。この政権では，全13閣僚のうち6人が女性であった。

Brigitte Zypries が，2005年12月に成立した大連立政権でも司法相にとどまったことから，現在まで，かなり長期にわたり，女性司法相が続いてきたことになる。

さらに，2009年11月のCDU/CSUとFDPの連立政権では，FDPのLeutheusser-

Schnarrenberger が，15年ぶりに司法相に就任したことから（間隔をおいた大臣の再任はめずらしい例である），女性司法相の継続となった。

2013年12月の CDU/CSU と SPD の大連立政権では，SPD の Heiko Maas が，久々の男性司法相となった。

2　連邦裁判官の構成

(1)　この間，連邦裁判官にも，女性の進出が続いた。2004年から2017年までの推移は，次頁のグラフのとおりである。また，ラントの裁判官は，1万9931人である。うち女性は，6424人，また，2005年の検察官総数は，5106人（うち女性は1741人），2005年の弁護士総数は，12万5015人，公証人弁護士は，7554人，公証人は，1616人であった[24]。

連邦裁判官の任命は，毎年，15から30人以上にもなる（08年は35人，09年はは33人）[25]。連邦裁判官を選任するのは，16ラント（州）の大臣と連邦議会から選出された16人の委員からなる裁判官選任委員会（Richterwahlausschuss）であり，秘密投票の方法で，有効投票の多数で決する。州と連邦議会の委員は，政党によって左右されることから，裁判官にも，政党色がないわけではない。しかし，任命手続は明確であり，また上述のように多数の者が任命されることから，過度に政治的ではなく，おおむね裁判官の昇進のルートに該当する。2014年は，とくに女性裁判官の選任される数が多数であった。

連邦裁判官だけではなく，2002年に，Zypries が司法相になった後，2005年には，連邦労働裁判所長官に，Ingrid Schmidt が就任し，2007年には，連邦行政裁判所長官に，Marion Eckertz-Höfer が就任した[26]。2007年には，Zypries に対し，連邦憲法裁判所の裁判官への打診があったが，彼女はこれを断った[27]。

債務法現代化には，EU の消費物売買指令が契機となったように，2000年代には，多数の EU 指令が発せられ，EU 加盟国の議会は，それの国内法化に忙殺された。ほとんど EU の下請になっているともいえる[28]。とりわけ消費者法と国境を超える経済関係法の進展がいちじるしく，民法典自体も，しばしば改正されている。

他の上告裁判所の裁判官がかなり多数なのに反し，連邦憲法裁判所の裁判官は，2つの部の合計16人にすぎないことから，とくに高い権威を有している。ドイツの連邦憲法裁判所が，紛争を前提としない抽象的憲法審査権を有

第2篇　ドイツの連邦裁判所の発展と特質　　　　　　　　　　299

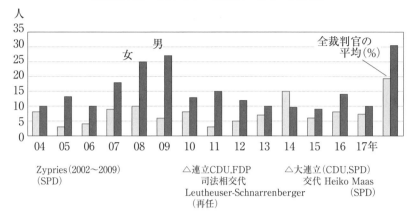

連邦裁判所に任命された裁判官・各年の男女別

このうち, 平均の割合は, (Statistisches Jahrbuch für BRD, 2012〈11. 1〉Personal der Rechtspflege, S. 304. による。2011年の裁判官数　1万9953人（うち女性7744），検察官　5146人（うち女性2127），弁護士　14万9323人（うち女性4万9184），公証人弁護士　6356人（うち女性688人），公証人　1561人（うち女性111）。

しているのは，旧ライヒ大審院を中心とする司法の地位が行政や立法に比して低かったのと異なる。連邦憲法裁判所の裁判官は，16人と数が少ないことから，比較的裁判官の個性が現れる。CDU/CSU（元のコール政権），SPD（前シュレーダー政権）といった選出基盤の相違により（2005年11月からは初の女性首相であるMerkel大連立政権，2009年にCDU/CSUとFDPの連立），憲法裁判所の2つの部が，黒い部，赤い部と称されたこともある[29]。

（2）　連邦憲法裁判所にも，女性裁判官が出現しており，Christine Hohmann-Dennhardtは，1999年に第1部裁判官となった。Lerke Osterlohは，1998年から，また，Gertrude Lübbe-Wolfは，2002年から，いずれも第2部裁判官である。元連邦憲法裁判所裁判官であるLenate Jaegerは，2004年からシュトラスブルクのヨーロッパ人権裁判所裁判官を務めている。Juriane Kokottは，2003年からルクセンブルクのヨーロッパ司法裁判所で，8人の法務官の1人である。法務官は，法廷で独立の立場から論告の形で判決を提案する要職である[30]。

裁判所だけではなく，2006年には，連邦裁判所付の検事総長（Generalbundesanwältin beim Bundesgerichtshof）に，Monika Harmsが就任した。わが大審院の場合と同じく，検事局は裁判所ごとに設置される。連邦〔通常〕裁判

所の検事局では，たとえば，2007年には，13人が任命されたが，女性3人が含まれている（BGH-Anwältinnen und -Anwälte）。

連邦〔通常〕裁判所の検事は，裁判所の申請により，司法省で任命するが，あらかじめ連邦裁判所の弁護士選任委員会で指名された者から行われる。選任委員会は，連邦〔通常〕裁判所の長官と民事部の部長，連邦弁護士会の委員（Präsidiums der Bundesrechtsanwaltskammer），連邦〔通常〕裁判所の検事局の委員（Präsidiums der Rechtsanwaltskammer bei dem Bundesgerichtshof）から構成される[31]。

(3) 2009年5月18日の，近隣の司法大臣会合において（Darmstadt），出席した司法大臣は，ドイツのBrigitte Zypriesのほか，リヒテンシュタインのDr. Aurelia Frick，オーストリアのClaudia Bandion-Ortner，スイスのEveline Widmer-Schlumpfであり，いずれも女性であった。会合の目的は，経済法と家族法の分野における，現在の法政策的テーマの情報交換であった。

会合の中心議題は，2008年以来の経済危機（2008.9.15にリーマン・ショックに端を発する世界的な金融危機）への対応であり，とくに破産法と投資者保護，知的財産権の保護であった。インターネットにおける子どもポルノグラフィー，家族法のテーマ，たとえば，国境を超える事項での扶養法や社会年金法の改正，世話法の改正なども議題となった。この会合は，今後定期的に行われる[32]。男女共同参画・国際化の時代を反映する会合であったといえる。

2009年9月27日の連邦議会選挙の結果，同年10月28日，CDU・CSUとFDPの連立政権が成立した。首班は，2005年の大連立と同じ，Merkelである。司法相には，かつて1994年にコール政権時に意見対立から辞任したLeutheusser-Schnarrenbergerが返り咲いた。およそ15年ぶりの復帰である。前任のZypriesに続き，女性司法相が継続することとなった。

同政権では，閣僚16人中5人が女性であった（MerkelとLeutheusser-Schnarrenbergerのほか，Ilse Aigner, Bundesministerin für Ernährung, Landwirtschaft und Verbraucherschutz; Ursula von der Leyen, Bundesministerin für Familie, Senioren, Frauen und Jugen; Annette Schavan, Bundesministerin für Bildung und Forschung）。

その後，2013年の連邦議会選挙の結果，FDPが議席を失ったことから，CDU・CSUとSPDの大連立政権が成立し，司法大臣には，Heiko Maas（1966.9.19–）が就任した。久々の男性司法大臣である（http://www.bmjv.de/DE/

第2篇　ドイツの連邦裁判所の発展と特質　　301

Ministerium/Minister/Minister _node.html）。同人は，1987年に，大学入学資格をえて，ザールラントの大学で法律学を学び，1993年に，第一次国家試験に合格，1996年に，第二次国家試験に合格した。1994年から96年，および1999年から2013年は，ザールラントのラント議会の職員，1996年から98年に，ザールラントの環境，エネルギー，交通省の次官，1998年から99年は，同大臣，2012年から2013年は，ザールラントの経済，労働，エネルギー，および交通大臣，ザールラントの副首相であった。1989年からSPDの党員，1999年から2012年に，SPDの会派長，2000年から，ザールSPDの会長，2001年から，党理事会の理事などをしている。

　なお，連邦司法省は，2013年に，連邦司法・消費者保護省に改編されている。

⑴　これらの連邦裁判所の詳細については，以下を参照されたい。
　　連邦憲法裁判所 http：//www.bmj.bund.de/enid/7a18009249d3dd955059ebaa0c9e4811,0/Links/Bundesverfassungsgericht_kv.html
　　連邦〔通常〕裁判所 http：//www.bundesgerichtshof.de/
　　連邦行政裁判所 http：//www.bverwg.de/enid/9545a2698e415b159793441a2a0f3b5b,51519f6d6f6465092d09/BESONDERE_SEITEN/Startseite _2.html
　　連邦財務裁判所 http：//www.bundesfinanzhof.de/www/index.html
　　連邦労働裁判所 http：//www.bundesarbeitsgericht.de/
　　連邦社会裁判所 http：//www.bsg.bund.de/cln _049/sid _5C6961A9B1C43C50098A824E33CEC685/DE/Home/homepage __node.html?_nnn=true
　　また，連邦特許裁判所 http：//www.bpatg.de/
⑵　連邦労働裁判所の下級裁判所となる労働裁判所（AG）は，組織上，州裁判所（LG）の一種であり，連邦の裁判所ではない。ただし，戦前とは異なり，組織上は独立しており，たんなる部（senate）ではない。後述第2章2⑴のライヒ労働裁判所をも参照。
⑶　Statistisches Jahrbuch für Bundesrepublik Deutschland, 2007, S. 262.
　　なお，2005年の検察官総数は，5106人（うち女性は1741人），また，2005年の弁護士総数は，12万5015人，公証人弁護士は，7554人，公証人は，1616人であった。
　　また，2008年の裁判官総数は，2万0101人（うち女性7195人），2009年の検察官総数は，5122人（うち女性は1983人），2009年の弁護士総数は，14万3647人であった。Vgl.Statistischs JB 2010, S. 271（10.1）.
⑷　2007年に，裁判官126人（101＋25）である（Bundesgerichtshof Zusammenstellung des Personalbestandes ab 2007, Stand：31. März 2008）。
　　Personalübersichten des Bundesgerichtshofs und der Bundesanwaltschaft beim Bundesgerichtshof ab 2007（Akten 3004 IIIc des BfJ）.

302 第3部　ドイツの司法とオーストリアの司法

(5)　このような割り当てのため，近時の最高裁では，判例の統一のために，しばしば3
つの小法廷が同種の事件に同様の判断を示すという方法が行われる。比較的新しいも
のでは，たとえば，サブリースについて，借地借家法32条1項の規定を強行法規と解
し，賃料自動増額特約による適用排除を否定した一連の判決があり（最3判平15・10・
21民集57巻9号1213頁，最1判15・10・23判時1844号54頁，最2判平16・11・8判時
1883号52頁ほか），利息制限法の関係でも，一連の取引，保証料に関するもの（最2
判平15・7・18民集57巻7号895頁，最1判平15・9・11判時1841号95頁，最3判平
15・9・16判時1841号100頁）や，期限の利益喪失条項に関する一連の判決（最2判
平18・1・13民集60巻1号1頁，最1判平18・1・19判時1926号23頁，最3判平18・
1・24民集60巻1号319頁）がある。これらの場合に，後の判決は前の判決を引用し，
判決も，あたかもコピー＆ペーストのごとき内容となる。ときには，大法廷を開くべ
き場合も包含されている。
　　　事件の割り振りはほぼ機械的であり，割り振られた判事が判断するときには，決定
事件となり（実質的には調査官の意見が重要である），小法廷に回すべきときに初め
て，判決事件となる。たとえば，過払金と時効に関する①最1判平21・1・22民集63
巻1号247頁，②最3判平21・3・3裁時1479号1頁，③最2判平21・3・6裁時1479
号3頁では，時効を否定した14裁判官のほか，第3小法廷の田原睦夫裁判官の反対意
見があった。これによって，時効を肯定した広島高松江支判平19・9・5金法1837号
58頁につき上告不受理の判断をした最3決平19・12・25金法1837号56頁の担当が，田
原睦夫裁判官であったことが推認されるのである。

(6)　連邦行政裁判所とその移転については，拙稿「連邦裁判所の再配置」国際商事31巻
2号（司法の現代化と民法（2004年）414頁にも再録。以下【現代化】と略する）。

(7)　これにつき，拙稿・消費者法ニュース77号63頁。
　　　わがくにでも，旧大日本帝国憲法は，行政事件処理のために行政裁判所を司法裁判
所の外に設けるとともに，法律によって特別裁判所を設けることをも認めていた（大
日本帝国憲法60条，61条）。その結果，陸海軍の軍人・軍属の刑事事件を扱う軍法会
議や皇族間の民事訴訟を管轄する皇室裁判所などが存在した。

(8)　明治5年（1873年）8月3日太政官布告218号による司法省裁判所がその起原であ
る。同8年（1875年）4月14日太政官布告59号（元老院・大審院設置）。木下真弘・
維新旧幕比較論(1877年。1993年・宮地正人校注)41頁，68頁。Cf. Ono, Comparative
Law and the Civil Code of Japan, Hitotsubashi Journal of Law and Politics, vol.
24, p.38；vol.25, p.41, 注[39]. (The court-system was under the control of the Min-
istry of Justice. Taishin'in [The former supreme court until 1947] was established
in 1875 but it was under the substantial influence of Ministry of Justice until
1947. cf. Appendix III).

(9)　戦前の裁判所において，大津事件（1891年）が高く評価されるのは，一般に流布さ
れているように，これを契機として司法権の独立が確立されたからではなく，行政権
の優越に対抗しえた希有な事件であったからであり，司法部のその後の願望の表れと
みることができる。大審院長児島惟謙（1837-1908）の法意識は，人権や司法権の独

立というよりも国権主義にもとづくものであった。行政権への対抗も，むしろ維新時の志士的な気概によるものであり，その後の司法官僚にはみられないものである。また，翌1892年大審院判事の花札（弄花）事件を契機とする政府からの反撃も重要であった（責任をとって辞任）。これ以後，敗戦まで，大審院に対する司法大臣の優越，司法省においても検察の優位が継続した。拙著・大学と法曹養成制度（2001年，以下【大学】と略する）319頁注25参照。

⑽　1871年のドイツ統一後の裁判所の配置については，【現代化】414頁参照。

　　ライヒ大審院の建物は，1888年から1895年にかけて建築された。建築家は，Ludwig Hoffmann と，ノルウェー人の Peter Dybwad であった。

⑾　1871年の統一時のラント（諸邦）は，プロイセンなど，25カ国であり，内訳は，4王国（Königreiche），6大公国（Großherzogtümer），5公国（Herzogtümer），7侯国（Fürstentümer），3自由都市（Freie Städte）。その前の1867年の北ドイツ連邦の加盟国は，プロイセンなど，22カ国で，その連邦参議院の票数は，プロイセンが17票，ザクセンが4票など，合計43票であった（1867年憲法6条）。1871年憲法との票差は，15票であり，その内訳は，バイエルン6，ヴュルテンベルク4，バーデン3の合計13が増加し，かつヘッセンの票が1から3に増加したことによる。最後の修正点は，ザクセンと，南ドイツのバイエルン，ヴュルテンベルク，バーデンの合計17票とプロイセンの17票が形式上釣り合うのに対し，実質的な北ドイツの票を増すためであった。

　　1815年のドイツ連邦では，39カ国（1帝国，5王国，1選帝侯国，7大公国，10公国，11侯国，4自由都市）であった。その後，1866年のプロイセン・オーストリアの戦争で，オーストリア（帝国）が除外され，またいくつかのラントがプロイセンに併合されたのである。

⑿　ライヒ大審院とドイツ統一との関係についても，【現代化】414頁参照。

⒀　さらに，ライヒ大審院は，皇帝とライヒに対する反逆罪(Hoch- und Landesverrat)の初審かつ最終審でもあった。

⒁　積極的契約侵害については，拙稿「不完全履行と積極的契約侵害」【現代化】175頁。

⒂　わが大審院長については，【大学】319頁注25を参照。南部甕男（明29・10・7～39・7・3）が，10年の長きにわたる。横田國臣（明39・7・3～大10・6・13）も，14年にわたるが，多くは2，3年である。

　　昭和以後は，在任期間も短く，比較的小粒な者が多い。官僚的傾向が強まったと位置づけられる。司法に限らず，全般的な傾向の一部でもあり，よくいえば人材が豊富になったということであるが，個性的な者は少ない。

　　アメリカの最高裁長官の在任期間は，長い。1953年からわずかに，4人のみである。しばしば15年以上になる。藤倉皓一郎「アメリカ最高裁の動向」法の支配153号5頁参照。

⒃　Buschmann: 100 Jahre Gründungstag des Reichsgerichts, NJW 1979, S. 1966 ; Kelmmer: Das Reichsgericht in Leipzig, DRiZ 1993, S. 26. Vgl. Schäfer, Das große Sterben im Reichsgericht, DRiZ 1957, 249. 単行本では, Lobe: 50 Jahre Reichsgericht. 1929.

(17) 日本では，戦後の最高裁は，アメリカ式になり，人員も15人に減少したので，大審院裁判官は，退官しないかぎりは，東京高裁事となった。格下げといえ，退官する場合が多かったようであるが，現在考えるほどではない。大審院判事は50人近くもいたので，全国に9か所（札幌，仙台，東京，大阪，名古屋，広島，長崎，京城，台北。高松は戦争中短期だけであった）あった控訴院長のほうが，おそらく格上だったからである。年功からみても，大審院判事には，比較的若い者が任じられていた。

　初期の最高裁判事には，大審院判事の経験者もいるが，岩松三郎は，前職は福岡控訴院長であり，藤田八郎も，大阪控訴院長である。霜山精一も，大審院長の経験者であるが，貴族院の勅選議員が前職である。島保は，大審院部長であった。最高裁の，いわゆる裁判官枠は当初5であったから，ひらの大審院判事が横滑りするうちは，あまりなかったのである。

　ちなみに，大審院判事は1919年（大正8年）から1941年（昭和16年）までが47人，戦争中減員され，1942年（昭和17年）37人，1946年（昭和21年）31人であった。

(18) カールスルーエの連邦〔通常〕裁判所の建物は，旧バーデン大公国の宮殿であるが，連邦憲法裁判所の建物は，ガラスを多用した近代建築である。刑事第5部は，ライプチッヒの Villa Sack にある。刑事部を有する連邦〔通常〕裁判所は，自動小銃をもった警官が立つものものしい警備をしているが，連邦憲法裁判所の方は，よりソフトな雰囲気である。

(19) 区裁判所の家族部（夫婦）と少年部（親子），後見部，相続部は，それぞれ，家庭裁判所（Familiengericht），少年裁判所（Jugendgericht），後見裁判所（Vormund-schaftsgericht），遺産裁判所（Nachlassgericht）と呼ばれるが，独立した組織でなく，略称である。これに対し，労働裁判所は，戦後独立の組織となった。

(20) 【大学】201頁参照。

(21) 多くの OLG にも HP がある。ハムのものは，http://www.olg-hamm.nrw.de/その他のものについては，いちいち掲載しない。

　また，以下の OLG の部数は概算であり，たとえば，民事部が完全に家族部と分離している場合とそうでない場合があり，刑事部にも，罰金部（Bußgeldsachen）を含む場合とそうでない場合がある。また他の部と兼任している場合もあり，必ずしも厳格ではない。人口規模との比較という程度で理解する必要がある。

(22) 再統一後の，所有権返還問題については，拙著・土地法の研究（2003年）11頁以下参照。また，ドイツの登記簿の電子化については，専門家の責任と権能（2000年）255頁参照。債務法現代化については，【現代化】193頁参照。

(23) 以上につき，【現代化】403頁の注(6)参照。

(24) Statistisches Jahrbuch für Bundesrepublik Deutschland, 2007, S. 262.

　なお，法曹の供給源である学生や大学の人的構成は，以下のグラフのとおりである。まず，法律学の学生（2005/06年の冬学期）は，8万2324人（うち女性4万1349人），行政学では，3万9374人である（ちなみに，経営学を含めた広義の経済学では，29万4019人にもなる）。Vgl. Statistisches Jahrbuch für Bundesrepublik Deutschland, 2007,

S. 144-145.
　2005年の教員構成は、教授は1289人（うち女性170人）、講師、助手は411人（うち女性101人）、研究補助者（Mitarbeiter）は、2220人（うち女性921人）、研究協力者（Lehrkräfte）は、41人（うち女性15人）。Statistisches Jahrbuch für Bundesrepublik Deutschland, 2007, S. 149. ほぼ15年前の1991年の数字については、【大学】105頁参照。
　ちなみに、日本との比較では、1996年の統計（文部省・学校基本調査）によると、女性の割合は、大学全体で7.9％で、助手11.9％、講師10.2％、助教授6.8％、教授3.7％であった。
　また、最初のロースクール卒業生からの2008年の判事補採用は、66人、うち女性は25人で、割合は37.9％であった。女性裁判官全体では、539人となり、全裁判官約3400人のうち約15％となった。女性弁護士の割合と女性検事については、第3部1篇4章および注(45)参照。

大学の人的構成における男女の割合・法学部・2005年（人）

	教授	講師1	補者2	助手3	学生	裁判官		日本
女性	170	101	921	15	41349	6424		539
男性	1119	310	1299	26	40975	13971		3400

1　Dozenten und Assitenten（私講師と〔研究〕助手の数字である）
2　Wissenschaftliche und künsterische Mitarbeiter（研究補助者と事務補助者）
3　Lehrkräfte für besondere Aufgaben（この職域は、言語関係の学部では外国人教師などをいうことが多いが、法律関係では、講師、補助者との区別は必ずしも明確ではない）。
　Statistisches Jahrbuch, 2007, S.144f.149, S. 262. による。1991年には、学生では、ほぼ42.4パーセントが女性であり、また、裁判官では、ほぼ19.2パーセントが女性であった。

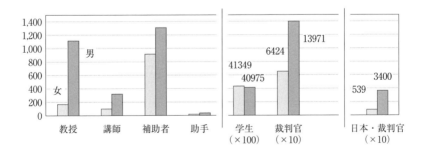

(25)　Vgl.BMJ, 33 neue Bundesrichter gewählt（14. 5 . 2009）.
(26)　BMJ, Rede anlässliche des Wechsels im Amt des Präsidenten des BundesVG（31. 5 . 2007）.

⑵ BMJ, Zypries geht nicht nach Karlsruhe（12. 3 . 2007）.

⑵ これにつき，拙著・契約における自由と拘束（2008年）88頁以下引用の多数のEU
指令を参照。

⑵ 前掲・消費者法ニュース77号63頁。

⑶ Zeitschrift Deutschland, 5/2007, S. 14.
その他のOLGやその長官については，いちいち立ち入らないが，たとえば，ベル
リンのKammergerichtの長官は，Monika Nöhreである。

⑶ BMJ, Neue BGH-Anwältinnen und -Anwälte zugelassen（26. 4 . 2007）.

⑶ BMJ, Zypries empfängt Amtskolleginnen aus Liechtenstein, Österreich und
der Schweiz（18. 5 . 2009）.

第3篇　オーストリア一般民法典(1811年, ABGB)の200年
── 啓蒙と官房学の結合 ──

第1章　オーストリア一般民法典（ABGB）

1　はじめに

　自然法の影響をうけて成立したオーストリア一般民法典（ABGB）は，制定から200年余を経て，いまだに現行法として適用されている。1804年のフランス民法典と並んで，長い命脈を保っている稀有な例である。制定にあたっては，ローマ法，ゲルマン法，自然法の影響をうけ，また，成立後にあっては，19世紀のパンデクテン法学とドイツ民法学の影響をうけた。近時では，EU の一員として，ヨーロッパ共通法の影響をもうけている。他方で，フランス民法典のような世界的な影響力はないものの，東ヨーロッパには，かなりの影響を与えてきた。このような長い歴史をもつことから，種々な思想や概念の交錯には注目するべき点が含まれている。ある意味では，ドイツやフランスの大法典だけではなく，立法時に多数の法典を参照したわが民法典にも似た比較法の産物としての性質をも有しているのである[1]。

　本稿は，オーストリア法に影響を与えた種々の法概念を，立法に関係した人物とその業績の側面から検討しようとするものである。啓蒙主義と官房学の影響の大きいことが特徴であり，またそれが法典をも性格づけている。フランス民法典が啓蒙とフランス革命の所産であり，プロイセン一般ラント法典（ALR）が啓蒙専制君主の産物であるのに対し，ABGB は，啓蒙と官房学の産物である。フランス民法典の制定にあたっては，優れた法実務家の影響が大きく，それが法典の実務性と簡潔性をもたらした。他方，ALR は，実質的には理論家の産物であり，複雑な規定がもたらされている。ABGB が，ひとしく啓蒙専制君主の産物であるにもかかわらず，実務性と簡潔性が付与されているのは，官房学の担い手たる実務家の影響があることによる。

　ABGB の長い歴史にとっては，成立史は，ごく一部にすぎない。成立後の注釈学的解釈を除くと，パンデクテン法学とドイツ民法学の影響が大きい。

それらを特徴づける人物，たとえば，ウンガーやランダ，シェイ，クラング などもいるが，彼らについては，第4篇で扱う。

2　立法過程および成立後の変遷

(1)　(a)　オーストリアにおける民法典の立法作業は，古くは，18世紀のテ レジアヌス法典（Codex Theresianus, 1766年，草案である）やヨーゼフ法典 （Josephinisches Gesetzbuch, 1786年）にまで遡る。1753年に，女帝のマリア・ テレジア（Maria Theresia, 1717-80，位1740-80）が，民法典制定のための委 員会に（Compilationscommission），その準備を委託したことに始まる。当時 は，ローマ法が普通法として適用されていたが，多数の地域特別法が制定さ れたこと，あるいは固有の地域法を有する領域が統合されたことにより，法 の不統一がみられたからである。そこでは，たんに普通法のみを考慮するの ではなく，法律や理性の一般法（allgemeines Recht der Vernunf）を考慮す るものとした。委員会（Azzoni, Zenker による）は，1766年に，上述のテレ ジアヌス法典の草案を作成し，草案は国務院の審議にかけられた。しかし， 法文が膨大であったことから法典化されることはなかった。また，なお残さ れていた過度のローマ法への依存も批判された（Fürsten Kaunitz, 1770）[2]。

11世紀に再発見されたローマ法は，ローマ法の現代的慣用の時代から，全 ヨーロッパ（大陸）において教えられ，ドイツ諸国にも継受された。このい わゆる普通法（Gemeines Recht）は，普遍的な共通法（ius commune）とし て適用されてきたことから，その影響力には無視できないものがあった。狭 義のローマ法（corpus iuris civilis）のほかに，カノン法（corpus iuris canonici） も含まれる。中世の教会は広範な裁判権をもっていたからであり，イタリア の諸大学は両法として，ローマ法とカノン法を教授したのである。また，各 地域には，固有の慣習法があり，普通法に優先したが（中世の条例理論），慣 習法は，それを主張するものが証明しなければならなかったことから，証明 不要なローマ法は，実務上有利だったのである。そして，裁判官が，大学で 教育をうけた者によって占められるようになると，実質的にローマ法は，優 先性を獲得したのである。

これに対し，ALR, ABGB で用いる allgemein はやや異なり，プロイセン 国家やオーストリア国家に共通する法律という意味である。従来の条例理論 とは異なり，ローマ法の補充的適用を認めない点が異なる。その場合の理論

第3篇　オーストリア一般民法典（1811年，ABGB）の200年　　　309

的根拠は，自然法的な理性の産物としての優先性である。共通法としての
common law（equity に対する意味でのものはやや狭義で，裁判管轄の意味であ
り，これと異なる）に近い。さらに，19世紀の ADHBG（普通商法典）の allge-
mein は，また異なり，1815年のドイツ連邦に共通して適用される法典とい
う意味である。こちらは，連邦法とならなくても，連邦構成国が任意に採用
して，全体として統一を目ざすものであるから，アメリカの Uniform law（た
とえば，UCC＝統一商法典）に近い。もっとも，ADHGB は，連邦法として
成立したから，連邦構成国を直接に規律した（債権法のドレスデン草案は連邦
法にはならなかった）。

　(b)　直接に立法作業の先駆となったのは，ホルテン草案（1774年，テレジ
アヌス法典の縮小版）とマルチニの草案（1794年）である。1772年に，新たな
委員会において草案の修正が意図され，この委員会が，テレジアヌス法典を
縮小した草案を作成した。たんなる定理や命題，冗長や重複を避け，簡潔に
された。これがホルテン草案といわれる。しかし，これも法典化されること
はなかった。1786年，マリア・テレジアの子・ヨーゼフ二世（Jopseph II, 1741-
90, 位1765-90, 1765年からは共同統治である。啓蒙専制君主として著名である）
は，ホルテン草案のうち人に関する法を縮小した上，独立の法典として公布
した（1787年施行）。これがヨーゼフ法典といわれる。

　この法典は，5部構成であり，1．法律について，2．臣民の権利，3．
夫婦間の権利について（夫婦財産制を含む），4．両親と子どもの権利につい
て，5．孤児の権利，および自己の行為をなしえない者についてである。内
容的には，ヨーゼフ二世の啓蒙的精神が反映され，未婚の者の間の子も，嫡
出とされた。名称も，現行の民法典と同じく，Allgemeines Bürgerliches Ge-
setzbuch であった。

　(c)　1790年，ヨーゼフ二世の弟，レオポルド二世（Leopoldt II, 位1790-92）
は，マルチニ（Karl Anton von Martini）を長とする新たな委員会を設置し
た。委員会は，ヨーゼフ法典とプロイセンの ALR をも参考にして[3]，1796
年に，一般民法典の草案（マルチニ草案）を作成した。マルチニの下で，自
然法の影響が強まり，たんなる普通法の祖述という法典の性格は根本的に転
換されたのである。しかし，依然としてローマ法の影響は大きかったのであ
る。そして，これは，1797年に，西ガリツィアに試験施行される法典となっ
た（のちガリツィアにも施行）[4]。ALR は純粋の民法典ではなく，フランス民

1900年ごろのオーストリア

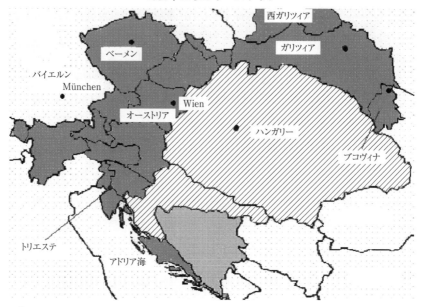

（Vgl. Kinder und Hilgemann, Atlas zur Weltgeschichte, II, S. 58, S. 78 ; Winklemann/Heritage, Atlas der Weltgeschichte, 1997, S. 78 ; Zentner, Der große Bildatlas zur Weltgeschichte, 1982, S. 488 ; Muir's Atlas of Medieval and Modern History, 1982, p.33).

　ガリツィアは，ハンガリーの北側に位置し（東ガリツィア。西ガリツィアは，さらにその北に位置する。ただし，オーストリアに属した期間は短い。1809年までの十数年ほどである)，その東南に位置するのが，ブコヴィナであり，その州都チェルノビッツは，法社会学のエールリッヒで著名である。ベーメンは英語ではボヘミアである。マルチニの生地トリエステは，アドリア海に面している。ドイツ統一をめぐるプロイセンとの戦争で，ベネチアがイタリアに帰属した後は，地中海に抜けるためにオーストリアにとっての重要地点となった。

法典の施行前でもあったことから，この西ガリツィア法典は，ヨーロッパで最初の近代的な民法典となったのである[5]。これは，法の変化が周辺から現れることの一例である。ちなみに，オーストリアでは，暴利禁止法も，ガリツィアから施行された。

　(d)　1798年1月から施行された西ガリツィア法典は，さらにオーストリアの全地域に施行が拡大される予定であったが，すでにフランス革命の時代であった。オーストリアの急進的な啓蒙専制主義は，この時代までであり，その後しだいに反動化した。皇帝フランツ二世（1768-1835，位1792-1806，1806年に，神聖ローマ帝国の解体があったことから，以降はオーストリア皇帝）の意

第3篇　オーストリア一般民法典（1811年，ABGB）の200年　　311

を受け，同じくマルチニの弟子であった Sonnenfels や Zeiller は，西ガリツィア法典の拡大に反対した。法典の前文にあった基本原理は，自然法的な観点から人権を実定法上承認するものであり，危険と考えられたのである。その結果，基本原理の諸規定は，民法典から削除された。

　1801年に，新たな委員会が設置され，西ガリツィア法典に修正が加えられた。原草案（Urentwurf）は，194回の会議（Sitzungen）と3回の読会（Lesungen）を経た（1801年～1806年，1808年改訂，1810年までの再改訂）。マルチニの弟子であるツァイラー（Franz von Zeiller）が，ABGB の起草にあたったことから，自然法のほか，カント哲学の影響が強まった[6]。ツァイラーは，自然法学者 C・ヴォルフの影響下のスアレツと異なり，古い自然法の信奉者ではなく，形式的自由倫理を信じていた。そして，自然法を現実に近づけることが目ざされ，普通法や地域特別法にも目が向けられたのである。その結果，新たな草案には，ローマ法やゲルマン法に由来する規定も多数混在している。こうして，1808年，草案は，ツァイラーの理由書とともにフランツ二世に提出された。戦争やインフレの影響で，公布は遅れたが，一般民法典（ABGB）として，1811年6月1日に，公布され，1812年1月1日からオーストリア帝国のドイツ系の構成国家に適用された。

　のちの1852年と1853年に，適用領域は，全帝国，とくにハンガリーとクラカウにも拡大された（ハンガリーでは1853年から1861年までの数年である）。また，クロアチア，スロヴェニア，ボスニア・ヘルツェゴヴィナに適用され，セルビア，モンテネグロにも影響を与えた。東欧への影響はかなり大きいが，フランス民法典に比較すると，世界的な影響は少ない[7]。

　ABGB の成立後，立法者とくにツァイラーの影響は大きく，詳細なコンメンタールが残されたことから，それに忠実な解釈が行われた（1828年のツァイラーの死亡時まで）。多くの法典と同様，成立直後は，注釈学派の時代である[8]。

　しかし，立法からあまり時を経ずに，1814年には，サヴィニーの「立法と法律学に対するわれわれの時代の使命について」（Vom Beruf unserer Zeit für Gesetzgebung und Rechtswissenschaft）が公表され，歴史法学の時代が到来したのである。もっとも，多民族国家であるオーストリアにとって，民族精神や「民族法典」の理念は困惑をもたらすものにすぎない。ドイツにとっては地域法典にすぎない ABGB が成立してしまっており，バイエルンの民

法典のように地域法として無視するには大きすぎたからである。この時代の重要人物としては，ウンガー（1828–1913）やランダ（Anton Randa, 1834–1914）をあげることができる。

　(2)　(a)　第一次世界大戦後，ハプスブルク帝国は解体されたが，ただちに広範な ABGB の適用がなくなったわけではない。当初，承継国家にも適用され，部分的には拡大さえしたのである。たとえば，1922年には，もとハンガリー領の Burgenland である（オーストリア領になったからである）。また，ポーランド，ユーゴスラヴィア，チェコスロバキアの旧オーストリア領域でも，適用が残された。

　これら諸国において明確にその適用が排されたのは，ずっと遅れて，第二次世界大戦後の1951年のチェコスロバキアや1965年のポーランドの社会主義化による民法によってである。今日では，オーストリアとリヒテンシュタインのみに適用されているが，クロアチアでは，補充的な規定となっている[9]。

　(b)　内容的には，制定後の最初の100年間は，法典そのものの大幅な修正はなく，実質的にはほとんど変更されなかったといってもよい。しかし，1914年から16年の間に，1914年10月12日，1915年7月22日，1916年3月19日の3つの部分改正があり，とくに　1916年の改正は，法典の理念を大幅に変更するものであり，重要なものであった。19世紀のパンデクテン体系への接合が行われたのである。この時代には，ウンガーのほか，シェイ（Schey）がいる[10]。

　商法の領域では，1861年の普通商法典（ADHGB）は，オーストリアを盟主とするドイツ連邦の立法として成立したことから，オーストリアにおいては，1863年に，施行された。普通商法典は，統一されたドイツにおいても施行され，その後新しい商法典が1897年に公布され，ドイツ民法典とともに1900年に施行されるまで適用された（普通商法典はドイツでは廃止）。なお，この普通商法典は，スイス債務法（1881年）の成立にあたっても参照された（Munzinger）。

　普通商法典の特徴は，一般取引法を含むことであったが，その部分はドイツ民法典の総則と売買法に転用されたのである。普通商法典は，第一次世界大戦後，新生のオーストリア共和国でも適用され続けたが，1938年のオーストリア併合によって，ドイツ商法典（HGB）に置き換えられた（1939年から施行。戦後の独立後も HGB が適用された）。これに反し，民法典（ABGB）は，

併合によっても変更されることなく，適用が継続した。これは，ナチスが，ドイツ民法典よりも，ABGBがドイツ的伝統により近いと評価したからである[11]。

（c）ドイツ民法典を批判し，民族法典を確立する目的で発足したナチスのドイツ法アカデミーは，ドイツ民法典を敵視し，Heinrich LangeやHedemannの部会では，ナチス理念による私法の新法典が意図され，1942年には，最初の著作であるDer Volksgenosseが完成した。こうしたドイツ民法典に対する否定的態度とは異なり，ABGBは，リベラルでも個人主義的でもないとして，むしろ民族法典のモデルとされたのである。1938年から1943年にウィーン大学で学部長となったErnst Schönbauer（1885.12.29-1966.5.3，1924年からウィーン大学員外教授，1928年，正教授。1938年に，ドイツ法アカデミー会員，1938年に，積極的なナチス党員。戦後停職となり引退）は，ドイツ法アカデミーの第5回総会において，ABGBの簡潔な用語と明確な文体は，自由な時代の産物ではなく，ABGBは文言上の修正なしに，ナチス的に解釈できることをも主張したのである。そのさいには，立法者意思に関するABGBの解釈指針の規定（6条）がもちだされている（後述第2章1参照）[12]。

この時代の法学上の重要人物としては，Schey（1853.3.16-1938.1.18），Armin Ehrenzweig（1864.12.15-1935.9.29）やKlang（1875.4.15-1954.1.22），やや遅れて，Walter Wilburg（1905.6.22-1991.8.22），Franz Bydlinski（1931.11.20-2011.2.7）などがいる[13]。

（3）戦後の1960年代には，家族法の領域で重要な変更があった。1984年には，禁治産，成年後見法の改正が行われた。近時では，損害賠償法の改革が行われている。

もっとも，かなり重要な改正が，民法典本体ではなく，特別法によって行われることが多い。これは，わがくにと同様であり，たとえば，賃貸借法（Mietrecht），消費者保護法（Konsumentenschutzgesetz），夫婦法（Ehegesetz）などである（後述）[14]。しかし，オーストリアの民事立法の中心が依然としてABGBであることに変わりはない[15]。

（4）ABGBは，ALRとは異なり，すべての法領域ではなく，民法のみを対象とする。商法と手形法を除く私法を中心とする。オーストリアの諸地域の国制上の地位が異なることから，国法や行政法を包含するよちは，当初からなかったからである。1万9000条にもなるALRに比して条文数も少なく，

1502条にすぎない。これは，ドイツ民法典やコード・シヴィルが2000条程度なのに比しても簡潔である。概念的にも明確であるのは，コード・シヴィルの影響である。もっとも，ABGB 14条のように，たんに法典の編別を示すだけの規定もある。「民法典に包含される規定は，人事法，物権法および双方に関わる定めを目的とする」とする。また，質権の450条のように，「法典が質権を認める場合は，本法典の該当箇所および破産事件の箇所にも存在する」というような参照条文もある（603条，1034条3文）。こうした指示規定の存在意義は乏しい。

　また，ABGBの構成は，フランス民法典と同じく，いわゆるインスティテューチオネス方式によっている。前文，序文（1条〜14条，総則である）に続き，（1部）人権，（2部）物権，（3部）人権と物権に共通する部分となっている。このうち，（1部）人権は，人事法というべき部分で，総則と家族法である（15条以下）。また，（2部，285条以下）物権は，パンデクテン体系の物権法（dingliche Rechte，309条以下）と相続法と債務法（persönliche Sachenrechte，859条以下）に大別される。さらに，（3部）共通部分は，総則にあたる（権利義務の確定，変更，消滅，および消滅時効と取得時効，1342条以下）。権利の変更に債権譲渡や債務引受が入り，権利の消滅に弁済などの規定が入ることから，パンデクテンの民法総則とは，まったく様相を異にしている。そして，（2部）物権は，フランス民法典の2編と3編をあわせた格好であり（日本の旧民法の財産編と財産取得編）。財産取得編から時効などの証拠編が分離する点では，旧民法の形態に近いともいえる。

　ABGB, 1811

　Präambel/Promulgationsklausel

　Einleitung：Von den bürgerlichen Gesetzen überhaupt

　1．Teil：Von dem Personenrechte

　2．Teil：Von dem Sachenrechte

　3．Teil：Von den gemeinschaftlichen Bestimmungen der Personen-und Sachenrechte

　対比すると，1804年のフランス民法典も，3部構成である（2002年，2006年改正で，4部の担保 sûretés が3部から分離し，5部の海外領土 Mayotte に適用される法が付加された）。インスティテューチオネス方式であり，酷似している。付加された5部は，40条ほどしかなく，部の間の条文数は，あまり均

衡のとれたものではない。

Code Civil, 1804

De la publication, des effets et de l'application des lois en général

Liv. 1. Des personnes

Liv. 2. Des biens et des différentes modifications de la propriété

Liv. 3. Des différentes manières dont on acquiert la propriété

（Liv. 4. Des sûretés）　　　　　　　　　　　付加部分

（Liv. 5. Des dispositions applicables à Mayotte）　　　付加部分

第2章　ABGB の規定と沿革

ABGB には，その成立にあたって，自然法のほか，ローマ法，古ドイツ法の影響がある。

1　自然法

(1)　法の欠缺に対し，自然法の原則を謳った7条がある(Lückenfüllungsvorschrift)。「法律上の事件が，文言からも，法律の自然的意味からも (aus dem natürlichen Sinne) 決定できないときには，類似の法律に明確に定められた事件によって，かつ，他の類似の法律の理由を考慮しなければならない。法律上の事件がなお不明なときには，注意深く集めかつ十分考慮された事情を，自然的な法原則 (nach den natürlichen Rechtsgrundsätzen) によって決定しなければならない」。このような自然的な法原則は，民法施行法 (Kundmachung des allgemeinen bürgerlichen Gesetzbuches, Kaiserliches Patent vom 1. Juni 1811 JGS 946) 1条にもみられ，私権の享受に関しては，衡平の一般原則 (nach den allgemeinen Grundsätzen der Gerechtigkeit) により解するべきものとする[16]。将来生じる慣習法の効力は否定されているのである (10条，すなわち，慣習は，法律がそれに依拠している場合にのみ考慮される)。また，6条では，法律は，言葉の固有の意味から解釈するものとする。さらに，契約の部でも，その解釈に関する規定があり，契約の解釈にあっては，表現の文字的意味に固執するのではなく，当事者の意図を探求し，誠実な取引の慣行に合致するよう契約を理解しなければならないとされる (914条)。

わがくにでは，私法の一般原則に相当するものは，民法典には明示されず，

解釈に任せられるか，せいぜい個別の具体的条文の当然の前提とされるにすぎない。ABGBで，これに近い原則が明文で謳われるのは，もともと憲法規範をも盛り込んだ沿革にもとづいている。もっとも，フランス民法典でも，法の適用に関する1条，法の不遡及に関する2条，人的な適用に関する3条，裁判官の裁判拒否に関する4条，裁判官の立法的言明の禁止の5条，強行法規に関する6条，私権と公権の分離に関する7条など，必ずしも狭義の民法規範に限られない規定が存在している。自然法的思想には不可欠の前提ともいえる。

ABGB2条でも，「法の不知は許さず」，3条で，法律は公布によって有効性を取得する。8条で，立法者のみが法律を一般的に拘束する方法で宣言することができるとするのも，啓蒙的な思想の一部である。

なお，ABGBには，民法の規定は，人の法，物の法，および双方がかかわる規定を対象とするというような定義的な規定がある（前述14条）。どちらかというと，不可欠のものではない。1条の民法の定義（個人の私権と義務を定める法律が民法であるとする）も同様であり，やや教科書的である。

(2) また，生得の自然法的な権利に関する16条がある。「すべての人は，生得の自然法上の権利を有し，個人として尊重される。奴隷または隷属，および同様の力の行使は，当国では許されない」。

(3) 285条による広い物概念がある。「人により区分されるもの，および人の使用に資するものはすべて，法的な意味における物である」。わがくに（民85条）やドイツ（ド民90条）のように，有体物のみを対象とするのではない。

(4) 所有権の354条によれば，物の本質と使用を自由になしうる権限で，かつ他人を排除できる権利とされる。無体物への所有権概念の拡張は，自然法的である（日本の旧民法財産篇6条参照）。

(5) 契約の成立については，自然法的特徴がある。信頼責任の理論が採用された（Vertrauenstheorie）。ツァイラーの影響の下で，申込の拘束力も再構成され，契約締結を容易にしている。ローマ法的なcontractusとpacta（無方式の裸の合意）の区別や，口頭契約と諾成契約の区別などは廃された[17]。意思が重視されるとともに，意思表示を補充する概念として「黙示の意思表示」が可能とされたのは，実際性に適合するものであった。

自然法的な給付の均衡理論が強いことも特徴であり，フランス民法と同様に（lésion），過大な損害の禁止が定められている（934条以下，この場合に価

値の半分が基準となる。Schadloshaltung wegen Verkürzung über die Hälfte.
将来の財産の贈与の944条も同じ趣旨で，危険負担でいう損傷も価値の半分が基準
となる。1048条）。反面で，片務的な契約では，不明確な場合には，義務者が，
より軽い負担をおうことを望んだとみなされるとされている（915条前段）。
また，双務契約では，不明確な表示は，それを使用した者の不利益に解され
る（同条後段）。これは，衡平と意思の尊重の趣旨でもある。

　売買の危険負担も，自然法的な所有者主義によっている（1048条以下，1064
条）。

　同時履行の関係は，ローマ法に由来するが（1052条1文），先履行義務者の
危険と不安の抗弁は，自然法的な交換関係によるものである（同条2文）。

　⑹　不法行為法でも，ローマ法の訴権ごとの不法行為は，統一的な不法行
為法に統合された。ABGBは，契約法と不法行為法の損害賠償の区別をも
統合している（1295条1項）。

　⑺　弱者保護の社会的思想は，マルチニによる。自然法的な自由や人間の
尊厳にかかわっている。

　730条以下の，単純な近親者の相続権にも自然法の影響が指摘される。「法
定相続人は，配偶者と被相続人の最近親者とする」。

　⑻　その他の諸点は省略する⒅。

2　ローマ法

　⑴　これに対し，ローマ法の伝統に従う規定も多い。立法の委員会には，
Azzoni, Holger, Martini, Zeiller など，ローマ法の学者が多かったからであ
る。自然法は，しばしば普通法の部分的な修正であり，必ずしも全面的な転
換を意味するものではない。ローマ法以来の法の伝統や技術には，普通法に
よる概念が多いからである。ガイウスの法学提要が発見されたのは，1816年
であり，人法，物法と訴訟法（personae, res, actiones）の体系をとっている
が，ほぼ同時代のABGBには，訴訟法の部分は存在しない。他の点では，
上述のように，ABGBの体系も，第1部に人法と家族法，第2部に物権法
と債権法，第3部に総則の3部構成をとっている。

　時効について，パンデクテン方式のドイツ民法典では，消滅時効（Ver-
jährung）は民法総則の問題であるが，取得時効（Ersitzung）は物権法の問
題として，別個に扱われているが，インスティテューティオネス方式のオー

ストリア法では，両者をともに扱っており，この点では，わが法に近い（ABGB 1451条の消滅時効，1452条の取得時効）。

　(2)　ローマ法の素材は，債権法の分野に多いが，物権法にもある。

　有因主義的な引渡主義の物権変動（380条）は，ローマ法の tradio に由来する。物権変動の主義は，自然法上厳しく争われたが，フランス民法典とは異なり，意思主義（Konsensprinzip）によらなかった。立法委員会では，Martini のように意思主義の支持者もいたが，大勢には至らなかったのである[19]。

　(3)　混和による金銭所有権の取得（371条）はローマ法に由来する。

　(4)　役権の多くの規定（472条以下）も，ローマ法的である。

　(5)　消費貸借，使用貸借，寄託契約が要物契約（Realvertrag）とされていること（983条1文，971条，957条）は，ローマ法以来の伝統である。ただし，消費貸借の予約は肯定されている（983条2文）。

　担保責任は，ローマ法と同じく，法定責任であり，瑕疵担保解除（Wandelung）は，一般の解除（Rücktritt，918条）とは区別される（932条）。なお，ドイツの旧法（1900年法の旧325条1項1文）とは異なり，契約の解除は，過失ある不履行による損害の賠償の権利を害さない（921条）。解除と損害賠償の両立を認めているのである。早くに，1916年の一部改正によって認められた。ドイツ法では，ようやく2001年の現代化法によって，両立が認められた（BGB 325条，旧325条1項1文では，損害賠償と解除の選択的行使のみ）[20]。

　現在，この選択的行使の形式を残すのは，スイス債務法107条だけであるが，学説はこれに反対し，判例もこれを修正している。ちなみに，1881年の旧債務法では，旧110条は損害賠償請求権を，また旧122条は解除権を別個に規定していたので，選択的行使の制限はなく，現在の制限は，1911年債務法がドイツ法をモデルとした結果である。

　(6)　債権各論中の契約類型の多くは，ローマ法に由来する。ただし，保険契約（1288条）のような射幸契約（1267条以下）の規定が付加されているのは，近代的な修正である。

　(7)　309条は，所持（dedentio, Innehabung）と占有（possessio, Besitz）の区別をし，物を自分の力で保管している者を所持者（Inhaber）とし，所持人が，物を自己のものとして保持する場合を占有者としている（corpus と animus rem sibi habendi）。所持のほか占有意思を必要とする占有の主観説による。

　(8)　相続の包括承継（相続分）と個別承継（遺言による）の区別は，ロー

マ法に由来する（532条，535条）[21]。

3　古ドイツ法

古ドイツ法に由来する規定もある。たとえば，善意取得の規定であり，Hand wahre Hand の原則に由来する（367条）。また，不動産と動産の区別もこれにあたる。土地登記簿は，ベーメンの登記簿（Landtafeln）に由来している。

さらに，海難時の遺言（旧597条）は，直接には ALR に由来している。保証人の法定の求償権も，ドイツ法由来の規定といわれる。

すでに削除されたが，分割所有権の概念は（Ober- und Nutzungseigentum, 357条），近代的な単一の所有権とは異なる。これは，ゲルマン法の影響をうけたグロサトーレンの産物であり，古典ローマ法にない概念である。

不動産に対する抵当権（Hypothek）と質権（Pfandrecht）の区別は，ローマ法にみられないものである[22]。ローマ法は登記を知らなかったからである。

4　危険負担規定の一部の例

ドイツ民法典の労務契約に関する危険負担規定には，特徴的な点がある。第1に，使用者の受領遅滞中の危険について，第2に，被用者の一身的事由にもとづく危険についての特則があることである（615条，616条）。これらの労務給付の特則によって，双務契約一般についての牽連関係（ド民旧323条1項，現326条1項，日民536条1項相当）は大幅に修正されている[23]。

これらに関しては，ABGB にも，類似の規定がある。1916年に大幅に改正された ABGB は，特則をおいたからである[24]。それもまた，使用者がみずからの側に存する事由によって給付を妨げられたときには，賃金支払請求権は失われないとし（1155条新規定），あるいは，被用者が法定の期間内，疾病もしくは事故によって給付を妨げられても，賃金請求権は失われないと規定するのである（1154b条）[25]。

この ABGB の改正は，普通法学の発展を反映したものであるが，必ずしも ABGB の規定は，その丸写しというわけでもなく，むしろそれを先取りする面があり，部分的には先立ってもいる。そこで，ドイツ法系の立法に共通する性質を見いだすこともできるのである[26]。

ABGB 成立以前の立法であるテレジアヌス法典（1766年）3部12章92条およびホルテン草案（1771年）3部12章97条以下では，労務給付の障害であっ

ても，使用者に過失があれば賃金支払義務は存続するが，偶然による場合には，支払義務はないとされていた[27]。

そして，1794年のマルチニ草案3部8章23条も，基本的には同じ立場をとった。すなわち，労務が妨げられても，使用者は過失に対しては責任をおうが，偶然に対してはおわないとしたのである。1811年の ABGB 1160条も同様である。しかし，マルチニ草案では，被用者は，給付をなすために準備をしていたのにかかわらず使用者に妨げられあるいは時間をむだにされたときには，賃金を請求することができるとした（3部18章18条）。そして，ABGB 1155条旧規定も，給付が準備されていたのにかかわらず，使用者の過失またはその一身的事由によって妨げられたときには，被用者の賃金請求権を認めたのである[28]。

ABGB が使用者の一身的事由にもとづく障害に規定を設けたのは，起草者のツァイラー（Zeiller, 1751-1828）の見解によるものであった。ツアイアラーは自然法的思想の影響をうけた者であるが，イタリア普通法と同じ結論を妥当とみた[29]。つまり，その理解によれば，偶然のうち外的なものだけが，なんらの責任をも使用者に生じさせなかったのである[30]。

第3章　ABGB の立法における人物
── 自然法と官房学 ──

1　マルチニ（Karl Anton von Martini, Freiherr zu Wasserburg, 1726. 8. 15-1800. 8. 7）

(1)　マルチニは，1726年にトリエステで生まれた。父は，宮廷顧問官（Hofrat）であった。アドリア海に面したトリエステ（ヴェネチアとスロベニアの境）は，1382年にハプスブルク家領となり，オーストリア帝国の海への出口となった（Küstenland, 帝国自治都市）。そこで，マルチニは，トリエステ，インスブルック，ウィーンの各大学で，物理，神学，法律学を学び，1753年に，ウィーンで学位をえた。

1754年に，ウィーン大学で教授となり，オーストリアにおける自然法哲学の代表者となった。啓蒙専制君主であるマリア・テレジア（1717-80, 位1740-80）は，その子たちの法学と国家学の教育を委ねた。そこで，レオポルド2世（位1790-92）にも，彼の講義が行われたと推測されている（1761年から

第3篇　オーストリア一般民法典（1811年，ABGB）の200年　　　　321

73年ごろ）。1764年，最高法院（Oberste Justizstelle）の顧問となった。1765年に貴族に列せられた。1771年に，宮廷編纂委員（Kompilationshofkommission）。1774年には，オーストリアとベーメンの政庁（政庁統合は，マリア・テレジア時代の1749年）へ移動し，政治にも携わった。オーストリアの学制改革を実施したことで知られる。教育改革には教師の質の向上が必要との考えから，教育理念の改革や地位の改善を行った。1779年には，最高法院に戻り，1782年に，ヨーゼフ二世（1741-90，位1765-90）の国務顧問となった。そこで，それまで保持していた教授職を弟子のツァイラーに譲り，刑法の改正に着手した。1782年に国務顧問官（Staatsrat）となり，1788年に，現在の最高裁の前身である最高法院の副長官となった。1792年に，最高法院の第2代長官となった。

　摂政当時のレオポルド2世から，司法改革，教育改革や法律改正を委ねられ，重要な法律改正にかかわった。1771年から，民法典の編纂委員会で，準備作業を行った。1790年には，法律委員会（Hofkommission für Gesetzessachen）の長として，弟子のホルテン（Horten）の草案をも参考に，法典の草案を作成した。これが，1798年1月から施行された西ガリツィア法典である。マルチニは，1797年，病気のため引退し，1800年に，ウィーンで亡くなった。

　(2)　法典のほかに，マルチニの学制改革（1791年）によって，大学には，自治と財政的自治による教授活動の自由がもたらされたが，数年を経ずして，1795年には，制約が加えられ，1802年には，まったく廃止された。

　マルチニは，たんなる私法学者というよりは，思想家であり，自然法主義者ではあるが，カトリック的であり，社会契約も支配者への従属を伴うものとする。ヨーゼフ二世の啓蒙絶対主義に理論的根拠を与えたと評される。ABGB の草案に，憲法的規範を加えたことが著名である。思想家の側面が強く出たのであり，これはその後の制定過程で論争を引き起こした。民法の面では，自然法的志向から，契約法や損害賠償法において，一般的原理の抽象化をもたらした。ツァイラーが，ABGB において，個別具体的事例を想定してそれに関する規定をもうけることをしなかったのは，西ガリツィア法典，ひいてはマルチニの影響とされる[31]。不当利得で一般的規定が欠けているのは，ローマ法の影響である。

　主著は，自然法，国法学に関するものであり，今日では，法思想家として知られるにとどまる。著作は多い。以下のほかにも，自然法に関する著作が

ある。

Ordo historiae iuris civilis, 1755, 2. A. 1757, 3. A. 1770, 4. A. 1779, 5. A. 1803

Positiones iuris naturae, 1762.

De lege naturali positiones, 1767.

Positiones de iure civitatis, 1768, 2. A. 1778.

De lege naturali exercitationes sex, 1770, 2. A. 1776.

Lehrbegriff der allgemeinen Rechte, 1771.

Über einige Vorzüge des Naturrechts, 1774.

2 官房学者——ユスティ, ホルテン, ケース

(1) ユスティ (Johan Heinrich Gottlob von Justi, 1717.12.28-1771.7.21) は, ザクセンの収税吏の息子であり, ヴィッテンベルク, イエナ, ランプチッヒの各大学で, 法律学と官房学 (Kameralwissenschaft) を学び, 学位を取得した。プロイセンの補給将校となった後, ザクセン・アイゼナッハの公妃の法律顧問となった。1750年に, ルター派からカトリックに改宗し, ウィーンで新たに設立された貴族アカデミー (Ritterakademie Theresianum) の教授となった。この職は, Sonnenfels の前任にあたり, そこで警察学および官房学を教えた。同時に, オーストリアの宮廷の検閲委員会(Zensur Hofkommission) でも働き, 帝国財務官や鉱山顧問官ともなった。Friedrich Wilhelm von Haugwitz と親しくなり, その行政改革にも影響を与えた。1755年に, ゲッチンゲン大学の教授となった。

国営銀山の採鉱に失敗し解雇され, のちブラウンシュヴァイク選帝侯の鉱山監督官や警察顧問官となった。1757年には, デンマークに招かれた。1760年に, ベルリンに移り, 1766年からは, プロイセンの鉱山監督局長となった。1768年に, 詐欺で訴追され, 1771年に拘禁されたまま, Küstrin で亡くなった。多彩な経歴の持主であり, たんなる学者というよりは, 18世紀のドイツ後期官房学の主導者の1人とされている。

ドイツ官房学は, 1727年にプロイセンの大学で講座が設けられた時に始まるとされるが, 諸ラントの官庁が君主の絶対主義と財政を確立するための政策を論じたものである。後見的行政が人民の福祉の観点と結合されたことに特徴があるが, とくに, 啓蒙の時代にあっては, 殖産工業や重商主義と自然

第3篇　オーストリア一般民法典（1811年，ABGB）の200年　　323

法の基本原則が結合する結果となった。もっとも，自然法の観点は必ずしも
飾りにとどまらず，絶対君主をも拘束する法治国家概念の端緒ともなった。
官房学的な思想は，長くドイツの官吏のみならず裁判官にも維持され，ヘー
ゲルの国家哲学の思想とともに，諸地域の法典や草案，なかんずくドイツ民
法典の制定時に関係した実務家の態度にも反映されている[32]。

　(2)　ホルテン（Johann Bernhard, Horten, 1735-1786. 8 . 13）は，Martini の
弟子で，オーストリアの宮中顧問官となった。オーストリアの宮廷顧問官
（Reichshofrat），1722年に政府顧問官（Regierungsrat）。1769年に，国事顧問
官（Staatsrat-Konzipist），1782年に，下オーストリアの控訴裁判所判事（Appel-
lationsrat）などを歴任した。オーストリア民法典を目ざして，テレジアヌス
法典を縮小した草案を作成したが（1771年），この草案は発効するにはいた
らなかった。その第 1 部（人法）の部分のみが，1787年に，ヨーゼフ法典と
して発効した。その後制定された ABGB の相続法の部分は，ほぼホルテン
草案によっているといわれる[33]。

　ドイツのライヒ大審院判事のホルテン（Anton Hubert Horten, 1838. 3 . 5 -
1903. 10. 23）との関係は，明確ではない。判事のホルテンは，ボンとハイデ
ルベルク大学で学び，1859年に国家試験に合格し任官した。1870年には，検
察官となった。1879年に，ラント裁判官，1882年に高裁判事，1891年に，ラ
イヒ大審院判事となった。在職中の1903年に死亡した[34]。

　(3)　ケース（Franz Georg Ritter von Keeß, 1747. 1 . 11-1799. 8 . 6 ）は，Son-
nenfels の弟子で，1777年から，オーストリアの最高法院の顧問官であった。
父は，裁判所長官（Franz Bernhard）。法律学を学び，1767年に学位をえた。
1770年に，政府顧問官。1774年に，イリリアの宮廷委員会委員。1777年に，
最高裁（Oberste Justizstelle Österreich）の裁判官。1787年から88年のヨーゼ
フ二世の刑法編纂に携わった（Allgemeinen Gesetz über Verbrechen und der-
selben Bestrafung, 1787；Allgemeinen Kriminal-Gerichgtsordnung, 1788である）。
1767年，死刑や拷問の廃止を主張したことで知られる。1786年のヨーゼフ法
典にも，ホルテンとともに関与している。一般裁判所条例のコンメンタール
を執筆した（1789年，未完）。17世紀のケース（Johann Georg Keeß, GND：
133019306）との関係は不明である[35]。著作として，Kommentar über Josephs
des Zweiten allgemeine Gerichtsordnung 1789, Commentarius in codi-
cem civilem Josephi secundi 1789（翻訳）。暴利に関する著作がある。Über

die Aufhebung der Wuchergesetze 1791.

3 ゾンネンフェルス (Joseph Freiherr von Sonnenfels, 1733-1817. 4. 25)

ゾンネンフェルスは，1733年（1734年説もあり），南メーレンのニコルスブルクで生まれた。もとベルリンのユダヤ系の家系であり，オーストリアに移住した後，カトリックに改宗した。祖父は，Rabbiner Berlin，父は Lipman Berlin (Perlin) であり，オリエント語の翻訳者・教師であった。1746年，貴族 (Freiherr von Sonnenfels) の称号をえた。

ゾンネンフェルスは，ウィーンで哲学を学んだが，1749年から1754年まで，軍に勤めた。1754年から，ウィーン大学でマルチニの下で法律学を学び，最高法院の宮廷顧問官 Hartig の下で働いた。同時に，文学にも志しをもち，1758年に，下オーストリアの東洋語の翻訳官となった。1763年，ウィーンの貴族学校で，警察学および官房学 (Polizey- und Kameralwissenschaft) の職をえた。ユスティの後任である。Grundsätze der Polizeiwissenschaft, 1765, Grundsätze der Handlungswissenschaft, 1769は，この時期の産物である。官房学の科目は，当時すでに官吏に必須の学問となっていった。ゾンネンフェルスは，死刑や拷問の廃止を主張し，1776年には，領主による支配地での拷問は禁止された。ウィーン市域の公的な街燈（石油ランプによる）は，彼の主張によるものであり，これはヨーロッパでも最初のものであった。1779年に，宮廷顧問官の称号をえた。

教授の自由，義務教育，教育への教会の関与の否定を主張し，ヨーゼフ二世の下で，1786年の教育改革に影響を与えた。さらに，同皇帝の事務文書官に就任し，法令文書の修正事務を通じて，新たに制定される法律に影響を与えた。レオポルト二世とフランツ二世（1768-1835，神聖ローマ皇帝位は1792-1806，オーストリア皇帝位は1804-35）の下でも，文書官であり，1791年には，レオポルト二世の下で政治関係の法律収集委員会の顧問となった。

ゾンネンフェルスは，マルチニの定めた ABGB の憲法的規範を民法の序文的記述に書き改めたが，ツァイラーは，これをまったく削除した。また，ゾンネンフェルスは，高等教育の課程については，1784年に法学の教授となった後，政治学を法学の履修規定に包含する規定を作成したが，この点も，ツァイラーによって，法学の履修規定は実定法科目だけに限定された。

ゾンネンフェルスは，1804年に，シュテファン勲章をうけ，1806年にウィー

ン名誉市民となった。ウィーンのエリザベート橋の基底には，彼に対する記念碑がある。1817年，ウィーンで亡くなった。多才であり，学問的著作のほかに，風刺啓蒙雑誌の編集をしたり，演劇の批評もした[36]。

警察学や国法学の業績が多いが，官僚を養成するための講義のためのテキストが多いのが特徴である（上述の著作をまとめた形式の著作もある）。財政学や暴利に関する以下のものも注目される。

Grundsätze der Finanzwissenschaft, 1776.

Über Wucher und Wuchergesetze, 1789.

4　ツァイラー(Franz Anton Felix Edler von Zeiller, 1751. 1. 14-1828. 8. 23)

ツァイラーは，1751年，グラーツで生まれた。グラーツ大学で哲学を学び，学位を取得した。ウィーン大学では，法律学を学び，マルチニの弟子となった。1778年に法学の学位をえて，自然法とローマ法の員外教授となった。1782年に，マルチニの後継として正教授となった。まだ，29歳であった。フランツ二世（位1792-1806）の弟（Karl, Johan）の教育に従事した。1794年に，顧問官，1795年に上級裁判所判事，1797年に，宮廷委員会の委員となった。Gesetzbuch über Verbrechen und schwere Polizeiübertretungen, 1803は，西ガリツィア法典の編纂の成果といわれる。1801年から，オーストリア民法典の編纂に携わり，1802年，Natürliches Privatrecht を執筆し，編纂の準備に影響を与えた。1803年，1807年に，ウィーン大学の学長となった。1808年に，宮廷の学務委員会の委員として，大学の履修規定を作成した。同規定は，1810年に実行され，1855年の学制改革まで存続した。同規定によって，実定法の優先，ローマ法と教会法の授業の縮小が行われた。

1811年に，ABGB が成立すると（Franz Iの時代であった），1811年から13年にかけて，そのコンメンタールを執筆した。ABGB は，素材の上では，マルチニの西ガリツィア法典にもとづくが，内容面では，カント哲学による修正が行われている。すでに，後期自然法の時代であり，自然法のオーストリアへの適合が行われた。ただし，カントよりも人と物の区別を徹底し，人間の尊厳を強調した結果，夫婦相互と，親の子に対する物的な人格権，支配権を否定した。ALR と異なり，裁判官の法形成の可能性が認められている。現在の民法典が備えている私法の基本原則は，同法典によって明文化された。すべての人の法的な平等性，男女の平等，内外国人の平等などである。夫婦

の別産制も認められた。婚姻締結の倫理的意味を重視する点は，生殖を重視するカントとは異なる[37]。

前述したように，ツァイラーは，マルチニやゾンネンフェルスとは異なり，ABGB に，憲法的な規範や序文をおくことを否定した。これによって，民法典は，今日まで命脈を保つことになったのである。ただし，このことによって，民法典と他の特別法との相違はなくなり，基本法規としての性格は薄れた。フランス民法典と同様に，簡潔・明瞭な文体が特徴であり，ALR のような規定の重複もないことから，法文の数は，ほぼ1500条におさえられたのである。

なお，法的人格に関する ABGB 16条では，すべての人（Mensch）は，理性により理解される生得の権利を有し，個人（Person）として尊重される旨を規定した。一般条項であることから，憲法の人権規定をも民法的問題に適用するために用いることを可能にしている。憲法規範の民法典への導入が後退したとはいえ，民法典の基本法規との関連づけがみられる点は，ABGBの特徴として残されている[38]。

業績は多いので，いちいち立ち入りえない。Abhandlung über die Principien des allgemeinen bürgerlichen Gesetzbuches, 1816/20のみを挙げておく（Neud. 1986）。

5　トゥーンとウンガー（Josef Unger, 1828. 7. 2–1913. 5. 2）

（1）　ドイツ法学によるオーストリア法の修正は，1849年から1860年にかけて，オーストリアの文化教育相をした Leo Graf Thun-Hohenstein の政策によって加速された。理念を異にする法の継受には，こうした政策的な要素も必要であろう。

ただし，導入の動機は必ずしも学問的・あるいは新しいものではなく，彼は，革命的な精神を自然法思想に由来するものとし，これに対抗するために歴史法学の成果を積極的にとり入れようとしたのである。1855年に行われた法曹教育の改革は，それを可能とした。高等教育における勉学期間は3分され，まず第1期には歴史的な科目が配置され，ABGB は，第2期にようやく登場したのである。そして，この構想は，彼が，ウィーン大学の司書兼私講師であったウンガーを見いだしたことにより，完成される。トゥーンの意向で，ウンガーは，まずプラハ大学の員外教授となり，プラハにおける1853

第3篇　オーストリア一般民法典（1811年，ABGB）の200年　　327

年の就任演説では，注釈学派に反対し，歴史法学によるオーストリア法の刷新を主張している。ウンガーは，短期間そこにとどまったのみで，1855年にウィーン大学に戻った後のことはよく知られている[39]。

　(2)　トゥーン（Leopold Graf von Thun und Hohenstein, 1811. 4. 7-1888. 12. 17）は，1811年，ベーメンの Tetschen で生まれた。同地は，ベルリンとプラハの中間にあり，ドイツ人の居住地域であった。彼の家族は，南チロルから17世紀にベーメンに来た家系であった。1827年から1831年，プラハのドイツ大学で法律学を学び（かたわら音楽も学んだ），1835年まで，イギリスやフランスなど外国を含む多くの旅行を行った。この間，刑務所に関する研究を行い，1836年に，刑務所改革に関する著作を出した（Die Nothwendigkeit der moralischen Reform der Gefängnisse mit Hinweisung auf die zur Einführung derselben in einigen Ländern getroffenen Maßregeln beleuchtet）。

　1836年，実務研修を行った後，ベーメンの政庁やプラハの刑事裁判所に勤め，さらに，宮廷の官房（Vereinigte Hofkanzlei）にも勤務した。1837年，事故のため右の聴覚を失った。1845年に，下オーストリアのラント政府の秘書官，1848年に，ベーメンの政庁の長官，1849年に，オーストリアの文化教育相となった。Franz Serafin Exner（1802. 8. 28-1853. 6. 21）[40]の提案にもとづきオーストリアの教育システムの改革を行った。Exner の草案（Entwurf der Grundzüge der Reform des öffentlichen Unterrichts）は，1848年7月18日に公表されていた。おもなものは，オーストリアの大学への自治の導入，ウィーンの学術アカデミーの創設などである。政策には，ドイツ各地の著名学者の招聘も含まれていた（文献学者の Georg Curtius, Hermann Bonitz, 生理学者の Ernst Brücke など）。トゥーンの政策は，大学では，寛容を旨とし，プロテスタントとユダヤ教の者にも教授資格を認め，外国人の教授をも積極的に招聘したのである。プロテスタントであるイェーリングも，1868年に，ウィーン大学教授となった[41]。古くは，公法学者のシュタインが，1855年に，ウィーン大学教授となっている。

　1861年以降は，オーストリア貴族院の世襲議員となり，カトリック会派の支持者でもあった。宗教的には，カトリック保守主義に属したが，政治的には，オーストリア帝国内の分権主義や地域の自治を支持した。教育政策と一脈通じるところがあるが，必ずしも成功しなかった。ベーメンのラント議会の議員となり，チェコ人の自治権拡大の運動にも加わっている。著述家とし

ても著名であり（多数になるので，立ち入りえない），1865年以降は，雑誌（Das Vaterland）の出版に携わった。1888年，ウィーンで亡くなった[42]。

（3）ウンガーについては，すでにふれたことがある。本稿では，19世紀を通じて行われたABGBのパンデクテン解釈の結果，1916年に，民法典が大幅に改正されたことにのみふれておこう[43]。

（4）他方，オーストリアには，法曹社会主義者のA・メンガー（Anton Menger, 1841. 9. 12-1906. 2. 6）がおり，そのドイツ民法典第一草案批判は，ギールケのそれ（Gierke, Der Entwurf eines bürgerlichen Gesetzbuchs und das deutsche Recht, 1889; Die sozial Aufgabe des Privatrechts, 1889）とともに著名である（A.Menger, Das Bürgerliche Recht und die besitzlosen Volksklassen. Eine Kritik des Entwurfs eines Bürgerlichen Gesetzbuches für das Deutsche Reich, 1890. 前注(5)参照）。方向性は異なるものの，こうしたパンデクテン法学に対する覚めた観点は，従来の官房学的観点とも共通している。官房学者は，技術としてはパンデクテン法学をモデルとしたが，その思想は受け継がなかったからである。また，近時のウィーン学派（Mayer-Maly, Bydlinski など）の給付の均衡性を重視する考え方にも，オーストリア法独自の観点が残されている。

6　オフナー（Julius Ofner, 1845. 8. 20-1924. 9. 26）

オフナーは，1845年に，ベーメンの Horschenz で生まれた。父は，ユダヤ系の，商売もする農民であった。1863年から，プラハ大学，ウィーン大学で，法律学を学んだ。ウィーン時代の師は，Lorenz v. Stein, Josef Unger, Julius Glaser である。1869年に学位をえて，1877年から弁護士となった。オーストリアのユダヤ人解放は，1866年であり（ハンガリーで1867年，ガリツィアで1868年であり，ドイツに先駆ける（1871年，ビスマルク憲法）[44]。多民族国家であったオーストリアは，その後も（併合期を除き，ほぼ今日にいたるまで）比較的寛容な政策を続けた。

オフナーは，1896年に，下オーストリア・ラント議会の議員となった（自由ドイツ民主党）。彼は，ABGBの改革や，児童労働，休日労働の禁止などの労働法の改革，刑法の改革に携わった。これらの改革は，非公式にLex Ofner と称された。1913年には，社会民主党の推薦で，オーストリアの最高裁の判事となった。

第3篇　オーストリア一般民法典（1811年，ABGB）の200年　　　329

　1901年から1918年には，帝国議会議員となった。当初は，政党に属さず，
1913年から，ドイツ民主党に属し，1917年には，ドイツ自由党に属した。1918
年には，国民会議の地域議員となり，1919年に，民主党を結成した。ウィー
ンの弁護士会の副会長となり，1918/19年に，暫定議会議員，1919年に，憲
法裁判所裁判官となった。生涯独身であり，1924年，ウィーンで亡くなった。
その墓は，ウィーンの中央墓地にある[45]。

　労働法に関する著作 Das Recht auf Arbeit, 1885のほかの業績がある。
他の著作に，Der Servitutenbegriff nach römischem und österreichischem
Recht, 1884；Der Grundgedanke des Weltrechts, 1889；Studien sozialer
Jurisprudenz, 1894；Das soziale Rechtsdenken, 1923がある。法哲学の著
作もあり，法の目的を個人の発展の保障としている。法と社会の密接な関係
に注目し，法律が社会の変化に続くべきこと，および法律学が社会的な法の
形成に寄与するべきことを主張した。

　今日では，以下の ABGB の制定資料で著名である。これは，ABGB の起
草資料であり，草案のほか，審議録を整理したものであり，今日 ABGB の
起草を検討するさいに不可欠のまとまった文献となっている。BGB のムグ
ダンの立法資料にも比肩するものであり，復刻もされている。こうしたユダ
ヤ系法学者の資料編纂への貢献は，思想の体系化の傾向に合致したものであ
る。

Der Ur-Entwurf und die Berathungs-Protokolle des Österreichischen
Allgemeinen Bürgerlichen Gesetzbuches. 2 Bde, 1889.

　また，オーストリア法の改革を目ざした19世紀末の作業については，以下
がある[46]。

Die Revision des allgemeinen bürgerlichen Gesetzbuches, 1907.

第4章　むすび，ABGB とヨーロッパ法

1　パンデクテン法学とドイツ民法学の影響

（1）　1916年の改正により追加された規定が，パンデクテン法学やドイツ民
法典に依拠していることはいうまでもない。多数あるので，ここでは，その
一部につき言及するにとどめる。また，ドイツ民法典を引用する場合には，
その細部にわたる説明は不要であろう。

(a) 43条の名前の保護（Schutz des Namens）に関する法律は、ドイツ民法典12条に由来する。ただし、人格権の保護は、立法というよりは、判例法の進展によるところが大きい[47]。

(b) 暴利についての879条2項4号は、ドイツ民法典138条2項をモデルとする。表現もほとんど同一である。無経験等に乗じて、不均衡な給付の約束をさせた場合の無効に関するものである。ただし、主観的要件は、より細かい（Leichtsinn, die Zwangslage, Verstandesschwäche, Unerfahrenheit oder Gemütsaufregung, ドイツ民法典では, Zwangslage, der Unerfahrenheit, des Mangels an Urteilsvermögen oder der erheblichen Willensschwäche である。制定時の1900年法では, Notlage, des Leichtsinn oder Unerfahrenheit である）。

(c) 留置権に関する471条（Retentionsrecht）は、ドイツ民法典273条2項による。

469条、469a条、1446条の所有者抵当の規定も、ドイツ法的なものである[48]。

第2部後半の人的物権（すなわち、債権の部）の最初の章は、もともとのタイトル「契約について」（17章以下）であったが、現在の「契約と法律行為について」に改められた（859条以下）。同時に、多くの契約の総論的な規定が変更された。さらに、懸賞広告に関する860条、860a条、860b条もおかれた。後者は、ドイツ民法典657条以下がモデルである。

(d) 不能契約と不法契約では、879条1項があり、ドイツ民法典134条、138条がモデルである。879条2項4号は、ドイツ民法典134条2項を採用した。

(e) 880a条、881条、882条は、第三者のためにする契約であり、追加規定である。

(f) 損害賠償法においても、1295条2項は、ドイツ民法典826条、879条やドイツ民法典226条のシカーネの禁止に由来する規定を置いている。

(g) 1313a条は、ドイツ民法典278条の履行補助者をモデルとして規定された。

(h) 不法行為でも、工作物責任（1319条）、動物への責任（1320条）などの中間責任のモデルはドイツ法である。誘惑（Verführung, 1328条）、名誉毀損（Ehrenbeleidigung, 1330条）も部分的には同様である[49]。金銭債権の支払の遅滞は、法定利息により賠償されるが（1333条1項）、事業者間の債権では、基礎利率に8％をプラスしたものとされている（同条2項）。これは、2006年の商法改正との関係によるものである。

第3篇　オーストリア一般民法典（1811年，ABGB）の200年　　331

ただし，個別の修正にもかかわらず，システム的な変更はあまり行われておらず，制度の中には，本質的に維持されているものもある。債務不履行，不法行為の統一概念がそれである。この点では，日本法にも類似した状況がみられるのである[50]。不当利得は，統一されていない（1431条 Condictio causa data causa non secuta，後述(2)参照）。

（i）　イミッシオーン法の364条，364a 条，364b 条は，ドイツ民法典906条，907条，909条に由来する（Abwässer, Rauch, Gase, Wärme, Geruch, Geräusch, Erschütterung und ähnliche）。

（j）　ほかにも，以下の条文には，影響があるとされる。

1435条「真正の債務として譲渡された物でも，それを保持する法的な理由が消滅したときには，譲渡者は，受領者に返還しなければならない」。これは，行為の目的が消滅した場合の規定である。理由の消滅（Wegfall des Grundes, causa finita）あるいは期待された効果の不発生（Nichteintritt des erwarteten Erfolgs, causa data causa non secuta）による不当利得を認めたものである。通常の夫婦の義務を超えてされた給付については，夫婦の間でも適用される[51]。

877条「契約の破棄を合意の瑕疵にもとづいて請求する者は，当該の契約から利益をえたものをすべて返還しなければならない」。本条は，すべての無効な契約に適用される。そこで，行為無能力のために無効な契約にも適用されるが，本条の請求権の内容と範囲は，一般的な不当利得法に従うものとされる[52]。

1041条「事務管理なしに物が他人の利用に用いられたときには，所有者は，それを原状に回復するか，それができないときには，利用の時に有した価値を請求できる。利用が結果的に失敗したときも同様とする」。ここでいう物の概念は広く，有体物だけでなく，債権でも氏名権，労働の給付，無体財産権でもかまわないとされている（actio de in rem verso）。そこで，所有者とは，本来，権利の利益が帰属するべき者を指している[53]。

1174条「(1)故意に不能または不法な行為の実現のために与えたものは，返還請求することはできない。それを国庫に没収できる範囲は，公法の規定による。行為を求める者の不法行為を阻止するために与えられたものは，返還請求できる。

(2)禁じられた賭博の目的で行われた貸借は，返還請求できない」。これは，

不法原因給付と，賭博の禁止の規定である。禁じられた賭博に関するリスト
は，特別法にみられる（Glückspielverordnung 1933, BGBl 6)[54]。

　(2)　オーストリア法には，一般的な不当利得法の規定がないことから，債
務不存在の場合の支払に関する1431条以下，前述の1041条の解釈によって一
般原則を認めたものとされている。1431条では「錯誤により，給付者に対す
る権利がないのに，物または行為の給付が行われたときには，原則として，
第1の場合には物を返還請求し，第2の場合にはなした利用に相当する報酬
を請求できる」[55]。また，1435条は，物の返還に限定されるが，給付利得の
規定といえる。「正当な債務として付与された物も，それを保持する法律上
の原因が失われたときには，付与者は受領者に対し返還請求できる」。

　給付利得とその他の利得（durch die Leistung eines anderen oder in sonsti-
ger Weise）の区別は，ウィルブルクとケメラーに由来するものであるが[56]，
その基礎になったのは，むしろドイツ民法典812条1項前段の規定である
（Herausgabeanspruch）。「他人の給付によって，またはその他の方法でその
者の費用で，法的な理由なしに取得した者は，その返還を義務づけられる」。
オーストリア法にみられる目的不到達（der mit einer Leistung nach dem In-
halt des Rechtsgeschäfts bezweckte Erfolg nicht eintritt）は，その後段にみ
られるだけである。

　また，ドイツ法の影響は，完全には貫かれておらず（時間的にはBGBの方
が新しいことから），たとえば，ABGBの委任法は，ラーバントによる代理と
その基礎の契約との区別を知らず[57]，授権契約として統一的に規定している
（1002条, Bevollmächtigungsvertrag）。「委任された行為を他人の名ですること
を引き受ける契約は，授権契約という」。また，ドイツ民法のような使用
賃貸借（Miet）と用益賃貸借（Pacht）との区別をしていない（1090条以下,
Bestandesvertrag）。

　(3)　ABGBの多数の改正にもかかわらず，その精神と生命力については，
評価があり，これは，1910年代の改正の時期も，戦後の改正の時期でも変わ
らない[58]。

　もっとも，比較的若い世代では，ABGBの全面改正を求める見解もある。
現代の経済や社会に合致しない部分が多く，いちじるしい欠陥を有するとす
る。たとえば，消費貸借における要物契約性（Realvertrag）である（983条,
代替物の引渡＝Übergabeを必要とする）。取引においては，信用開設契約の合

第3篇　オーストリア一般民法典（1811年，ABGB）の200年　　　333

意によって修正されている（Krediteröffnungsvertrag）[59]。フランス民法典と並んで，200年の命脈を保つ立法の動向には興味のあるところである。

2　特別法による修正

(1)　近時の大きな改正としては，1979年の消費者保護法（Konsumentenschutzgesetz v. 8. 3. 1979, BGBl 1979/140, ほぼ毎年のように改正がある），1981年の賃貸借法（Mietrechtsgesetz v. 12. 11. 1981, BGBl 1981/520），住居法（Wohnungseigentumsgesetz, BGBl I 2002/70），共同住宅法（Wohnungsgemeinnützigkeitsgesetz v. 8. 3. 1979, BGBl 1979/139）などがある。2006年の医療法（Patientenverfügungsgesetz, BGBl I 2006/55）は，ドイツ民法典に先立つものである。ドイツ民法では，2013年の改正で，ようやく630a条以下のBehandlungsvertrag（BGBl.I. S. 277）が追加された[60]。

(2)　2005年には，商法（これは前述のHGBである）の企業法（UGB, Unternehmensgesetzbuch）への大幅な改正があり，その関係で，ABGBの法律行為と契約法の部分も改正された（905-906b条，1019条，1029条2項，1063a条，1063b条，1082条，1333条，1335条，1336条など。永小作権と永小作料に関する1122-1150条は削除された。Erbpacht, Erbzin）[61]。商法の現代化とともに，旧商法にあった「商人」概念は，「事業者」に修正された。事業者概念は，ドイツ民法典ではすでに採用されているが，ABGBでは，なお限定的であり，消費者保護法上のものである（Konsumentenschutzgesetz, BGBl 1979/140）。

(3)　戦後の家族法の変遷については，立ち入らない。簡単には，1975年の男女同権法，1978年の配偶者相続法，夫婦財産法，離婚法の改正などである。夫婦の氏については，2013年法により，複合姓の設定が可能となった[62]。旧法では，姓の選択について合意ができないときには，夫の姓によるものとされていたところである。

2009年に，パクト法がある（Ehepakte, Familienrechts-Änderungsgesetz）。これは，ドイツのパートナー法に対応するものである。また，従来，持参金，婚資など多様な言葉で述べられていたものが（Heiratsgut, Widerlage, Morgengabe），「婚姻のしたく」（Ausstattung）として統一された[63]。

(4)　なお，オーストリアの暴利禁止法は，古い伝統を有する。前述の879条2項4号（ド民138条2項相当），1000条（法定利率）のほか，1351条の規定がある。「正当に成立しないかすでに廃棄された義務は，引き受けることも

追完する（bekräftigt）こともできない」。

　古くに，1877年には，辺境であるガリツィアとブコヴィナでは，「信用供与にさいして不当な〔優越的地位を利用すること〕に対する救済法」が制定され，1881年には，それが全オーストリアに適用されることになった。暴利行為の禁止を新たに復活させたものである[64]。ここでも，ガリツィアは，オーストリアに先鞭をつけたのである。

　さらに，第一次世界大戦の勃発した1914年には，暴利禁止法が制定された[65]。この1914年法は，ABGB 879条を修正して[66]，以下のように規定した。第一条　「他人の軽率・窮迫・心神耗弱・未経験または心神の不安に乗じて，自分または第三者に対して，自分の給付に比していちじるしく不均衡な財産的価値を有する反対給付を，給付と交換することを約束させ，または与えさせた場合には，その契約は無効とする。」

　この1914年法を再度確認する趣旨で，1949年に同旨の暴利禁止法（暴利に関する1914年10月12日皇帝勅令を再告示するための1949年11月10日連邦政府通告）が出されている[67]。この暴利禁止法（Wuchergesetz 1949 BGBl 271）。は，879条2項4号の前身であり，かつ同文の規定である。

　その後，1979年には，第7条に2項が追加され，消費者保護を趣旨とする規定がおかれた（1979, 3, 8 BGBl 40）。すなわち，信用の供与や延長が本法によって無効とされる場合に，債務者は，受領から返済までの期間，オーストリア中央銀行の定める契約締結時の公定歩合（Diskontzinsfuß, §48 Abs. 2 des Nationalbankgesetzes 1984）の2倍の利率で，受領した額に利息を付すればたりる。もっとも，契約によりもっと低額の定めがある場合はこの限りではない（第1文）。また，債務者は，返還につき，契約で予定した支払期間を主張することができる（第2文）。さらに，債務者に，一定の要件のもとでより有利な権利を認める規定は変更されない，とされている（第3文）。

3　ABGBの修正とヨーロッパ法

　(1)　ABGBの問題としては，体系の古いこと（これは，インスティテューティオニスの体系がとられていることをいう），用語や概念の古いこと，内容上の欠缺が指摘される[68]。オーストリア法に特有の用語や古い言い回しもみられる。また，200年の間に，削除と追加が繰り返されたことから，子番号の条文が多く（たとえば，§1159a, §1159b, §1159c のような規定である），見

第3篇 オーストリア一般民法典 (1811年, ABGB) の200年   335

づらい点も問題であろう。フランス民法典では，削除された条文に，まった
く無関係の条文を入れることが比較的多く行われるが，オーストリア法は，
この点は比較的抑制的である。UCC のような孫番号の方法もあるが，必ず
しも見やすいものではない。

　19世紀は，圧倒的にパンデクテン法学の成果が，ABGB の修正の方向で
あり，1900年以降，20世紀の末までは，ドイツ民法典がモデルであった。

　(2)　しかし，近時では，国際的な統一法がモデルとされることが多い。た
とえば，国連の売買法条約 (CISG, Convention on Contracts for the Interna-
tional Sale of Good) である。もっとも，国際的な法統一は，法の分野のご
く一部にすぎない。しかし，オーストリアは，第一次世界大戦後は小国であ
り，またドイツ統一から除外された歴史から，わがくにの国際取引がすべて
海外との遠隔取引であるのとは同列にはあつかえない。ドイツとの取引も，
広義では国際取引となるからである。オーストリアに限らず，狭いヨーロッ
パ域内の取引で国内取引と国際取引を分けることは，あまり実際的ではない
のである。逆に，日本では，あえて共通化する意味は乏しい（ときには害に
なることもある）。

　DCFR（ヨーロッパ私法共通参照枠, Draft Common Franme of Reference），
PECL（ヨーロッパ契約法原則 Lando）のような，ヨーロッパ法的な法統一を
目ざした動きのほか，国内的な契約法の改正委員会も立ち上がっている[69]。

　また，他の EU 加盟国と同様に，EU 指令にもとづく多数の立法が行われ
ている。早くに，製造物責任 (Produkthaftungsgesetz v. 21.1.1988, BGBl 1988/
99) や旅行法 (Pauschalreise-Richtlinie, 90/314/EWG v. 1990. 6. 13, ABl. 1990
L 158/59) の制定がある。これらは，EU 指令にもとづくものであり，ヨー
ロッパに共通の内容を有する。消費物売買に関する Richtlinie 1999/44/EG
des Europäischen Parlaments und des Rates v.1999. 5. 25は，ドイツ民法
典の2002年改正（債務法現代化法）の契機となったものであるが，ABGB 法
の改正にも貢献している（922条から933b 条の改正，発効したのは，2002年であ
る）[70]。EU 指令による国内法への影響が拡大してからは，各国の議会は，そ
の下請けの観をなしている。

　前述の2005年の商法典の部分改正のさいには，CISG の38条，39条の欠陥
の検査，通知義務が考慮された[71]。

　(3)　逆に，ABGB の多様性は，日本法とも共通する。その比較法的な多

様性は，ヨーロッパ法のような統一法を形成する上には，参照に値するものであろう。また，ヨーロッパ法が，ローマ法と自然法，歴史法学の多様な成果を基盤にするものであり，法典の成立にあたっては，つねに歴史を配慮するべきこと，一過性の技術や流行のみに流されない思想を汲み取ることができる[72]。

(1) Hozumi, The New Japanese Civil Code, as material for the Study of Comparative Jurisprudence, 1904, p.11 ; cf. Ono, Comparative Law and the Civil Code of Japan (2), Hitotsubashi Journal of Law and Politics, vol.25 (1997), p.29.
　　なお，2011年前後，ABGB の200周年を祝賀するシンポジウムや論文集が多く公にされた。とくに注目できるのは以下の3点である。
　　① Fischer-Czermak, Hopf, Kathrein, Schauer（hrsg），Festschrift 200 Jahre ABGB, 2.Bde. 2011.
　　② Fischer-Czermak, Hopf, Schauer（hrsg），Das ABGB auf dem Weg in das 3. Jahrtausend-Reformbedarf und Reform, 2003.
　　③ Fischer-Czermak, Hopf, Kathrein, Schauer（hrsg），ABGB 2011-Chancen und Möglichkeiten einer Zivilrechtsreform, 2008.
　　以下，Fischer-Czermak ①，②，③で引用する。③は，2007年に行われた記念シンポジウムの記録である。基調講演 Rainer, Vom Beruf unserer Zeit zur Kodifikation は，1814年のサヴィニーの論文をもじって，EU 内の私法の調和と統一を説くものであるが，あたかも EU 諸国の法分裂をもって，かつてのラントの法分裂を彷彿させるものである。
(2) 以下の立法史については，Kodek, 200 Jahre Allgemeines Bürgerliches Gesetzbuch-das ABGB im Wandel der Zeit, ÖJZ 2011, 490 ; Gschnitzer, Allgemeiner Teil des bürgerlichen Rechts, 2. Aufl., 1992, S. 15（Engel, Markl, Oberhofer, Schopper, Villotti, Mänhardt）; Posch, Das zweihundetjährige ABGB und das Europäische Vertragsrecht, ZEuP 2010, 40 ; Weiß, Hundertvierzig Jahre ABGB, JBl 1951, 249 ; Gschnitzer, Hundertfünfzig Jahre ABGB, JBl 1962, 405 ; Barta, Zivilrecht, Teil 1., Grundriss und Einführung in das Rechtsdenken, 2004, S. 25ff.; Wieacker, Privatrechtsgeschichte der Neuzeit, 1967, S. 335. ヴィアッカー・近世私法史（鈴木禄弥訳・1961年）422頁, Zweigert/ Kötz, Einführung in die Rechtsvergleichung auf dem Gebiete des Privatrechts, 3. Aufl., 1996, S. 156（§12 ABGB). ツヴァイゲルト・ケッツ・比較法原論上（1974年）293頁。五十嵐清「オーストリア民法典の200年」札幌法学25巻2号など参照。
　　Gschnitzer, Nachruf auf Josef Schey, JBl 1938, 69によれば，ABGB は，5つの時期に分類される。①1798-1828の立法前後の時期，②1828-1858の注釈の時期，③1858-1888は Unger などによる転回の時期，④1880-1918は，それが立法に反映される時期

第3篇　オーストリア一般民法典（1811年，ABGB）の200年　　　337

である。⑤1918-1938は，第一次世界大戦後の時期である。現在の観点からは，①②は自然法優位の時期として一括できよう。また，③④は，パンデクテン法学による転換の時期である。⑤には，さらに，その後のナチスの時期と戦後の発展が付け加わることになる。

　　Gschnitzer, Heinrich Klang - seine Bedeutung für das österreichische Privatrecht, JBl 1954, 157は，さらに，⑤の時期は，Ehrenzweig と Klang によって特徴づけうるとして，前者が，1918年後のオーストリア私法の危機を救い，後者は，1945年後の危機を救ったものとする。

(3)　ABGB に対する ALR の影響については，Brauneder, Der Einfluss des ALR auf das ABGB, Fischer-Czermak ①, S. 3.また，フランス民法典の影響も指摘されている。Rainer, Franz von Zeiller und der Code Civil, Fischer-Czermak ①, S. 45. さらに，ロシアの立法草案も参照された。Kodek, a.a.O.（前注(2)), S. 491；Ofner, Ur-Entwurf II, S. 465f.

(4)　Gschnitzer, a.a.O.（前注(2), AT), S. 16. ガリツィアは，おもに，1772年の第1回ポーランド分割による獲得地である。分割は，さらに1793年，1795年にも行われ，オーストリアは，第2回分割には関与していないが，1797年には，列強も分割を承認した。Kinder und Hilgemann, Atlas zur Weltgeschichte,I, 1964, S. 284. 分割によって，ラントがオーストリア内で自立したことから，固有の法典が必要となったのである。ただし，1809年に，西ガリツィアは，ナポレオンの圧力で，ワルシャワ大公国に割譲され，1810年からフランス民法典が施行されたから，実際にガリツィア法典が西ガリツィアに適用された期間は短かったのである（1797年～1809年。むしろ施行が拡大され，全ガリツィアに適用された点に意義がある）。

(5)　Brauneder, Europas erste Privatrechtskodifikation : Das galizische bürgerliche Gesetzbuch, (hrsg.) Naturrecht und Privatrechtskodifikation, S. 303ff, S. 304；Posch, a.a.O.（前注(2)), S. 57. もっとも，1756年のバイエルン民法典(Codex Maximilianeus Bavaricus Civilis) が最初の自然法的な法典ともいえるが，条文の体裁など，中世の法の色彩を強く残していた。また，他の近代法典とは異なり，法典の排他性を認めず，他の法源を否定しないことから，普通法の補充法的地位を肯定していた。また，内容的にも，実質的にはローマ法の慣用を成文化したにすぎなかったのである(その配列は，Institutiones に従う)。ただし，法の発布 (I, 1, 6) や自然法への言及 (II, 2, 4)，すべての合意の拘束力 (III, 1, 3) など，新しい点も含まれていた。

　　オーストリアの辺境ガリツィアの Maniów で1841年に生まれた法学者に，アントン・メンガー（Anton Menger, 1841. 9 . 12-1906. 2 . 6 ）がいる。ギールケと並び，ドイツ民法典第一草案批判で著名である。拙稿・商論83巻4号136頁参照。本書213頁参照。

(6)　カント哲学の影響については，Posch, a.a.O.（前注(2)), S. 43；Gilardeau, Der Einfluss des Gedankengutes Kants auf das Allgemeine Bürgerliche Gesetzbuch durch Fanz von Zeiller, ZfRV 2004, 123.

(7)　五十嵐清・前掲論文（前注(2)）103頁。なお，ABGB へのローマ法の影響について

は，Schmidlin, Der Stand des römischen Rechts bei Erlass des Allgemeinen Bürgerlichen Gesetzbuches- Römisches Institutionenrecht, die Naturrechtslehre und das Gesetzessystem des ABGB, Fischer-Czermak ①, S. 59. また，パンデクテン法学の影響については，Wendehorst, Zum Einfluss pandektistischer Dogmatik auf das ABGB, Fischer-Czermak ①, S. 75. プロイセンとオーストリア戦争で，ヴェネツィアとロンバルディアが放棄されるまで，ABGB は，イタリアの一部でも適用されていたのである。

　ABGB の諸外国および継承国に対する影響を包括的に概観するものとして，ブラウネーダー（堀川信一訳）「ヨーロッパ私法典としてのオーストリア一般民法典」一橋法学10巻 1 号19頁参照。

⑻　Gschnitzer, a.a.O.（前注⑵, Josef Schey), JBl 1938, 69.

⑼　ABGB の適用やその影響については，その200周年を期して多数の業績が出された。ルーマニアにおける影響については，Alunaru, Das ABGB in Rumänien (frühere Geltung und heutige Ausstrahlung), Fischer-Czermak ①, S. 101. リヒテンシュタインに関して，Berger, Das ABGB in Liechtenstein und Österreich- Gemeinsamkeiten und Unterschiede, Fischer-Czermak ①, S. 123. スイス法の影響が指摘される。イタリアへの影響は，Eccher, Das ABGB in Italien, Fischer-Czermak ①, S. 141. クロアチアについて，Josipovic, 200 Jahre der ABGB-Anwendung in Kroatien – 135 Jahre als Gesetz und 65 Jahre als „Rechtsregeln" Fischer-Czermak ①, S. 157. ポーランドについて，Maczynski, Das ABGB in Polen, Fischer-Czermak ①, S. 175. スイスについて，Oberhammer, ABGB und schweizerisches Privatrecht : Eine Spurensuche, Fischer-Czermak ①, S. 219. ボスニア・ヘルツェゴヴィナについて，Povlakic, Der mehr als einhundertjährige Einfluss des ABGB in Bosnien und Herzogowina, Fischer-Czermak ①, S. 233. チェコとスロヴェニアについて，Tichy, Die Bedeutung des ABGB für das gegenwärtige tschechische Privatrecht - Das ABGB als Modell für das neue tschechische ZBG?, Fischer-Czermak ①, S. 279 ; Trstenjak, Das ABGB in Slowenien, Fischer-Czermak ①, S. 293.ハンガリーについて，Vekas, Das ABGB und das ungarische Privatrecht, Fischer-Czermak ①, S. 307. および，Vekas, Einige Grundzüge der ungarischen Privatrechtrsreform, Fischer-Czermak ②, S. 213. スロヴァキアについて, Lazar, Kodifikation und Europäisierung des slowakischen Privatrechts, Fischer-Czermak ②, S. 229.

　また，従来，ドイツ法の ABGB への影響が述べられることは多かったが，逆に，ドイツ民法典制定のさいの ABGB の影響については，Schermaier/ Stagl, Der Einfluss des ABGB auf die Entstehung des BGB- Gesunder Menschenverstand versus „Beruf zur Gesetzgebung", Fischer-Czermak ①, S. 253. もちろん，個別の条文では，ALR と並んで，ABGB は多数参照されている（Motive）。

⑽　シェイについては，前出⑵のGschnitzer, Nachruf auf Josef Schey, JBl 1938, 69.

⑾　Kodek, a.a.O.（前注⑵), S. 493f. ただし，ABGB がいわゆる「ゲルマン法」的であるということは，パンデクテン法学の影響をうけたドイツ民法典よりも，伝統的な普

第3篇　オーストリア一般民法典（1811年，ABGB）の200年　　339

通法に近いというだけであり，実際上は，同じ自然法の産物であるフランス民法典と
そう異なるものではない。自然法論は，しばしばローマ法と対立する概念（伝統的慣
習）を自然法的産物と説明したからである。用語の上では，ABGB は，ローマ的で
もある（たとえば，債権譲渡は，Zession, 1393条）。ドイツ民法典は，用語をラテン
語からドイツ語に改めたからである（Aufrechnung, 387条）。

⑿　Meissel/Bukor, Das ABGB in der Zeit des Nationalsozialismus, Fischer-Czer-
mak ①, S. 17, S. 23f.; Kodek, a.a.O.（前注⑵), S. 493.

⒀　Wilburg については，拙稿・民事法情報282号22頁。エーレンツワイクについては，
Demelius: Ehrenzweig, Armin. NDB Bd, 4, 1959, S. 355f. クラングについては，
Gschnitzer, Heinrich Klang（前注⑵参照), JBl 1954, 157. ビドリンスキーについて
は，vgl. Koziol/Rummel, Franz Bydlinski zum Gedenken, JBl 2011, 138.

⒁　損害賠償法の発展については，Koziol, Begrenzte Gestaltungskraft von Kodifika-
tionen? -Am Beispiel des Schadenersatzrechts von ABGB, Code civil und BGB,
Fischer-Czermak ①, S. 469 ; Harrer, Die Entwicklung des Haftpflichtrechts,
Fischer-Czermak ①, S. 381. 賃貸借法については，Call, Die Entwicklung des Woh-
nungseigentumsrechts mit einem Exkurs zum zivilen Baurehct, Fischer-Czermak
①, S. 333 ; Stabentheiner, Die Entwicklung des Mietrechts im 20. Jahrhundert
und bis zur Gegenwart, Fischer-Czermak ①, S. 639. 家族法では，Neumayr, Die
Entwicklung des Kindschaftsrechts - Vom 20. Jahrhundert bis zur Gegenwart,
Fischer-Czermak ①, S. 459; Ofner, Ehegüterrechtlicher Ausgleich bei Tod eines
Ehegatten?, Fischer-Czermak ①, S. 513 ; Verschraegen, Entwicklungen des
österreichischen Eherechts im 20. Jahrhundert- zwischen Tradition und Wandel,
Fischer-Czermak ①, S. 667. 相続法では，Welser,Die Entwicklung des Erbrechts,
Fischer-Czermak ①, S. 713. など参照。

⒂　Kodek, a.a.O.（前注⑵), S. 493. Brauneder の計算によると，法典の70％は，1811
年のテキストに由来する。Posch, a.a.O.（前注⑵), S. 45は，オリジナルなテキスト
が約半分と見積もっている。

⒃　Posch, a.a.O.（前注⑵), S. 44 ; Barta, a.a.O.（前注⑵), S. 719f.

⒄　諾成契約の発展と，自然法理論の意義については，拙著・契約における自由と拘束
（2011年）17頁。

⒅　これらについては，Kodek a.a.O.（前注⑵), S. 492 ; Gschnitzer, a.a.O.（前注⑵,
AT), S. 17 ; Wendehorst, a.a.O.（前注⑺), S. 76f.
　　交換契約の危険や利用については，1048条以下，Zeiller, Commentar über das all-
gemeine bürgerliche Gesetzbuch für die gesammten deutschen Erbländer der
Oesterreichischen Monachie, Bd.3-1, 1812, S. 341ff. 同時履行の1052条については，
ib., S. 348f.

⒆　Wendehorst, a.a.O.（前注⑺), S. 77 ; Kodek, a.a.O.（前注⑵), S. 492. オーストリ
ア法の Titel und Modus 理論については，Barta, a.a.O.（前注⑵), S. 87ff.

⒇　これにつき，拙稿「ドイツの2001年債務法現代化法」司法の現代化と民法（2004年）

202頁。スイス法については，Vgl. Hafner, Das Schweizerische Obligationenrecht mit Anmerkungen und Sachregister, 1896, S. 37, S. 44；Honsell, Hundert Jahre Obligationenrecht, ZSR 130（2011）II, S. 114.

⑵ Gschnitzer, a.a.O.（前注⑵, AT), S. 17.

⑵ Kodek, a.a.O.（前注⑵), S. 492；Wendehorst, a,a,O.（前注⑺), S. 78.

⑵ 拙著・危険負担の研究（1995年）140頁，142頁。

⑵ 同142頁。ABGB は，1811年の制定当時，雇用と請負と分けず，行為給付一般について規定するのみであった。1916年の改正は，雇用と請負を分け，その内容をもそれぞれにふさわしいものとしたのである。また，ABGB の成立史やその一般的性格などについては，同書第1部2章1節⑵) の注21の文献参照。

⑵ 1155条は，後述するドイツ民法典 615条に相当する。また，1154b 条は，ドイツ民法典 616条に相当する。Vgl. Bericht der Kommission für Justizgegenstände über die Gesetzesvorlage, betreffend die Änderung und Ergänzung einiger Bestimmungen des allgemeinen bürgerlichen Gesetzbuches, 1912.

⑵ ABGB の成立以前の諸法規については，Hedemann, Die Fortschritte des Zivilrechts im XIX Jahrhundert, 1910, S. 7ff., S. 22ff. を，ABGB 成立時の議論については，Ofner, Der Ur-Entwurf des ABGB, II, 1889, S. 105. を参照。

⑵ Hedemann, a.a.O., S. 21. これは，初期のイタリア法と同じである。

⑵ Hedemann, a.a.O., S. 22.

⑵ Ofner, a.a.O., II, S. 105（vgl. Ur-Entwurf III, §269；Der revidierte Entwurf des ABGB, §1143). また，Zeiller の私法統一の必要性など立法に関する議論については，ders. Grundsätze der Gesetzgebung, 1806/09(Neud. 1948), S. 10ff. Vgl. Hedemann, a.a.O., S. 24.

⑶ 不可抗力あるいは偶然は，債務を免責する機能を有するが，それは外来の原因(cause étrangère) にかぎられるとするものに，同じく自然法の影響をうけたフランス民法典1147条がある。当事者の責に帰すべき事由がなければ，不能は免責の効力を有するとするドイツ法(275条参照)との構造上の相違については, cf. Marton, Versuch eines einheitlichen Systems der zivilrechtlichen Haftung, AcP 42（1963), 1（S. 61 ff.)；Marton, Obligations de résultat et obligations de moyens, Rev.trim.dr.civil, 1935, 499（p.534 et s.)；Tunc, Force majeure et absence de faute en matière contractuelle, Rev.trim.dr.civil, 1945, 235（p.254 et s.).

一身的ないし内的な事由を有責とみるか，それとも偶然ではあるが免責の効力を有しないとみるかは，有責性概念の把握にかかわる問題であり，限界的事例は史的・沿革的に決定されることになろう。フランス民法の考え方は前者に，ドイツ民法の考え方は後者に近い（ド民615条・616条参照）。さらに，後者で，内的な偶然ではまったく帰責事由なしとする立場では，義務を免責する機能がもっとも拡大することになる。

⑶ Zwiedineck-Südenhorst, Martini, Karl Anton Freiherr von, ADB 20（1884), S. 510ff.；Hofmeister, Martini, Karl Anton Freiherr von, NDB 16（1990), S. 299ff.；Kleinheyer und Schröder, Deutsche und Europäische Juristen aus neun Jahrhun-

第3篇　オーストリア一般民法典（1811年，ABGB）の200年　　　341

derten, 4. Aufl., 1996, S. 266. ドイツ法学者事典（前注(31)）180頁（芦沢斉）。

　同姓の Karl Martini（1845. 1. 22-1907. 10. 6）は，ドイツ民法典起草第二委員会の委員である。両者の関係は明確ではない。Vgl. Schubert, Materialien zur Entsethungsgeschichte des BGB, 1978, S. 89f.

(32)　Dittrich, Justi, Johann Heinrich Gottlob, NDB 10 (1974), S. 707ff.; Inama von Sternegg, Justi, Johann Heinrich Gottlob von, ADB 14 (1881), S. 747; Kleinheyer und Schröder, Deutsche und Europäische Juristen aus neun Jahrhunderten, 4. Aufl., 1996, S. 486. ドイツ法学者事典（前注(31)）147頁（根森健）。前注(5)の商論136頁，138頁参照。

(33)　Stinzing-Landsberg, Geschichte der deutschen Rechtswissenschaft, III 1, 1898 (1978), S. 521f, III 2, Noten, S. 409f.（Armin Ehrenzweig の研究によるものである）; Kleinheyer und Schröder, S. 484. ドイツ法学者事典（前注(31)）127頁（根森健）

(34)　Lobe, 50 Jahre Reichsgericht am 1. Oktober 1929, 1929, S. 361.

(35)　Stinzing-Landsberg, a.a.O., III-1, S. 521f., Noten, S. 323ff.; Kleinheyer und Schröder, a.a.O.（前注(32)）, S. 488; GND: 131478370. ドイツ法学者事典（前注(31)）152頁（根森健）。

(36)　Muncker, Sonnenfels, Joseph von, ADB 34 (1892), S. 628ff.; Reinalter, Sonnenfels, Joseph Freiherr von, NDB 24 (2010), S. 576ff.; Kleinheyer und Schröder, a.a.O.（前注(32)）, S. 378ff. ドイツ法学者事典（前注(31)）264頁（石村善治）。Stinzing-Landsberg, a.a.O., III-1, S. 401ff.

(37)　Kleinheyer und Schröder, a.a.O.（前注(32)）,, 1996, S. 459ff. ドイツ法学者事典（前注(31)）334頁（伊藤進）。堀川信一「フランツ・フォン・ツァイラー」近世・近代ヨーロッパの法学者たち（勝田有恒＝山内進編，2008年）268頁。

　Walter Selb u. Herbert Hofmeister (hrsg.), Forschungsband Franz von Zeiller (1751-1828). Beiträge zur Gesetzgebungs- und Wissenschaftsgeschichte, 1980.

　Joseph F. Desput u. Gernot Kocher (hrsg.), Franz von Zeiller. Symposium der Rechtswiss. Fakultät der Universität Graz und der Steierm. Landesbibliothek am 30. November 2001 aus Anlass der 250. Wiederkehr seines Geburtstages (Arbeiten zu Recht, Geschichte und Politik in Europa 3), 2003.

(38)　ツァイラーは，刑法においても，フォイエルバッハの思想に従い，心理的な一般予防を重視し，威嚇を否定する。刑事立法では，法と道徳を分離し，犯罪概念の厳格化と刑罰範囲の限定を支持している。刑事訴訟では，個人の保護のための公開と合目的制を強調した。伊藤・前掲書（前注(37)）336頁。

(39)　Wendehorst, a.a.O.（前注(7)）, S. 81.

(40)　この Exner は，民法学者の Adolf Exner の父，刑法学者の Franz Exner の祖父である。詳細は，この3代を対象とする別稿にゆずる。本書361頁。

(41)　Mitteis, L., Ihering, Rudolf, ADB, Nachträge bis 1899（Harkort - v. Kalchberg, 1905）, S. 652; Hollerbach, Ihering, Rudolf von, NDB 10 (1974), S. 123.

(42)　Frankfurter, Thun-Hohenstein, Graf Leo, ADB Bd. 38, 1894, S. 178ff.

(43) Vgl. Bericht der Kommission für Justizgegenstände über die Gesetesvorlage, betreffend die Änderung und Ergänzung einiger Bestimmungen des allgemeinen bürgerlichen Gesetzbuches, 1912. 改正は1916年で, Randa, Hasenöhrl, Unger, Exner などの民法学者によって, パンデクテン法学との関連づけが行われたのである。ヴィアッカー・（前注(2)) 428頁。さらに, オーストリア法のパンデクテン解釈については, 拙著・大学と法曹養成制度 (2001年) 328頁およびその注(7)。なお, ドイツのライヒ大審院判事のウンガー（Wilhelm Heinrich Karl Alfons Unger, 1849. 8. 3-1910. 1. 29, 在任1900-1909) との関係は明確ではない。Lobe, a.a.O.（前注34), S. 369.

(44) イギリスでも1858年である。先駆けとなったのはフランスであり, 革命中の1791年であった。Vgl. Kinder und Hilgemann, Atlas zur Weltgeschichte, II, 1984, S. 62.

(45) Thier, Ofner, Julius, NDB 19 (1998), S. 485. 彼に対する記念論文集がある。Festschrift Julius Ofner zum 70. G., 1915 (1987).

(46) 晩年でも, Ofner, Revesion, JBl 1922, 36のような論文がある。Helmut Ofner（1961. 4. 29-, 前注14)や Wann ist eine ärztliche Aufklärung rechtzeitig?, Festschrift für Fenyves, 2014の著者である）や, Harald Ofner (1932. 10. 25-, もとオーストリアの大臣や国民議会議員) は, その姻戚である。

(47) 五十嵐・前掲論文（前注(2)) 105頁以下参照。

(48) Wendehorst, a.a.O.（前注(7)), S. 86. 相続法にも多数ドイツ法的な規定があるが省略する。

(49) Wendehorst, a.a.O.（前注(7)), S. 88.

(50) Ono, The Law of Torts and the Japanese Civil Law, Hitotsubashi Journal of Law and Politics, vol. 26, 1998, pp.43, p.49.

(51) Dittrich-Tades, ABGB, 2007, S. 707f.

(52) Dittrich-Tades, a.a.O., S. 384.

(53) Dittrich-Tades, a.a.O., S. 480f.

(54) Dittrich-Tades, a.a.O., S. 557f.

(55) Dittrich-Tades, a.a.O., S. 705f., S. 557f. Zahlung einer Nichtschuld.

(56) 給付利得の確立に功績があったのは, Walter Wilburg (1905. 6. 22-1991. 8. 22), Die Lehre von der ungerechtfertigten Bereicherung nach oesterreichischem und deutschem Recht: Kritik u. Aufbau; Festschrift d. Univ. 1933/34. と, Ernst von Caemmerer (1908. 1. 17-1985. 6. 23), Bereicherung und unerlaubte Handlung, 1954 (Ges.S. I, S. 209) であり, 両者は, 戦前, 比較法学者ラーベル (Ernst Rabel, 1874. 1. 28-1955. 9. 27) に学んでいる。拙稿「比較法（国際的統一法）の系譜と民法—ラーベルとケメラー」民事法情報282号22頁。オーストリア法の特徴は, 前者に反映されている。

(57) 代理と委任の峻別については, ラーバントとの関係で指摘したことがある（一橋法学11巻3号35頁)。

(58) Klein, Die Lebnenskraft des ABGB, Festschrift ABGB Jahrhundertfeier, Bd.I, 1911, 1; Mayer-Maly, ÖNZ 1986, 265.

第3篇　オーストリア一般民法典（1811年，ABGB）の200年　　343

⒀　Danzl, Rezension zu ABGB 2011（③），ÖJZ 2009, 96；Graf, ABGB forever?, Fischer-Czermak ②，S. 2；vgl. Posch, a.a.O.（前注⑵），S. 47. また，Danzl の損害論におけるヨーロッパ法との比較については，Der Ersatz ideeller Schäden in Europa und die Prinzipien zum europäischen Familienrecht betreffend elterliche Verantwortung, Fischer-Czermak ①，a,a,O., II, S. 1633. ③は，基本的に，EU 内の調和と統一を目ざす論調である（前注⑴参照）。

⒇　630a条1項「医療契約によって，患者に対して医療を約束した医療者（Behandelnder）は，約束した医療の給付をする義務をおい，相手方（患者）は，第三者が支払義務をおわないかぎり，合意した対価を支払う義務をおう」。医療行為への同意，説明義務，カルテの保存や開示などが規定された。拙稿「医療契約〜ドイツ民法典の改正」国際商事42巻11号1679頁。

⒁　Posch, a.a.O.（前注⑵），S. 48. なお，オーストリアでも法定利率は4％である。1000条1項参照。

⒂　これにつき，五十嵐・前掲論文110頁以下参照。また，親子法については，1960年の養子法の改正，1977年の改正法，1989年の非嫡出子の平等法などがある。

　　さらに近時の ABGB の相続法改正では，およそ1500条のうち，350条が対象となっている。その契機は，2012年7月27日の EU 相続法指令（2015年8月17日に発効）である。指令そのものは，たんに裁判管轄や適用法，遺産証明であるが，実体的には，遺産分割のさいの介護の考慮といった現代的問題が重要である。事実婚の配偶者の相続権も肯定される。遺留分も，子などの卑属と配偶者に限定される。つまり父母などの尊属は否定されるのである。

⒃　Posch, a.a.O.（前注⑵），S. 46.

⒄　Wesener, Naturrechtliche und römisch-gemeinrechtliche Elemente im Vertragsrecht des ABGB, ZNR 1984, S. 113, S. 125. また，1866年法については，RGBl. Nr.160/1866；1868年法については，RGBl.Nr.62/1868. 重利について，Rummel, Kommentar zum ABGB, Bd.1,1983（Schubert），§999 Anm.6（S. 1211）；Bd.2, 1984，（Reischauer），§1333 Anm.3（S. 2549）. なお，旧規定（998条）は，重利を禁止していた（vgl. Zeiller, Commentar über das ABGB, 前注⒅，§998（S. 259f.）. 拙著・利息制限法と公序良俗（1999年）131頁。廃止法が経済的自由主義にもとづくことは，Gschnitzer, Allgemeiner Teil des bürgerlichen Rechts, 1966, S. 200.

⒅　RGBl.Nr.275/1914. オーストリアでは，ABGB が自然法にもとづいたのに対して，19世紀を通じて，パンデクテン法学の影響をうけ，新たな解釈の盛りこみが行われた。20世紀初頭には，その成果を法典に取りいれる動きが生じ，種々の方面の改正にいたったのである（S. 138ff., zu §160（RB §128, SR I, §§157 und 158））。前注㉓（研究）142頁をも参照。

⒆　ABGB 879条2項4号に，本文の暴利禁止法と同じ規定が追加された。旧規定については，Zeiller, a.a.O., §879（S. 46ff.）。暴利とみられる契約は公序良俗に反し無効とされる。このような規定の体裁は，ドイツ民法典138条1項と2項との関係に酷似する。

344　　第3部　ドイツの司法とオーストリアの司法

オーストリア民法には，伝統的に等価性（Äquivalenz）の理論に対する積極性がみられるが（自然法的である），必ずしも全面的に給付と反対給付の等価性の理論や，物には正当な価格（iustum pretium）があるとの理論をとっているわけではない。したがって，不等価のみでは，ただちに公序良俗に違反するとはいえない（Rummel, a.a. O. (Krejci), §879 (S. 899ff.)）。なお，暴利禁止法について，RGBl.Nr.275/1914.

(67)　Wesener, a.a.O., S. 125（BGBl.271/1949）. 本法の細部に若干立ち入ると，契約が暴利として無効になる場合には，各当事者は，取引によってえたすべての利益を返還しなければならない。そこで，金銭の受領については受領時から法定利息を付さなければならないし，物を返還するさいには，必要費および有益費を請求しうる。他方，使用利益や物の価値の減価についても相当の対価を支払わなければならない。もっとも，給付が不均衡なために一方当事者がより多くの利益を有する場合でも，契約上の請求権〔契約〕によってえられた担保（die für den vertragsmäßigen Anspruch erworbene Sicherstellung）そのものは存続する（暴利禁止法7条）。

なお，契約が無効となり約定利率の定めが無効となる場合に，受領した金銭に付する利率は，もともとは法定利率であったが，1979年に追加された7条2項によって軽減された。

(68)　Posch, a.a.O. (前注(2)), S. 50ff.

(69)　Posch, a.a.O. (前注(2)), S. 56.その任務は，改正作業の基礎づけであり，ヨーロッパ法とEUの市場統合との調和である。契約法において，オーストリア法が，たんなる物まねではなく，ガリツィア法典のように，ヨーロッパの法典編纂に先鞭をつけられるかが課題となる。

わがくににおいても，将来の立法作業は，外国の改正作業の物まねではなく，民法100年の蓄積を生かしたものたりうるかが，重要である。欧米法の模倣にすぎないのであれば，アジア諸国は，直接それをモデルにすればいいのであり，日本法を経由する必要はないからである。

(70)　ABl.1999 L 171/12, ÖBGBl 2001/48. これについて，Dehn, Die Umsetzung von EU-Richtlinien und das ABGB, Fischer-Czermak ①, S. 1667 ; Grundmann, Die Aufgabe einer nationalen Kodifikation vor dem Hintergrund der Europäisierung des Privatrechts, Fischer-Czermak ②, S. 19 ; vgl. Posch, a.a.O. (前注(2)), S. 46.

(71)　ÖBGBl.I 2005/120 ; vgl. Posch, a.a.O. (前注(2)), S. 54. Heinz Krejci の提案によるものである。Posch, a.a.O. (前注(2)), S. 57は，1918年6月24日のドイツとトルコの法曹大会に関連して，法の統一には，狭義の法律だけではなく，広く文化にかかわる調和の重要性に言及している。Vgl. Deutsch-türkische Rechtsannäherung, Bericht über die Tagung vom 14.bis 24.Juni 1918 in Berlin. Vom Oberjusitzrat Dr.Koffka, Senatspräsident, Berlin, JZ 1918, 472）。

(72)　給付障害法の発展にあたっては，シュタウブやラーベルなどのユダヤ系法学者の指摘，キール学派の統一的給付障害論など，多様な思想が基礎となっている。ドイツ民法に関して指摘つくされているところであるが，オーストリア法についても同様である。しかも，オーストリア法は，もともとドイツ民法のような不能と遅滞の二分体系

第3篇　オーストリア一般民法典（1811年，ABGB）の200年　　345

をとらなかったことから，統一的給付障害論の採用は容易だったのである。

　920条は，債務の挫折 Vereitlung を述べている。878条，880条は，不能な契約の無効をいい，1447条は物の滅失による債務の消滅をいう。統一概念の点は，わがくにやフランス民法（inexécution）と共通している。Reischauer, Die Entwicklung des Leistungsstörungsrechts im 20. Jahrhundert bis zur Gegenwart, Fischer-Czermak ①, S. 577；Lukas, Harmonie oder Divergenz im Leistungsstörungsrecht, Fischer-Czermak ①, S. 1239；Rabl, Die Gefahrtragung im ABGB-Kern eines reformbedürftigen Leistungsstörungsrecht, Fischer-Czermak ①, S. 1319；Welser, Reform des österreichischen Leistungsstörungsrecht, Fischer-Czermak ②, S. 63；Ernst, Die Reform des Leistungsstörungsrechts in Deutschland, Novellierung eines Zivilgesetzbuches im europäischen Kontext：Ergebnisse und Erfahrungen, Fischer-Czermak ②, S. 85.

　ブラウネーダー・前掲論文（前注(7)）29頁は，ABGB の継受能力について，法律学の自然法的態度（「永遠の法的真理」が法典に記されているという思想）と立法理論の結合をあげている。また，立法による自由な補充を可能にする規定が，付随的法律との連環を導き，長期間の存続を可能にするものとする。また，適切な追加可能性があることから，王政から共和制，保守的から自由主義的な国家によって法典を利用可能なものとしているというのである。

　同じことは，かなりの程度までフランス民法典にもあてはまるが，（制定時のみの）完結した体系を目ざしたドイツ民法典には疎遠である。歴史法学は，理念的には，もともと普遍的な法典を目ざしたものではないからである。

自然法的法典 (ABGB, CMBC) の系譜と官房学

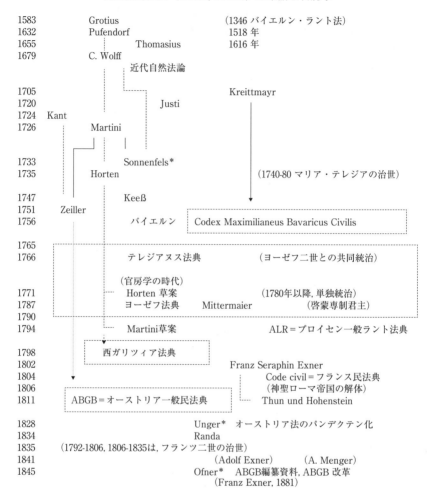

第4篇　19世紀後半以降のオーストリア法の変遷と民法

第1章　はじめに

　(1)　本篇は，1916年の ABGB の改正以後のオーストリア法の発展に関係する人とその業績を検討し，オーストリア法の特質を明らかにしようとするものである。オーストリア法の発展に貢献した著名人は多いが，ツァイラーのほかは，わがくにではあまり知られていない。広くこれらの人物と業績にふれることは，オーストリア法の理解をより立体化せしめるものである。オーストリア法は，自然法的な法典をパンデクテン的な解釈によって変動させた点で，フランス法とドイツ法の折衷ともいえるわが民法の変遷にも似た点があり，広義ではドイツ法系に分類されながらも，独自性を保つ部分もあり，興味深い素材を提供している。

　民法学者のグシュニッツアー (Gschnitzer, Nachruf auf Josef Schey, JBl 1938, 69) によれば，ABGB の沿革的なプロセスは，5つの時期に分類される。①1798年-1828年の立法前後の時期，②1828年-1858年の注釈の時期，③1858年-1888年は Unger などによる転回の時期，④1888年-1918年は，それが立法に反映される時期である。⑤1918年-1938年は，第一次世界大戦後の時期である。現在の観点からは，①②は自然法優位の時期として一括できよう。また，③④は，パンデクテン法学による転換の時期である。この論文は，1930年代までに言及するだけであるから，⑤には，さらに，その後のナチスの時期と戦後の発展が付け加わる必要がある。

　(2)　戦後，グシュニッツアーは，この分類を若干修正し，さらに，⑤の時期は，Ehrenzweig と Klang によって特徴づけうるとして，前者が，1918年後のオーストリア私法の危機を救い，後者は，1945年後の危機を救ったものとする[1]。

　筆者は，①②については，すでに一橋法学14巻2号で（同号ではツァイラー以前の法学者が中心であった），また，③④については，同11巻3号において

348 第3部　ドイツの司法とオーストリアの司法

部分的に検討したことがある。本篇は，これらに続いて，⑤の時代以後を中心とした検討を意図するものである。もっとも，④についても，若干の補遺を意図している（第2章）。また，時期的には，②から③にあたるが，それぞれが教育学者，民法学者，刑法学者として著名な3代のエクスナーについてふれる（第3章）。

第2章　オーストリア私法の変遷と法学者

1　オーストリア法のパンデクテン化の時期の補遺

（1）　前稿でみたように，オーストリア法には，当初の自然法的法典としての性格に対し，19世紀を通じて行われたパンデクテン法学による影響がいちじるしい。この時代の代表者はウンガーであるが[2]，以下の者も，この転換に貢献があった。本稿で扱うのは，ランダとシャムボン，ストローハルである。

（2）　(a)　ランダ（Anton Randa, 1834. 7. 8 -1914. 10. 6 ）は，ベーメン＝ボヘミアの Bistritz a.d. Angel で生まれた。父親も司法官であった。1852年から56年，プラハ大学で法律学を学び，その間，1854年に，ミュンヘン，パリなどに旅行をした。法学者の Chambon と Unger の影響をうけ，1858年に，学位をえて，1860年に，オーストリア民法の私講師となった。1862年に，プラハ大学の員外教授，1868年に，正教授となった。プラハ大学の民族別の分化に貢献した（ドイツ大学とチェコ大学の二大学制）[3]。1882年からチェコ大学の教授，1883／84年に，学長となった。1879年から81年に，国家裁判所の裁判官，1881年に上院議員，ライヒスゲリヒト（これにつき後述第4章3参照）の判事，1904年から1906年に，チェコのラントの大臣，さらに皇帝の信任をうけ，1908年にボヘミア王国の総督となった。第一次世界大戦勃発の1914年に，ボヘミアの Dobrichowitz で亡くなった。

ボローニア大学（1888年），クラコフ大学（1900年）の名誉博士号をうけた。1905年に，枢密顧問官となった。歴史法学の観点からのオーストリア私法の発展に尽くし，また，有価証券の取得理論（Eigentumserwerbstheorie）に貢献した。ヨーロッパ法的な観点をもち，変動する社会に対し，古い秩序を批判し改革の提言をした[4]。

Der Besitz nach österr.Rechte, 1865.

第4篇　19世紀後半以降のオーストリア法の変遷と民法　　　　349

Der Erwerb der Erbschaft nach österr.Rechte, 1867.

Das Eigenthumsrecht nach österr. Rechte mit Berücksichtigung des gemeinen Rechtes und der neueren Gesetzbücher, 1884.

Das Österr. Handelsrecht mit Einschluß des Genossenschaftsrechtes, 2 Bde. 1905.

　ドイツ語のほか，チェック語の論文多数がある。

　(b)　19世紀中葉にオーストリアの大学改革を行ったトゥーン（Leopold Graf von Thun und Hohenstein, 1811. 4. 7-1888. 12. 17）も，1811年，ボヘミアのTetschen で生まれた。もっとも，彼の家族は，南チロルから17世紀にボヘミアに来た家系であった。詳細は，別稿にゆずる（327頁）。

　(3)　シャムボン（Eduard Egmund Joseph Chambon, 1822. 6. 23-1857. 3. 3）は，ライプチッヒで生まれた。フランス系の家系であり，フランスを追放されたユグノーの末裔と思われるが詳細は不明である。父親は商人であり，1828年にハンブルク，ついで，ドレスデンに引っ越し，1840年からライプチッヒ，ベルリン，ゲッチンゲンの各大学で学んだ。1844年に，法学博士の学位をえた。1848年に，イエナ大学でハビリタチオンを取得し，1850年に，員外教授となった。1853年に，プラハ大学で正教授となった。事務管理に関するモノグラフィーがある（Die Negotiorum Gestio, 1848）。文学・芸術雑誌（Oester-reichischen Blätter für Litteratur und Kunst）の共同編集者でもある。1857年に，プラハで亡くなった[5]。著作としては，Beiträge zum Obligationenrecht, 1851がある。

　(4)　ストローハル（Emil August Strohal, 1844. 12. 31-1914. 6. 6）は，インスブルック近郊の Birgitz で生まれた。父は，メーレンの出身で山林監視人であった。グラーツのギムナジウムを卒業し，グラーツ大学で法律学を学んだ。1867年に学位をえて，弁護士となった。実務のかたわらで法律を学び，1875年に，グラーツ大学でハビリタチオンを取得した（Zur Lehre vom Eigentum an Immobilien, 1876）。1877年に，グラーツ大学で員外教授となり，1881年に正教授となった。1892年に，ゲッチンゲン大学から，イェーリングの後継として招聘された。この年から，イェーリング雑誌の編者となっている。1894年に，Johann Emil Kuntzes の後継としてライプチッヒ大学に招聘された。ライプチッヒでは，ライヒ大審院の実務に興味をもち，法律実務に近い研究を志した。プランクのコンメンタールの編著者の１人でもある。不能

論で著名な Titze は，ライプチッヒ時代の弟子である。1914年に，ライプチッヒで亡くなった[6]。

オーストリア土地登記法の立法に関与し，所有者抵当の研究でも著名である。Die Eigentümerhypothek im österreichischen Recht, 1883.

物権法，土地法のほか，相続法の業績でも著名である。

Transmission pendente conditione, 1879.

Die Prioritätsabtretung nach heutigem Grundbuchrecht, 1880.

Der Sachbesitz nach dem BGB, 1897.

Succession in den Besitz nach röm. und heutigem Recht, 1885.

Das deutsche Erbrecht, 1896.

Das deutsche Erbrecht auf der Grundlage des Bürgerlichen Gesetzbuchs, 1. Aufl., 1896, 3. Aufl.1903/04.

2 転換期以降

(1) 1916年の ABGB の修正は，オーストリア法を法文の上でも，パンデクテン化するものであった[7]。転換は，この改正によって完成したのではなく，その後も続いた。1867年のプロイセンとオーストリアの戦争は，ドイツには，1871年の統一をもたらしたが，オーストリアにはハンガリーとの二重帝国の関係を生じた（いわゆる Ausgleich）。さらに，第一次世界大戦中の1918年に，最後の皇帝（カール1世，1916-1918）が退位し，共和国が成立した。そこで，改正法は，おおむねこの共和制の下で，出発することになったのである。ドイツではワイマール共和国の時代に対応している。

(2) この時期以降の法発展に貢献し，本稿が対象とするのは，以下の者である。エーレンツワイクの一族とシェイ，クラングは，いずれもユダヤ系であり，オーストリア関係では，戦前からユダヤ系の者の活躍が大きかった。多民族国家であった歴史の長いオーストリアは，伝統的にユダヤ系に寛容であり，それは，1918年後も続いた（1938年の併合まで）。また，ランダのようにチェック系などの学者の役割がみられることも特徴である。さらに，他民族の多い地域を移動することから，ドイツ系の学者にも視野が広い傾向がある。また，Ehrenzweig と Wilburg の弟子すじは，オーストリアの大きな学派を形成している。

第4篇　19世紀後半以降のオーストリア法の変遷と民法　　351

Armin Ehrenzweig は，グラーツ大学教授で，Wilburg の師である。

Albert Armin Ehrenzweig は，亡命後，カリフォルニア大学教授。

Albert Ehrenzweig は，その父で，保険法の大家である。

Franz Gschnitzer は，インスブルック大学教授である。

Heinrich Klang は，裁判官であり，大コンメンタールの編者として知られている。

Schey von Koromla は，ウィーン大学教授である。ウンガーの改正事業を引き継いだ。

Koziol は，ウィーン大学教授。

Mayer-Maly は，グラーツ，ザルツブルク大学教授。

Ofner の一族で，比較的新しい Harold と Helmut は，政治家と学者である。

Oskar Pisko は，ウィーン大学教授。

Selb は，ウィーン大学教授。

Steinwenter は，グラーツ大学教授。

Wesener は，グラーツ大学教授。

Walter Wilburg は，グラーツ大学教授。わがくにでは，ケメラーとともに不当利得の類型論で著名である。

　また，第3章では，3代のエクスナーを扱う。

　祖父　Franz Seraphin Exner は，教育学者であり，オーストリアの教育政策に影響を与えた。

　父　Adolf Exner は，ウィーン大学の民法学者である。

　子　Franz Exner は，ミュンヘン大学の刑法学者である。

3　シェイ（Josef Freiherr Schey von Koromla, 1853. 3. 16–1938. 1. 18）

（1）　シェイは，1853年，ウィーンで生まれた。父親の　Friedrich Freiherr Schey von Koromla（1822–1902）は，ユダヤ系の銀行家，大商人であり，芸術の保護者でもあった。母親は，Hermine（geb.Landauer）。大伯父 Philipp Freiherr Schey von Koromla（1798–1881）も，大商人であった。ウンガーは，姻戚にあたる。

　シェイは，ウィーンのギムナジウムを出て（Wiener Akad. Gymnasiums, 1862–70），1870年から，ウィーン，ベルリン，ボンの各大学で法律学を学び，1875年に，ウィーン大学で学位をえた。1877年に，下オーストリアで，財務

監査官（Finanzprokuratur）となり，同年，ウィーン大学で，ハビリタチオンを取得した（Zur Geschichte der actio Pauliana und des interdictum fraudatorium I）。Henriette（geb.Lang）と結婚して，3人の息子をえた。

　1882年に，ウィーン大学で，定員外の員外教授（ao.Prof.）の資格をえた。1884年から，同大学の員外教授（Extraordinarius）となり（定員内），1885年には，グラーツ大学で，ローマ法とオーストリア私法で正教授となった。1886年に，グラーツ大学で，ローマ法の教授となり，1889/90年に，学部長となった。

　1897年に，ウィーン大学に移り，オーストリア私法の教授となった。1900/01年，1910/11年には，学部長となった。1903年に，宮中顧問官となり，1907年には，ライヒの貴族院の議員となった。1925年に，ウィーンの学術アカデミー会員となった。1925年に，名誉教授となったが，1933年まで講義をもった。

　(2)　パンデクテン法学を学び，師のウンガーの影響をうけたが，ローマ法的傾向が強い（とくに債権法）。自由な法解釈と経済目的に従った機能主義的方法によっている。主著である Obligationsverhältnisse des österreichischen allgemeinen Privatrechts は，1890年に公刊された（1890/1907）。多数の私法上の論文のほか，Manz 社の ABGB テキストと，最高裁判例集（Sammlung von Civilrechtlichen Entscheidungen des K. K. Obersten Gerichtshofes, 1892–1919, L. Pfaff と共著）は大きな影響を与えた。

　ウンガーの開始した ABGB の刷新事業を引き継ぎ，1904年からは，ABGBの改正委員会に属し，債務法や担保法を担当したが（ABGB 859条–937条），全面改正ではなく，一部改正を提案した。1912年に，委員会の総括委員となって，1916年の改正をとりまとめた。

　第一次世界大戦後は，パリとロンドンで，サンジェルマン条約（第一次世界大戦後のオーストリアと連合国間の講和条約）で設立された国際仲裁裁判所の仲裁裁判官となった。オーストリア併合の1938年に，ウィーンで亡くなった。子孫の多くは，アメリカやパレスチナに亡命した[8]。

　4　エーレンツワイク（Armin Ehrenzweig, 1864. 12. 15–1935. 9. 29）
　(1)　エーレンツワイクは，1864年，ブダペストでユダヤ系の家に生まれたが，カトリックの洗礼をうけた。オーストリアのユダヤ人解放は，1866年で

あった[9]。父の Adolf は公務員であり，母の Karoline (geb.Klang) は，Heinrich Klang の姻戚であった。

1882年から86年まで，ウィーン大学で法律学を，F. Hofmann, L. Pfaff から学んだ。1888年に，学位をうけ（sub auspiciis Imperatoris），裁判官となった（ほぼ14年間。ただし，Bezirksrichter までである。当時の肩書は，Gerichtssekretär）。初期の論文には，死亡組合金庫や終身定期金に関するものがある（Römische Sterbekassen, 1884; Der Abt von St.Denis, Zur Geschichte des Leibrentenvertrages, 1886）があるが，契約法の基礎について興味をもち，Über den Rechtsgrund der Vertragsverbinclichkeit, 1889を書き，また実用的方面では，Die Unanfechtbarkeit der Versicherungsverträge, 1890を著した。

1895年に，ウィーン大学でハビリタチオンを取得して（Die Zweigliederigen Verträge, insbesondere die Verträge zu gunsten Dritter, 1895），1896に私講師，1901年に，員外教授となった。1913年に，グラーツ大学で正教授となった。当初の概念法学から自由法学への学風の展開をなし，また判例を重視し，裁判例にこそ現実の法があるものとし，法律学を経験科学たらしめんとした。柔軟な解釈論者であり，1つの事件に1つの正解しかないと考えることはなかった。その著作 System は，息子により補完され（ただし短縮され），オーストリアの裁判所に強く影響を与え，民事の実務と理論にも引用されている。多数の学問的著作のほか，ABGB の改正草案に関しても多数の著作がある。わがくにでも不当利得の類型論で名高い Wilburg は，彼の弟子である。

1934年に引退し（Ruhestand），1935年に，グラーツで亡くなった。71歳であった。息子の Adolf は，高裁判事であり（また肩書だけの教授の号をえている。Titularprofessor），弟の Albert も法律家である[10]。

主著に，System des österreichischen allgemeinen Privatrechts, 1920-1925がある。

Die sog. zweigliederigen Verträge, insbes. d. Verträge zugunsten Dritter nach gemeinem u. österr. Rechte, 1895.

（2）エーレンツワイクには，もう1人，著名人がいる。

A. A. エーレンツワイク（Albert Armin Ehrenzweig, 1906. 4. 1 -1974. 6. 4 ）は，1906年に，下オーストリアの Herzogenburg で生まれた。法律家の家系で，父親は，保険法の大家である Albert Ehrenzweig (1875-1955) であった[11]。Armin Ehrenzweig (1864-1935) は，伯父である。ウィーン，パ

リ，ハイデルベルクの各大学で学び，短期間，ウィーンで保険会社の Phönix の実務についた。司法研修後，1928年，ウィーン大学で学位をえて，1937年には，ハビリタチオンをえた。結婚し，2人の娘をえた。結婚により，フランクフルト社会研究所（Frankfurter Institutes für Sozialforschung）の所長である Carl Grünberg と姻戚になった。

オーストリア併合の1938年に，イギリスに亡命し，ブリストル大学で，法曹の資格をえた。イギリスの援助団体の支援をえて，1939年に，アメリカに渡った。奨学金をえて，シカゴ大学で，Friedrich Kessler の下で学んだ。1941年に，法学博士となった。アメリカ亡命後は，私法と国際私法で著名な業績を残した。

1948年に，カリフォルニア大学のバークレー校に招聘され，Stefan Riesenfeld とともに，比較法学の基礎を築き，亡くなるまで教えた。ヨーロッパには戻らず，1974年に，カリフォルニアのバークレーで亡くなった[12]。

主著に，Conflict of Laws, 1962 がある。

戦後に，オーストリアの大功労賞をうけた（Großes Ehrenzeichen für Verdienste um die Republik Österreich）。

5　クラング（Heinrich Adalbert Klang, 1875. 4 . 15–1954. 1 . 22）

(1)　クラングは，1875年，ウィーンでユダヤ系の家系に生まれた。父は，保険と銀行 Phönix の幹部の James（1847–1914）で，母は，Caroline（geb.Rooz）であった。

クラングは，1892年から，法律学を学び，1897年に学位をえた。1897年に兵役をへて，裁判官となった。1923年に，ハビリタチオンを取得し，1925年に，ウィーン大学の員外教授。1938年まで，法律雑誌の Juristische Blätter の編者となった（同誌は1932年に創刊。1938年に，Gerichtszeitung と合併した。後者は，1872年からの伝統があった）。1926年から，ABGB の大コンメンタールの編集をした（1935年に完結），今日でも，Klang のコンメンタールとして知られている。自分は，おもに，物権法を担当した。ドイツ民法典のシュタウディンガー・コンメンタールにも相当するものである（Kommentar zum ABGB, 1927, 2. Aufl. 1948）[13]。今日まで続き，重要な文献となっている。

第一次世界大戦後も，裁判官をして，のち政治家ともなったが（市民民主党），政治面では，目立った実績はない。オーストリア併合の1938年後は職

を失い，アメリカやカナダに亡命しようとしたが，失敗した。1942年から45年，ボヘミアの Theresienstadt の収容所に入れられた。戦後の1945年に解放され，ウィーン大学の正教授。司法職に復帰し，最高裁に入り部長となった。1946年，ウィーン大学から名誉教授号をうけた。1946年から，雑誌 Juristische Blätter を再開した。実務家であったが，多数の法律上の業績があり，対象は，物権法，賃貸借法，通貨法などにわたる。ドイツ法曹大会での報告もあり，２回のドイツ法曹大会にも関与している（Berichte, JBl 1953, 108）。1952年の DJZ について，Klang, Berliner Kundgebung 1952 des Deutschen Juristentages, JBl 1953, 108がある。

　1954年に，ウィーンで亡くなった。生涯独身であった[14]。

　(2)　クラングの業績は多く，Gschnitzer によれば，776にもなる（ちなみに，後述の Koziol は，2010年の Festschrift 掲載の業績が396である。内容とボリュームにもよるから，数のみではあまり意味はないが，大作も多いということである）。一部のみを示すにとどめるが，

　Ein Ratengeschäft über Immobilien, GZ 1903, Nr.16–18.

　Exszindierungstypen, 1915.

　Einwendung der Simulation im Exszindierungsprozeß, JBl 1909, Nr.19–21.

　Ein Wort über die wirtschaftlichen Vorteile der merkungen zu den sachenrechtlichen Bestimmungen der Zivilnovellen, 1917.

　Ein souveräner Richterstand, DÖRZ 1919, Nr.3.

　Der Eigentumvorbehalt an ausländischen Rohstoffen, GH 1920, Nr.45–48.

　Unerschwinglichkeit der Leistung, 1921.

　Die Geldentwertung in der jüngsten Privatrechtsgesetzgebung, JBl 1922, 37 ; 1922, 50.

　Nochmals : der Ersatz immateriellen Schadens, JBl 1953, 66.

　とりわけ，所有権留保と，第三者に対する賃借人保護については，戦後も多くの研究をしている。Mieterschugzreform, Press 1953. 12. 25 ; Klang, Nachbarrecht und Miete, ÖJZ 1951, 1 ; Klang, Vortrag, ÖJZ 1952, 98（Heiss）; Klang, Nochmals : Der Schutz des Mieters gegen Dritte, ÖJZ 1952, 169 ; Die Rechtsnatur der Wohnungsmiete und das Mietengesetz,

JBl 1923, Nr.17, 18 ; Beginn der Verbindlichkeit des Mieters zur Haftung eines vom Mietamte als zusässig erkannten erhöhten Mietzinses, JBl 1922, 163.

　所有権留保と譲渡担保（Sicherungsübergang）については，対応の関係であり，信用を付与する債権者は形式的な権利者にすぎず，信用をうける債務者は，使用と収益をなすことができることに注目する。ただし，所有権留保では，債権者は所有権を保持し，譲渡担保では，所有権を取得する。逆に，所有権留保では，債務者は使用と収益をうけ，譲渡担保では，それを保持する。こうした中間的な性質から，所有権留保者（担保権者）が，自分の物に質権を設定できるかといった実務的な問題が生じ，実務は，所有権と質権が排斥する関係にあることからこれを否定したのである(15)。

　6　O. ピスコ（Oskar Pisko, 1876. 1. 6 -1939.12. 2 ）

　ピスコは，1876年に，ウィーンでユダヤ系の家系に生まれた。父は，法律家の Ignaz Pisko であった。1897年に，司法研修，1899年に，裁判官試験に合格。その間の1898年に，ウィーン大学で学位をえて，1899年から，ラント裁判所の裁判官となった（1917年まで）。1907年に，ウィーン大学で（Karl Samuel Grünhut の下で）ハビリタチオンを取得した（Das Unternehmen als Gegenstand des Rechtsverkehrs）。そのかたわら，1909年に，私講師となり，1914年に，員外教授の資格保持者となった。1917年に，全私法の教授資格(venia legendi) を取得し，1918年に，ウィーン大学で員外教授，1921年に教授となった。オーストリア併合の1938年に引退を強制された。国家試験委員会や裁判官試験委員会の委員となり，Staub の普通商法典のコンメンタールやクラングの ABGB の大コンメンタールの執筆などもしている。⑤の Walter Wilburg は，彼の弟子でもある(16)。著書に，Lehrbuch des österreichischen Handelsrechtes 1923がある（Vgl.Göppinger, Juristen jüdischer Abstammung 2. A. 1990 S. 227）。

　7　ヴェンガー（Leopold Wenger, 1874. 9. 4 -1953. 9 . 21）

　ヴェンガーは，1874年に，Obervellach/Kärnten で，生まれた。1897年に，学位をえて，1901年に，ハビリタチオン（Zur Lehre von der actio iudicati- Eine rechtshistorische Studie）を取得。師は，グラーツ大学の Gustav Ha-

第 4 篇　19世紀後半以降のオーストリア法の変遷と民法　　　　357

nausek であった。1899年に，ライプチッヒ大学の Ludwig Mitteis の下でも
学んだ。1902年に，グラーツ大学の員外教授。1904年に，ウィーン大学の正
教授。1908年に，ハイデルベルク大学，1909年に，ミュンヘン大学，1935年
に，再度ウィーン大学の教授となった。1939年に，定年となった。オースト
リアの学者としては珍しく，多数の大学を渡り歩いた。1953年に，故郷の
Obervellch で，亡くなった。San Nicoló, Steinwenter, Carolsfeld, Schwind
などの弟子がいる[17]。

(hrsg.v.) Wicken, San Nicoló, Steinwenter, Festschrft für 70. Geburt-
stag.

8　ウィルブルク (Walter Wilburg, 1905. 6 . 22-1991. 8 . 22)

(1)　ウィルブルクは，1905年に，オーストリアのグラーツで生まれ，1928
年に，グラーツ大学で，エーレンツワイク (Armin Ehrenzweig, 1864. 12. 15-
1935. 9 . 29) のもとで，学位をうけた。そして，1930年から1933年の間，ベ
ルリンの比較法研究所 (Kaiser-Wilhelm-Institut für ausländisches und interna-
tionales Privatrecht) において，M・ヴォルフとラーベルのもとにいたので
ある。ただし，教授資格論文は，1933年に，ウィーン大学の Oskar Pisko(1876-
1939) のもとで完成させた (Österreichisches und Deutsches Zivilrecht sowie
Ausländisches Privatrecht in vergleichender Darstellung)，1933年から私講師
として，また1935年からは，グラーツ大学(1585年創設，http://www.uni-graz.
at/) のオーストリア法と国際私法の講座で員外教授となった。

グラーツ大学は，1939年から1944年の間，彼の正教授への申請をたびたび
行ったが，それはいずれもライヒ政府によって拒絶された。この間は，オー
ストリア併合 (1938年 3 月) の時期であり，彼は，当時のナチス政府に忌避
されたのである。それにもかかわらず，彼は，プラハ大学，グライフスヴァ
ルト大学，ウィーン大学，ゲッチンゲン大学への招聘を断った。1943年には，
国防軍にも召集された。

ウィルブルクは，戦後の1945年に，40歳のときに，ようやくグラーツ大学
で正教授となった。1945年から1964年の間に，7 回も法学部長となった。1948
年から50年，および1950年から1951年の間は，同大学の評議員と学長となっ
た。1991年に，グラーツで亡くなった。

1953年に，オーストリアの大功労賞(Großes Silberne Ehrenzeichen für Verdienste um die Republik Österreich) を，1977年には，シュタイヤーマルク州の功労メダル，1985年に，同州の大功労賞をうけた。ウィーン大学とベルリン大学から，1975年に，名誉教授号をうけている。

(2) 彼は，わがくにでは類型論（Wilburg, Die Lehre von der ungerechtfertigten Bereicherung nach oesterreichischem und deutschem Recht: Kritik u. Aufbau; Festschrift d. Univ. Graz 1933/34/Walter Wilburg, Graz）でのみ言及され，あまり知られていないが，「動的システム」（bewegliches System）の概念を発展させ，これによっても重要である。これは，法において有機的な関連するさまざまな力を総合的に観念する相関論であり，とくに，オーストリアの法律学に大きな影響を与えた（Wilburg, Entwicklung eines beweglichen Systems im Bürgerlichen Recht: Rede, gehalten bei der Inauguration als Rector magnificus der Karl-Franzens-Universität in Graz am 22. November 1950/von Walter Wilburg. - Graz: Kienreich, 1951。1950年の学長就任演説である）。

ケメラー（Ernst von Caemmerer, 1908. 1. 17-1985. 6. 23）と同じく，教科書的なテキストを書かなかったことから，ウィルブルクの影響は，おおむねオーストリア国内にとどまるが，彼の弟子には，Franz Bydlinski（1931. 11. 20-2011. 2. 7），Helmut Koziol（1940. 4. 7 -），Viktor Steininger, Bernd Schilcher, Willibald Posch など，オーストリア法学界の重鎮がおり，その人脈は広い。

また，ローマ法学者のカーザー（Max Kaser, 1906. 4. 21-1997. 1. 13）は，グラーツ大学で Wilburg と同期であった。Paul Koschaker（1879. 4. 19-1951. 6. 1 ）も，グラーツで数学を学んだ（法律学はライプチッヒ大学）[18]。

60歳のときの記念論文集に，ウィルブルクの学問に関する解説がある（Festschrift zum 60.Geburtstag von Walter Wilburg, 1965, S. 7, Der wissenschaftliche Weg Wilburgs）。比較的小冊子（273頁ほど）であるが，Beitzke, Larenz, Wieacker などのほか，オーストリアでも，Gschnitzer, Mayer-Maly などが寄稿している。Bydlinski は，当時，Beitzke とともにボン大学にいた。

70歳のときの記念論文集も，1975年に出されている（Walter Wilburg zum 70.Geburtstag）。Beitzke, Canaris, Larenz などのほか，オーストリアでは，Koziol, Mayer-Maly, Wesener などが寄稿している。こちらは，500頁近い

大著である。

9　グシュニッツアー（Franz Gschnitzer, 1899. 5 . 19–1968. 7 . 19）

（1）　グシュニッツアーは，1899年，ウィーンで生まれた。父 Friedrich は，ウィーンの高校教師であったが（Mittelschulprofessor, 母は Maria），両親がチロルの生まれであり，小学校の時にインスブルックに引っ越したことから，1917年から，インスブルック大学で法律学を学んだ。1921年に学位をえて，その後，ウィーン，チュービンゲンで学んだ。1924年に，インスブルック大学で，法学の副手（Hilfskraft）となり，1925年に，賃貸借に関する比較法的研究（Die Kündigung nach deutschem und österreichischem Recht）でハビリタチオンを取得し（師は，Paul Kretschmar），1927年に，ローマ法と現代私法の員外教授となった。1928年に，Maria（geb.Pallweber, 1901–1976）と結婚し，4男2女をえた。1929年に，正教授，1934/35年に学部長となり，のち評議員もした。1945年に，リヒテンシュタイン侯国の最高裁長官となり，その職に終身とどまった。1946/48に，インスブルック大学の学長となった。

　1964年から，オーストリア学術アカデミー会員となる。多数の学問的著作とともに，大衆文学の作品もある（Mörder. Ein Lebensbild. In：Widerhall. Jg. /Nr. 51, 20. 12. 1919, S. 10f.）。息子の Fritz は，歴史家となった。

（2）　政治家としては，1945年から62年の間，オーストリア国民議会の議員（ÖVP, österr.Nationalrat），1962年から65年の間は，連邦参議院の議員（Bundesrat）ともなった。1956年に，Julius Raab 内閣では，外務省の次官（Staatssekretär）ともなった。1956年から61年の間，南チロル問題（Südtirol-Frage）を担当した。Bergisel-Bund に属した。1968年に，インスブルックで亡くなった[19]。

　1969年に，2巻の追悼論文集 Privatrechtliche Beiträge：Gedenkschrift Franz Gschnitzer / hrsg. von Christoph Faistenberger u. Heinrich Mayrhofer が出された。

　ABGB のテキストは，今日でも広く知られている。

　Gschnitzer, Allgemeiner Teil des bürgerlichen Rechts, 2.Aufl., 1992, S. 15 （Mitautoren：Engel, Markl, Oberhofer, Schopper,Villotti, Mänhardt）.

　初版は，Allgemeiner Teil des bürgerlichen Rechts/von Franz Gschnitzer, 1966.

360 第3部 ドイツの司法とオーストリアの司法

そのテキストは，ほぼ民法の全領域をカバーしている。

Schuldrecht: allgemeiner Teil, 1965.

Schuldrecht: besonderer Teil und Schadenersatz, 1963.

Sachenrecht, 1968.

Familienrecht, 1963.

Erbrecht, 1964.

また，Kommentar zum Allgemeinen bürgerlichen Gesetzbuch (1948ff.).
リットラーの祝賀論文集の編者となっている。

Festschrift Theodor Rittler, zum 70. Geburtstage (14. 12. 1946) gewidmet
und überreicht von Freunden, Fachgenossen und Schülern, 1946.

インスブルック大学の課程についての共著作がある。

Studienführer für die rechts- und staatswissenschaftliche Fakultät der
Universität Innsbruck / Zusammengest. von F. Gschnitzer ; W. Weddi-
gen ; G. Heinsheimer im Auftrage des rechts- und staatswissenschaftli-
chen Dekanates der Universität, 1932.

チロルに関する以下の著作は，政治家の時期の産物である。

Tirol: geschichtliche Einheit, 1958.

Klang の大部のコンメンタールでは，Klang の晩年，1950年代から共編者
となっている。

Kommentar zum Allgemeinen Bürgerlichen Gesetzbuch / hrsg. von
Heinrich Klang ; Franz Gschnitzer.

弁護士の Georg Gschnitzer (1940. 4. 24-) は，その縁戚と思われる（スイ
スとオーストリアで活動している）。

第3章　3代のエクスナーとオーストリアの大学の改革

1　序

　3代のエクスナーは，祖父 Franz Seraphin Exner (1802. 8. 28-1853. 6.
21)，父 Adolf Exner (1841. 2. 5 -1894. 9. 10)，子 Franz Exner (1881. 8.
9 -1947. 10. 1) である。祖父は，教育学者であり，父は民法学者，子は刑法
学者となった。専門は異なるが，それぞれの分野で著名である。私法の関係
では，父エクスナーに焦点をあてるが，祖父エクスナーも，オーストリアの

第 4 篇　19世紀後半以降のオーストリア法の変遷と民法　　361

文教政策に影響を与え，多くの学者の招聘に道を開いている。その中には私法学者も多数含まれている。プロテスタントやユダヤ系の学者に道を開いたことに大きな意味がある。もっとも，逆に転出する者も多い。子エクスナーも，戦後はミュンヘン大学教授である。

　ヨーロッパには，親子や近い縁戚で法学者という例は多い。しかし，直系で 3 代という例はまれである。エクスナーも，祖父は教育学者である。バーゼルの著名な法学者ホイスラーも，3 代の学者であるが，法学者は，祖父（Andreas Heusler, 1802. 3. 8 –1868. 4. 11）と父（Andreas Heusler, 1834. 3. 30–1921. 11. 2）であり，子（Andreas Heusler, 1865. 8. 10–1940. 2. 28）は，ゲルマニスト＝ゲルマン語学者であった。この場合には，名前まで同一であるために，すこぶる紛らわしい。この中で，著名なゲルマン法学者は，父ホイスラーである。彼も，ドイツ語ではゲルマニストである。

　古い例では，ほかに，Karl Salomo Zachariae（Zachariae von Lingenthal, 1769. 9. 14–1843. 3. 27）と息子の Karl Eduard Zachariae von Lingenthal（1812. 12. 24–1894. 12. 24）の関係があり，もっと新しくは，父 Arwed Blomeyer と，子の Jürgen Blomeyer の例，父 Heinrich Stoll と子 Hans Stoll の例がある。これらは，専門も近い。

　比較的近時では，父 Fritz von Hippel と子 Eike von Hippel の例，あるいは父 Eugen Ulmer と子 Peter Ulmer の例，Schiedermair 父子の例がある。伯父・甥の例もあり，これらは，専門との関係で，興味深い研究対象ともなっている。

　2　エクスナーの家系

（1）　F・S・エクスナー（Franz Serafin Exner, 1802. 8. 28–1853. 6. 21）は，1802年に，ウィーンで生まれた。1821年にウィーン大学，1823年にパヴィア大学，1825年にウィーン大学で，法律学を学んだが，Rembold によって哲学に興味をもち，専攻を変え，学位をとった。1827年にウィーン大学で哲学，1828年には教育学の補助教員となった。1831年に，プラハ大学の哲学教授となった（1848年まで）。1845年から47年に，宮廷の学術委員会（Studienhofkommission）の高等教育の改革の協力者となった。1848年には，教育省の学術顧問（Beirat）となった。「オーストリアにおける公教育の基本草案」を作成し（Wiener Zeitung vom 18.–21. 7. 1848），ギムナジウムと大学が新たに再構築さ

れた。大学では2年間の「一般哲学教育」が廃止され，ギムナジウムの上級学年が付加され，それによって，哲学部は，専門教育に特化できるようになった。哲学から諸学の分化する時代の反映であった。啓蒙の精神から実務の重視への転換でもある。Bonitz とともに，「オーストリアにおけるギムナジウムと実務学校の組織草案」をも著した。大臣の Leo Graf Thun-Hohenstein は，1849年から51年の間に，大学に，教育の自由の原則や研究と教育の連携などをもちこみ，学術的な自律権（Selbstbestimmungsrecht）と国家の監督権の均衡がはかられたのである。エクスナーは，ウィーンの学術アカデミーの会員となった。教育や哲学関係の業績が多数あるが，省略する[20]。1853年に，イタリアのパドアで亡くなった。

(2) A・エクスナー（Adolf Exner, 1841. 2. 5-1894. 9. 10）は，1841年に，プラハで生まれた，父は，Franz Serafin Exner, 母は，Charlotte（geb.Dusensy）であった。学者の家系であり，弟の Siegmund Exner（1846-1926）は生理学者，Franz-Serafin Exner（1849-1926）は物理学者であった。父は，教育改革家であり，その改革によって，1855年には，公法学者のシュタイン（Lorenz von Stein, 1815. 11. 18-1890. 9. 23）やアルント（Karl Ludwig, von Arnesberg（seit 1871）Arndts, 1803. 8. 19-1878. 3. 1），ウンガー（Josef Unger, 1828. 7. 2-1913. 5. 2）などが，ウィーン大学に招聘されている。

A. Exner には，Karl Exner, Sigmund Exner, Franz-Serafin Exner の3人の弟と，妹（Marie von Frisch）がいた。この妹の子に，動物学者でありノーベル賞受賞者の Karl von Frisch がいる。A. Exner の子の Franz Exner（1881. 8. 9-1947. 10. 1）は，刑法学者で，のちにライプチッヒとミュンヘン大学の教授となった。

A・エクスナーは，ウィーンの Theresianum ギムナジウムを卒業し，ウィーン大学で法律学を学び，その後，1863年から64年，ライプチッヒ，ハイデルベルク，ベルリンの各大学でも学んだ。ウィーン大学に戻って，1866年に，ローマ法でハビリタチオンを取得した。1868年に，27歳で，チューリヒ大学で正教授となった。

1869年に，そこで，詩人の Gottfried Keller（1819. 7. 19-1890. 7. 15）や考古学者の Otto Benndorf（1838. 9. 13-1907. 1. 2）と親しくなった。ケラーは，チューリヒの農場 Salzkammergut やウィーンにも訪ねてきた。1871/72年，インスブルック，ヴュルツブルク，キールの各大学から招聘されたが

第4篇　19世紀後半以降のオーストリア法の変遷と民法　　363

断り，1872年にウィーン大学に，イェーリングの後任として招聘された。1878
年に，銀行家の娘　Constanze Grohmann,（1858-1922）と結婚した。3人
の子どもが生まれた。Nora, Franz, Gertrud である。1891/92年，学長となっ
た（Über politische Bildung, Rektoratsrede, 1891）。オーストリアの皇太子の
教師となり，1892年，貴族院議員となった。さらに，1894年，ライヒスゲリ
ヒト（これにつき後述第4章3参照）の裁判官にもなった。毎年，イタリアに
滞在し，イギリス，フランス，オランダ，ギリシア，小アジアやエジプトに
も旅行した。

　1894年に，チロルの Kufstein で，心臓発作で死亡した。その墓は，ウィー
ンの Dornbacher Friedhof（Gruppe 9, Nummer 32 A）にある。死亡した時
には，司法大臣となることが予定されていた。ウィーンの Josefstädter
Straße 17に，記念板があり，ケラーが彼の客としてウィーン滞在したこと
が記されている。ケラーも，またウィーンで過ごした時のことを，生涯でもっ
ともよき時期として記している[21]。

　業績には，不可抗力に関する Der Begriff der Höheren Gewalt（vis major）
im römischen und heutigen Verkehrsrecht, 1883ほかがある。

Die Lehre vom Rechtserwerb durch Tradition nach österreichischem
und gemeinem Recht, 1867.

Das österreichische Hypothekenrecht, 2 Bde, 1876/81.

　(3)　Franz Exner（1881. 8. 9 -1947. 10. 1）は，その子であり，オースト
リアの刑法学者である。1881年に，ウィーンで生まれ，カトリックであった。
1905年まで，ウィーン大学とハイデルベルク大学で法律学を学び，1905年に
ウィーン大学で学位をえた。1910年に，ウィーン大学でハビリタチオンを取
得し，1912年から16年，チェルノヴィッツ大学で員外教授，1916年にプラハ
大学で正教授，1919年にチューリンゲン大学に招聘され，1921年から1933年
まで，ライプチッヒ大学に移動し，1926/27年，1927/28年に学部長，1926/
28年に学長となり，1933年以後はミュンヘン大学教授となった。ミュンヘン
のバイエルン学術アカデミー会員ともなった。

　彼は，ワイマール共和国の時代に，Edmund Mezger, Hans von Hentig,
Gustav Aschaffenburg などとともに，主要な刑事学者であった。刑事社会
学の先駆者でもある。ただし，ナチスの時代には，そのイデオロギーに妥協
した態度を示した。1947年に，ミュンヘンで亡くなった[22]。以下の刑法関係

の論文がある。

Krieg und Kriminalität (=Kriminalistische Abhandlungen, Heft 1), 1926.

Studien über die Strafzumessungspraxis der deutschen Gerichte (=Kriminalistische Abhandlungen, Heft 16), 1931.

Gerechtigkeit und Richteramt. Zwei akademische Antrittsreden, 1922.

Kriminalbiologie in ihren Grundzügen, 1939.

第4章　むすび

1　近時の動向

　比較的寛容な政策の結果，オーストリアの学者には，多彩な人材が含まれる。ユダヤ系に寛容なのは，多民族国家の沿革によるものであろう。併合時を除くと，今日でもその傾向がみられる。ドイツでは，戦前まで多数いたユダヤ系法学者の数は，戦後いちじるしく減少したが，オーストリアには，今

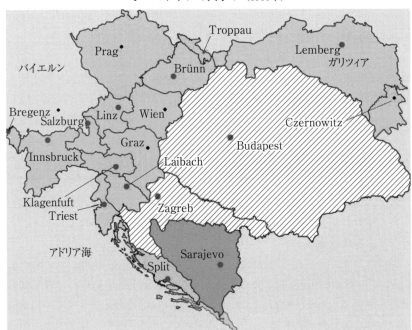

オーストリアの大学1（1900年）

第4篇　19世紀後半以降のオーストリア法の変遷と民法　　　365

オーストリアの大学2（2000年）

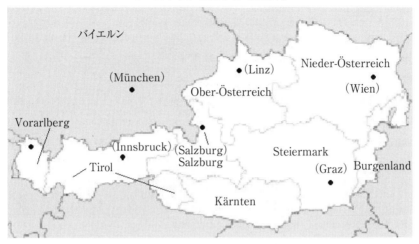

（Vgl. Kinder und Hilgemann, Atlas zur Weltgeschichte, II, S. 58, S. 78；Winklemann/Heritage, Atlas der Weltgeschichte, 1997, S. 78；Zentner, Der große Bildatlas zur Weltgeschichte, 1982, S. 488；Muir's Atlas of Medieval and Modern History, 1982, p.33）.
　古い大学で，しばしば登場するのは，プラハ，ウィーン，チェルノヴィッツなどである。チェルノヴィッツ大学には，上述のFranz Exnerのほか，エールリッヒ，経済学者のシュンペーター（1909年から11年，1922年にグラーツ，1925年にボン，1932年にハーバードである）が赴任したところでもある。

日でもかなり多くみられる。オーストリア国家そのものが被害者であり，そこで行われた迫害は必ずしも主体的なものではなかったからである。戦後の帰国も比較的早い。
　実定法の解釈論では，ウンガー以降，パンデクテン法学とドイツ法の影響が強まったが，なお独自性がみられる。ABGBのもつ自然法的な性格とこれを反映する理論だけではなく，ケルゼンやその私法的な応用であるビドリンスキーの理論があり，また，ドイツ法に比して，給付の均衡を重視する傾向がみられる（Mayer-Malyなど）。
　さらに，ヴィルブルクのように（グラーツ），1つの大学にとどまって研究する傾向もみられる。もっとも，ドイツの学者も，中間期のように，一面的な移動は行わなくなったが，これは，大学を序列化する傾向のあるユダヤ系法学者が減少したことによるものである[23]。

2　補　遺

(1)　戦後の法学者

(a)　ドイツ法，物権法，法史学で著名な Herbert Hofmeister (1945. 10. 20-1994. 6. 23) は，1945年にミュンヘンで生まれ，じきにウィーンに引っ越した。1963年に，大学入学資格をえて，ウィーン大学で法律学を学び，1967年に学位をえた。1973年に，ハビリタチオンを取得（論文は，Die Grundsätze des Liegenschaftserwerbes in der österreichischen Privatrechtsentwicklung seit dem 18. Jahrhundert, 1977)[24]。1981年に，ウィーン大学の員外教授，教授となった。著作に，Ein Jahrhundert Sozialversicherung in Österreich, 1981 ; Die Verbände in der österreichischen Sozialversicherung, 1989 ; Bauten auf fremdem Grund, 1996などがある。追悼文がある (ZRG GA 113 (1996) 699, Ogris Werner)。東京にも来たことがある。

憲法裁判所裁判官となった次の Lilian Hofmeister は，その縁戚と思われる。このホーフマイスター (Lilian Hofmeister, 1950. 10. 16-) は，1950年10月16日に，ウィーンで生まれた。ウィーン大学で法律学を学び，1972年に学位をえた。1976年に裁判官となり，1997年に，ウィーンの商事裁判所裁判官，1998年，オーストリア憲法裁判所の補助裁判官，その後裁判官となった。1991年から1994年，連邦経済省の鉄鋼委員会の会長代理をした[25]。編著として，(hrsg.) Insolvenzgesetze, 1994がある。

(b)　オフナーの一族では，Julius Ofner (1845. 8. 20-1924. 9. 26) が ABGB の制定史料で著名である。彼については，第3篇参照[26] (328頁)。

ほかに，司法大臣となった Harald と教授の Helmut がいる。

前者 (Harald Ofner, 1932. 10. 25-) は，1932年10月25日に，ウィーンで生まれた。1953年から法律学を学び，1958年に学位をえた。1965年に弁護士となった。地方議員を経て，1979年から83年，および1986年以降，国民議会議員，1983年から87年まで，司法大臣となった[27]。

後者 (Helmut Ofner, 1961. 4. 29-) は，1961年，ウィーンで生まれた。法律学を学び，84年，学位をえた。1984年，トリアー大学の LL.M.，1987年に，ウィーン大学の助手となった。1998年に，ウィーン大学でハビリタチオンを取得した。同年，員外教授，その後，正教授となった[28]。以下の著作がある。

Ofner/Prunbauer, Der Kaufmann und das Mietrecht, 1991 (1995).

Ofner/Reidinger, Studienbuch Bürgerliches Recht, 1992f. (1999).

第4篇　19世紀後半以降のオーストリア法の変遷と民法　　　367

Ofner/Graf Recht, Textsammlung Bürgerliches Recht, 1999（2002）.

(2)　シュタインヴェンター（Artur Steinwenter, 1888. 5 . 17-1959. 3 . 14）

　シュタインヴェンターは，1888年にマールブルクで生まれた。父（Arthur Steinwenter, 1850-1939）は，ギムナジウムの校長であった。グラーツで育ち，グラーツ大学で，Leopold Wenger, Gustav Hanausek, Ivo Pfaff などから法律学を学んだ。1912年に学位をえて，1914年に，ハビリタチオン（Studien zum römischen Versäumnisverfahren）を取得した（師は，Gustav Hanausek）。1918年に，員外教授となり，1924年に，正教授となった。当初はローマ法を教えたが，のちにはオーストリア民法の講義をももった。

　1930/31年，1947/48年，1949/50年に学部長をした。1935年に，オーストリア学術アカデミーの外部会員となり，1942年には，バイエルン学術アカデミーの外部会員となり，1958年に名誉教授となった。1959年に，グラーツで亡くなった。その墓は，グラーツの St. Leonhard-Friedhof にある。Max Kaser は，彼の弟子である。

　ローマ法，ギリシア法に興味をもち，法律学上のパピルス学にも造詣が深い（Recht der koptischen Urkunden, 1955）。グラーツ大学の後継である Gunter Wesener のほか，Max Kaser, Hermann Baltl, Helmut Schnizer などの弟子がいる[29]。

(3)　ビドリンスキー（Franz Bydlinski）

　彼については，別稿にゆずる（拙稿「ビドリンスキーとオーストリア民法学の発展」法学上の発見と民法（2016年）523頁）。

(4)　マイヤー・マリ（Theo Mayer-Maly, 1931. 8 . 16-2007. 12. 6 ）

　マイヤー・マリは，1931年，ウィーンで生まれた。祖父の Theodor Mayer は，ドイツの騎士貴族（Kavalerieoffizier）に属したが，もともとはマインツのユダヤ系の銀行家の出であった。祖母 Johanna Freifrau Maly von Vavanovic は，メーレン（Mähren）とシレジアの高裁長官の娘であった。父は，ウィーンで裁判官，ついで，1938年のオーストリア併合の結果，ドイツ国家に仕え，1945年に，司法職に戻った。ウィーンの検察官であった母は，農家の出であった。Mayer-Maly は，50％はオーストリア人，25％は，ドイツと

メーレン，25％はユダヤ系と自認していた。

　1949年から，ウィーン大学で法律学を学んだ。当時の法史のコースに入った。1950年には，第１段階コース（1. Studienabschnitt）に，すべて優の成績（mit Auszeichnung）で合格した。ローマ法からカノン法，ドイツ法に関する彼の法史への関心は，その時から始まっている。民法，刑法，商法と手続法に関する第２段階コースでも，すべて優であった。国法学，行政法，国際法，法哲学の第３段階と第４段階も同様であった。1954年に学位を取得し（praesidentis rei publicae），学位講演 Freiheit und Recht in der Geschichte は，連邦大統領とウィーンの枢機卿の列席の下に行われた。1956年に，ウィーン大学の Hans Kreller（1887. 4. 22-1958. 2. 14，その師 L. Mitteis の下で学位，ハビリタチオンを取得）の下で，ローマ法の賃貸借（locatio conductio, 1956）の研究により教授資格を取得した。まだ25歳であった。

　また，労働法にも，早くから関心をもち，System des österreichischen Kollektivvertragsrechts で賞をとった。司法研修のときには，ウィーンの労働部（Arbeiterkammer）で修習する機会をえた。また，1956年に，Julius Adolf Merkl（1890. 3. 23-1970. 8. 22，その師はケルゼンである）の助手の Dorothea Schwarz と結婚した。娘が２人生まれた。

　1957年に，グラーツ大学で私講師，員外教授となった。ここには，当時，ウィルブルクのほか，Bydlinski, Wesener などがおり，オーストリアでもっとも活動的な大学であった。1959年に，ウィーン大学に移り，1961年には，Hans Kreller の後任として正教授となった。しかし，ここに安住せず，1962年，ケルン大学に移籍した（ウィーン大学の彼の後任は，Selb であった）。ケルンに新設された労働法・民法の講座に招聘されたのである。当時，ケルン大学は，ニッパーダイ（Hans Carl Nipperdey, 1895. 1. 21-1968. 11. 21）によって，ドイツの労働法学の中心であった。ニッパーダイとともに，1966年までそこにとどまった（ケルンのニッパーダイの後任は，1966年から Zöllner）。ケルンにいたのは，わずか５年であったが，この前後は，労働法関係の業績が多い。たとえば，Risikoverteilung in mittelbar von rechtsmäßigen Arbeitskämpfen betroffenen Betrieben, 1965；Arbeiter und Angestellte, 1969などである。Lehrbuch des österreichischen Arbeitsrecht, 1970（2. Aufl.1982）.

　1966年に，新設のザルツブルク大学に移り，この新しい学部の創設に尽くした。1960年代は，大学政策をめぐる対立が激しく，オーストリアでは，ド

イツよりも，左翼思想が強く，彼も精力をそそぐ必要があった。1999年に，名誉教授となった。2000年，インスブルック大学の客員教授，2001年に名誉教授となった。

マイヤー・マレは，オーストリア科学アカデミー会員となり，グラーツ大学，スイスのフライブルク大学（Freiburg in Üchland），ベルン大学などの名誉博士をうけた。教皇庁のアカデミー幹事となり，オーストリア共和国の学術勲章をうけた。祝賀論文集として，Iurisprudentia universalis, hrsg.v. Schermaier/Michael/Laurens, 2002がある。2007年に，ザルツブルクで亡くなった[30]。

Österreichiche Rechtswissenschaft in Selbstdarsetellungen, 2003.

Gedächtnisschrift für Theo Mayer-Maly zum 80.Geburtstag, hrsg.v. Harrer, Honsell und Mader, 2011.

業績は多い。

Reneissance der laesio enormis?

Putativtitelproblem bei der usucapio, 1962.

Erwerbsabsicht und Arbeitnehmerbegriff, 1965.

Rechtskenntnis und Gesetzesflut, 1969.

Arbeiter und Angestellte, 1969.

Österreichsches Arbeitsrecht, 1970.

Das Bewusstsein der Sittenwidrigkeit, 1971.

Rechtswissenschaft, 1972. 5. Aufl. 1992.

Raumordung und Privatrechtsgesellschaft, 1973.

Krankenhausstruktur, Betriebsverfassung und Kirchenautonomie, 1975.

Mayer-Maly/Rummel/Steinnger, Der Einfluss der Strafrechtsreform auf das Zivilrecht, 1977.

Gleichbehandlungsgesetz, 1981.

Einführung in die allgemeinen Lehren des österreichischen Privatrecht, 1984.

Gedanken über das Recht, 1985.

Jörs/Kunkel/Wenger/Honsell/Mayer-Maly/Selb, Römisches Recht, 1987.

Mayer-Maly / Marhold, Österreichisches Arbeitsrecht – Individualarbeitsrecht und Kollektivarbetsrecht, Bd.1, 1987,2. Aufl., 1999.

370 第3部 ドイツの司法とオーストリアの司法

Römisches Privatrecht, 1991.

Fortpflanzungsmedizin und Lebensschutz hrsg.v.Bydlinski/Mayer-Maly, 1993.

Bydlinski/Mayer-Maly, Die Arbeit- ihre Ordnung, ihre Zukunft, ihr Sinn, 1995.

Ärztliche Aufklärungspflicht und Haftung, hrsg.v.1998.

Rechtsphilosophie 2001.

（会報への寄稿も多数ある）。

　なお，オーストリア学術アカデミーの会員である。

　⑸　ヴェーゼナー（Gunter Wesener, 1932. 6. 3-）

　ヴェーゼナーは，ウェストファーレンの Recklinghausen の家系に属し，先祖には，ケルン選帝侯の裁判官やケルン市長，皇帝顧問官　Arnold von Siegen などがいる。

　1950年に，グラーツのギムナジウムを卒業して，グラーツ大学で法律学を学んだ。1954年に，学位をえた。1957年に，Artur Steinwenter の下で（Hubert Niederländer 副査）ハビリタチオンを取得した（Geschichte des Erbrechtes in Österreich seit der Rezeption）。1959年に，Carmen（geb.Lintner）と結婚した。

　1953/54年に研究補助員となり，1955年に，司法研修をおえ，1955年に，グラーツ大学の助手となった。グラーツ大学では，Walter Wilburg, Artur Steinwenter, Max Rintelen, Sibylle Bolla-Kotek, Hermann Baltl などに学び，Franz Bydlinski, Robert Seiler, Josef Krainer などと親交を結んだ。

　1958年に，ハイデルベルク大学で私講師となり，1959年に，グラーツ大学で，Steinwenter の後継として，員外教授となり，1963年に，正教授となった。1965/66年，1979/81年，学部長となった。1989年に，雑誌（Forschungen zur neueren Privatrechtsgeschichte）の共同編者となった。おもな研究対象は，ローマ私法と私法史であった[31]。

　ヴェーゼナーに対する論文集としては，60歳のときの Klingenberg (hrsg.), Vestigia Iuris Romani, Festschrift für Gunter Wesener zum 60. Geburtstag am 3. Juni 1992, 1992がある。

　業績は多い。一部にのみふれる。

第4篇　19世紀後半以降のオーストリア法の変遷と民法　　371

Das innerösterreichische Landschrannenverfahren im 16. und 17. Jahrhundert. Grazer rechts- und staatswissenschaftliche Studien. Band 10, 1963.

Römisches Recht und Naturrecht. Geschichte der Rechtswissenschaftlichen Fakultät der Universität Graz. Teil 1. Publikationen aus dem Archiv der Universität Graz. Band 9, 1978.

Neuere deutsche Privatrechtsgeschichte im Rahmen der europäischen Rechtsentwicklung. Neubearbeitung des Werkes von Gerhard Wesenberg. 4. Aufl., 1985.（イタリア語とスペイン語の翻訳がある）

Österreichisches Privatrecht an der Universität Graz. Geschichte der Rechtswissenschaftlichen Fakultät der Universität Graz. Teil 4. Publikationen aus dem Archiv der Universität Graz, Bd. 9, 2002.

Franz von Zeiller（1751-1828）, Leben und Werk, in Desput, Kocher（hrsg.）Franz von Zeiller, Symposium der Rechtswissenschaftlichen Fakultät der Universität Graz und der Steiermärkischen Landesbibliothek am 30. November 2001 aus Anlass der 250. Wiederkehr seines Geburtstages. Arbeiten zu Recht, Geschichte und Politik in Europa, Bd. 3, 2003, S. 67ff..

　（6）　ゼルブ（Walter Selb, 1929. 5. 22-1994. 6. 2）
　ゼルブは，1929年に，ミュンヘンで生まれた。家族は，シュパイエルに引っ越し，そこのギムナジウムに通った。1949年に，ハイデルベルク大学で法律学を学んだが，同時に，ヘブライ語，アラム語，シリア語を学んだ。シリア語の論文を書いていたオリエント学の Schall と法制史家の Kunkel の影響による。1953年に，司法修習生となり，1954年に，学位をえた。当時の専門は，国際私法であった。1957年に，ドイツの第2次国家試験に合格し，検察官，ついでリンダウで試補，1961年からは，Frankenthal 地裁の裁判官となった。
　1961年に，ハイデルベルクで Kunkel の後任の Broggini の助手となった。1962年に，ハビリタチオンを取得し（Zur Bedeutung des Syrisch-Römischen Rechtsbuchs），民法の講義をうけもった。1963年に，Mayer-Maly の後継として，ウィーン大学のローマ法の正教授となった。Mayer-Maly は，ケルン大学に招聘されたからである。多くの大学の招聘を断り，ウィーンにとどまっ

372　　　第3部　ドイツの司法とオーストリアの司法

た。研究対象は多様であり，法書の手稿の研究のためトルコやシリアへの研究旅行も行った。ローマ法，古法史，オーストリアとドイツ民法，社会保険法の業績がある。1968年に，学部長となり，1970年に，オーストリア学術アカデミー外部会員，1976年に会員となった。1974年に，アカデミー内に古法史部会を創設した。1994年，ウィーンで亡くなった[32]。

　業績は多いが，古法のものを除くと，以下がある。

Schadensbegriff und Regreßmethoden. Eine Studie zur Wandlung der Denkformen des Regresses bei Schuldnermehrheit mit der Veränderung des Schadensbegriffes, 1963.

Das Quotenvorrecht der Sozialversicherungsträger, 1969.

Der privatrechtliche Vertrag als Instrument zur Leistungserbringung in der Sozialversicherung. Zeitschrift für Arbeits- und Sozialrecht, 1976, S. 43ff., S. 94ff.

Kommentierung der §§ 255–274 BGB in Staudinger Kommentar zum BGB.

Kommentierung der §§ 420–432 des BGB im Münchner Kommentar.

Mehrheiten von Gläubigern und Schuldnern, in Handbuch des Schuldrechts in Einzeldarstellungen. Tübingen 1984.

Rechtsordnung und künstliche Reproduktion des Menschen, 1987.

⑺　コツィオール（Helmut Koziol, 1940. 4. 7 -）

　コツィーオルは，1940年に，ウィーンで生まれた。父は，大学教授のHerbert Koziol，母は，Mariaであった。グラーツでギムナジウムに通い，グラーツ大学で法律学を学び，1963年に学位をえた。1967年まで，ボン大学で，ビドリンスキーの助手，1967年に，ウィーン大学に移り，民法の私講師となった。1967年の末に，リンツ大学に移り，1969年まで，私法の教授となった。1970年に，ウィーン大学に移り，定年の2000年までとどまった。1986年から，雑誌　Bank-Archiv（ÖBA）の共同編者となり，Zeitschrift für Europäisches Privatrecht（1993年創刊）の共同編者でもある。ヨーロッパ損害賠償・保険法センター（Europäischen Zentrums für Schadenersatz- und Versicherungsrecht, ECTIL）の役員，オーストリア学術アカデミーのヨーロッパ損害賠償法研究所の所長代理でもあった。オーストリア損害賠償法と銀行法の業績で著名で

第4篇　19世紀後半以降のオーストリア法の変遷と民法　　　　373

ある。Rudolf Welser との共著・オーストリア民法 Grundrisses des öster-reichischen bürgerlichen Rechts は，ドイツのテキストに比較すると簡潔であるが，スタンダードなテキストとなっている[33]。

70歳のときの祝賀論文集がある。Apathy, Bollenberger, Iro, Byd, Karner, Karollus (hrsg.), Festschrift für Helmut Koziol zum 70.G., 2010, 1542 S.

なお，この論文集中に，Gabrielle Koziol, Dienstbarkeiten im Konkurs, S. 1229があり，肩書は Institut f. Zivilrecht, Uni Wien となっている。姻戚関係は不明である。

3　オーストリア最高裁とライヒスゲリヒト，司法省

(1)　ドイツのライヒ大審院 (Reichsgericht) は，1879年に設置された。その前身は，ライヒ上級商事裁判所であり，統一前は，北ドイツ連邦の連邦上級商事裁判所である。それ以前は，プロイセン上級裁判所 (Obertribunal) など諸邦 (ラント) の最上級審があるにすぎなかったのである。

これに対し，オーストリアでは，1867年に，プロイセンとの戦争の結果，ドイツ連邦が解体したことから，1869年に，オーストリア・ハンガリー二重帝国が成立し，その最高裁として，1876年に，ライヒ議会 (Reichsrat) の公法裁判所が設置された(öffentlich-rechtlicher Gerichtshof der im Reichsrat ver-tretenen Königreiche und Länder Österreich-Ungarns)。これが<u>ライヒスゲリヒト</u>と呼ばれる。

名称はドイツのライヒ大審院と同じであるが，機能は異なる。ドイツのライヒスゲリヒトは，民事・刑事の事件の最高裁判所であるが，オーストリアのライヒスゲリヒトは，現在の行政裁判所の前身であり，管轄は，公法関係である。第一次世界大戦で二重帝国が解体するまで存続した。設立の基礎となったのは，1867年の，オーストリア・ハンガリーの協約 (Ausgleich) である。そのおもな任務は，異なった領域の裁判所や行政機関の権原の調整，憲法上の権利の侵害の救済，諸ラントに対する権利の保護である。二重帝国の協約は，憲法 (統治機構の一部) に相当するから，ライヒスゲリヒトは，実質的には憲法裁判所だったのである。したがって，ドイツのそれとは管轄を異にする。ちなみに，ドイツの連邦憲法裁判所は，かなり遅れて第二次世界大戦後に発足した。

ライヒスゲリヒトの裁判所の機構もかなり異なる。初代の長官は，Karl

最高裁の変遷

ドイツ
1852 プロイセン上級裁判所（Obertribunal）
1868 連邦上級商事裁判所 → 1871 ライヒ上級商事裁判所 → 1879 ライヒ大審院
（北ドイツ連邦）　　　　　　（ビスマルク帝国）　　　　　　（ライヒスゲリヒト）
→ 1950 連邦裁判所（BGH）ほかに，同格の連邦行政裁判所，連邦財務裁判所，連邦社会裁判所，連邦労働裁判所がある。さらに，連邦憲法裁判所がある。

オーストリア
1849 最高裁（民事・刑事）
　　　　1867 公法裁判所（ライヒスゲリヒト）→ 1919 行政裁判所
　　　　　　　　　　　　　　　　　　　　　　1919 憲法裁判所

von Krauß（1789.9.13-1881.3.5）であった。裁判所には，副長官のほか，終身官の，12人の裁判官がいた。大所帯であるドイツのライヒスゲリヒトとは異なる。憲法裁判所たるゆえんである。任命は，皇帝が行ったが，議会（上下両院）は，裁判官の半数を提案することができた。最後の長官は，Karl Grabmayr（1848.2.11-1923.6.24）で，後に，新生のオーストリア共和国の行政裁判所の長官となった（Verwaltungsgerichtshof）[34]。

ちなみに，オーストリアの最上級の裁判所は，現在でも，この行政裁判所（1876年設立）と，憲法裁判所（Verwaltungsgerichtshof, VwGH, 1919年設立），最高裁（Oberster Gerichtshof, OGH, 1848年設立）の3つである[35]。ドイツでは，連邦裁判所（BGH），連邦憲法裁判所，連邦行政裁判所のほかに，連邦財務裁判所，連邦社会裁判所，連邦労働裁判所があり，より細分化している。

オーストリアの最高裁は，プロイセンの上級裁判所に対応し（ドイツ連邦で，各邦に義務づけられた固有の第三審），プロイセンの上級裁判所は，ドイツ統一後，ライヒ大審院により吸収されたが，オーストリアは，ドイツ統一から除外されたことから（小ドイツ主義），現在まで存続することになったのである。

(2) オーストリアの司法と行政の関係は，基本的にドイツと同じであり，大陸型の三権分立である。すなわち，上述のように，オーストリア最高裁は，民事・刑事の管轄権を有するが，憲法事件は，憲法裁判所の専権であり，司法行政も，連邦司法省に属する。そこで，密接な関係をもつ司法大臣と最高

第4篇　19世紀後半以降のオーストリア法の変遷と民法　　　375

裁の長官を概観しておく必要がある。

オーストリアの首相では，第1共和制初代のカール・レンナー（1870. 12. 14-1950. 12. 31）のみが，対外的には著名である。彼は，ウィーン大学で法律学を学び，1896年に学位をえた。議会図書館に勤めた後，政治運動に入り，1907年にオーストリア社会民主党の議員となり，その指導者となった。1919年から1920年，首相となった。1931年から1933年には，議会の議長もした。1934年に引退した。

1938年3月11日，ヒトラーの脅迫によって15代首相の Schuschnigg が辞任し，ナチスの Inquart が，16代首相となり，13日にオーストリアは併合された。レンナーは，すでに引退していたが，戦後の1945年の第2共和制の臨時政府でも初代首相となった（同年，大統領。1950年まで）。現在の Werner Faymann（1960. 5. 4-）は，第12代となる[36]。

連邦司法大臣は，第1共和制で，1938年の併合までで22人，戦後の第2共和制でも，現在の Wolfgang Brandstetter までで，19人にもなる。多数になるので，いちいち立ち入らないが，女性司法大臣として，15代の Karin Gastinger，16代の Maria Berger，18代の Claudia Bandion-Ortner，19代の Beatrix Karl がいる[37]。ドイツと同じく，近時の司法大臣は，女性が中心となっている（ドイツでも，Sabine Leutheusser-Schnarrenberger, Herta Däubler-Gmelin, Brigitte Zypries が続いた）。

最高裁の長官は，帝政時代に，初代の Ludwig Graf Taaffe から，最後の Ignaz Freiherr von Ruber まで7代，第1共和制では，初代の Julius Roller と，2代の Franz Dinghofer の2人のみである。戦後の第2共和制では，初代の Guido Strobele-Wangendorf から，現在の Eckart Ratz まで，16代である。在任期間は，平均4年半である。ドイツのライヒ大審院長と比較すると短い。15代の Irmgard Griss は初の女性長官であった[38]。彼女についてのみ，以下に，簡単にふれる。

（3）　Irmgard Griss（1946. 10. 13-）は，1946年に，オーストリア南部の Steiermark 州の Bösenbach で，生まれた。グラーツ大学で法律学を学び，1970年に学位をえた。1975年まで同大学で助手となり，1975年には，ハーバード・ロースクールに留学した。1976年から，弁護士見習い（Rechtsanwaltsanwärterin, Konzipistin. これは，ドイツの Referendarin にあたり，修習期間である）をして，1978年に弁護士試験に合格した[39]。

その後，裁判官職に転じ，1979年からウィーンの商事区裁判所，1981年に，商事裁判所，1987年から高裁，1993年に最高裁の裁判官となった。2007年に，長官となり，2011年に，引退した。2010年には，EU の最高裁長官会議の議長となった。弁護士と結婚し，2人息子がいる。2008年から，連邦参議院により，憲法裁判所の裁判官候補（Ersatzmitglied）の名簿に登載されている[40]。

彼女に対する記念論文集がある。Brigitte Schenk, Elisabeth Lovrek, Gottfried Musger, Matthias Neumayr（hrsg.），Festschrift für Irmgard Griss, 2011.

商法関係の論文のほか，損害賠償法を解説した著作がある。Entwurf eines neuen österreichischen Schadenersatzrechts, 2006.

オーストリアの最高裁長官[41]

（オーストリア・ハンガリー帝国）
1848〜1855　Ludwig Graf Taaffe
1857〜1865　Karl Ritter von Krauss
1865〜1891　Anton Ritter von Schmerling
1891〜1899　Karl Ritter von Stremayr
1899〜1904　Karl Habietinek
1904〜1907　Emil Steinbach
1907〜1918　Ignaz Freiherr von Ruber

（第1共和制）
1919〜1927　Julius Roller
1927〜1938　Franz Dinghofer

（第2共和制）
1945〜1953　Guido Strobele-Wangendorf
1954〜1955　Franz Handler
1956〜1957　Karl Wahle
1958〜1965　Ludwig Viktor Heller
1966〜1968　Hans Kapfer
1969〜1971　Norbert Elsigan
1972〜1979　Franz Pallin
1980　　　　Wolfgang Lassmann
1981〜1982　Rudolf Hartmann
1983〜1986　Leopold Wurzinger
1987〜1993　Walter Melnizky
1994〜1998　Herbert Steininger
1999〜2002　Erwin Felzmann
2003〜2006　Johann Rzeszut
2007〜2011　Irmgard Griss*
2012〜　　　Eckart Ratz

(1) Gschnitzer, Heinrich Klang - seine Bedeutung für das österreichische Privatrecht, JBl 1954, 157.

(2) ウンガーについては，一橋法学11巻 3 号41頁参照。

(3) プラハ大学の分裂（1882年）については，拙稿・一橋法学10巻 1 号91頁参照。ランダより，10年ほど先に生まれたのが，遺伝学で著名なメンデルである（1822-1884）。ボヘミアの南東のモラヴィアであった。

(4) Österreichisches Biographisches Lexikon, 1815-1950, Bd. 8 (1983), S. 410f.; GND: 116328185. やや早くに，ボヘミア議会で活躍した者として，ブリンツ（Aloysius von Brinz, 1820. 2 . 25-1887. 9 . 13）がいるが，彼は，むしろドイツの立場に立脚した。一橋法学14巻 3 号24頁参照。

(5) Steffenhagen, Chambon, Eduard Egmund Joseph, ADB (1876), S. 96ff. プロテスタントであった（ADB では，？付き）。

(6) Bibliotheca iuris (Werner Flume), 360; Wenger, Emil Strohal. 1915. なお，一橋法学13巻 2 号46頁を若干補っている。

(7) 1916年改正については，vgl. Bericht der Kommission für Justizgegenstände über die Gesetzesvorlage, betreffend die Änderung und Ergänzung einiger Bestimmungen des allgemeinen bürgerlichen Gesetzbuches, 1912.

(8) Schey von Koromla, Josef, NDB Bd. 22 (2005), S. 719 f.; Gschnitzer, Nachruf auf Josef Schey, JBl 1938, 69; Schey von Koromla Josef, Österreichisches Biographisches Lexikon 1815-1950 (ÖBL). Bd.10, 1994, S. 101.

Gunter Wesener: Römisches Recht und Naturrecht (= Geschichte der Rechtswissenschaftlichen Fakultät der Universität Graz, Teil 1), S. 67f.

(9) Kinder und Hilgemann, Atlas zur Weltgeschichte, II, 1984, S. 62.

(10) Heinrich Demelius, Ehrenzweig, Armin. NDB Bd, 4, 1959, S. 355f. Pisko, Armin Ehrenzweig†, JBl 1935, S. 397f.; Gschnitzer, Zbl. f. d. jur. Praxis, 1935, S. 769 ff.; Wesener, Österreichisches Privatrecht an der Universität Graz (= Geschichte der Rechtswissenschaftlichen Fakultät der Universität Graz. Teil 4), 2002, S. 73ff.; Ehrenzweig Armin, Österreichisches Biographisches Lexikon 1815 1950 (ÖBL). Bd. 1, 1957, S. 227 f.

(11) 父エーレンツワイクには，以下の文献がある。Albert Ehrenzweig, Versicherungsrechtliche Entscheidungen des Obersten Gerichtshofes, JBl.1953, 66.

(12) Johannes Feichtinger, Wissenschaft zwischen den Kulturen. Biografie Albert Armin Ehrenzweig, 2001, S. 276ff.; E.C. Stiefel/ Frank Mecklenburg, Deutsche Juristen im amerikanischen Exil (1933-1950), 1991.

(13) Klang のコンメンタールについて，Kapfer, Kommentar zum ABGB (hrsg.Klang), 2.Aufl, 6 Bde, ÖJZ 1952, 83.

(14) Schwind, Klang, Heinrich, NDB 11 (1977), S. 705f.; Gschnitzer, Heinrich Klang - seine Bedeutung für das österreichische Privatrecht, JBl 1954, 157; Herz, NÖB 14 (1960), S. 178ff.

第4篇　19世紀後半以降のオーストリア法の変遷と民法　　　379

⒂　これは実質的には，所有権が担保権であることの言い換えであろう。

⒃　Kim und Marschall, Zivilrechtslehrer Deutscher Sprache, 1988, S. 521 ; ÖBL.
100.

⒄　Kim und Marschall, a.a.O.（前注⒃），S. 525.

⒅　Festschrift zum 60. Geburtstag von Walter Wilburg, 1965, 7ff.
Gunter Wesener, Österreichisches Privatrecht an der Universität Graz（＝
Geschichte der Rechtswiss. Fakultät der Universität Graz, Teil 4, Graz 2002），S.
87ff. ラーベルやケメラーとの関係につき，拙稿・民事法情報282号22頁参照。
なお，ウィルブルクの師になるピスコ（Oskar Pisko, 1876-1939）の縁戚になる
Ignaz Pisko（1828-1905）の詳細は明確ではない。

⒆　グシュニッツァーについては，著名なわりには文献は少ない。Killy and Vierhaus,
Dictionary of German Biography（DGB），p.241 ; Deutche Biographische Enzyk-
lopädie（DBE），S. 231 ; GND: 118698699. Kim und Mrschall, a.a.O.（前注⒃），S. 516.
ÖBL にも記載がないが，オーストリア議会のHP（Republik Österreich, Parlament），
インスブルック大学のHP（Universität Innsbruck）およびチロル事典の電子版
（Lexikon Literatur in Tirol）に，若干の記載がある。

⒇　Meister, Richard, Exner, Franz Seraphin, NDB 4（1959），S. 698 f. ; Prantl, Carl
von, Exner, Franz, ADB 6（1877），S. 447

㉑　Ivo Pfaff, Exner, Adolf, ADB 48（1904），S. 456 ff. ; Exner Adolf, Öster-
reichisches Biographisches Lexikon 1815-1950（ÖBL）. Bd 1, 1957, S. 274.

㉒　Rektoren und Dekane der Universität Leipzig 1409-1947, Professorenkatalog
der Universität Leipzig ; NDB, Bd. 4, S. 700 ; Kürschner 1935, Sp. 297 ; DBE,
Bd. 3, 1996, S. 201 ; DBA II, Fiche 346, 51-56.

㉓　ユダヤ系法学者は，比較的寛容な政策をとるプロイセンのベルリンやボン大学を目
ざすことが多かったからである。地域多様性のあるドイツでは，フランスにおいて一
面的にパリ大学を目ざすような中央への傾向は強くはない。戦後，ベルリンが東側に
組み込まれてからは，より多様性が強くなった。

㉔　Kürschners Deutscher Gelehrten-Kalender, 1976, I, S. 1312. 来日したこともある。

㉕　Who's who im deutschen Recht, 2003, S. 281.

㉖　オフナーについては，一橋法学14巻2号607頁。ABGB の立法資料は，ムグダンの
BGB の立法資料に比肩するものである。

㉗　Ib.（前注㉕），S. 496.

㉘　Ib., S. 497.
ほかに，下オーストリアのライヒ議員の以下の親子がいる。
（ⅰ）Johann Ofner（1816-1887）は，1816年11月6日に，チロルの Nauders で生ま
れた。インスブルック大学で法律学を学んだ。下オーストリアの St. Pölten で弁護士
となり，地方議員となった。1870年に市長となり，下オーストリアのラント議会議員，
ライヒ議会議員もした。1887年7月16日に，St. Pölten で亡くなった。
（ⅱ）Hermann Ofner（1849-1917）は，その子で，1849年10月27日に，下オースト

リアの St. Pölten で生まれ，ウィーン大学で法律学を学んだ。司法研修後，1884年から弁護士となった。下オーストリア議会議員と，St. Pölten の市長をして，1917年5月15日に，同地で亡くなった。Vgl. Abgeordnete zum Landtag-Archiv（http://www.landtag-noe.at/personen-ausschuesse/aktuelle-abgeordnete-ausschuesse）

(29)　Max Kaser, In memoriam Artur Steinwenter, ZSR（RA）Bd.76（1959），S. 670ff. Gerhard Thür, Artur Steinwenter als Gräzist, ZSR（RA），Bd.115（1998），S. 426 ff.; Kim und Marschall, a.a.O.（前注(16)），S. 525.

(30)　Martin Josef Schermaier（hrsg.），Iurisprudentia universalis. Festschrift für Theo Mayer-Maly zum 70. Geburtstag, 2002; Harrer, Honsell, Mader（hrsg.），Gedächtnisschrift für Theo Mayer-Maly zum 80. Geburtstag, 2011; Who's who im deutschen Recht, S. 445.

(31)　Who's who im deutschen Recht, S. 781; Kürschners Deutscher Gelehrten-Kalender, 1976, II, S. 3475.

(32)　Gerhard Thür, Hubert Kaufhold, Walter Selb（1929-1994），ZSR（RA）112（1995）S.LIX-LXXX; Wolfgang Ernst, JZ（1995），87; Pieler, Österreichisches Archiv für Kirchenrecht Bd.44（1997），S. 425ff.

(33)　Who's who, S. 368; Die Presse.com, 11. April　2007（Der Verfasser der Zivil-rechts-Bibel）。また，European Centre of Tort and Insurance Law のサイトにも，経歴と写真がある（http://www.ectil.org/ectil/Personen/Helmut-Koziol.aspx）。

(34)　Heller, Der Verfassungsgerichtshof, Die Entwicklung der Verfassungsgerichts-barkeit in Österreich von den Anfängen bis zur Gegenwart, 2010.

(35)　オーストリア最高裁については，別稿をも参照（一橋法学12巻3号81頁参照）。Krauss については，Freiherr v. Krauß, Tageszeitung Neue Freie Presse, Wien, Nr. 5934, 6. März 1881, S. 2. Grabmayr については，GND: 11869684X.; Karl v. Grabmayr, Erinnerungen eines Tiroler Politikers 1892-1920, 1955. Österreich-Lexikon にも簡単な記述がある。

　　　オーストリアの司法大臣については，第一次世界大戦後の共和国の時代には，初代の Julius Roller（1918. 10～1919. 5）から最後の Franz Hueber（1938. 3. 11～同月13日，オーストリア併合）まで，22人にもなる。両大戦の中間期は，ワイマール共和国と同様に，オーストリアでも政情は不安定だったのである。また，第二次大戦後は，初代の Josef Gerö(1945. 4～1949. 11)から，2013年12月に就任した Wolfgang Brand-stetter までで19人になる。本稿では立ち入らない。

(36)　連邦首相府の HP（Bundeskanzleramt, Österreich）に歴代首相とその略歴がある（http://www.austria.gv.at/site/4753/default.aspx）。

　　　カール・レンナーについては，我妻栄「カール・ディール『資本主義の法律的基礎』」近代法における債権の優越的地位（1953年）423頁（法協45巻3号～5号）がある。ここで紹介批評された本は，1904年に書かれ，1929年にカール・レンナーの本名で改定出版された（我妻・序9頁参照）。我妻博士の「資本主義の発展に伴う私法の変遷」のテーマの動機となったとあるから，わが民法に与えた影響も大きいといえよう。

その著書の翻訳「私法制度の社会的機能」(加藤正男訳・1968年)がある。

⑶7 連邦司法省のHP (Die Österreichische Justiz) に, 大臣の略歴がある (https://www.justiz.gv.at/web2013/html/default/8ab4ac8322985dd501229ce35f28009f.de.html)。

⑶8 歴代の最高裁長官は, 最高裁のHP (Der OGH. Die oberste Instanz in Zivil- und Strafsachen)にある(http://www.ogh.gv.at/de/ogh/liste-der-praesidentinnen-des-ogh)。

⑶9 オーストリアの法曹試験については, 大学と法曹養成制度 (2004年) 87頁参照。試験は, 弁護士, 裁判官, 行政官など個別に行われ, 弁護士試験は最高の資格であり, すべての法曹に通用した。この試験をうけるには, あらかじめ実務を経験することが必要であった。この研修期間は, もともと7年にも及ぶものであったが, 1978年以降の改革により, 3年以下に短縮された(ドイツでも3年半から2年に短縮されている)。

⑷0 憲法裁判所のHP (憲法裁判所の補助裁判官, Ersatzmitglied) に略歴と写真がある(https://www.vfgh.gv.at/cms/vfgh-site/richter/griss.html)。また, Spindeleggers Trümmerfrau in der Hypo (http://kurier.at/politik/inland/portraet-irmgard-griss-spindeleggers-truemmerfrau-in-der-hypo/58.228.654)。

　ちなみに, 従来の裁判官の名称と在任期間の掲載もある (https://www.vfgh.gv.at/cms/vfgh-site/richter/exmitglieder.html)。

⑷1 歴代の最高裁長官とその略歴は, 最高裁のHP (Der OGH. Die oberste Instanz in Zivil- und Strafsachen) にある (http://www.ogh.gv.at/de/ogh/liste-der-praesiden-tinnen-des-ogh)。

オーストリア法の発展と人物

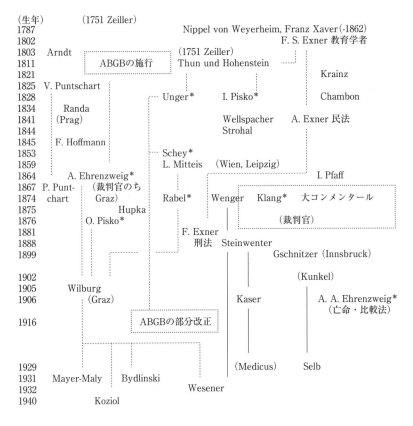

人名索引
（アルファベット順）

ベール（Otto Bähr, 1817 - 1895）35

ブルーメ（Friedrich Bluhme, 1797. 6. 29–1874. 9. 5）25

ボルネマン（Friedrich Wilhelm Ludwig Bornemann, 1798. 3. 28–1864. 1. 28）142

ブラウネック（Anne-Eva Brauneck, 1910. 12. 9 –2007. 3. 6）275

ブムケ（Erwin Konrad Eduard Bumke, 1874. 7. 7 –1945. 4. 20）201

ビドリンスキー（Franz Bydlinski, 1931. 11. 20–2011. 2. 7）367

J. V. ケメラー（Johann Vincenz Caemmerer, 1761. 5. 9 –1817. 3. 26）61

カルマー（Johann Heinrich Casimir Graf von Carmer, 1720. 12. 29–1801. 5. 23）138

シャムボン（Eduard Egmund Joseph Chambon, 1822. 6. 23–1857. 3. 3）349

デルブリュック（Heinrich Delbrück, 1855. 7. 16–1922. 7. 3）204

エッキウス（Max Ernst Eccius, 1835. 3. 21–1918. 4. 20）156

エック（Ernst Wilhelm Eberhard Eck, 1838. 8. 21–1901. 1. 6）41

エーレンツワイク（Armin Ehrenzweig, 1864. 12. 15–1935. 9. 29）352

A. A. エーレンツワイク（Albert Armin Ehrenzweig, 1906. 4. 1 –1974. 6. 4）353

アイヒホルン（Karl Friedrich Eichhorn, 1781. 11. 20–1854. 7. 4）169

エクスナー（Franz Seraphin Exner, 1802. 8. 28–1853. 6. 21）360, 362

A・エクスナー（Adolf Exner, 1841. 2. 5 –1894. 9. 10）362

フィッシャー（Robert Fischer, 1911. 8. 22–1983. 3. 4）258

フェルスター（Franz August Alexander Förster, 1819. 7. 7 –1878. 8. 8）146

フリードベルク（Friedberg, 1813. 1. 27–1895. 6. 2）207

フュルステンタル（Johan August Ludwig Fürstenthal, um 1800–？）155

ガイス（Karlmann Geiß, 1935. 5. 31–）260

グリース（Irmgard Griss, 1946. 10. 13–）375

グシュニッツアー（Franz Gschnitzer, 1899. 5. 19–1968. 7. 19）359

グートブロード（Karl Konrad Gutbrod, 1844. 3. 10–1905. 4. 17）203

ハビヒト（Hermann Habicht, 1805–1896）37

ヘッフター（August Wilhelm Heffter, 1796. 4. 30–1880. 1. 5）171

ハイゼ（Georg Arnold Heise, 1778. 8. 2 –1851. 2. 6）23

ヘンペン（Bernhard Hempen, 1881. 1. 24–1945. 8. 18）294, 296

ホイジンガー（Bruno Heusinger, 1900. 3. 2 –1987. 8. 3）257

ヒルシュ（Günter Erhard Hirsch, 1943. 1. 30–）261

ホーマイヤー（Carl Gustav Homeyer, 1795. 8. 13–1874. 10. 20）170

ホルテン（Johann Bernhard Horten, 1735–1786. 8. 13）323

ジョエル（Curt Joël, 1865. 1. 18–1945. 4. 15）268

ユスティ（Johan Heinrich Gottlob von Justi, 1717. 12. 28–1771. 7. 21）322

カンプッツ（Karl Albert Christoph Heinrich von Kamptz, 1769. 9. 16–1849. 11. 3）177

ケース（Franz Georg Ritter von Keeß, 1747. 1 . 11-1799. 8 . 6 ） 323

キルヒマン（Julius Hermann von Kirchmann, 1802. 11. 5 -1884. 10. 20) 224

G. キッシュ（Guido Kisch, 1889. 1 . 22-1985. 7 . 7 ） 128

J. キッシュ（Johann-Baptist Josef Kisch, 1874. 12. 12-1952. 3 . 9 ）不能論 127

クライン（Ernst Ferdinand Klein, 1744. 9 . 3 -1810. 3 . 18） 154

クラング（Heinrich Adalbert Klang, 1875. 4 . 15-1954. 1 . 22） 354

コッホ（Christian Friedrich Koch, 1798. 2 . 9 -1872. 1 . 21） 144

コツィオール（Helmut Koziol, 1940. 4 . 7 -) 50, 372

キューベル（Franz Philipp Friedrich von Kübel, 1819. 8 . 19-1884. 1 . 4 ） 36

ランズベルク（Otto Landsberg, 1869. 12. 4 -1957. 12. 9 ） 208

レオンハルト（Gerhard Adolf Wilhelm Leonhardt, 1815. 6 . 6 -1880. 5 . 7 ）民訴法 178

レオンハルト（Franz Leonhard, 1870. 9 . 1 -1950. 7 . 20）民法 179

リンペルグ（Bettina Limperg, 1960. 4 . 5 -) 262

ローベ（Adolf Lobe, 1860. 8 . 15-1939. 8 . 21） 79

マース（Heiko Maas, 1966. 9 . 19-) 300

マンドリー（Johann Gustav Karl von Mandry, 1832. 1 . 31-1902. 5 . 30） 39

マルチニ（Karl Anton von Martini, Freiherr zu Wasserburg, 1726. 8 . 15-1800. 8 . 7 ）
320

マイヤー・マリ（Theo, Mayer-Maly, 1931. 8 . 16-2007. 12. 6 ） 367

A. メンガー（Anton Menger, 1841. 9 . 12-1906. 2 . 6 ） 213

C. メンガー（Carl Menger, 1840. 2 . 23-1921. 2 . 27） 220

R. ミハエリス（Richard Michaëlis, 1856. 6 . 27-ca. 1941. 3 . 10） 81

ムグダン（Benno Mugdan, 1851-1928） 17

ノイラート（Johann Friedrich Albert Constantin von Neurath, 1739. 5 . 17-1816. 10. 30）
62

ニーベルディング（Arnold Nieberding, 1838. 5 . 4 -1912. 10. 10） 208

ネーレ（Monika Nöhre, 1950. 8 . 25-) 187

オーダースキー（Walter Odersky, 1931. 7 . 17-) 260

エールシュレーガー（Otto von Oehlschläger, 1831. 5 . 16-1904. 1 . 14） 42, 202

オフナー（Julius Ofner, 1845. 8 . 20-1924. 9 . 26） 328

パーラント（Otto Palandt, 1877. 5 . 1 -1951. 12. 3 ） 233

パーペ（Heinrich Eduard von Pape, 1816. 9 . 13-1888. 9 . 10） 30

プファイファー（Gerd Pfeiffer, 1919. 12. 22-2007. 2 . 1 ） 259

O. ピスコ（Oskar Pisko, 1876. 1 . 6 -1939. 12. 2 ） 356

プランク（Gottlieb Karl Georg Planck, 1824. 6 . 24-1910. 5 . 20） 32

ラートブルフ（Gustav Radbruch, 1878. 11. 21-1949. 11. 21） 266

ランダ（Anton Randa, 1834. 7 . 8 -1914. 10. 6 ） 348

レーバイン（Karl Adalbert Hugo Rehbein, 1833. 12. 19-1907. 10. 7 ） 149

ライヘンスペルガー（Peter Reichensperger, 1810. 5 . 28-1892. 12. 31） 167

人名索引　　　　　　　　385

ライネケ（Otto Ludwig Karl Reineke, 1830. 10. 3 -1906. 1 . 13）　150

レーマー（Robert Römer, 1823. 5 . 1 -1879. 10. 28）　75

ロート（Paul Rudolf von Roth, 1820. 7 . 11-1892. 3 . 28）　37

リューガー（Konrad Wilhelm von Rüger, 1837. 10. 26-1916. 2 . 20）　39

サファーリング（Christoph Safferling, 1971. -）　276

A. シーファー（August Schaefer, 1888. 7 . 23-1984. 3 . 28）　81

F. シーファー（Franz Schäfer, 1879-1958. 4 . 28）　82

シェリング（Hermann von Schelling, 1824. 4 . 19-1908. 11. 15）　168

シェイ（Josef Freiherr Schey von Koromla, 1853. 3 . 16-1938. 1 . 18）　351

シュミット（Albert Schmid, 1812. 7 . 18-1891. 11. 14）　26

シュベッペ（Albrecht Schweppe, 1783. 5 . 21-1829. 5 . 23）　24

ゼッケンドルフ（Daniel August Hubert Rudolf Freiherr von Seckendorff, 1844. 11. 22
　-1932. 9 . 23）　203

ゼルブ（Wlater Selb 1929. 5 . 22-1994. 6 . 2 ）　371

ジーフェーキング（Friedrich Sieveking, 1836. 6 . 24-1909. 11. 13）　26

シモンズ（Walter Simons, 1861. 9 . 24-1937. 7 . 14）　205

シムソン（Eduard von Simson, 1810. 11. 10-1899. 5 . 2 ）　201

ゾンネンフェルス（Joseph Freiherr von Sonnenfels, 1733-1817. 4 . 25）　324

シュタウプ（Samuel Hermann Staub, 1856. 3 . 21-1904. 9 . 2 ）　122

シュタウディンガー（Julius von Staudinger, 1836. 1 . 28-1902. 2 . 1 ）　237

シュタインヴェンター（Artur Steinwenter, 1888. 5 . 17-1959. 3 . 14）　367

ストローハル（Emil August Strohal, 1844. 12. 31-1914. 6 . 6 ）　349

スアレツ（Carl Gottlieb Svarez (Schwartz), 1746. 2 . 27-1798. 5 . 14）　139

テール（Johann Heinrich Thöl, 1807. 6 . 6 -1884. 5 . 16）　28

トゥーン（Leopold Graf von Thun und Hohenstein, 1811. 4 . 7 -1888. 12. 17）　327

トルクスドルフ（Klaus Tolksdorf, 1948. 11. 14-）　261

ウンガー（Josef Unger, 1828. 7 . 2 -1913. 5 . 2 ）　326

ヴァルデック（Benedikt Waldeck, 1802. 7 . 31-1870. 5 . 12）　167

ヴェッグネルン（Carl von Wegnern, 1777. 8 . 3 -1854. 11. 7 ）　166

ヴァインカウフ（Hermann Weinkauff, 1894. 2 . 10-1981. 7 . 9 ）　88, 211

ヴェンガー（Leopold Wenger, 1874. 9 . 4 -1953. 9 . 21）　356

ヴェーゼナー（Gunter Wesener, 1932. 6 . 3 -）　370

ウィルブルク（Walter Wilburg, 1905. 6 . 22-1991. 8 . 22）　357

G. ヴィルケ（Gustav Wilke, 1889. 12. 26-1938. 5 . 17）　239

K. R. ヴィルケ（Karl Richard Wilke, 1830. 12. 31-1911. 3 . 6 ）　47

E・ヴォルフ（Ernst Wolff, 1877. 11. 20-1959. 1 . 11）　86, 210

ヴォルフゾーン（Issac Wolffson, 1817. 1 . 19-1895, 10, 12）　43

ツァシウス（Ulrich Zasius, 1461-1535. 11. 24）　ii, 59, 98, 192

ツァイラー（Franz Anton Felix Edler von Zeiller, 1751. 1 . 14-1828. 8 . 23）　325

事 項 索 引

〈あ 行〉

アイヒホルン …………………169
アメリカの最高裁 ………246, 253
アメリカの最高裁長官 …217, 303
アメリカの連邦裁判官 ………253
イギリス地区の最高裁…………85
遺産分割のさいの介護の考慮 ……343
意思主義…………………………46
医者の説明義務 ………………245
一連の取引 ……………………302
一身的事由 ……………………320
一身的ないし内的な事由 ………340
一般的人格権 …………………245
委 任 …………………………332
イミッシオーン法 ……………331
違約金の引き下げ権能……………16
医療契約 ………………………343
インスティテューチオネス方式 ………314
隠棲自然法 ……………………134
ヴァインカウフ ………………211
ヴァルテック …………………167
ヴィスマール候国裁判所 ………181, 191
ヴィルケ……………47, 112, 236
ウィルブルク …………………357
ヴィントシャイト ………108, 192
ヴェーゼナー …………………370
ウェストファリア条約 ………191, 248
ヴェッグネルン ………………166
ヴェンガー ……………………356
ヴォルフ ………………86, 210
ヴォルフゾーン …………14, 43, 111
ヴュルテンベルク ……………180
ヴュルテンベルク上級裁判所 ………191
ウンガー …………152, 312, 326
エールシュレーガー………42, 111, 202

エールリッヒ ……………153, 310
エーレンツワイク ……………352
エクスナー ……………………362
エクスナーの家系 ……………361
エッキウス ……………………156
エック ……………………………41
エルトマン ………………………18
王位継承の男系優先 ……………51
オーストリア・ハンガリーの協約 ………373
オーストリア一般民法典 ………307
オーストリア最高裁 ………72, 373
オーストリア私法の変遷 ………348
オーストリアの教育システムの改革 ……327
オーストリアの最高裁長官 ………377
オーストリアの大学 …………364
オーストリアの大学の改革 ………362
オーストリアの法曹試験 ………381
オーストリア法の発展 ………382
オーストリア法の変遷 ………348
オーダースキー ………………260
大津事件 ………………………302
御定書百箇条……………………98
オフナー ………………328, 366

〈か 行〉

カールスルーエ…………………88
ガイウス協会 …………………171
カイザー・ヴィルヘルム協会……53
ガイス …………………………260
街燈（石油ランプによる）………324
外来の原因 ……………………340
ガイル ……………………………59
各憲法における諸邦の比重 ………9
カノン法 …………………134, 308
カノン法の優越 ………………153
ガリツィア ………………310, 337

カルマー	138	クラマー	60
鑑定意見書	110	クラング	354
カントロビッチ	266	クローメ	44
カンプッツ	177	グロチウス	51
カンプハウゼン	143, 145	軍法会議	302
官房学	49, 59, 221, 307, 322, 328, 346	軍務裁判所	283
キール学派	19	刑事の管轄地域（BGH）	291
ギールケ	7, 12, 48, 212	契約締結上の過失	19, 204, 245, 287
ギールケ文庫	221	ケース	323
危険責任	16	グートブロード	203
危険責任法	221	ケール	234
期限の利益喪失条項	302	ゲッチンゲンの七教授事件	21, 29
危険負担	140, 157, 317, 319	ケメラー	61, 258, 358
議事録	17, 118	ゲルマニステン	170
起草委員会決議集	115	ゲルマン法	134, 319
起草補助者	107	ゲルマン法起原説	140
期待可能性	18	ゲルマン法の体系化	135
北ドイツ連邦	9, 67, 68	検察の優越	286
キッシュ	127	検事局	287
基本原則（ABGB）	325	兼　任	4
基本原理	311	憲法規範の民法典への導入	326
義務違反	19, 125	憲法裁判所	374
旧裁判所構成法	216, 229	減免請求権（remissio mercedis）	153
宮廷裁判所	61, 160, 293	行為基礎の喪失	18
給付の均衡理論	316	行為基礎論	245
給付利得	332	高裁（OLG）	291, 295
キューベル	36, 108	公式判例集	71
教授資格論文	3	皇室裁判所	302
行政権の優越	228	公証人弁護士	229
行政裁判所	374	講壇社会主義	13
共通部	91	コーポレート・ガバナンス委員会の報告書	94
キルヒマン	224	ゴールドシュミット	11
金印勅書	60, 161, 191	国際私法の位置づけ	116
金銭の名目主義	18	国際司法裁判所	285
区裁判所	189	国際的な統一法	335
公事方御定書	98	コクツェーイ	136
グシュニッツァー	347, 359	国民議会	9, 66
具体化論（ナチスの）	50	国民協会	33
クライン	138, 154		

事 項 索 引　　　389

コツィオール ……………………50, 372
国家試験 …………………………264
国家による法の独占 ……………134
コッホ ……………………………144
古ドイツ法 ………………………134, 319
粉屋のアーノルト事件 …137, 153, 173, 231
雇用に関する保護義務……………16

〈さ　行〉

最高裁の変遷 ……………………374
最高法院 …………………………321
最上級裁判所の変遷 ……………159, 191
裁判所構成法 ……………55, , 216, 272
裁判所の司法行政…………………15
債務法現代化 ……………………6, 245
債務法現代化法……………………19, 245
サヴィニー ………………62, 153, 227
ザクセン・シュピーゲル ……162, 171, 186
サファーリング …………………276
サブリース ………………………302
サリカ法典…………………………51
シェイ ……………………………351
シェーファー ……………………81
ジーフェーキング…………………26
シェリング ………………………168, 274
シカーネの禁止 …………………330
次官（司法省）……………………268
事業者 ……………………………333
事件の割り振り …………………100
時　効 ……………………………317
事実的契約関係論 ………………245
自然法………………………………89, 315
自然法的法典 ……………………346
自然法的法典のパンデクテン化 …141
自然法的法典のパンデクテン解釈 …151
司法卿 ……………………………198, 276
司法省高等官任命及俸給令 ……217
司法大臣 …………………………172
司法の官僚化 ……………………193

司法の硬直化 ……………………255
司法部長 …………………………223
シムソン …………………………76, 201
シモンズ …………………………205
社会国家的見地 …………………221
シャムボン ………………………349
集合理論 …………………………25
自由国民党…………………………10, 33, 34
流質の禁止 ………………………49
自由都市のための例外…………22
州の裁判所 ………………………293
シュタインヴェンター ………367
シュタウディンガー ……………237
シュタウプ ………………………122, 225
シュトイバー ……………………249
シュベッペ ………………………24
シュミット ………………………26
準備委員会 ………………………10
上級裁判所 ………………………65, 163
上級裁判所の創設…………………63
上級裁判所の所在地 ……………182
昇進の階段 ………………………230
上訴特権 …………………………21
省庁再編 …………………………270
譲渡担保 …………………………356
消費者保護法 ……………………333
消費貸借上の告知権………………16
所有権の返還請求事件 …………297
条例理論 …………………135, 141, 308
ジョエル …………………………265, 268
書記局 ……………………………287
女性の法律職 ……………………235, 265
所有権のシステム…………………46
人工国家 …………………………229
新受件数 …………………………93, 295
真正の枢密顧問官 ………………121
神聖ローマ帝国……………………56
神聖ローマ帝国の国制……………97
信用保証……………………………92

事項索引

信頼責任 ……………………………316
スアレツ ………………138, 139, 166
枢密上級裁判所 ………………162
ストローハル ………………349
製造物責任 ……………………335
積極的契約侵害………19, 124, 204, 245
積極的契約侵害論 …………122, 287
ゼッケンドルフ ………………203
ゼルブ …………………………371
選帝侯 …………………………162
前提論 ……………………18, 50
占有の主観説 …………………318
占領地区 ………………………87
相当因果関係説 ………………245
ゾーム ……………………14, 49, 112
訴訟期間 ………………………93
尊属殺違憲判決 ………………288
ゾンネンフェルス ……………324

〈た　行〉

第一委員会 ………………11, 106
第一草案 ………………………106
第一草案と理由書 ……………109
大学の人的構成 ………………305
大逆事件 …………………196, 288
大ドイツ主義 ………………9, 40
第二委員会 ……………………14
第二草案………………17, 106, 109
大ハンブルク法 ……………65, 99
大法官 …………………172, 173
大法廷 …………………………91
大陸型の大審院 ………………193
太政官制 ………………………285
玉乃世履 …………………195, 217
担保責任 ………………………318
地域司法大臣 …………………176
地域法の教育 …………………135
チボー・サヴィニー論争 ……134
中間責任 ………………………330

賃貸借法 ………………………333
ツァイラー ……………………325
ツァシウス ……… ii , 59, 129, 153
追放教授 ………………………267
帝国自由都市 …………………57
帝国都市 ………………………121
定　年 ……………………79, 252
テール …………………………28
デルブリュック ………………204
テレジアヌス法典 ……………308
独逸学協会学校 …………200, 233
ドイツ関税同盟 ………………67
ドイツ商法典 …………………312
ドイツの裁判所構成法 ………272
ドイツの上告審の構成 ………105
ドイツの新受件数………………94, 295
ドイツの連邦首相 ……………279
ドイツ法アカデミー …………313
ドイツ法曹会議 ………………67
ドイツ法の二重構造 …………133
ドイツ民法典編纂作業………32, 106
ドイツ民法138条 ……………271
ドイツ民法典草案批判 ………212
ドイツ民法典制定の過程 ………5, 106
ドイツ民法典の成立 …………3
ドイツ民法典の編纂 …………4, 7
ドイツ連邦 …………………8, 62
ドイツ連邦の債務法策定委員会………36
統一的最高裁 …………………90
統一の法曹資格 ………………3
統一連合部 ……………………91
トゥーン …………………326, 349
等価性 ……………………316, 344
等価性の理論 …………………344
登記簿 ……………………46, 319
登記簿の統一 …………………297
動産と不動産 …………………19
動的システム …………………358
特別委員 ………………………112

事 項 索 引　　　391

特別部 ……………………284	パンデクテン化 ……………152, 350
独立委員会…………………95	パンデクテン体系 …………………314
トルクスドルフ ……………261	判例の統一 …………………160
ドレスデン草案………………9, 69, 108	東ドイツ民法典 ……………………6
	東ドイツ最高裁の長官 ……………277
〈な　行〉	東ドイツの司法大臣 ………………271
	引渡主義の物権変動 ………………318
ナチス時代の民法上の修正の包括的な廃止	ピスコ ………………………356
……………………6	ビスマルク帝国 ……………………9
ナチスの法思想………………50	人に関する錯誤 ……………………100
ニーベルディング ……………208	ビトリンスキー ……………………367
西ガリツィア …………………309	ヒルシュ ……………………261
西ガリツィア法典 ……………310	比例原則 ……………………103
二重帝国 ……………………350	ファイファー ………………259
二段階法曹養成制度 …………135, 153	フィッシャー ………………258
ニッパーダイ …………………368	フェルスター ………………146
日本の裁判所構成法 …………195, 272	不可抗力 ……………………340
日本の司法卿 …………………281	不上訴特権………………60, 160, 247, 248
日本の大審院長 ………………196	2 人大臣制 …………………174
日本の大審院長の在任期間 ………195	普通商法典 …………………30, 67, 312
ニュルンベルク法……………84, 288	物権変動………………………46, 318
ネーレ ………………………187	不当利得 ……………………331
ノイラート …………………61, 62	不当利得法 …………………332
	不能論 ………………………127
〈は　行〉	不能論の修正…………………18
	部分改正 ……………………152, 312
パーペ ………………………11, 30, 106	不法原因給付 ………………332
パーラント …………………233	ブムケ ………………………201, 257
パーラント・BGB コンメンタール ……236	プラハ大学 …………………348
バイエルン最高裁 ……………180, 248	プラハ大学の分裂 …………………378
バイエルン民法典 ……………337	プランク ……………………32, 52
ハイゼ ………………………22, 23	フランクフルトの都市裁判所………57
売買は賃貸借を破る…………16, 215	ブラント ……………………99
破棄院 ………………………161, 186	フリードベルク ……………156, 207
博士論文 ……………………3	フリードリヒ大王 …………………137
パクト法 ……………………333	フリードリヒ法典 …………………138
花札（弄札）事件 ……………303	プリンツ ……………………378
ハビヒト………………………37	ブルーメ ……………………25
判決の理由づけ………………58	プロイス ……………………276
ハンザ上級裁判所 ……………20, 55	
判事検事俸給令 ………………217	

プロイセン一般ラント法典 ……… 140, 307
プロイセン刑法 ……… 100, 164
プロイセン司法省 ……… 172
プロイセン上級裁判所 ……… 159, 191
プロイセンにおける法典編纂 ……… 136, 158
プロイセンの司法改革 ……… 136
プロイセンのヘゲモニー ……… 165
プロイセン法の学問化 ……… 136
プロイセン法の稚拙 ……… 155
文化闘争 ……… 149, 225
軍刑事裁判所 ……… 283
ヘーデマン ……… 44, 313
ベール ……… 35
ヘッフター ……… 171
ヘンペン ……… 296
ベンヤミン ……… 271
ホイジンガー ……… 257
忘恩行為 ……… 16
法曹資格 ……… 3
法曹社会主義 ……… 214
法治国家 ……… 257
法ドグマと法実務の二重構造 ……… 134
法の支配 ……… v
法の精神 ……… 51
法の発展 ……… 160
暴利 ……… 330, 334
暴利禁止法 ……… 310, 334
法律学の学問としての無価値性 ……… 224
法律家の社会的上昇 ……… 144
ホーマイヤー ……… 170
保証人の責任制限 ……… 103
保証料 ……… 302
ホルテン ……… 323
ホルテン草案 ……… 309
ボルネマン ……… 142, 166

〈ま 行〉

マイヤー・マリ ……… 367
マックス・プランク ……… 53

マックス・プランク協会 ……… 53
マリア・オットー ……… 47
マリア・テレジア ……… 73, 185, 308
マルチニ ……… 320
マルチニ草案 ……… 309
マンドリー ……… 39
ミケル ……… 10
ミハエリス ……… 81, 102, 233
ミンジンガー ……… 59
民族裁判所 ……… 84, 234, 288
民訴法 ……… 179
民訴法学者協会 ……… 127
民法典からの決別 ……… 5, 19, 274
民法典施行法 ……… 117
民法典の施行 ……… 118
民法典への消費者保護規定の統合 ……… 20
ムグダン ……… 17
メンガー ……… 7, 12, 213, 220, 328
メンガー文庫 ……… 220
メンデル ……… 378
物概念 ……… 316

〈や 行〉

ユスティ ……… 322
用 語 ……… 339
用語の擁護派 ……… 13
用語上の運動 ……… 12
要物契約 ……… 318
ヨーゼフ二世 ……… 309
ヨーゼフ法典 ……… 308
ヨーロッパ人権裁判所 ……… 285
ヨーロッパの裁判所 ……… 285
ヨーロッパ司法裁判所 ……… 285
ヨーロッパ法 ……… 329, 334
横田国臣 ……… 196
予備草案 ……… 107
四ハンザ自由都市の上級控訴裁判所 ……… 64

事項索引　　393

〈ら・わ行〉

ラートブルフ ……………………266
ラーベル ……………………18, 357
ライネケ ……………………………150
ライヒ ……………………………44, 216
ライヒ議会における政党 …………10
ライヒ議会放火事件………84, 218, 288
ライヒ宮中会議 ……………………56
ライヒ行政裁判所 …………………77
ライヒ刑法 ………………………164, 207
ライヒ財務裁判所 …………………77
ライヒ司法大臣 ……………………265
ライヒ上級商事裁判所……………67
ライヒ司法部（Reichsjustizamt）
　……………………13, 15, 48, 197
ライヒ司法部準備委員会 …………15
ライヒスゲリヒト …………………373
ライヒ大審院…………………………76
ライヒ大審院長 ……………201, 223
ライヒ大審院の解体………………85
ライヒ大審院の公式判例集………72
ライヒ大審院の50年史……………80
ライヒ大審院の設置………………72
ライヒ大審院の長官………………78
ライヒ大審院の長官の在任期間 ……194
ライヒ帝室裁判所…………56, 178
ライヒ等族 …………………………57, 97
ライヒの区分………………………58
ライブチッヒ ………………………76
ライヘンスペルガー ………………167
ライン・フランス法 ………135, 141, 155
ライン法の優越性 …………………168
ライン連邦……………………………99
ラスカー ………………………10, 45, 133
ラスカーミケル法 …………16, 120
ランズベルク ………………………208
ランダ ………………………………348
ラント間の取引 ……………………136

リスト ………………………………266
利息制限法…………………………49, 221
リューガー ……………………39, 216
理由書（Motive）……………12, 109
理論と実務 …………………………134
リンペルグ …………………………262
類型論 ………………………………358
レーバイン …………………………149
レーマー ……………………………75
レオンハルト ………149, 177, 179
歴史的課題…………………………95, 270
レンナー ……………………375, 380
連邦協約 ……………………………69
連邦憲法裁判所……………92, 184, 298
連邦裁判所…………………………88, 246
連邦裁判官 …………………………251
連邦裁判官選定委員会 ……………252
連邦裁判官の給与 …………………252
連邦裁判官の構成 …………………298
連邦裁判所の長官 …………………279
連邦裁判所判例集…………………72
連邦裁判所付の検事総長 …………299
連邦裁判所に任命された裁判官・各年の男
　女別 ………………………………299
連邦裁判所の再配置 ………………290
連邦裁判所の部 ……………………283
連邦司法大臣………………263, 279
連邦首相 ……………………263, 269
連邦上級商事裁判所 ………30, 68
連邦制 ………………………………8
連邦（通常）裁判所　刑事第5部 ……290
連邦特許裁判所 ……………………283
連邦の権限 …………………………5
連邦法 ………………………………133
ロート ………………………………37
ローベ ………………………………79
ローマ法 ……………………………317
ローマ法とカノン法の優越 ………134
ローマ法とゲルマン法 ……………134

ローマ法の現代的慣用 ……………135
ワイマール憲法………………83
我妻栄 ……………………380

〈欧　文〉

ABGB ……………133, 151, 325
ABGB の1916年改正 …………152, 312
ABGB の制定資料 ……………329
AGB ……………………140
ALR ……………133, 141, 152
ALR のパンデクテン解釈………158
Benjamin ……………………278
BGB からの決別 ………………5, 19
BGH 長官の概観………………254
Brauneck ………………267, 275
Däubler-Gmelin ………………263, 297
DCFR ……………………335
Delbrück ……………………198
Dreher ……………………96
Emilie Kempin………………13
EU 指令 ……………………134
Fikentscher……………………275
Freisler ……………………234
Friedberg ……………………198
Fürstenthal…………………155
Goldschmidt ………………4, 70, 71
Görtemaker ……………………95

Griss ……………………375
Hofmeister ……………………366
Kinkel………………………96
Kirchmann ………………122, 224
Kleineidem ……………………128
Koziol………………………50, 372
Leutheusser-Schnarrenberger……263, 297
Liebknecht ……………………204
Maas ………………………300
Mevius ……………………181
Mühlenbruch …………………156
Ofner ………………………379
OLG（高裁）……………183, 293
Pape ………………………70
Planck ……………………32, 52
Pufendorf……………………136
Reinecke ……………………151
Rose-Rosahl 事件 ………………100
Rudolff ……………………195, 272
Safferling ……………………95
Schlegelberger ………………236
Schönbauer ……………………313
Titze ………………………127
Weinkauff ……………………88
Wilburg ……………………357
Wilke ……………………47, 235, 236
Zypries……………………263, 297

〈著者紹介〉

小 野 秀 誠（おの　しゅうせい）

　　1954年　東京に生まれる
　　1976年　一橋大学法学部卒業
　　現　在　獨協大学法学部教授，一橋大学名誉教授

ドイツ法学と法実務家

2017年（平成29年）7月28日　　初版第1刷発行　　　　　　2766-0101

　　　　　　　　著　者　　小　野　秀　誠
　　　　　　　　発行者　　今　井　　　貴
　　　　　　　　　　　　　渡　辺　左　近
　　　　　　　　発行所　　信 山 社 出 版

　　　　　　〒113-0033　東京都文京区本郷 6-2-9-102
　　　　　　　　　　　　　電　話　03（3818）1019
　　　　　　　　　　　　　ＦＡＸ　03（3818）0344

　　　　　　　　印　刷　　亜 細 亜 印 刷
Printed in Japan.　　製　本　　牧　　製　　本
ⓒ 2017. 小野秀誠　　　　落丁・乱丁本はお取替えいたします。
　　ISBN978-4-7972-2766-6　C3332

―――――― 〈小野秀誠主要著作〉 ――――――

逐条民法特別法講座・契約Ⅰ〔契約総論，売買〕，担保物権Ⅱ〔物上代位ほか〕（共著，ぎょうせい，1986年，1995年），危険負担の研究（日本評論社，1995年），反対給付論の展開（信山社，1996年），給付障害と危険の法理（信山社，1996年），叢書民法総合判例研究・危険負担（一粒社，1999年），利息制限法と公序良俗（信山社，1999年），専門家の責任と権能（信山社，2000年），大学と法曹養成制度（信山社，2001年），土地法の研究（信山社，2003年），司法の現代化と民法（信山社，2004年），民法総合判例解説・危険負担（不磨書房，2005年），民法における倫理と技術（信山社，2006年），契約における自由と拘束（信山社，2008年），利息制限の理論（勁草書房，2010年），民法の体系と変動（信山社，2012年），法学上の発見と民法（信山社，2016年）。

債権総論（共著，弘文堂，1997年，補訂版2000年，2版2003年，3版2006年，新装版2010年），ハイブリット民法・民法総則（共著，法律文化社，2007年），実務のための新貸金業法（共著，民事法研究会，2007年，2版2008年），債権総論（信山社，2013年）。

Die Gefahrtragung und der Gläubigerverzug, Hitotsubashi Journal of Law and Politics, vol. 19(1991); Comparative Studies on the Law of Property and Obligations, ib., vol. 22 (1994); Comparative Law and the Civil Code of Japan, ib., vol. 24-25 (1996-97); The Law of Torts and the Japanese Civil Law, ib., vol. 26-27 (1998-99); Strict Liability in Japanese Tort Law, especially Automobile Liability, ib., vol. 28 (2000); Joint Unlawful Act in Japanese Tort Law, ib., vol. 29 (2001); Die Entwicklung des Leistungsstörungsrechts in Japan aus rechtsvergleichender Sicht, ib., vol. 30 (2002); A Comparative Study of the Transfer of Property Rights in Japanese Civil Law, ib., vol. 31-32 (2003-04); Das Japanische Recht und der Code Civil als Modell der Rechtsvergleichung, ib., vol. 34 (2006).

潮見佳男 著
新債権総論 I
7,000 円

潮見佳男 著
新債権総論 II
6,600 円

法曹親和会 民法改正プロジェクトチーム 編
改正民法（債権法）の要点解説
1,600 円
（新旧条文対照表付）

信 山 社

中野貞一郎 著
民事訴訟・執行法の世界　　　8,000 円

中野貞一郎 著
民事裁判小論集　　　8,600 円

平井一雄・清水　元 編
日本民法学史・続編　　　14,000 円

信 山 社